ジョナサン・ブラック
松田和也◎訳

秘密結社版
世界の歴史

早川書房

宇宙の流出を絡め合わせ物質世界の幻想を形作ることを、錬金術の伝統で〈マトリックス〉と呼ぶ。映画『マトリックス』より。ここでは、物質界とその背後にある「真の」世界の境界は、黒眼鏡の恐ろしい超自然の存在によって統制されている。

シュールレアリストの中で、宇宙の植物時代の記憶を最も頻繁かつ鮮やかに描き出したのはマックス・エルンストである。彼と同時代のガウディもまた、その建築に、毎日の勤行に、そしてミルクとレタスの食生活にまでそれを表現している。この時代は今も並行次元に存在している。両者と同時代の神智学者W・Q・ジャッジ曰く、この場所は「南米の未踏の森のような奇妙な光景と音に満ちている」。

最初の物質は気体よりも、光よりも精妙であり、これが徐々に硬化して今日のわれわれの知る物質となった。人間の肉体もまたこの過程を通過した。骨はまず桃色の蠟のような段階を通った。これについては、薔薇十字団の哲学者ヤーコプ・ベーメが書き残し、またここでヒエロニムス・ボスによって視覚化されている。

樹に巻き付くルシファー的な蛇は、植物生命への動物生命の導入——そしてまた、動物の特徴である脊椎の形成を表すこの上なく明瞭なイメージである。この蛇は動物生命の発達には不可欠のものであったが、同時にまた、情欲、憤怒、妄想——そして悪の起点となった。19世紀ドイツの画家フランツ・フォン・シュトゥック画『罪』。

悪霊にとって、自らの領域を出て、世俗の世界に侵入するのは困難である。だが時に、非参入者が遊び半分で彼らを呼び込んでしまい、地域全体が悪霊に蹂躙され、恐ろしい、また性的な暴虐に取り憑かれることがある。これはデイヴィッド・リンチの映画や、TV番組『ツイン・ピークス』に鮮やかに描かれている。

㊤ローマ人アスパシウスによる古代の宝石彫刻。秘教伝統では、神々が人間に恋をして彼らを植物や動物に変えるという神話は生物形態の多様化を意味する。

㊧『悪夢』。秘教に関する碩学であったスイスの画家アンリ・ヒューズリは、月の暗黒面から来るデーモンを描いている。

㊦人間の解剖学的形態が現在のものに進化する前には、〈第三の目〉は額の中心から突出していた。これによってわれわれは〈母なる自然〉を認識し、その叡智を受け取ることができた。パリ、クリュニー美術館の有名なタペストリの一つ。

オランダの画家ドメニクス・ファン・ヴェイネンによる『聖アントニウスの誘惑』。ここでは秘教的主題が格別明瞭に描かれている。全ての大宗教は、宇宙精神からの流出によって物質が創られたと信じている点で観念論である。これらの宗教と秘教との違いは、秘教においてはこの流出を、太陽、月、諸惑星と関連する精霊、天使と見なす点である。

マルセル・デュシャン『彼女の独身者たちによって裸に剝かれた花嫁、さえも』。裸に剝かれた花嫁はソフィア、すなわち諸惑星の大霊が崇拝する秘教の叡智であることが露見する。20世紀のヘルメス学徒による、クールでモダンな秘教的宇宙論の呈示。

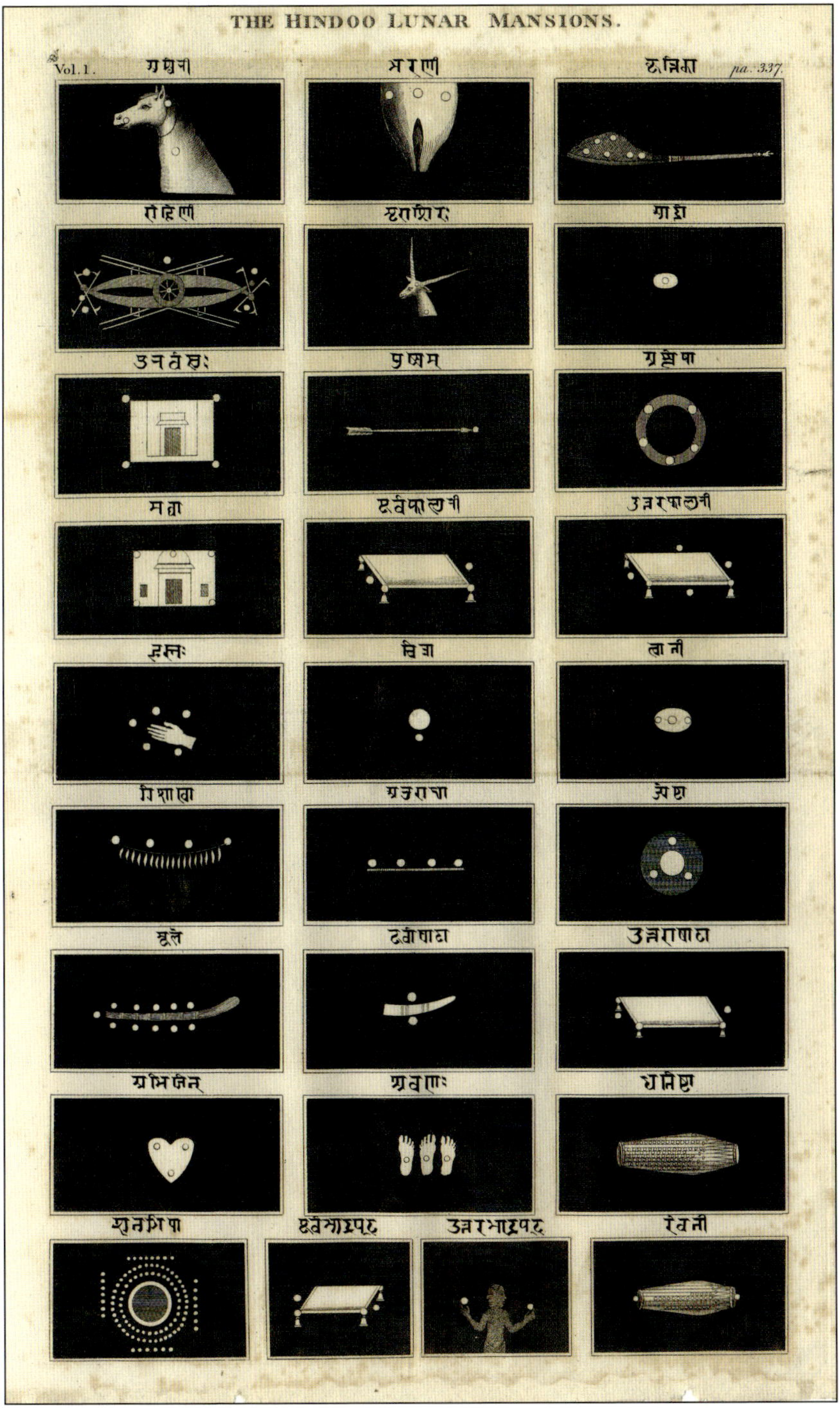

ムーアの『ヒンドゥ二十八宿図』。19世紀初期の英国の旅行家エドワード・ムーアは、月の28宿を表す古代ヒンドゥの象徴を記録している。秘教哲学者は、常にこれを詳細に観察し、これが潮汐や植物の形態の変化のみならず、人間の意識の変化をも引き起こしていると信じた。

アンドレア・マンテーニャ画『美徳の園から悪を追放するミネルヴァ』。現代の目で新石器時代を見れば、それは人間の生活の痕跡のほとんど無い荒野に見えただろう。その痕跡とは僅かな石積みばかりで、人々は動物の毛皮を纏っているに過ぎなかっただろう。だが当時の人間の意識を通じて見れば、ここにマンテーニャが描いたような光景が見えたはずである。神、女神、精霊が壮麗に居並び、さまざまな大事件において個々の役割を果たす。その事件の一つ一つが、われわれの意識の形成を助ける。どちらの方がより真実なのか、より現実なのか？

㊧死後、人間の霊はデーモンに襲われ、罪を剝ぎ取られる。秘儀参入の過程で、志願者は生きたまま、死後の旅を体験する。この体験は彼にとって、今生でもまた死後にも有益である。この秘儀参入の過程こそ、ここに描かれているものである。『イーゼンハイム祭壇画』。マティアス・グリューネヴァルト。

㊨『地上の快楽の園』部分。カーマ・ロカすなわち煉獄の体験に続いて、霊は諸天球を上昇し、その後、次の転生のために再び降下する。ここに描かれているのは、この降下の様子である。ヒエロニムス・ボスの絵は、秘教の知識無しに解読することはできない。

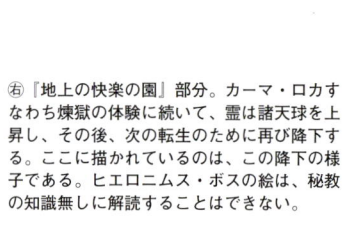

秘史によれば、大災害は人間の意識の変化を引き起こした。氷河期の終りに襲った大洪水は、初期の人類の進化の舞台を海面下に沈め、潜在意識を形成した。19 世紀の聖書より。

秘教伝統は、変性意識状態の涵養に関心を抱いている——変性意識状態は詮無き妄想ではない。このような変性意識状態においては、超自然の知性体に接触でき、現実的な成果が得られる。聖書でヨセフが地下の洞窟に落ちる話は、彼の秘儀参入を示す暗号である。彼の夢は、ファラオが民を飢饉から救うのを助ける。19 世紀の聖書より。

現代のキリスト教徒の中には超自然を恐れる者もいるが、言うまでもなく聖書は超自然に満ち満ちている。ここでは、エン・ドルの魔女が地下世界から霊を召喚している。19 世紀の聖書より。

イエズス会士アタナシウス・キルヒャーは偉大な隠秘学者であり、本書の歴史で大きな役割を果たす人々と繋がっている。彼の著作に収録された〈母なる女神〉、キュベレ、そして西洋世界最古の仏陀像は、肉体の植物次元に関する知識を示している。

現在の英国には、「客観的芸術」の作例はただ一つしかない。それはすなわち、人間の人格によって歪められることなく、霊的世界を完璧に表現している芸術である。大英博物館にある羅漢像を見た多くの者は、奇妙な体験を報告している。

イスラムの伝承では、〈山の老人〉は、その山中の隠れ家から一歩も出ることなく、全世界を操っている。この観念はフリッツ・ラングの秘教的映画の中で近代化されている。その中でマブゼ博士は精神病院の独房から世界に催眠を掛ける。

『イーゼンハイム祭壇画』部分。秘教的北方ヨーロッパ美術の傑作。ここでマティアス・グリューネヴァルトはイエス・キリストを太陽神として描いている。彼は大地に太陽の本質の種を植え、ここに全物質宇宙の霊化という歴史的過程が開始される。

『イエスと誘惑者』。カラヴァッジョの弟子ルカ・ジョルダーノ画。誤解を受けやすいが、偉大な秘教学派が宇宙の悪の次元を詳細に説明するのは、これに打ち克つことを手助けする手段としてのみである。

『受胎告知』。エクサンプロヴァンス、マグダラのマリア教会。この中世後期の三幅対では、アーチの中に蝙蝠とデーモン、コミミズクの翼を持つ天使、角と髭のあるデーモンなどがいる。地元の伝承では、悪魔崇拝者が描いたという。

霊的知覚の器官は、キリスト教の図像学ではさまざまに描かれる——ヴィジョンの周囲
取り巻くアーモンド型のウェシカ・ピスキス、ミケランジェロによるモーセの角、アロ
の杖やその他の開花。

レオナルドの『モナ・リザ』は、芸術における最高のイコンの一つ。これは人類史上初めて、内なる生を自由に探求する喜びを見出した人物である。

アルブレヒト・デューラー『草叢』。これは人類史上初めて、現在のわれわれと同じ形で草叢を見た例。

ヒエロニムス・ボス『七つの大罪』。ここではイエス・キリストは〈高次の人間〉と同一視されている。われわれは霊的世界への上昇において彼に付き従う。

『聖テレサの法悦』。ベルニーニ作。カトリック教会の膨大かつ思慮深い秘教的次元は、17 世紀スペインにおいて驚くべき形で噴出した。

モーツァルト『魔笛』の絵。18世紀。初演時、エジプトの神官ザラストロはカリオストロをモデルにしたものと広く信じられた。ゲーテはこのオペラについて曰く、「観客には見せ物の喜びを。参入者は高次の意義を見落とさない」。

蛇遣い。ジェイムズ・ブルースの著作挿画。著者はスーフィ思想の研究家であり、熱心な秘教的フリーメイソン。18世紀末、エティオピアで『エノク書』を再発見する。

スーフィの神秘家イブン・アラビは『叡智の宝石』において、性交を究極の瞑想と見た。その叡智は、ウィリアム・ブレイクの芸術において頂点に達する。霊的に成熟した二人の恋人たちの間での思考の自由な流れ、言葉の無い交流は、「真語」と呼ばれる。これが可能となるのは、二人の人間の植物体すなわちエーテル体が互いに絡み合うからである。ヤーコプ・ベーメはこの過程を「婚礼衣装の製織」と呼んでいる。霊はこの衣装を天上において必要とする。

レオナルドの仲間である参入者ルカ・シニョレッリ画『反キリスト』。オルヴィエート大聖堂。西洋と南アメリカの伝承を合わせると、2012年をサタン受肉の年と見るのも可能である。

弥勒仏。インド、ラダク地区アルキ僧院の美しい彫刻。『ヨハネの黙示録』に登場する白馬の騎士。

エル・グレコ『第五の封印』。『ヨハネの黙示録』における第五の封印の開封は、知覚の隠秘的器官を活性化された時に明らかとなる新たな知覚力の記述である。

秘密結社版　世界の歴史

THE SECRET HISTORY OF THE WORLD
by
Jonathan Black

Translated by
Kazuya Matsuda
First published 2009 in Japan by
Hayakawa Publishing, Inc.
This book is published in Japan by
arrangement with
Curtis Brown Group Ltd.
through The English Agency (Japan) Ltd.

目次

サー・ウォルター・ローリー『世界史』（1614 年）巻頭の口絵

序

本書は特定の秘密結社の内部で、時代を超えて連綿と伝えられてきた世界史を描くものである。今日の観点から見れば全く気違いじみたものに見えるかも知れないが、実際に歴史を作ってきた人々の極めて多くは、これを信じていたのだ。

古代史の研究家によれば、エジプト文明の始まりからローマの崩壊に至る間、テーベ、エレウシス、エフェソスなどにあった公共の神殿には、神官だけが入ることのできる禁域が設けられていた。古典学者は、この禁域を「秘儀の学院」と呼ぶ。

ここでは、政治的・文化的エリートに対して瞑想の技法が教授されていた。プラトン、アイスキュロス、アレクサンドロス大王、カエサル・アウグストゥス、キケロらは、長い準備期間を経て、この秘教哲学に参入した。これらの「学院」で教えられていた技法は、例えば感覚遮断、呼吸訓練、神聖舞踏、演劇、幻覚剤、そしてさまざまな方法による性エネルギーの誘導など、多岐に及んでいた。これらの技法は、参入者を変性意識状態に導き、世界の見方を一変させることを目的としたものである。

禁域の内部で教えられたことを部外者に明かした者は、誰であれ処刑された。新プラトン主義の哲学者イアンブリコスは、エフェソスに住んでいた二人の少年の運命を書き残している。亡霊や魔術、そして外界の現実よりも遙かに強烈で鮮やかな現実が禁域内に隠されているという噂を聞きつけた彼らは、ある夜、遂に好奇心に負けた。夜闇に乗じて塀を乗り越え、禁域内に侵入したのである。それに続く阿鼻叫喚は、都中に響き渡った。翌朝、禁域の門の前に二人の屍体があった。

古代世界においては、秘儀の学院の教えは現代における核兵器の秘密と同様に厳重に守られていたのだ。

その後、三世紀になってキリスト教がローマ帝国の支配的な宗教となると、古代世界の神殿は閉鎖された。秘密の「拡散」の危険を防止するため、これらの秘密は異端であり、それに関わりを持つ者は大罪人であると宣言されたのである。だが後述するように、教会権力を含む新たな支配的エリートもまた、今や秘密結社を形成し始めた。閉ざされた扉の奥で、彼らは古えの秘密を伝え続けたのだ。

本書には、秘儀の学院に発祥する古代の秘教哲学が、テンプル騎士団や薔薇十字団を初めとする秘密結社を通じて、時代を超えて受け継がれてきたことを示す証拠を集録した。ある時にはこの哲学は人々の目から隠され、またある時には衆目に曝された――だがその場合にも常に、部外者にはそれと認識できない形にされていた。

一例を挙げるなら、サー・ウォルター・ローリーが一六一四年に出版した『世界史』の口絵がある。その原画はロンドン塔に展示されており、毎日何千もの人がその前を通っているが、その意匠に隠された山羊の頭や、その他の暗号に気づく者はない。

インド中部のカジュラーホの寺院のようなヒンドゥ教のモニュメントには、タントラの性の秘儀があからさまに描かれている。だがなぜそのようなものが西洋には無いのか、と考えたことのある人にとっては、同様の技法――カバラのカレッツァ――が西洋の美術や文学の多くに埋め込まれているという情報は興味深いものであろう。

本書ではまた、世界の歴史に関する秘密教義が、中央ヨーロッパに対する現在の合衆国政府の外交政策に影響を及ぼしていることを示す。

さて、ローマ教皇はカトリック教徒なのだろうか？　普通の人が考えるような単純な意味においては、そうではない。一九三九年のある朝、二十一歳の青年が道を歩いていて、トラックに撥ねられた。昏睡状態に陥った彼は、圧倒的な神秘体験をした。意識を回復した時、彼は悟った。彼の体験は予期せぬ形でやっては来たが、それは彼が師から教えられた技法の結果に他ならぬものであったと。その師とは、薔薇十字団の導師であるミエスチスワフ・コトラルツィクだった。

この神秘体験をきっかけに、この青年は神学校に入り、後にクラコフの司教となり、さらに後には教皇ヨハネ・パウロ二世となった。

カトリック教会の長たる者がかつて秘密結社の下で霊的世界に参入したという事実は、今日においては、もはやかつてほどの衝撃は持たないかも知れない。なぜなら今日では、社会統制の主要手段として、科学が宗教のお株を奪ってしまっているからである。現代のわれわれは何を信ずるべきなのか——そして何が常識外れなのかを決定しているのは科学なのだ。古代世界においてもキリスト教時代においても、秘教哲学は不用意にそれに手を出す者に死を与えるという脅迫によって秘密の内に保たれていた。現在のキリスト教以後の世界においても、秘教哲学は依然として恐怖に包まれている。だがそれは処刑の恐怖ではなく、「社会的抹殺」の恐怖である。人間は肉体を持たぬ存在から影響を受けるとか、歴史の進路が秘密の陰謀団によって左右されているなどと発言すれば、良くて変人扱い、最悪の場合には文字通り狂人の烙印を捺されてしまう。

秘儀の学院では、参入志願者は井戸に落とされ、水の試練を受け、極めて狭い扉を潜り、擬人化された動物たちを相手に屁理屈のような議論を行なう——さて、何か気づかれただろうか？　そう、まさしく『不思議の国のアリス』である。ルイス・キャロルは、秘密の歴史と秘教哲学を信じていた児童文学者の一人なのだ。それ以外にも、グリム兄弟、アントワーヌ・サン＝テグジュペリ、C・S・ルイス、そして『オズの魔法使い』や『メアリー・ポピンズ』の原作者たちもまた同様である。事物の逆転と、子供じみた言葉の文字通りの字義への拘泥を混合して、彼らは常識を、唯物論的な人生観を覆そうとした。物事を逆に見ること、全てを逆転させること、裏表に見ること、決まり切ったものの見方から自由になることを子供たちに教えようとしたのだ。

ラブレーやジョナサン・スウィフトもまた同類である。彼らの作品は人を狼狽させる――そこでは超自然は何ら問題ではなく、規定の事実として扱われる。想像上の事物が、少なくとも物質世界の日常的なものと同様にリアルなものと見なされる。諧謔と懐疑に満ちた、この心優しき偶像破壊者たちは、読者の常識を破壊し、現実的な態度を覆す。『ガルガンチュアとパンタグリュエル』や『ガリヴァー旅行記』には、明白に秘教哲学を語っている部分などどこにもない。だが少し掘り返してみるだけで、それは白日の下に曝されるのだ。

本書は、歴史を通じて極めて多くの著名人が、秘密結社で教えられた秘教哲学や神秘的言説を密かに啓発していたという事実を明らかにする。確かに、彼らが生きた時代は、最も教養ある人ですら近代科学の知的恩恵を享受していなかった。ゆえにシャルルマーニュが、ダンテが、ジャンヌ・ダルクが、シェイクスピアが、セルバンテスが、レオナルドが、ミケランジェロが、ミルトンが、バッハが、モーツァルトが、ゲーテが、ベートーヴェンが、ナポレオンが、現在では否定されている見解を信じていたのも当然ではないか、と言われるかも知れない。だがそれならば、多くの近代人が彼らと同じ見解を信じていたことは驚くべきことではないか。それも狂人や孤独な神秘主義者や、幻想作家に限らない。近代科学の手法の確立者たち、人文主義者、合理主義者、解放運動家、宗教分離主義者、迷信批判者、近代主義者、懐疑主義者、諧謔家までがそうだったのだ。だが実際、今日の科学指向の、唯物論的な世界観の形成に大いに与った当の人々が、密かに別のことを信じていたなどということがあり得るだろうか？　ニュートン、ケプラー、ヴォルテール、ペイン、ワシントン、フランクリン、トルストイ、ドストエフスキー、エディスン、ワイルド、ガンディ、デュシャン──彼らが秘教伝統に参入し、物質を超越する精神の力を信じ、肉体を持たぬ精霊と交信することができたというようなことがあり得るのだろうか？

これらの人々の最近の評伝は、彼らがそのような思想に興味を抱いていたことを示す証拠にはほとんど言及しない。たとえ言及されても、それは単なる趣味であるとか、一時の気の迷いであるとか、単なる気晴らしであるとか、仕事に関するメタファーであって文字通りに受け取ってはならないなどと言われるだけである。

だが、後に見るようにニュートンは、成人して以後ずっと錬金術を実践していたし、それを自らの最も重要な仕事と見做していた。ヴォルテールはヨーロッパ知識人の世界を牛耳りながら、儀式魔術に没頭していた。ワシントンは、彼の名を戴く都市を建設した時、天界の大いなる精霊を召喚した。そして自ら星に導かれていると述べたナポレオンの言葉は、単なる比喩表現などではなかった──それは彼に運命を示し、彼に不敗の力を与えた大いなる精霊についての言及だったのだ。本書の目的の一つは、この奇妙な観念が、一時の熱狂やわけのわからない奇行などではなく、また枝葉末節の些細な事柄なのでもなく、まさに歴史を作った多くの人々の核となる哲学を形成したのであるということを──それどころか、彼らは驚くべき共通の目的を共有していたのだということを示すことにある。これらの偉大な人々の物語を、一つの歴史物語の中に編み込んでいくなら、歴史の大きな転換点には必ずそこに古代の秘教哲学があって、そこに隠然たる影響力を揮っているということが明らかになるだろう。

ザラスシュトラの時代に始まる古代世界の図像学と彫像術において、秘儀の学院の秘密教義の知識の象徴は巻物であった。後に見るように、この伝統は現代まで続いている。今日においても、世界中の街や都市に置かれた彫像は、その影響が極めて広く流布していることを示している。秘教カルトの隠秘的象徴を見出すために、遙々レンヌ＝ル＝シャトーやロスリン礼拝堂、あるいはチベットの人里離れた山寺などを訪ねる必要はないのだ。本書を通読された読者は、その痕跡はまさにわれわれの周囲にあるということを知るだろう。それはわれわれの最も有名な公共の建物やモニュメントにも、教会にも、絵画にも、書物にも、音楽にも、映画にも、祭にも、民話にも、子供たちに話して聞かせる物語にも、そして曜日の名前の中にもあるのだ。

『フーコーの振り子』と『ダ・ヴィンチ・コード』という二つの小説は、歴史の流れを支配せんとする秘密結社の陰謀という観念を大衆に広めた。いずれも、主人公らは古代の秘密哲学に関する興味深い噂を聞き、自らそれを追跡し、そしてそれに引き込まれる。

この分野を深く研究し、優れた業績を残している学者もいる。例えばウォーバーグ研究所のフランセス・イェイツ、イェールの傑出した人文科学教授ハロルド・ブルーム、そして記念碑的な作品『なぜブレイク夫人は泣いたのか――スウェデンボリ、ブレイク、そして霊的ヴィジョンの性的基盤』の著者であるマーシャ・キース・シュハードなどだ。だが彼らの仕事は慎重な方法を採らざるを得ない。仮に彼らが仮面の男たちから秘儀伝授を受け、異界への旅に誘われ、物質に対する精神の力を見せられていたとしても、それを洩らしてはいない。

秘密結社における最大の秘密は、口伝でのみ伝授される。それ以外の部分は、部外者には理解できないよう、故意に曖昧に書かれる。例えば、ヘレナ・ブラヴァツキーの並外れて長大かつ曖昧な書『シークレット・ドクトリン』や、G・I・グルジェフの全十二巻に及ぶ寓話『ありとあらゆる全て』、あるいはまた六百巻に及ぶルドルフ・シュタイナーの著作や講演録から実際に「秘密教義」を引き出すことは可能であるのかも知れない。また同様に、中世の偉大な錬金術文献や、それ以後の時代の高位の秘儀参入者たち、例えばパラケルスス、ヤーコプ・ベーメ、エマヌエル・スウェデンボリなどの秘教論文を解読することも――理論上

㊧ローマの政治家像。　㊨ジョージ・ワシントン像、サー・フランシス・チャントリー作、1861年の銅版画。

は——可能かも知れない。だが、いずれの場合も、これらの文書は既に知っている人に向けて書かれたものだ。これらの文書は、秘密を明かすよりもむしろ隠しているのである。

私は過去二十年以上に亘って、秘密教義に対する簡便にして信頼しうる、そして全く明瞭な指導書を探し求めてきた。だがそんな本は存在しないと解ったので、自分で書くことにしたのだ。確かにそのように自称する自費出版本やウェブサイトを見出すことは可能だ。だが、どの分野の蒐集家でもそうであるように、霊的探求のために書店を見て回る人はすぐに「本物」を嗅ぎ分ける鼻を持つようになる。これらの本やサイトを摘まみ読みするだけで、その著者には優れた守護天使がついているわけでも、哲学的な修業を積んだわけでも、確実な情報を持っているわけでもないということが解るだろう。

そんなわけで、本書は二十年に及ぶ研究の賜物である。主たる典拠は薔薇十字団の哲学者ヤーコプ・ベーメによる『創世記』註解である

『ミュステリウム・マグヌム』、同じく薔薇十字団員であったロバート・フラッドやパラケルスス、トマス・ヴォーンらの著作であり、また彼らの著作に対するルドルフ・シュタイナーらによる註解も参照した。簡潔さと明瞭性のために、参考文献は本文中で逐一触れるよりも、巻末に註の形で纏めた。

だが、極めて重要なことだが、これらの資料を理解するために、私は複数の秘密結社に属している人物の教えを乞うた。その人物は、少なくとも一つの結社においては、既に最高の位階に参入している。

私は長年の間、ロンドン最大の出版社で編集業務に携わっており、非常に幅広い分野の本を手がけてきた。売れ筋の本もあれば、また時には私が関心を抱いている秘教に関する本もあった。このようにして私は、この分野の多くの著述家と出会ってきた。ある時、明らかに一見して雰囲気の違う人物が私の事務所にやって来た。彼は一つの提案をした。古典的な秘教文書――錬金術文献など――を集成した叢書を出そうというのである。そしてそれぞれの文書には彼が新しい序文を書き下ろしてくれるという。われわれは直ちに親友となり、共に長い時を過ごした。ほとんどどんなことを訊ねても、彼は自分の知っていることを教えてくれるのだ――それも驚くべきことを。今にして思えば、彼は私を教育していたのだ。秘儀伝授に備えて。

何度か私は、これらの事柄を書き留めるように彼を説得した。万物についての秘教理論を書こうじゃないかと。その度に彼は拒否し、もしそんなことをしたら「白衣の男たちがやって来て連れて行かれてしまうよ」と答えた。だがたぶん、彼にとってこれらの事柄を出版することは、厳粛かつ恐るべき誓約を破ることになるのではないかと私は思った。

だからある意味では、私は彼に書いて欲しかった本を自分で書いたのだ。その一部は、彼が解き明かしてくれた薔薇十字文書に基づいている。彼はまた、他の文化における資料についても教えてくれた。ゆえに本書には、西洋文化の比較的表面近くにあるカバラ、ヘルメス学、新プラトン主義の流れと同様、スーフィの要素もあれば秘教的ヒンドゥ教・仏教に由来する思想もあり、ケルトに発祥するものも少々含まれている。

私はさまざまな流れの間にある類似性を殊更に誇張しようとは思わないし、いくつもの時代を経てこれら無数の流れが合流し、分岐し、また合流する様子を逐一記すことは本書の範疇を超える。だが、表面的な文化的差違の下にあるものに焦点を合わせ、これらの流れが宇宙に対する統合的な視点をもたらすものであることを示したい。そこには隠された次元があり、特定の秘儀的かつ逆説的な法に従う人生観がある。

概して、世界中の異なる伝統は、互いに啓明しあう関係にある。二世紀のシナイ山上の隠者たち、あるいは中世ドイツの神秘家たちの体験が、二〇世紀インドのスワミのそれと合致するのは驚くべきことだ。秘教的教義は、西洋においては東洋よりも深く隠されて来たために、私は西洋の秘密の歴史を理解するためにしばしば東洋の実例を用いた。

私は異なる伝統同士の間に生じうる矛盾について論ずるつもりはない。インドの伝統は転生に重きを置くが、スーフィのそれは転生をほとんど語らない。そこで一つの妥協案として、歴史上の有名人の転生について、少数の実例だけを取り上げることにした。

私はまた、どの思想学派や秘密結社が正統な伝統に依拠しているかについては、独断で判じた。ゆえにカバラやヘルメス学、スーフィズム、テンプル騎士団、薔薇十字団、秘教的フリーメイソンリー、マルタン主義、マダム・ブラヴァツキーの神智学、それに人智学は含めたが、サイエントロジーやメアリ・ベイカー・エディのクリスチャン・サイエンス、それに今日夥しい数に上る「チャネリング」資料などは本書では取り扱わなかった。

とはいえ、本書は論争を忌避するものではない。「永遠なる哲学」を規定しようとするこれまでの試みは、結局は陳腐な言葉の羅列になってしまうことが多かった――「われわれは一皮剝けば皆同じである」、「愛に対する報いはただ愛のみである」といった、反対するのが難しい言葉だ。このような同意しやすい言葉を求めている人に対しては予め謝っておく。私が世界中の秘教学派や秘密結社に共通する教えであると規定するものは、多くの人を憤慨させ、一般常識とは懸け離れたものになるだろう。

　ある時、私は秘儀伝授を受ける準備が整った、と師に告げられた。だからこれからある人々に会わせよう、と。

　私はその瞬間をずっと待ち望んで来たのだ。だが自分でも驚いたことに、私はそれを拒否していた。間違いなく恐怖心もあった。多くの秘儀参入儀礼が意識の変性状態を伴うものであることを私は既に知っていた。それは時には「死後体験」と呼ばれるものであることさえあるのだ。だがもう一つの理由は、私が自分に与えられるこれらの知識をお仕着せのものにしてもらいたくなかったことだ。それを自分で発見する楽しみを奪われたくなかったのだ。

　それと、書くことを禁じられる誓約も御免蒙りたかったということがある。

　本書の構成は以下の通りである。最初の四つの章では、秘密結社において「天地創造」がどのように教えられているのかを見る。楽園追放と堕落の秘教的な意味についてもここで説明する。またこれらの章では、秘密結社の世界観についても解説する。つまり概念上の色眼鏡を提供しようとするものだ。それを掛ければ、以下の章をより良く理解できるようになる。

　次の七つの章では、神話と伝説の多くの登場人物を、歴史上の人物のように取り扱う。これは記録された歴史以前の世界史である。それはかつて秘儀の学院で教えられており、今もなお秘密結社の中で教えられている。

　第八章には、慣習的に歴史時代の出来事とされているものへと移るが、その物語には依然として怪物や怪獣、奇蹟や予言が出てくる。そして歴史上の人物が霊的存在と共謀し、歴史の流れを思い通りにしようとする。

ここで示される奇妙な観念によって、そしてそのような観念を抱いていた人々の名を明かすことによって、読者自身の精神も楽しみながら変容していくことを望む。また、この奇妙な主張のいくつかが読者の心の琴線に触れ、多くの読者が次のように思い至ってくださることを希望する。……そうか、だから曜日の名前はこんな風に並んでいるのか……だから世界のどこでも、魚や水瓶、それに蛇の尾をした山羊の絵が、その形に似ても似つかない星座に当て嵌められているのか……ハロウィーンって本当はそういう意味だったのか……テンプル騎士団が悪魔崇拝をしたという奇怪な告白の意味はこれだったのか……クリストフォルス・コルンブスが、正気じゃないほど危険な旅行に出発するほど自信を持ってたのはそういうわけだったのか……一九世紀後半にニューヨークのセントラル・パークにエジプトのオベリスクが建てられたのはそういうわけか……レーニンの遺体がミイラ化されたのはそういう理由か……。

これら全ての目的は、歴史の基本的事実というものが、われわれの通常の理解する所のものとはほとんど正反対のものとして解釈しうるということを示すことである。言うまでもなく、これを証明するためには膨大な書物が必要だろう。ヴァティカンには、長さ二〇マイルに及ぶ秘教と隠秘学の書棚が仕舞い込まれていると言われる。だが僅か一巻本である本書が示すのは、この代替的な、鏡像的な観点というものが、それ自身の論理において首尾一貫しており、説得力あるものであるということだ。そしてそれは、通常の観点によっては説明の付かない人間の経験の領域を説明しうるという利点を持つ。私はまた、本書全編を通じてさまざまな権威者たちの論述を引用した。これはさらに研究熱心な読者にとって手掛かりになると思う。

これらの権威者の中には、秘教伝承の中にいた者もいる。また、自らの専門分野——科学、歴史、人類学、文芸批評——に熟達し、その結果、その特定の研究分野における成果が私の見るところ、秘教的な世界観を示すに到っている者もいる。彼らの個人的な人生哲学に霊的・秘教的次元があるかどうかは知る由もないにしても。

しかし、とりわけ——この点をこそ私は特に強調しておきたいが——私が読者諸君に求めたいのは、本書に対して全く新しいアプローチの方法を採っていただきたいということだ——つまり本書を、想像力の訓練として読むのである。

読者諸君は、われわれが成長過程において教えられてきた所のものと全く正反対のことを信ずるとは如何なる感覚であるかを想像するように試みていただきたい。そのためには必然的に、ある程度の変性意識状態が必要となる。世界中の全ての秘教的教義の中枢には、より高次の形態の知性に到達しうるのは変性意識状態においてのみであるという所信がある。殊に西洋の伝統においては、想像力の訓練の価値が強調される。その中には、視覚イメージを開拓し、これについて瞑想することなどが含まれる。精神の内に深く潜行し、そこで自らの修業を行なうのである。

もちろん、本書は単に人々が信じてきた馬鹿げた事柄の記録、壮大なる幻影、不合理な体験に満ち満ちた不協和音として読むこともできる。だが私は、少なくとも読者の一部は、最終的にその中にある種の調和を聞き取り、微かな哲学的暗流を感じ取っていただけるものと期待している。それはすなわち、その所信が真実であるかも知れないことを示すものだ。

無論、なぜ世界が斯くあるのかを説明しようとする理論というものは何にせよ、次に何が起るのかを予測しうるはずである。そして本書の最終章には、来るべき時代が如何なるものとなるかが示されている——言うまでもなく、秘密結社の大いなる宇宙的計画が成功すれば、という条件があるが。この計画の中には、進化への大いなる新たな衝動はロシアに起こり、ヨーロッパ文明は崩壊し、最終的に真の霊性の炎はアメリカに燃え続けるという所信が含まれるだろう。

死活の重要性を持つ想像力の作業への一助として、本書全編に奇妙かつ不可解な図版を収録した。その中には、これまで秘密結社の外では公にされていなかったものもある。

また中には、世界史の中で最も人口に膾炙した図版、われわれの文化における最も偉大なイコンもある――スフィンクス、ノアの方舟、トロイアの木馬、モナ・リザ、ハムレットと頭蓋骨などである。なぜなら秘密結社は、これらの図像に奇妙かつ予想外の意味を与えているからだ。

最後に、エルンスト、クレー、デュシャンら、現代ヨーロッパの芸術家たちの作品、そしてアメリカのアウトロー、デイヴィッド・リンチなどの図版がある。彼らの作品もまた、古代の秘教哲学に染まっていることが示される。

読者自身の精神に変性意識状態を導入せよ。そうすれば、最も有名、かつ人口に膾炙した歴史事象は、突如として全く別の意味を帯びる。

事実、本書の語る歴史の中にひとつでも真実があれば、歴史の教師に教わった全てのことに疑問が突きつけられることになる。

だからといって、恐れおののく読者はいないだろう。

とある古代の秘教哲学の帰依者は、次のような忘れ難い言葉を述べている。

おまえは気違いだね。さもなくば、ここにはいなかっただろう。

1 元初に

神、鏡像を見給ふ／鏡の宇宙

昔々時間は存在しなかった。

時間というものは、空間内の物体の位置の変化の指標に過ぎない。そしてあらゆる科学者、神秘家、狂人が知るように、はじめ、空間内の物体などというものは存在しなかった。

例えば年は、太陽の周りの地球の運動を計る指標だ。日は地球の自転を計る。聖書の記者は自ら、はじまりには地球も太陽も無かったと述べている。つまり彼らの言うところの、万物が七日間で創造されたとは、通常の意味における「七日」ではない。

このように、最初は物質も空間も時間も無かったのだが、万象を開始する何かが起こったに違いない。言い換えれば、宇宙の存在が開始される以前に、何かが起こったのだ。

最初に何かが起こった時、そこには何も無かったのだから、この最初の事象はわれわれが通常の物理法則の用語で説明する類の出来事とは極めて異なったものだったに違いない。そう考えるのが妥当だろう。

この最初の事象は、何らかの意味で、物理的事象と言うよりも、精神的な事象であったとは言えないだろうか？

精神的な事象が物理的な効果を引き起こすという考えは、一見したところ、経験則に反するように見えるかも知れない。だが実際にはわれわれは常にそれを経験している。例えば、何かの考えを思いついた時――例えば、「手を伸ばして彼女の頬を撫でなきゃ」――に起こっているのは、脳内のシナプスにパルスが走り、電流のようなものが腕の神経に流れ、手を動かすという事象である。

このような日常的な実例が、宇宙の起源について某かを語ることはあり得ないだろうか？　はじめに、どこかからインパルスがやって来たことは間違いない――だが、どこから？　子供の頃、溶液の底に結晶ができるのを初めて見た時、それはあたかも、一つの次元から別の次元へとインパルスが絞り出されるように感じられなかっただろうか？　本書で語られる秘史を通じてわれわれは、世界の最も傑出した知性の持ち主たちが、宇宙の誕生、非物質から物質への神秘的な遷移を、まさにこのような形で説明しているのを目撃する。彼らは、他の次元からこの次元へとインパルスが絞り出されてきたと考え――そしてこの他の次元こそ、神の御心であると認識した。

読者がまだ門口にいて――これ以上、本書の秘史に時間を割く危険を冒す前に――はっきり述べておこう。私がこれから読者諸君に考えていただこうとするものは、神秘家や狂人にとっては全く正しいが、科学者の好むところではない事柄である。むしろ毛嫌いするはずの事柄だ。

今日の最先端の思想家や学者たち、例えばオクスフォードの「科学的精神普及のための寄付講座」初代教授であるリチャード・ドーキンスをはじめとする、科学的な世界観を維持統制する戦闘的な唯物論者にとって、「神の御心」などという観念は雲の上に住む白髪の老人と同義である。彼らに言わせれば、それは幼児や未開人が神を人間的なもの――つまり人間と同じ形をした存在と見做すのと同じ過ちである。たとえ概念上は神の存在を認めるとしても、なぜ「神」が人間に似ている必要がある？　なぜ「神」の心が人間のそれに似ている必要がある？

実際の所、彼らは正しい。もちろん、そんな必要は全くないのだ……物事を逆しまに考えない限りは。言い換えれば、神の心がわれわれの心に似ているとすれば、それはわれわれの心が神の心に似るように創られたからである——つまり、神が自らの似姿にわれわれを創ったからである。

これが本書の論じ方だ。本書の歴史においては、あらゆるものが逆しまであり、裏表なのだ。

ここではあらゆるものが逆しまであり、裏表である。これから後の頁では、常識的な認識を守り、維持しようとする人々と真っ向から対立する考え方を述べていくことになる。現代の知的指導者たちが異端、愚鈍、狂気と見做す禁断の思想を知り、哲学を味わうよう、読者を誘う。

アリス、逆しまの宇宙に入る。

もう一度確認しておくが、私は何も読者諸君を学問的な論争に引きずり込もうとか、哲学論議を弄してこれらの禁断の思想が正しいということを叩き込もうとしているのではない。賛成であれ反対であれ、通常の議論については、巻末に収録した標準的な学術書を御覧いただきたい。ここで私がしようとしているのは、読者諸君に想像力の拡張をお願いすることである。諸君がこれまで教えられてきた観点から可能な限り遠い位置から見た世界、歴史はどのようなものとなるか、それを想像してみていただきたいということなのだ。

現代の最先端の思想家たちは恐れおののき、如何なる形であれ、そのような観念を弄ぶのは避けるように、と忠告することであろう。ましてや、本書を通読するに必要となるほどの長時間に亘ってそれについてあれこれ考えるなどもってのほかである。

これらの観念に対する全ての記憶、あらゆる痕跡を消し去ろうとする、大規模な試みも行なわれてきた。今日の知的エリートの信ずる所によれば、もしもこれらの観念を、たとえ一瞬でも、意識の中に滑り込ませたりすれば、われわれは原始的な、未開の意識形態に逆戻りしてしまうのだ——われわれが何千年以上の時をかけてようやく這い出した精神的汚泥に。

では、本書の歴史において、時の始まりの前に生じた出来事とは何か？　原初の精神的事象とは何であったのか？

それは、神の内省だった。神はいわば、想像上の鏡を覗き込み、未来を見た。神は自分自身に似たものを想像した。神は自由かつ創造性に満ちた存在を想像した。その存在は極めて知的に愛し、愛に満ちて思考することができるがゆえに、自らや自らの同類を深奥から変容させることができるのである。彼らは自らの精神を拡大し、宇宙の全体性を包含することができた。そしてその心の深奥において、精妙極まりないその営みの秘密を認識することができた。

自らを神の立場に置くための一つの方法は、鏡に映る自分自身の像を想像することだ。そこに映る自分の姿に命を与え、独立した生命を与える。

後に見るように、秘密結社が教授する鏡像の歴史においては、まさにこれこそが神の行なったことなのだ。神の鏡像——人間——は徐々に、かつ段階的に独立した生命を形成・獲得し、神に育まれ、そして極めて長い時の流れの中を、神に導かれ、促されてきた。

自省する神のカバラ的イメージ。19 世紀。

今日の科学者に言わせれば、この上もない苦悩の真っ只中にある時、天の神に対し、心の奥底から思いの丈を込めて泣き叫んだとしても、全く無駄である。なぜなら神がそれに答えることはないからだ。星々は徹底して冷淡だ。人間に与えられた責務とは、己が成長し、成熟し、この冷淡さを甘受することに他ならない。

　本書で記述する宇宙はそうではない。なぜなら、それは人間のために創られたものだからだ。

　この歴史においては宇宙は人間中心的であり、その粒子の一粒一粒に到るまで、人間のために懸命になっている。この宇宙は長きに亘ってわれわれを育み、われわれの一人一人を、各自の人生における偉大な瞬間へと導いてきた。われわれが泣き叫べば、宇宙は共感に満ちて耳を傾ける。人生における大きな岐路に差し掛かった時、全宇宙が息を飲んで、あなたがどの道を選ぶかを見守るだろう。

　科学者もまた宇宙の神秘と驚異を語るだろう。粒子の一粒一粒に到るまでが、他の全ての粒子と重力によって結びついている驚異を。また彼らは、われわれ全員が、かつてユリウス・カエサルの身体を構成していた原子の内の数百万個を持っているという驚くべき事実を指摘するだろう。あるいはまた、われわれは皆、星屑なのだとさえ言うかも知れない――ただしそれは、われわれの肉体を形成する原子はわれわれの太陽系が形成されるよりも遙か以前に爆発した星の水素から創り出されたものなのだという、実につまらない意味においてであるが。なぜつまらないか。それはここで重要なのは次の点だからだ――如何に彼らが神秘と驚異のレトリックで装飾しようとも、彼らの語る宇宙は所詮、盲目の力に支配された宇宙に過ぎないのだから。

　科学の宇宙においては、物質は精神に先行する。精神は物質の産物であり、物質にとっては重要でも本質的でもない――ある科学者はそれを「物質の病気」とまで呼んでいる。

　一方、本書で記述する、精神が物質に先行する宇宙においては、精神と物質の繋がりは遙かに密接なものである。それは活き活きとした、ダイナミックな繋がりである。この宇宙に存在する森羅万象はある意味において生きており、意識を持ち、われわれの最も深い、最も精妙な欲求に鋭敏かつ知的に反応している。

　精神が物質に先行する本書の宇宙においては、物質は神の精神から生じたのみならず、人間精神の存在を可能とする条件を提供するために創

LHOOQ――マルセル・デュシャンによるダダ宣言。アンドレ・ブルトン『シュールレアリスムと絵画』より。物質世界がわれわれの内なる欲望や恐怖に反応するという概念は難解であり、混乱させるものである。これをより良く理解するためには、何度も立ち帰る必要がある。1933 年に秘密結社の哲学の帰依者であるアンドレ・ブルトンが述べた素晴らしい見解は、以後、芸術と彫刻を啓明している――特に、デュシャンの「レディ・メイド」を。曰く、「われわれの手の届く範囲にあるいかなるガラクタも、われわれの欲望の沈殿物と見做されるべきである」。

られたのである。人間の精神は今もなお宇宙の中心であり、この宇宙はそれを育み、その欲求に応えている。物質は人間の精神によって動かされる。それは神の精神によって動かされるのと規模は違えど、その方法は同じなのだ。

一九三五年、オーストリーの物理学者エルヴィン・シュレーディンガーは、よく知られた思考実験「シュレーディンガーの猫」を考案した。これは事象が観察されることによって変化することを示すものである。事実上、彼は日常体験に関する秘密結社の教えを我がものとし、それを原子内部の領域へと適用していたのだ。

子供の頃、われわれは誰しも、このように考えたことがある――もしも人里離れた森の、誰も聞いていないところで樹が倒れたなら、その時本当に音は出ているのだろうか？　誰にも聞かれない音は、音とは言えないのではないだろうか？　秘密結社は、それは真実であると教える。彼らによれば、森の中で樹が倒れるのは、それがどれほど辺鄙な森であろうと、それによっていつかどこかの誰かに影響を及ぼすためである。この宇宙においては、人間の精神と交流することなしには、如何なる事象も起こり得ないのだ。

シュレーディンガーの思考実験では、猫を箱の中に入れ、放射性物質を仕掛ける。それは五〇パーセントの確率で猫を殺すとする。猫が死んでいるか生きているかはいずれも、いわばわれわれが箱を開けて中を見るまでの間、五〇パーセントの可能性として保留されており、そしてわれわれが中を見た瞬間に、実際の事象――猫の生死――が生じる。猫を見ることによって、われわれは猫を殺す、または生かすのである。秘密結社は、日常世界もまたこれと同様に振る舞うと述べている。

秘密結社の宇宙においても、厳密な実験室条件下でコインを投げると、確率の法則に従って、表が出る確率は五〇パーセント、裏が出る確率も五〇パーセントである。だが、この法則が不変であるのは実験室条件下のみである。言い換えれば、確率の法則が当て嵌まるのは、あらゆる人間の主観を意図的に排除した時のみなのだ。通常の状況下において、人間の幸福と自己実現の希望が骰子の目に依存している時、確率の法則は曲げられる。その時はより深層の法則が働くのである。

今日では、われわれの感情の状態が肉体に影響を及ぼすこと、さらには、根深い感情が病弊の治癒もしくは悪化において長期的かつ根深い変化をもたらすということが広く認められている——心身相関効果である。だが、本書で記述する宇宙においては、われわれの感情の状態は直接的に、われわれの肉体の外の物質にも影響を及ぼす。この心身相関宇宙においては、宇宙における物体の振る舞いは、われわれがそれに対して何もしなくとも、直接的に精神の状態の影響を受ける。われわれは物体を見ることによって、それを動かすことができるのだ。

近年出版された『ボブ・ディラン自伝』の中で彼は、人が自らの生きる時代を変えるためにはどうしなければならないかを述べている。曰く、そのためには「あなたは精神を支配する力を持たねばならない。私は一度、それを行なったことがある……」。彼によれば、このような人間は「……事物の本質、物事の真実を見抜くことができる。それは比喩ではなく、文字通りに見るのである。金属を見てそれを溶かすように、激しい言葉と獰猛な洞察によってそのあるがままの姿を見るのである」。

これは比喩ではないということを彼がわざわざ強調していることに注目していただきたい。彼は直接的に、かつ全く文字通りに、力強い古代の叡智を語っている。それは秘密結社の中に守られてきた叡智であり、われわれの文化を創り出した偉大な芸術家、作家、思想家たちが信奉していた叡智である。この叡智の中枢には、われわれの精神生活の最も深い源は物質世界の最も深い源でもあるという所信がある。なぜなら秘密結社の宇宙においてはあらゆる化学は精神化学であり、人間の精神に対する物質の反応は、物質科学の法則よりも深く、かつ強力な法則によって記述されるのである。

この深層法則とは、単に博徒が体験する「ツキの波」とか、「二度あることは三度ある」というような諺の類に留まるものではない。秘密結社の言う法則は、各個人の人生の最も卑近なレベルの縦糸と横糸に織り込まれていると同時に、世界史を形作った大規模かつ複雑な摂理のパターンにも織り込まれている。本書の理論によれば、歴史にはより深い構造があり、われわれが通常政治や経済や自然災害といった用語で説明する事象は、それ以外の、より霊的パターンの用語によってより良く説明しうるのである。

秘密結社における逆しま、裏表、あべこべの思考、そこにある奇怪で頭のおかしくなるようなものの全ては、精神が物質に超越するという思想に由来する。時の始まりに何が起きたと信ずるにせよ、それを確かめる証拠はほとんど無い。とは言うものの、われわれが行なう選択は、この世界の仕組みについてのわれわれの理解に計り知れない影響を及ぼすのだ。

もしも物質が精神に先行すると信ずることに決めたのであれば、如何なる偶然が化学物質を集め、意識を生み出したのかを説明せねばならない。それは困難である。一方、物質は宇宙精神によって創られたのだと考えるならば、その機序を説明し、ワーキングモデルを提供するという問題を抱えることになる。これもまた同様に困難である。

エジプトの神殿の神官たちから今日の秘密結社まで、ピュタゴラスからルドルフ・シュタイナー（一九世紀後半から二〇世紀にかけてのオーストリーの偉大なる秘儀参入者）まで、このモデルは常に、宇宙精神から流出する一連の思考として措定されてきた。この思考流出はまず純粋精神に始まり、次に一種の原物質としてのエネルギーとなる。これが徐々に濃密化して物質となるのだが、当初は極めて稀薄で、気体よりも精妙であり、如何なる粒子をも含まない。そして最終的にこの流出は気体となり、それから液体、そして遂には固体となる。

ケヴィン・ウォーリックはレディング大学のサイバネティクス教授で、人工頭脳の研究にかけては世界の最先端の一人である。合衆国のMITの学者たちと競い合いながら彼が造ったロボットは周囲の環境と交流し、学び、それに従って自らの行動を調整する。これらのロボットは、蜂のような下等生物並みの知性を示している。彼によれば、五年以内にロボットは猫と同等の知性を備え、十年以内には少なくとも人間と同等に知的になるだろうという。彼はまた、新世代のロボット用コンピュータの開発にも携わっており、彼によればそれは他のコンピュータを設計・製造することができる。そうして造られたコンピュータは、次に自分自身よりも下位のレベルのコンピュータを順次製造していくという。

1677 年に匿名で出版された錬金術文献『沈黙の書』所収の図版。錬金術においては、朝露の降下は宇宙精神の物質界への流出の象徴である。カバラによれば、聖なる露が〈時の老いたる者〉の頭から落ち、新たな生命をもたらす。特に露は夜間に良心に作用する霊力の象徴である。ゆえに、心にやましいことがあると、夜眠れない。ここでは秘儀参入者は露を集めている——言い換えれば、就寝前に行なった霊的修行の成果を、目覚めた時に収穫しているのである。

古代世界と秘密結社の宇宙論者によれば、宇宙精神からの流出もまた、これと同様に理解しうる。すなわち、より高次の、より強力な、より遍在する原理から、より狭隘かつ特殊化した原理へと階層構造を下降するのである。各レベルはより下位のレベルを造り、これを指導する。

これらの流出は、また常にある意味において人格を持つと考えられ、またある意味で知性を持つと考えられた。

ケヴィン・ウォーリックが二〇〇一年に王立研究所で同業者たちに自らの発見を発表した時、彼が自らのロボットが知的であると述べたことは、暗にそれが意識を持つと述べているに等しいとの批判を受けた。だがひとつ否定し難いことは、これらのロボットの頭脳がある意味で有機的に成長しているということだ。彼らは人格に極めてよく似たものを形成し、他のロボットと交流し、組み込まれたプログラムを超える選択を行なう。ケヴィンによれば、彼のロボットが備える意識は人間の意識の特徴の全てを持っているわけではないが、それは犬でも同じことである。犬の備える意識は犬的な意識であり、そして彼によれば、ロボットの意識はロボット的な意識である。無論、場合によっては——例えば、瞬時に膨大な演算をこなす能力等においてー—ロボットはわれわれの意識を遥かに凌ぐ意識を示すのだ。

宇宙精神から流出する意識も、これと同様に考えることができるだろう。チベットの霊的導師は、強烈な精神集中と視覚化によって、タルパと呼ばれる特殊な思考を形成することができる。これは——「思考体」とも呼ぶべきもので——ある種の独立した生命を備え、導師から離れて、その命令を実行する。同様に、一六世紀スイスの術士パラケルススは、「アクァストル」というものについて書き残している。これもまた極度の想像力によって形成され、それ自体の生命を備えるに到った存在である——そして特定の条件下においては目に見え、また触れることもできる。

あらゆる文化における古代の秘密教義によれば、このヒエラルキーの最下層においては、宇宙精神に発するこの思考体は非常に緊密に編み込まれているため、物質のような外見を創り出す。

今日において、この奇妙な現象を記述する言語を欲するなら、量子力学の言語が適当かも知れない。だが秘密結社においては、不可視の諸力が絡み合い、物質世界の外見を獲得する現象は常に光と色彩の網と考えられてきた。すなわち——錬金術の用語で言えば——基質《マトリックス》である。

一流科学者が問う——人生は夢なのか？

これは二〇〇五年二月の『サンデー・タイムズ』紙の見出しである。記事によれば、英国の王室天文学者サー・マーティン・リーズ曰く、「ここ数十年の間に、コンピュータは極めて単純なパターンをシミュレートするものから、極めて複雑な仮想世界を創造しうるものにまで進化した。もしもこの趨勢が今後も続くならば、未来のコンピュータは現在のわれわれが生活している世界に匹敵する複雑さを持つ世界をシミュレートできるようになるだろう。このことは、一つの哲学的な問題を引き起こす——われわれ自身がこのようなシミュレーションの中にいるのではないのか、そしてわれわれが宇宙だと思っているものは、現実のものではなく、一種の天蓋のようなものではないのか？　ある意味では、われわれはシミュレーションの中の創造物なのだ」。

この記事全体の内容は、世界中の一流科学者たちが、われわれを取り巻く環境のあまりにも精妙過ぎるバランスに驚嘆しているというものだった。そのために彼らは、真の現実とは何かを問い直すことを迫られているのだ。

近年の科学におけるこのような発展と同様、小説や映画もまた、ある意味において、われわれが現実であると思い込んでいるところのものは実際には「仮想現実」であるのかも知れないという観念をわれわれに教え込んだ。このような考えを大衆文化に植え付けた最初の作家フィリップ・K・ディックは、変性意識や平行次元に関する秘教的叡智に傾倒していた。彼の小説『アンドロイドは電気羊の夢を見るか？』は、『ブレードランナー』として映画化された。同じテーマを扱った映画には、『マイノリティ・リポート』——これもまたディックの小説に基づく——『トータル・リコール』、『トゥルーマン・ショー』、『エターナル・サンシャイン』等があるが、何と言っても最もよく知られているのは『マトリックス』である。『マトリックス』では、威圧的な黒眼鏡の悪役が、われわれが現実と呼んでいる仮想世界を警備し、その邪悪な目的のためにわれわれを統制しようとする。少なくとも部分的には、これは秘儀の学院や秘密結社の教義の正確な反映である。幻想のヴェールの背後に住む全ての存在は神の精神から流出したヒエラルキーの一部なのだが、その中には不穏な倫理的両義性を示すものもあるのだ。

これらは、古代世界の人々が神々、精霊、そして悪魔として体験したものと同じ存在である。

一流科学者たちの中に、この極めて古い宇宙観の中に再び可能性を見出し始めている者がいるという事実は、頼もしい徴候である。現代人の感性は形而上学に対してほとんど耐性を持たない。ともすればそれは、屋上屋を架すような、極めて高尚かつ不可解なものと見做されがちである。だが古代世界の宇宙論は、真っ当な思想史家なら誰でも認める通り、壮大な哲学装置であった。その互いに連動し合い発展する次元において、衝突し、変容し、混ざり合う大いなる体系において、そのスケール、複雑さ、畏るべき説得力において、それは近代科学の宇宙論に匹敵するものであった。

形而上学は物理学に取って代わられ、無用のものとなったと言うのは単純に過ぎる。この両体系の間には根本的な違いがある。それは両者がそれぞれ異なるものを説明しているということである。近代科学は、宇宙が如何にして現在の姿となったかを説明する。一方、本書で探求する類の古代哲学は、われわれは如何にして宇宙を現在のように経験するようになったかを説明するのである。科学にとって、説明すべき大いなる奇蹟とは、物質的な宇宙である。秘教哲学にとって、大いなる奇蹟とは人間の意識である。

科学者たちは、地球上で生命を可能とするために必要なさまざまな要素の驚くべきバランスに魅了される。彼らは冷熱や乾湿のバランス、地球の太陽からの絶妙な距離、太陽が適切な発展段階にあること（冷たすぎもせず、熱すぎもしない）、といったようなことを問題にする。もっと基本的なレベルで言えば、物質が凝集した状態を保つためには、重力と電磁力はそれぞれが特定の値を取る必要がある（強すぎても弱すぎてもいけない）。等々。

秘教哲学の観点から見れば、われわれの主観的意識が現在の形であるためには、言い換えれば、われわれの経験に現在のような構造を与えるためには、同様に驚くべき一連のバランスが必要であったと言える。

ここで言う「バランス」とは、口語的な意味で言う「精神のバランス」、すなわち感情を健やかに保ち、あまり我を張り過ぎない、などというようなことではない。私はもっと深い、もっと本源的な話をしている。

例えば、内なる叙述、すなわちわれわれが自己という基本的感覚を形成するために繋ぎ合わせる物語の集積を可能とするために必要なものとは何か？　その答えは、言うまでもなく、記憶である。私が昨日行なったことを思い出すことによってのみ、私はそれを行なった人物と自分自身とを同一視することができる。重要なのは、ここで必要なのは適切な度合いの記憶力であるということだ。それは強すぎても、弱すぎてもいけない。イタリアの小説家イタロ・カルヴィーノは、古代の秘教哲学を実践した現代の多くの作家の一人だが、これについて次のように述べている。「記憶はわれわれが何をしたいのかを忘れずに行動し、自己同一性を保って学ぶことを可能にするほど強くなくてはならないが、同時にまた、未来に向けて歩み続けることを可能とするほどには弱くなければならない」

また、われわれが自由に思考し、自己を中心としてその周囲に思考を織り上げていくためには、これ以外のバランスもまた必要である。われわれは感覚によって外界を把握できなくてはならないが、感覚によって圧倒されてしまわないということもまた同様に重要である。さもなくば、感覚はわれわれの精神空間を残らず占拠してしまうだろう。そうなれば、われわれは思考も想像もできなくなってしまう。このバランスが保たれているという事実はそれ自体、例えば、この地球が太陽から遠すぎもせず近すぎもしないという事実と同様に驚くべきことである。

われわれはまた、意識の焦点を内なる生に動かすことができる——コンピュータ画面のカーソルのように。その結果、われわれは何について考えるかを選択する自由を持つ。もしも外界の知覚や内なる衝動への関心と無関心のバランスが正しく取れていないと、読者は今この瞬間、今お読みのこの頁から注意を逸らす自由、他のことを考える自由を持たないだろう。

そこで極めて重要なことだが、もしも人間の意識の最も基本的な状態に、このあり得ないほど精妙なバランスが無かったならば、われわれの自由な思考や自由意志もまたあり得ないものだったのである。

人間の経験の中でもひときわ高い所には、アメリカの心理学者エイブラハム・マズロウの言う「至高体験」がある。これにはさらに精妙なバランスが必要である。例えば、われわれは人生を変えるような局面で大きな決断を求められることがある。万人が必ず体験するわけではないが、よくある話として、どうすれば良いのか頭を振り絞って考える時、全身全霊を込めてそれに取り組む時、辛抱強く己を無にする時、われわれは——ふと——最適の道を理解するのである。そしてひとたび正しい決断を下せば、選択した行動を完遂するために必要な意志力は、ちょうどその時の私が全力を振り絞って出し切ることができる程度の意志力であり、そしてそれに要する期間は、もうこれ以上は耐えきれないというぎりぎりの期間なのである。これこそ、人間として生きることの意味の、まさに中心にある事実だ。

われわれは正しいことを選択し、善良な、おそらく英雄的な人間に向かって成長していく自由や機会を持っている。だがわれわれの意識が、必ずしもそれを可能とするような構造を取っていなければならぬ必然性など、実際には何も無いのだ——それが必然であると考えるためには、摂理を信じねばならない。言い換えれば、そこには意図があるということを。

つまり、人間の意識とは一種の奇蹟である。今日のわれわれはそれを見落としがちだが、古代人はその驚異に心を揺さぶられた。後に見るように、古代の知的指導者たちは、現代の科学者が物理的な環境の変化を追う時のように入念に、人間の意識の微妙な変化を追った。彼らの歴史叙述は——その神話的・超自然的な出来事を含めて——人間の意識は如何に発達したかの叙述であった。

近代科学は、人間の意識について極めて狭隘な還元主義的観点を強制しようとする。科学では説明できない要素は、経験上では如何に歴然たる要素であったとしても、存在しないものとして片付けようとするのだ。例えば祈りの持つ精妙な力、虫の知らせ、視線を感じる力、読心力、体外離脱体験、意味のある偶然の一致等々は、近代科学の絨毯の下に仕舞い込まれてしまった事象である。

そしてさらに、さらに重要なことに、このような還元主義的な科学は、人生には意味があるという人間の普遍的な体験までをも否定してしまうのである。科学者の中には、人生に意味があるかないかという問い自体を無益なものとして否定する者までいるのだ。

後に見るように、これまで存在した人類最高の知性を持つ人々の多くが、秘教哲学の信奉者であった。もしかしたら知的な人は全員、人生のどこかの時点でそれを見出そうと努めたことがあるのではないかとすら私は考えている。

人生に意味があるのかと問うことは人間の自然な衝動であり、そしてこの問いに関して最も豊饒にして深淵、そして濃密な思索を提供するのが秘教哲学である。そこで、本題に入る前に、ここでもう一度、曖昧な科学的思考と秘教哲学の思考の間に明快な区別を付けておこう。

時にはものごとが上手く行かず、人生が無意味に思えることがある。だがまたしばらくすると、やはり人生には意味があると思えたりする。例えば人生は、時に道を誤ったように見える——試験に落ちたり、失業したり、あるいは失恋したり——だがその後、そのような苦境の結果として天職や真実の愛を得たりする。

あるいはまた、誰かがたまたま飛行機に乗らなかったところ、その飛行機が落ちたりする。このようなことが起こると、「上の人」がわれわれを助けてくれている、見守ってくれていると感じる。人生なんて解らないものだという感慨も一入かもしれない。ほとんど気がつかないほどの、おそらくは天界からのちょっとした合図がなければ、全く違った結果になっていたかも知れないのだ。

同様に、われわれの中の現実的な、科学指向の部分では、偶然の一致は文字通り「偶然」であり、たまたま似たような出来事が続いて起こったに過ぎないと見做す。だが心の奥底では、「偶然の一致」は実際には「偶然」ではなく、何か意味があって起こったのだと考えている。偶然の一致を目の当たりにした時、われわれは時として、捉えどころのないものだとしても、雑然たる日常経験の背後に隠された深い意味のパターンを垣間見たように思う。

そして時に人は、全ての希望が失われたように見える時に初めて、幸福は絶望の裏返しであるということを、あるいは憎しみの中にこそ伸びゆく愛の芽が隠されているということを見出すのである。後に見る理由によって、幸福の問題は今日においては性愛の観念と密接に結びついている。そのためにしばしば、恋に落ちるという体験は「自分はこのために生まれてきたのだ」という感覚をもたらすのである。

近年、科学は今や人生と宇宙におけるあらゆる事象の意味を――あるいはそれを説明する理論を発見する寸前にあると称する科学者もいるという。これは通常、「ストリング理論」との関連で語られる言辞である。「ストリング理論」とは、極めて簡単に言えば、自然界のあらゆる力に関する理論であり、重力の法則と量子世界の物理学を結びつけることになるものであるという。それが完成した暁にはわれわれは、われわれが感覚によって把握することのできる物体を支配している法則と、それとは全く異なる振る舞いを見せる量子世界における現象を結びつけることができるようになるらしい。ひとたびこれが定式化されれば、宇宙の構造と起源、そして未来について理解すべき事柄の全てを理解できるようになる。われわれは存在する全てのものを説明してしまうだろう。なぜなら彼らによれば、それ以外のものは存在しないからである。

秘儀参入者たちの秘密を学び、歴史に関する彼らの奇妙な信条を理解するためには、その前にまず、人生の意味という場合の「意味」という言葉と、科学者の使う「意味」という言葉の違いを明らかにしておかなくてはならない。

ある少年がガールフレンドとデートの約束をしたが、彼女はそれをすっぽかした。彼は傷つき、激怒した。彼は自分の身に起こったこの忌まわしい出来事の意味を理解したいと願った。彼は彼女を見つけ出し、問い詰めた。彼が繰り返した質問は、「なぜ？」だ。

……だって、バスに乗り遅れたんだもの。

……だって、職場を出るのが遅くなったのよ。

……だって、考え事をしていて、時間に気づかなかったの。

……だって、ちょっと苛々していたんだもの。

……だって、もうあなたに会いたくなかったんだもの。

彼は執拗に問い詰め、ようやく（ある意味で）求めていた答えを引き出した。

われわれがなぜと問う時、それは二つの意味に解釈しうる。第一はこの少女の最初の、言い逃れのような回答の中にある。それはどのようにと同義であり、いわば因果関係の説明を要求するものである。ひとつの原子が別の原子に衝突して……というようなものだ。これに対してなぜの第二の意味は、少年が欲していた答えである。すなわち、意図を問おうとするものだ。

同様に、われわれが人生や宇宙の意味を問う時、われわれは何も、どのようにと問うているのではない。適切な元素と条件がどのように整い、そして因果関係によってどのように物質が、恒星が、惑星が、有機物等々が構成されたかを問うているのではないのだ。われわれが問うているのは、それら全ての背後にある意図なのだ。

そんなわけで、なぜにまつわる大問題――なぜ生きているのか？　なぜ宇宙は存在するのか？――は、非常に基本的な哲学上の区別として、科学者には答えられない問いである。より正確に言うなら、科学者としての職能の範囲内で活動する科学者には。「なぜわれわれはここにいるのか？」等と問えば、ちょうど先ほどの少女の最初の方の答えと同様、文法的には全く申し分ないが、鳩尾に何やら失望の残る答えしか返ってこない。なぜなら彼らは、われわれが心の奥底で待ち望んでいるような形の答えを提供するわけではないからである。実際にはわれわれは誰もが心の奥底に意図のレベルでの答えを切望する問いへの抜きがたい渇望を抱いている。この区別ができない科学者は、科学者としてどれほど優秀であったとしても、哲学的には愚鈍としか言いようがない。

当然ながらわれわれは、人生の一部に目的や意味を与えることはできる。もしサッカーをやろうと決めれば、ボールをネットに蹴り込むことはゴールを意味する。だがわれわれの人生全体、生まれてから死ぬまでの全人生は、それに意味を与える、予め存在していた精神の存在無しには、意味を持ち得ない。

そして同じことは、宇宙についても言えるのだ。

そんなわけで、科学者が宇宙について「有意義」「驚異」「神秘的」などと語っていたら、彼らは一定量の知的な不誠実さを以てこれらの言葉を用いているということに留意すべきである。物質論的な宇宙が有意義なり驚異なり神秘なりになるとすれば、結局のところ二義的な、すなわち期待はずれの意味においてである――舞台の手品師の演技を「魔術」と呼ぶのと同様だ。そして実際、生と死のような大問題を考える場合、あらゆる科学の方程式は単に、「解らない」ということを難しく、迂遠に言っているに過ぎないのである。

今日では、生と死のような大問題は棚上げにしておくことが推奨される。なぜわれわれはここにいるのか？　人生の意味とは何か？　このような質問には全く意味がない、とわれわれは教えられる。ただ生きて行けと。そしてわれわれは、生きるとは如何に不可思議なことであるかという感覚の幾許かを失ってしまう。

今、何か大切なものが根こそぎ滅ぼされようとしている。その結果、われわれはかつてに比べ、生きるという感覚を失いつつある。本書はそのような信念を念頭に置いて書かれた。

人間の置かれた基本的な状況を異なる角度から眺めてみれば、科学は実際にはそれが主張するほど物事を知ってはいないということが解る。そして科学は、人間の体験の中の最も深く、最も高いものに対して取り組んでいるわけではないということが解るのである。

次章では、われわれは想像の中で、古代世界の秘儀参入者の精神に入り込み、彼の目を通じて世界を見る。われわれが忘れてしまった古代の叡智について考察する。その観点から見るならば、近代科学が最も確かな真実と見做す事柄ですら、実際には単なる解釈の問題に過ぎないことが解るだろう。それらはつまるところ、光線の悪戯と大差ないものなのである。

騙し絵。見る者によって、魔女にも、羽根帽子の若い女にも見える。

2

古代の森を歩く

古代人の精神の体験

目を閉じて、ひとつのテーブルを思い浮かべよう。あなたが仕事をしたいと願う、理想のテーブルである。その大きさはどのくらいか？　何でできているか？　木材はどのように組み合わされているか？　油が塗ってあるか、磨かれているか、それとも生木のままか？　それ以外の特徴は？　なるべく鮮明に思い浮かべてみよう。

さて、次に現実のテーブルを見よう。

あなたがその真の姿をよく知っているのは、どちらのテーブルだろうか？

あなたがより強く信頼できるのはどちらだろうか――心の中身か、それとも感覚器官を通じて知覚する物体か？　よりリアルなのは、精神か物質か？

これらの単純な疑問から生じた議論こそ、あらゆる哲学の中心を成すものである。

今日では、われわれのほとんどが物質や物体が精神や観念に勝ると考える。われわれは物理的な物体を現実の指標としがちである。だがそれとは全く逆に、プラトンは観念《イデア》こそが「真の実在的存在」であると述べた。古代世界においては、心の目に映るものこそが真に信頼しうる永遠の現実であり、実際にそこにあるものは儚く表面的なものに過ぎないと考えられていたのだ。特に強調しておきたいが、かつて人は精神先行型

苛立たしいことだが、古代遺跡のツアーガイドはよく、次のように言う。「この彫刻を御覧下さい。女性が川で洗濯をしています。そして男性が種まきをしています――今もこの近くでは、これと同じような光景を見ることができます」。歴史には二通りある。一つは近代的・常識的なアプローチであり、人間の本質はさほど変わっていないとするものである。本書の歴史はもう一つのタイプに属する。本書の歴史においては、意識は時代毎に、あるいは世代毎に変化したという立場を採る。このエジプト第8王朝の墓所の壁画に見られる、解剖学的にあり得ない人物や、お座なりな描写の植物を御覧頂きたい。この壁画を描いた画家は、このような物質的対象にはあまり興味がなく、同じ神殿の数歩離れた所にある至聖所の神々に意識を集中している。彼らが最大の集中力を以て詳細に見るのは、心の目で見る対象である。そういうものを彼らは金や宝石を鏤め、詳細に描く。ゆえに本書の議論は、ツアーガイドの言うこととは逆に、今の洗濯女と4000～5000年前の洗濯女との類似は見かけ上のことだけに過ぎないということなのだ。

の宇宙を信じていた。それは何も、さまざまな哲学的論議を吟味した上で論理的にその結論に到達したからではない。彼らは世界を、精神が物質に先行する形で体験していたのである。

われわれの思考が感覚の印象に比べて弱々しく、頼りないものであるのに対して、古代人の場合は全く正反対であった。当時の人々は、物理的物質の感覚の方が弱かったのだ。彼らにとって物体は、われわれほど明確に規定され区別されるものではなかったのである。

古代の神殿の壁に描かれた樹を見れば、それを描いた画家は枝と幹の繋がりをきちんと見ていなかったに違いないということが判る。

古代においては、現代人のような見方で樹を見る者など誰もいなかっ

芥子を持つ巫女を描いたミケーネの印章指輪。変容した多次元的な至福を伴う思考の体験は、マリファナのようなドラッグや、ＬＳＤのような幻覚剤を実験する者にはお馴染みかも知れない。カリフォルニア州立大学生物学教授ウィリアム・エンボーデンは、古代エジプトではトランス状態への誘導に阿片、マンドラゴラの根、青百合などが用いられていた証拠を示した。

たのだ。

今日のわれわれは、われわれの思考について極めて還元主義的に考えがちである。今日優勢な知的流行によれば、思考は言葉に過ぎない――そしてそこに、僅かに他の要素、例えば感情やイメージなどがくっついている――だが、実際に意味を担っているのは言葉それ自体のみである。

とは言うものの、この流行の観点について、ほんの少しでも良いから深く考えてみよう。そうすればそれが日常的な体験と真っ向から衝突するものであることが判る。例えば、極めて卑近かつ些細な思考、「今晩忘れないように母親に電話しなければ」というようなものを取り上げてみよう。このような思考が意識の中に生じた時、それを詳しく検討してみよう。それを摑まえ、光を当ててみよう。そうすると、その思考には連想語の緩やかな塊がまとわりついているることが判るだろう。精神分析医の単語連想テストで明らかにされるような類のものだ。さらに深く集中すると、これらの連想は感情を伴う記憶に根差しているということが明らかになるだろう――そしておそらく、それ自身の意志の衝動を伴っていることが。もっと前に母親に電話しなかったことに対する罪悪感は、精神分析学によれば、幼児期に遡ることのできる、複雑な感情の塊に根差している――欲求、怒り、喪失感、裏切り、独立心、自由を求める気持ち。さらにこの電話しなかったことに対する感情に集中していると、他の衝動が表面化する――母親と私がひとつであった、懐かしい時代への郷愁――そして昔の行動パターンが甦って来る。

この思考を特定しようと努めても、それはのらりくらりと身を躱し続けるだろう。それを見るという行為自体がそれを変化させ、反応を生じさせるのだ。それはおそらく時には矛盾する反応である。思考は留まらない。それは生き物であり、言語の死んだ文字によって確定的に示すことはできない。それ故に、本書の中枢にある神秘哲学の支持者の一人であるショーペンハウエルは言ったのだ。「思考を言葉にしようと試みるや否や、それは真実であることをやめる」

どれほど退屈で平凡な思考の暗黒面にも、全ての次元が煌めいている。

古代世界の賢者たちは、これらの次元を扱う術を知り、数千年に亘って、その機能を果たすイメージを創造し、発展させてきた。秘儀の学院の教えによれば、世界の極めて初期の歴史はこの種の一連のイメージとして展開する。

この強力かつ喚起的なイメージについて考察する前に、読者諸君はひとつ、想像力の訓練を開始していただきたい。一人の古代人、秘儀の学院への参入を望む志願者は、世界をどのように体験するだろうか。

無論、このような世界体験の方法は、近代科学の観点から見れば完全な妄想である。だが本書の歴史を繙くにつれて、歴史上の多くの偉大な男女が、意図的にこのような古代的な意識状態を開発していたことが明らかとなる。彼らはそれによって、世界の真の姿、真の営みを見る目を養うことができると信じていた。それはある意味において、近代的な観点を凌ぐものである。そして彼らは「現実世界」の中に持ち帰った洞察によって世界の歴史を変えた。それは歴史上で最も偉大な天才たちの芸術や文学の作品としてのみならず、歴史上で最も偉大な科学発見として結実したのである。

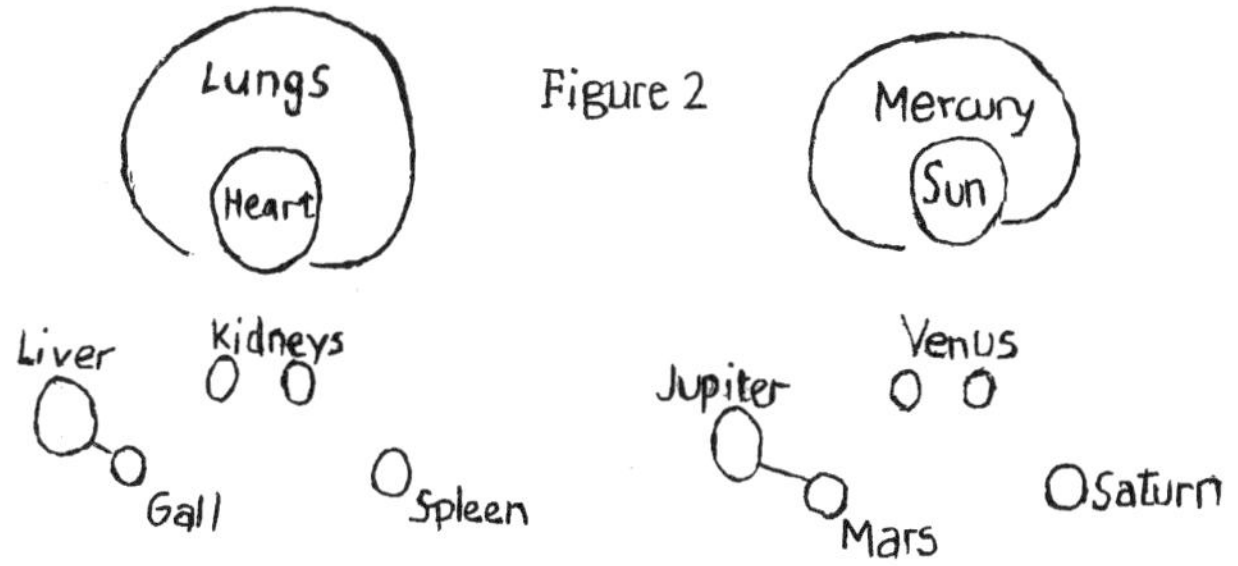

ルドルフ・シュタイナーの説を図化。薔薇十字哲学による人体器官の配置。

そんなわけで、われわれは今から二千五百年ほど前の人物の精神に入り込むこととしよう。彼は今、聖地もしくは神殿を目指して森の中を歩いている。例えばアイルランドのニューグレインジや、ギリシアのエレウシスのような……

このような人物にとって、森自体、そしてその中にある全てのものは生きている。全てのものが彼を見ている。目に見えない精霊が、木々のざわめきの中で囁きかける。頬を撫でる微風は、神の手招きである。空にある空気の塊がぶつかり合い、稲妻が生じれば、それは宇宙意志の発露である——たぶん彼は歩みを速めるだろう。それとも洞窟に身を隠すだろうか？

古代人が洞窟に足を踏み入れれば、彼はまるで自分の頭蓋骨の中に入ったような、自分自身の精神空間に閉じ込められたような奇妙な感覚を抱く。山の頂に登れば、自分の意識が全方位の地平線に向かって、宇宙の果てに向かって広がるのを感じる——そして彼は宇宙とひとつになったと感じる。夜になれば、夜空はまさに宇宙精神そのものである。

森の中の小径を行く彼は、今自分が自分の運命に従っているという強い感覚を持っている。今日では、だれもが疑問に思う。この人生で私は最後はどうなるのだろう、世界にとって私の存在などほとんど、あるいは全く無意味であるように思えるというのに？　このような考えは、古代世界の人間には思いもよらないことだ。古代世界では、だれもが宇宙における自分の位置を知っていたのだから。

自分の身に起こる全ての事象――日光に舞う塵や、蜂の羽音や、雀の降下の光景までも――意味があって生じたのである。あらゆるものが彼に語りかけている。あらゆるものが罰であり、褒美であり、警告であり、前兆である。例えば梟を見れば、それは女神アテナの単なる象徴なのではない。女神アテナそのものなのである。それは物質界に、そして彼自身の意識に侵入したアテナの一部、たぶん警告の指なのだ。

古代人によれば、人間はある特定の形で、物質界と親和性を持っている。彼らの信ずる所によれば、文字通りの意味でわれわれの内に自然との照応を持たないものは何一つ無い。例えば芋虫は腸の形をしているので、芋虫は腸と同様に物質を処理する。肺は鳥と同じ形をしているので、われわれが空間の中を鳥のように自由に移動することを可能とする。可視世界は、裏返しになった人間である。肺と鳥はいずれも、同じ宇宙精神の異なるモードでの表現である。

秘儀の学院の教師たちによれば、天界と人間の肉体の内部機関を見比べれば、その配置が太陽系の反映であることが解る。

古代人の見方によれば、あらゆる生物学は天体生物学である。今日のわれわれは、太陽が生物に生命と力を与え、種子の発芽を促し、上に向けて生長させるということをよく知っている。だが古代人は、それと対照的に、月は植物を平らにし、横向きに生長させると信じていた。塊茎や球根を造る植物は、特に月の影響を受けるとされていた。

さらに注目すべきことに、植物の複雑で対称的な形態は、星々が天空を運行するパターンによって形成されると考えられていた。天体の軌道が靴紐のような形を取れば、同じ形は、葉や花の生長曲線に辿ることができる。例えば土星は天空に鋭いパターンを描くが、これは針葉樹の鋭い松葉を形成すると考えられた。近代科学によれば、松の木には異常なほどの鉛が含有されていることが知られているが、古代人は鉛が土星によって生気を与えられる金属であると考えていた。これは単なる偶然だろうか？

古代人によれば、人間の肉体もまた、同様に星々が天空に描くパターンの影響を受ける。例えば惑星の動きは、人間の肉体の中では、肋骨のループや求心性神経の8の字型に示される。

科学が創り出した「生体リズム」という用語は、季節の推移や夜と昼との交替に示される、地球と月や太陽との関係性が生化学的にあらゆる生物の奥深い機能に組み込まれていることを示す。例えば睡眠のパターンなどである。だがこのような明瞭なリズムを超えて、古代人は遠い宇宙の複雑な数学的リズムが人間の生命に影響を及ぼしていることを認識していた。人間は一日に平均して二万五九二〇回呼吸するが、これは大プラトン年（歳差運動が一巡するのに必要な年数）の年数に一致する。人間の「理想的な」寿命――七十二年――に含まれる日数もまた同じ数である。

このような意味における相関性は、単なる肉体的相関性のみに留まるものではない。それはまた意識にも及んでいる。森の中を行く件の男が、空を飛ぶ鳥の群を見た。この時、群は全体がまるで一羽の鳥であるかのように旋回した。彼の目にはその群は、ひとつの思考によって一体化して動いているように見えた――そして実際、彼はその通りであると信じた。もしも樹の上の動物が突如として一斉に恐慌に駆られて移動したとしたら、彼らはパーンに動かされているのである。男にとってはまさに文字通りそうなのだった。なぜなら彼もまた、大いなる精霊が彼を通じて思考しながら、同時に他の人々を通じて思考することを体験していたからである。彼が秘儀の学院に辿り着き、霊的導師が驚くべき新たな思考を彼や仲間の弟子たちに授けた時、彼らは全員が全く同じ思考を体験する。ちょうど導師が、何かの物体を掲げ、全員がそれを見詰めるのと同様である。事実、このように思考を共有する時、彼は単に肉体的に近くにいる時以上に、他者との近しさを感ずるのである。

今日では、われわれは自分の思考は自分だけのものだと考えがちである。その思考を考え出したのは自分自身であると主張することを望み、個人的な思考空間は不可侵で、他の意識がそこに侵入することはないと考えることを好む。

だが少し考えてみれば、そのような仮定は必ずしもわれわれの体験と一致するものではないということが解るだろう。自分に正直になるならば、われわれが常に必ず自分で自分の思考を組み立てているわけではないということを認めざるを得ない。夢のような状態や、あるいは文字通りの夢の中で霊感を得たと語るのは、何もニュートンやケプラー、レオナルドやエディスン、そしてテスラのような天才だけではない。われわれの誰にとっても、日常的な思考が向こうから自然にやってくることはよくあることなのである。われわれはごく普通に、「何々が頭に浮かんだ」とか「脳裡をよぎった」というような言い方をする。運が良ければ、一座を響めかせるような、完璧かつ気の利いた一言が思わず口をついて出るかもしれない。そうなれば、当然ながら良い気分である――だが実際には、その一言はあくまでも、自分がそれについて意識的に考える間もなく、ごく自然に口をついて出たというのが偽らざる真実なのだ。

日常の実感では、思考というものはたいていいつも、どこか他所の場所から、自分だけの個人的な思考空間の中に入り込んでくるのである。古代人はこの「どこか他所の場所」を、「他者」であると理解していた。つまりは神や天使、精霊などである。

そして、ある人間を駆り立てるのは常に同じ神、天使、精霊であるわけではない。今日のわれわれは、自らの頭の中に位置する個別的な意識の中心を持つと考えたがるが、古代世界にあっては、人々は頭の外に由来するいくつかの異なる意識の中心の存在を体験していた。

先に見たように、神々、天使、精霊は大いなる宇宙精神――言い換えれば、思考体――からの流出であると信じられていた。読者諸君には、この思考体が人々を通じて自らを表すものであるとお考えいただきたい。今日では、われわれは当然ながら人が考えていると考える。だが古代においては、思考が人間の中に入り込むと考えられていたのである。

後に見るように、神々、天使、精霊は国家の運命に大きな変化をもたらすとされていた。これらの変化の焦点は、しばしば個人である。例えば、アレクサンドロス大王やナポレオンは大いなる精霊の乗物であり、しばらくの間、驚くべき形で自らの前にある全てを成し遂げる。誰もこれに抗うことはできず、彼らは征くところ可ならざるは無い――精霊が離れるまでは。だが精霊が離れると、瞬く間に何もかもが不如意となる。

同様に、芸術家の場合も、人生のある時期において神や精霊の表現のための乗物となることがある。彼らはまるで「水を得た魚」のようになり、確かな技で傑作に次ぐ傑作を生み出す。時にはそれによって同世代の意識を完全に変え、あるいは文化史の流れそのものを変えてしまうこともある。だが精霊が去ると、その芸術家は二度とそのような天才を発揮することはなくなってしまう。

同様に、もしも精霊がある個人を通じて芸術作品を紡ぐならば、同じ大いなる精霊は、他の人がその作品を鑑賞する際にも再び現れるかもしれない。バッハの同時代人曰く、「バッハがオルガンを弾く時、神すらミサに現れる」。

今日の多くのキリスト教徒は、ミサのクライマックスにおいて、神は血と葡萄酒の中に顕現すると信じている。尤も、それは極めて捉えどころのない形であり、何世紀にも及ぶ神学論争によっても、明確に定義されているわけではない。一方、古代エジプトの祈禱書、例えば『開口式の書』などを繙いたり、あるいはローマのウェスタの処女の神殿に保管された定期的な「神の顕現《エピファニー》」の記録を見れば、当時においては宗教儀式のクライマックスに神が出現することは当然とされていたことが判る――しかもそれは、今日のキリスト教の勤行よりも遙かに印象的な顕現であった。古代世界の人々は、実際に神の顕現を体験し、畏怖の念に打たれていたのだ。

森の中を歩く男の心にある考えが浮かぶと、彼はまるで天使の翼や神の衣に撫でられたように感ずる。常に直接的に、あるいは詳細にその存在を感じ取れるとは限らないが、いずれにせよ彼はそれを感じるのである。だがひとたび聖域に入れば、彼が感ずるのはもはや単に翼、あるいは神の衣なる渦巻く光とエネルギーの波だけではない。その光の只中に、彼は天使や神そのものを見るのである。このような時、彼は自分が霊的世界から来た存在者と相対していると信じただろう。

今日のわれわれは、啓明の瞬間を内なる事象として体験するが、古代人はそれを外界から到来するものとして体験した。件の男は、自分が見た思考体は他の人の目にも見えると考えただろう――今日のわれわれなら、集団幻覚と呼んでいたかも知れない。

今日のわれわれは、如何にしてこのような体験をするかを知らない。われわれは、如何にして肉体を持たぬ精霊と出会うかを知らない。われわれは彼らが如何なる存在かを知らない。今日のわれわれは、純然たる霊的体験を求めて右往左往しているが、自分がまさにその名に相応しい体験をしたと確信を得ることはほとんど無い。古代世界においては、精霊の体験はあまりに強烈であり、ゆえに霊的世界の存在を否定しようなどという考えは思いつきもしなかった。実際、古代世界の人々にとっては、精霊の存在を否定することは、今日のわれわれにとって目の前にあるテーブルや本の存在を否定するのと同様に困難だっただろう。

今日では、精霊を体験することが滅多にないがゆえに、肉体を持たない精霊の存在を信じることが困難となっている。実際、教会は神を信ずることが困難であるが*ゆ*、*え*、*に*信仰は尊いのだと教えている始末である。信仰は証拠と釣り合わぬほどに大きければ大きいほど良いということらしい。こんな教えは、古代人にとっては馬鹿げたものであっただろう。

もしもあなたが精神先行型の宇宙モデルを信じるなら、古代人と同様に観念の方が物体よりも現実的であると信じるなら、当然ながら、物質先行型の宇宙モデルを信ずる場合よりも、集団幻覚を容易に受け容れることができるだろう――後者の場合、それはほとんど説明不可能な現象である。

本書の歴史においては、神々や精霊は物質界を支配し、それに対して力を揮う。また後に見るように、時には肉体を持たぬ存在が自発的にこの世に侵入することもある。時には、共同体全員が制御不能の性的残虐の発作に取り憑かれることもある。

それゆえにこそ、精霊との交流はしばしば、極めて危険なことと考えられたのである。古代世界においては、神々や精霊との制御下における交流は、秘儀の学院のみに限られていたのだ。

合衆国ルーイヴィル大学で人文科学・歴史学・科学哲学を、また北京の清華大学で歴史学と科学哲学を講じる客員教授であるロバート・テンプルは、古代中国やエジプトのような古代文化が、宇宙の理解においてある意味で現代のわれわれをも凌いでいたという事実を明らかにした。例えば彼によればエジプト人はこれらの方面において原始的もしくは後進的であるどころか、シリウスが三重星系であることまで知っていたのだ――この事実を近代科学が「発見」したのは一九九五年、フランスの天文学者チームが強力な電波望遠鏡を使い、赤色矮星の存在を突き止めた時である。この星はその後、シリウスCと名付けられた。重要なのは、古代エジプト人はわれわれがそう決めつけたがるほど無知でも幼稚でもなかったということだ。

われわれが古代人の特性だと考えたがる馬鹿げた信仰の一つが、彼らは太陽という物体に意志があるかのように考え、これを崇拝していたというものだ。アリストテレスやストラボンらの重要なテキストに対するロバート・テンプルの注釈によれば、彼らは太陽を一種のレンズと見做していた。それを通じて神の霊的な影響力が霊的世界から地上へと放射されるのである。他の神々もまた、他の惑星や星座を通じて影響力を放

1世紀ローマの浮彫。秘儀参入儀礼に導かれる志願者。

射する。天体の位置の変化につれて、さまざまな影響力のパターンが歴史に方向性と形を与える。

古代の森を歩く男に戻ろう。既に述べたように、彼は太陽や月や他の天体の背後にいる精霊が、彼の精神と身体のさまざまな部分に作用していることを体験している。自分の四肢が優美な水星《メルクリウス》のように動くのを感じているし、また自分の血液という獰猛な溶融した鉄の川の中には怒れる火星《アレス》の精霊がいることを感じている。

腎臓の状態は金星《ウェヌス》の動きの影響を受ける。近代科学は今ようやく、性において腎臓が果たす役割を理解する端緒に付いたに過ぎない。二〇世紀のはじめ、腎臓がテストステロンの貯蔵庫の役割を果たしていることが発見された。それから一九八〇年代にスイスの製薬会社ヴェレダが開始した実験は、惑星の運動が金属塩水溶液の化学変化に影響を及ぼすという事実を明らかにした。その変化は極めて劇的で、肉眼で観察できるほどであるが、その影響力自体は極めて精妙であり、如何なる科学機器による測定も不可能である。さらに注目すべきことに、これらの劇的な変化は、金属塩水溶液が、その金属と関係があるとされている惑星の運動との関連において実験された時に生じる。斯くして、腎臓に含まれる銅塩は金星の影響を受けることになる。銅は伝統的に金星と関連づけられる金属だからである。近代科学は、古代人がよく知っていたことを裏付ける寸前にある。金星が情欲の星であるというのは文字通りの事実だったのだ。

秘儀の学院は、われわれの誰もが持つ頭の意識の他に、例えば、太陽から流出し、心臓を通じてわれわれの精神空間に入る心臓の意識についても教えていた。これは言い換えれば、心臓は太陽の神がわれわれの生命に入る入口だということである。同様に、腎臓意識は金星から放射され、腎臓という入口を通じてわれわれの精神と肉体に瀰漫する。これらのさまざまな意識の中枢が共同することで、われわれは人懐こい、怒りっぽい、陰鬱、忙しない、勇敢、思慮深い等の性向を獲得し、独自の体験を築き上げる。

このように、さまざまな意識の中枢を通じて作用することで、惑星や星座の神々はわれわれに大いなる体験と試練を用意する。それらはこの宇宙がわれわれに課すものである。われわれの人生の奥深い構造は、天体の運動によって記述されるのだ。

私は金星によって情欲に突き動かされ、土星が回帰すると、甚だしい試練を受ける。

この章では既に、秘教の教えで用いられる想像力の訓練を開始した。次章では、秘儀の学院の門口を潜り、宇宙の古代史に目を向ける。

3

エデンの園

『創世記』の暗号／〈暗黒の君主〉の登場／花の人

科学と宗教の一致して述べている所によれば、宇宙の始まりは全くの無の状態から、物質の存在する状態へと移行した。だが科学は、この神秘的な遷移について確信を持って語ることはほとんど無く、その全ては推論に過ぎない。全ての物質は同時に創造されたのか、それとも創造は現在も続いているのかという点においてすら、科学者たちの意見は分かれている。

これに対して、古代世界の秘儀の神官たちの見解はこの点に関して驚くほどの一致を示している。彼らの秘密教義は、世界の大宗教の聖典の中に暗号化されている。以下、われわれは『創世記』の中に暗号化された創造の秘史を検討していく。あまりにも人口に膾炙しすぎた記述が、全く新たな思考世界、広大な想像力の沃野を開示するだろう。そしてまたわれわれは、この秘史が他の宗教の秘密教義とも一致していることを見るだろう。

はじめに、無から、光よりも精妙な物質が、次に極めて精妙な気体が凝結した。もしも人間がこの歴史の曙を見ていたなら、それは茫漠たる宇宙の霧に見えただろう。

この気体、もしくは霧こそ、〈生きとし生けるものの母〉であり、生命の創造に必要な全てを備えていた。

別名を〈母なる女神〉と呼ばれる彼女は、この歴史の流れの中でさまざまに変容し、多くの異なる形を取り、多くの異なる名を得る。だが始まりにおいて、「地は形無く虚しかった」。

そこに、歴史上初の運命の逆転が起きた。聖書は言う、「闇が地の面にあった」。秘教の伝統に属する注釈者たちによれば、これは〈母なる女神〉が灼熱の乾燥した風に襲われ、潜在的な生命力のほとんど全てが滅尽されたことを表しているという。

人間の目から見れば、初めに神の精神から流出した、穏やかに混じり合っていた霧が、突如として第二の流出に取って代わられたように見えただろう。天文学者が観測するような、稀少かつ壮観な現象——たぶん、巨大な星の最期——に似た、暴虐な嵐があった。ただ違っていたのは、この「始まり」の時のそれは、全宇宙を覆い尽くす、圧倒的に巨大なスケールのものであったということだ。

そんなわけで、肉眼にはそのように見えたであろうが、想像力の目にとっては、この巨大な霧の雲とそれを襲った恐るべき嵐の中に、二人の巨人の亡霊のようなものが見えただろう。

この宇宙の古代史を解釈しようとする前に、あるいは何ゆえに斯くも多くの知的な人々がこれを信じたのかを理解しようとする前に、まずはこれを古代において教えられていたのと同じ形のまま、呑み込もうとすることが重要である——つまり、一連の想像力に富んだイメージとして。古代の秘儀の神官が、秘儀参入の志願者の想像力に作用させようとしたのと同じ形で、これらのイメージをわれわれ自身の想像力に作用させねばならない。

数年前、私はたまたま、ロンドンの暗黒街の伝説的な人物と話す機会があった。彼は「狂乱の斧男」の異名を取るフランク・ミッチェルという男を医療刑務所から出すのに尽力したが、話によれば、その後彼自身も若干おかしくなったという。彼は先端を切り詰めたショットガンを用いて小型トラックの裏で狂乱の斧男を殺害、その血を浴びて笑っていたというのだ。その彼の最も鮮明な記憶であり、同時に彼自身にとって最も恐ろしい記憶は、彼の幼少期のものである。おそらくまだ二歳か三歳だった頃に見た喧嘩の情景だ。

旧イースト・エンドのヴィクトリア風テラスハウスの外の砂利の上で、彼の祖母が素手で殴り合いの喧嘩をしていた。濡れた砂利に反射するガス灯、それに飛び散る唾液。祖母はまさに女巨人そのままで、動きは鈍重だが、あり得ないほど強かった。彼を養うためにやっている洗濯によって鍛え上げられ、擦り切れた野太い前腕部が、何度も何度も相手の女に叩き込まれた。女は地面に横たわり、自らの身を守ることさえできない状態だった。

時の初めに戦いを強いられた二つの巨大な力もまた、このようなものである。〈母なる女神〉はしばしば愛情深く、生命を与え育む存在であり、見るからに安心感のある、丸くて穏やかな外見をしているとされる。だが同時にまた彼女は恐るべき側面を持っており、必要とあらばいつでも好戦的な性質を剝き出しにする。例えば古代フリュギアでは彼女はキュベレと呼ばれた。キュベレは獅子の牽く戦車に乗った無慈悲な女神であり、その帰依者に対して野蛮で残忍な譫妄状態を要求した。その状態においてしばしば彼らは我と我が手で自らを去勢したのだった。

だが何にせよ、彼女の敵はさらに恐ろしい。体軀は巨大で、骨張っており、肌はぞっとするほど白く、燃えるような赤い眼をしている。〈母なる大地〉を急襲する〈暗黒の君主〉は、恐ろしい大鎌を手にしている――そう聞けば、その正体は一目瞭然だろう。神の精神よりの最初の流出が〈大地の女神〉となったとすれば、第二の流出は土星の神サトゥルヌスとなったのだ。

土星は太陽系の極限に軌道を持つ。ゆえにサトゥルヌスは極限、限定といった原理を表す。サトゥルヌスの介入が創造の中にもたらしたものとは個別の物体の存在の可能性であり、すなわち無形から有形への遷移である。言い換えれば、サトゥルヌスのお陰で、宇宙に自己同一性の法則ができた。その法則によってものは存在し、それ自身以外の何ものでもなくなり、そしてそれ以外の全てのものはそれではなくなる。サトゥルヌスのお陰で物体は特定の時間に特定の空間を占め、他の物体は同じ空間を占めることはできない。また、その物体は同時に二カ所以上の場所を占めることもできない。エジプトの神話では、サトゥルヌスはプタハと呼ばれ、轆轤の上で大地を造った。また多くの神話において、サトゥルヌスは世界の王《レクス・ムンディ》、「この世の君」と呼ばれる。なぜなら彼はわれわれの物質的な生を支配しているからである。

もしもある個別の存在者が一定の時間の中に存在しているのなら、言い換えればそれはいつか存在をやめるということである。それゆえに、サトゥルヌスは破壊の神でもある。サトゥルヌスは自らの子を貪り食う。ある時は「時の翁」の姿をとり、またある時には死神そのものともなる。サトゥルヌスの影響力のゆえに、生きる者は何であれ、それ自体の中に自らの終焉の種子を孕む。そしてまたサトゥルヌスのゆえに、われわれの糧となるものがわれわれを滅ぼしもする。死は宇宙の万象の中にある——明るい青空に、草の葉に、乳児の顋の脈動に、恋人の眸の輝きに、それは織り込まれている。サトゥルヌスのために、われわれの生は苛酷となる。サトゥルヌスのゆえに、あらゆる剣は両刃の剣となり、あらゆる王冠は荊の冠となる。われわれが生の苛酷さを耐えきれないと感じ、傷つき、絶望のあまり星々に向かって泣き叫ぶなら、それはサトゥルヌスがわれわれを限界まで追い込んでいるのだ。

だが、それで済んでいたのはある意味では幸運だったかも知れない。悪くすれば、宇宙に満ちていた生命の可能性は、実を結ぶ前に全て消滅してしまっていたかも知れないのだ。宇宙は永遠に、死せる物体が終り無く移動するだけの場であったかも知れない。

本書の歴史を辿っていくと、サトゥルヌスがさまざまな時代に、さまざまな姿をとって戻って来ていることが判るだろう。そうして彼は人間を枯渇させ、生命力を搾り取るという目的を遂行する。この歴史の最期に、われわれは彼の最も決定的な介入が、すなわち秘密結社によって遙か以前から予言されていた出来事が、もう間もなく起こることになっていることを見るだろう。

『創世記』において、〈邪悪なる者〉は神の計画をその揺籃において無化せんものと試みる。己を生み出した〈精神〉に対する〈思考体〉の最初の叛逆である。これは一つの短いフレーズで語られているに過ぎないが、既に述べたように、聖書がここで扱っている時間のスケールは今日のわれわれが考えているようなものではない。〈母なる大地〉に対するサトゥルヌスの暴虐、宇宙から全ての生命の可能性を搾り取らんとする残忍な試みは、人間の精神には計り知れないほど膨大な期間に亘って続けられたのだ。

サトゥルヌスの暴虐は最終的には打倒される。彼は完全に敗北したわけではないにしても、監視を受け、自らの領野に閉じ込められる。『創世記』はその様子をこう語る。「そして神は言われた、光あれ。すると光があった」。光は水の面を覆っていた闇を押し返した。

この勝利は如何にして達成されたのか？　言うまでもなく、聖書には創造に関する二種類の記述がある。第二の記述は『ヨハネによる福音書』の冒頭である。その記述はある意味ではより詳細であり、『創世記』解読の助けとなる。

だが、これ以上聖書の創造物語の解読を続ける前に、まずは厄介な問題を片付けておかねばならない。既にわれわれは『創世記』を〈大地の女神〉とサトゥルヌスという用語で解釈し始めた。一神教の伝統の中で育てられた人は誰であれ、これに対して自然な抵抗を覚えるだろう。星の神々というような多神教的な信仰は、古代エジプトやギリシア、ローマなどの原始的な宗教の特徴なのではないのか？

因習的な考え方のキリスト教徒なら、ここで本書を読むのをやめたくなったかも知れない。

今日のキリスト教会は、極端かつ過激な一神教を説いている。これはある意味では、科学の支配が神の存在する余地をほとんど残していないからだろう。科学に好意的なキリスト教においては、神は宇宙における

「エフェソスの七眠者」の礼拝堂。フランス、プルアレ近郊のドルメンの上に築かれている。

未分化かつ検知不可能な内在性となり、霊性とはこの内在性との一体化という曖昧かつ不明瞭な感覚となってしまっている。

だがキリスト教のルーツは、その発祥地域の、より古い宗教にある。そしてそれらの古い宗教はいずれも多神教の星辰信仰であった。初期キリスト教徒の信仰はこれを反映していた。彼らにとって、霊性とは実際の精霊との交流を意味していたのである。

キリスト教の教会は、シャルトルやローマのサン・ピエトロといった大聖堂から、世界の津々浦々にある小さな教区教会に至るまで、いずれも古代の聖泉、聖洞窟、神殿、秘儀の学院などの跡地に築かれている。歴史を通じて、これらの聖地は精霊の出入口、通常の時空連続体に生じた裂け目と考えられていた。

天文考古学は、これらの出入口が天文現象と関係していることを明らかにした。それは適切な時に、霊的世界からの影響力を流入させることを目的として造られていたのである。エジプトのカルナックでは、冬至の日の出の際に細い光線が神殿の入口から射し込み、五〇〇ヤードに亘って中庭、広間、通路を突き抜け、普段は闇に閉ざされた至聖所を照らし出す。

この伝統が如何に古いものかを知れば、一部のキリスト教徒は驚くかもしれない。全てのキリスト教会は天文学的に配置されている。通常、その教会が奉献された聖人の祝日の日の出方向に向けて建てられるのだ。パリのノートルダムからバルセロナのサグラダ・ファミリアまで、大聖堂は天文学と占星学の象徴で溢れ返

ノートルダム大聖堂外壁の美しい天文学的象徴。パリ。

エゼキエルの夢の４つの智天使。ラファエロ画。

ヒンドゥ神話における４智天使の表現。

っている。

現代の聖職者は口を開けば占星学を非難するが、例えば、キリスト教の大祭が全て天文学に由来することを否定することは誰にもできない——イースターは春分もしくはその後の満月の次の最初の日曜日であり、クリスマスは冬至の後の最初の日で、日の出の太陽が地平線に沿って逆に進み始める時である。

聖書のテキストに少し目を通せば、今日のような過激な一神教的読み方が、これらのテキストの執筆者たちの信仰から外れたものであることが明らかとなる。聖書には肉体を持たない霊的存在が数多く登場するのだから——他部族の神々、天使、大天使、さらには悪魔、デーモン、サタン、ルシファー等々。

あらゆる宗教が、精神は物質以前から存在したと考えている。あらゆる宗教が、創造を一連の流出の連続と理解し、そしてこの連続を霊的存在、神や天使のヒエラルキーとして表現する。天使や大天使といったヒエラルキーは常にキリスト教会の教義の一部となっていた。聖パウロはそれを仄めかし、その弟子である聖ディオニュソスはそれを明瞭に説き、聖トマス・アクィナスはそれを体系化し、ヤン・

ファン・アイクらの絵画やダンテの文学はそれを活き活きと描き出した。

このような教義は、しばしば現代のキリスト教からは見過ごされ、軽視されているが、教会権力が積極的に弾圧し――秘教の教義として保存されたのは――さまざまな天使の序列とは、すなわち恒星や惑星の神々であったという教えである。

一般の信徒にはあまり知られていないが、現代の聖書学の認める所によれば、聖書には天体の神に対する言及として理解すべき条が多く含まれている。例えば『詩篇』一九篇によれば、「そこに、神は太陽の幕屋を設けられた。太陽は、花婿が天蓋から出るように、勇士が喜び勇んで道を走るように、天の果てを出で立ち、天の果てを目指して行く」。近隣諸文化のテキストとの比較考量により、これは太陽と金星の結婚を表していることが明らかになっている。

このような条は、聖書の主要な神学的推力からすれば副次的なものに過ぎないと一蹴されてしまうかもしれない。異文化からの挿入に過ぎないと思われるかも知れない。だが実際には、誤訳やその他の不明瞭化の諸相を除去してみれば、聖書における最も重要な条は星の神々に関する記述と見なしうるのである。

四つの智天使は聖書の中でも最も強力なシンボルのひとつであり、『エゼキエル書』、『イザヤ書』、『エレミヤ書』、そして『黙示録』の重要な条に登場する。ユダヤ教とキリスト教の図像学でも最も一般的であり、キリスト教会の美術や建築の至る所に登場するそれは、牡牛、獅子、鷲、天使で象徴される。秘教の教義においては、これらの四つの智天使は黄道十二宮の内の四つの星座の背後にいる偉大な霊的存在である。彼らが星座を表している証拠は、その図像そのものにある。牡牛＝金牛宮、獅子＝獅子宮、鷲＝天蠍宮、そして天使＝宝瓶宮なのだ。

このような星座に関するシンボリズムの四つ組のパターンは、あらゆる世界の大宗教に繰り返される。だが、キリスト教における多神教の最も重要かつ説得力ある実例ということになれば、やはり『創世記』と

『ヨハネによる福音書』で語られる創造物語に戻らねばならない。『創世記』一章二六節は、通常「神は言われた、『我々にかたどり、我々に似せて人を造ろう』」と訳されるが、実際には聖書学者なら認めるだろうが、あるいは強要されなければ認めないかも知れないが、ここで「神」と訳されている語 elohim は複数形なのである。すなわちこの一節は正確には「神々は言われた」と訳されねばならない。これは実に奇妙な事実であって、秘教の伝統に関わらない聖職者はつい見落としがちだが、秘教の伝統においては、ここで言及されているものが天体の神々であることはよく知られている。

既に示したように、『創世記』の条を『ヨハネによる福音書』と比較対照することによって、彼らの正体を突き止めることができる。「初めに言があった。言は神と共にあった。言は神であった。……万物は言によって成った。成ったもので、言によらずに成ったものは何一つなかった。……光は暗闇の中で輝いている。暗闇は光を理解しなかった」

この一節が有益であるのは、この表現（言）はヨハネの造語ではないからだ。彼は、当時において既に古えのものであった伝統に言及している。そして読者がそれを理解することを期待している。彼よりも四百年ほど前、ギリシアの哲学者ヘラクレイトスが「言《ロゴス》は大地以前に存在した」と書いている。ここで重要なのは、古代の伝統によれば、『ヨハネによる福音書』において暗闇の中で輝いているとされた言――すなわち、『創世記』の中で光をあらしめた神々――は、太陽から流出する大いなる霊的影響力として共働する七つの偉大な精霊であるということだ。

すなわち、新旧両聖書が、創造における太陽神の役割を仄めかしていることになる。しかもその役割は、古代世界の宗教において一般に理解されていたのと同じものなのだ。

創造のドラマの第二幕は、〈母なる大地〉をサトゥルヌスから救出する太陽神の到来である。

㊧ローマ彫刻のアポロン。古代世界においては太陽神は７本の光線を発する姿で表現される。これは彼の本質を構成する７つの太陽精霊を表す。『エジプトの死者の書』では「ラアの７精霊」と呼ばれ、ヘブライの伝統では光の７つの力と呼ばれる。㊨全く同じ太陽神のイメージが、初期キリスト教美術のキリスト表現に見られる。ヴァティカンの岩屋にある３世紀のモザイク画。

想像の目には、太陽は獅子の鬣を持つ輝くように美しい若者の姿に見える。彼は戦車を駆り、また音楽家でもある。彼は多くの名を持つ――インドではクリシュナであり、ギリシアではアポロンである。嵐の最中に、輝きに満ちて出現する彼はサトゥルヌスの闇を押し返す。そして遂にサトゥルヌスは宇宙を取り巻く巨大な龍もしくは蛇のようになる。

次に〈太陽〉は〈母なる大地〉を暖めて新たな生命を与え、同時にまた勝利の大音声を上げる。それは宇宙の果てまで響き渡る。この大音声は宇宙の子宮の中にある物質を振動させ、踊らせてパターンを形成させる。秘儀の学院の内陣においては、この過程は時に「神性の舞踏」と呼ばれる。しばらくすると、それは物質をさまざまな、見慣れぬ形に凝固させる。

つまりここでわれわれが目撃しているのは、太陽がその歌によって世界をあらしめる様子である。

太陽の獅子は、古代の芸術に共通して現れるイメージである。そしてそれは常に、精神先行型の創造物語の初期段階と関連づけられる。一九五〇年代後半に登場したとある物語の中でも、創造行為における太陽の獅子の物語が荘厳に再話される。『ライオンと魔女』の続篇『魔術師のおい』である。秘教と無縁の文芸批評家は見落としているが、Ｃ・Ｓ・ルイスの作品は薔薇十字団の伝承にどっぷり浸かっているのだ。彼の物語の中では、太陽の獅子はアスランと呼ばれる——

いよいよ暗闇のなかで、何かがおころうとしていたのです。歌をうたいはじめた声がありました。とても遠くのほうで、ディゴリーには、歌声がどの方角からきこえてくるのかきめかねるくらいでした。同時に四方八方からきこえるように思える時もあれば、みんなの立っている地の底からひびいてくると思った時もあります。低音のしらべは、大地そのものの声かと思われるほど深々としています。歌のことばがありません。ふしさえもないといえるくらいです。でもそれは、いままでディゴリーがきいたどんな音ともくらべようがないほどの美しさでした。もうこれ以上たえられないと思うほどの美しさでした。……東の空は、白からうす赤へ、赤から金色へ変っていきました。あの声はますます高く、ついには大気がそのためにふるえるほどでした。……ライオンは、新しい歌をうたいながら、何もない土地をゆきつもどりつしていました。新しい歌は、星々や太陽を呼びだした歌にくらべてやさしく、軽やかでした。おだやかな、さざなみのよせるような音楽でした。そして、ライオンが歩きながらうたうにつれ、谷間は草で青々としてきました。草は、ライオンの歩くところから、まるで水のひろがるようにひろがっていきました。そして小さな丘の中腹を波のようにのぼっていきました。

太陽神の勝利の物語によって秘儀の学院の教師たちが伝えようとしたことは、完全な鉱物的宇宙から、植物生命が芽吹く宇宙への記念すべき移行である。

秘教の伝承によれば、最も初期の原始的な形態の植物は単体の芽であり、それが繋がって蜘蛛の巣のような巨大な浮遊構造となり、全宇宙を満たした。インドの聖典ヴェーダは、創造のこの段階を「インドラの網」と呼ぶ。それは光り輝く生きた糸による無限の網であり、永遠に絡み合い、光の波のように一体化して

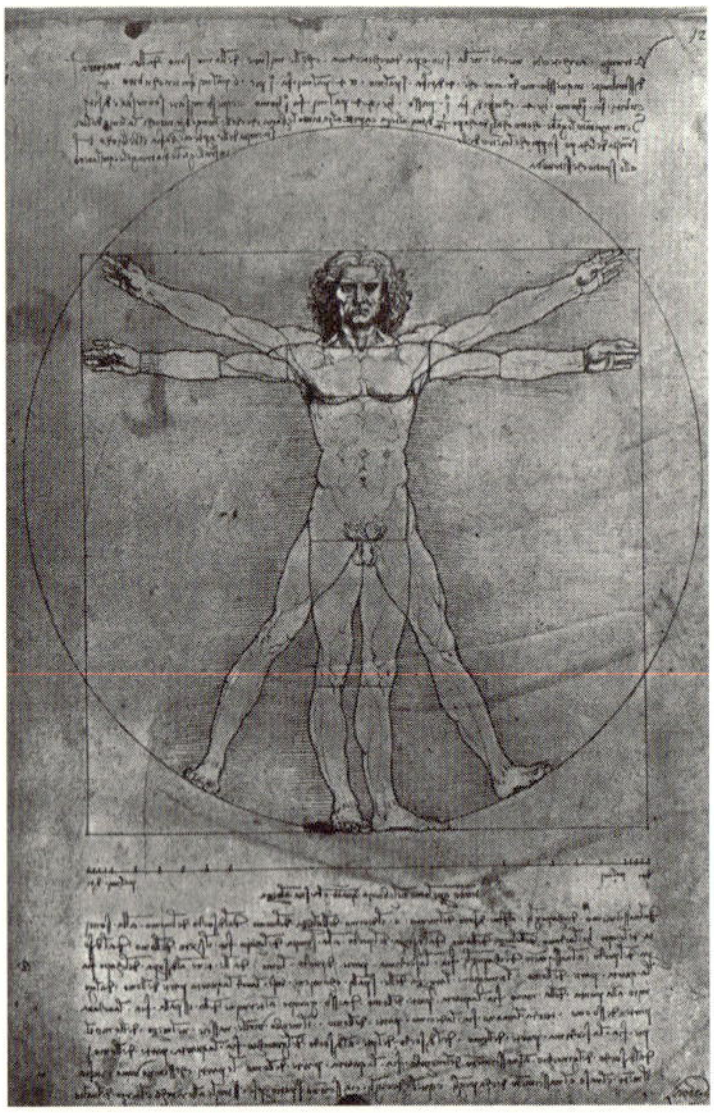

㊧13世紀の写本。宇宙の四隅に手足を伸すアダム。　㊨レオナルドによる有名な素描。左と比較すると、通常見落とされがちな意味の層が浮かび上がる。アダムは文字通り全宇宙を占めていたのだ。

はまた離れる。

時が流れ、これらの糸の一部はより恒久的に織り合わされ、光の流れは樹のような形に枝分かれする。それがどのようなものであったかを想像するためには、幼い頃に大きな温室に入った時のことを思い起こすと良い。『不思議の国のアリス』のモデルとなったアリス・リデルは、キュー・ガーデンズを好んでいた。そこでは巨大な巻蔓が到るところに伸びている。湿っぽい霧、そして日を受けて輝く緑。

それら全ての只中に降り立ち、途方もなく伸びる緑の大枝の一つに腰掛けるならば、そして今座っているこの大枝が突如として揺れ動くならば、まるで自分がお伽噺の主人公で、座っている岩が動き、岩だと思っていたものが実は巨人だったように感じるかも知れない。なぜなら、宇宙の中心にある巨大な植物、柔らかな光り輝く枝を宇宙の四隅に伸しているその存在は、アダムに他ならないからだ。

これこそが〈楽園〉であった。

宇宙にはまだ動物的要素は存在しなかったので、アダムには情欲が無く、ゆえに不安も不満もなかった。欲求は、それを感じる前に既に満たされた。アダムは常春の世界に住んでいた。自然は現在の蒲公英の液に似た、乳状の樹液という形で尽きることなく糧を提供していた。この至福の状態の記憶は、多数の乳房を持つ〈母なる女神〉の像として伝えられている。

時間が経つに連れて植物の形態はより複雑となり、今日の植物に似たものとなっていった。もしも宇宙史のこの段階を肉眼で見ることができるならば、ひらひらとはためき、脈動する無数の花に圧倒されるだろう。

既に述べたように、この秘教的な創造史は、科学的な宇宙創造の歴史と奇妙に通底している。例えば、たった今見たように、存在の純粋な鉱物段階の後に原始的な植物の段階が到来し、その後、さらに複雑な植物の時代が来る。だがそこには決定的な違いがあるということを指摘しておかねばならない。秘教の歴史においては、最終的に人間に進化するものがここで植物段階を通過したというだけではない。植物的な要素は、今日の人間の中にも不可欠な要素として残っているのである。

交感神経系を身体から取り出して自立させてみれば、それは樹のように見えるだろう。とある英国の有能なホメオパシー医は、それを次のような美しい言葉で表現した。「交感神経系は、植物界から人間の肉体に与えられた贈物なのだ」

世界中の秘教思想は、肉体の中のこの植物的な部分を流れる精妙なエネルギーと、この樹に咲く「花」に関心を抱いている。この「花」とは、後に

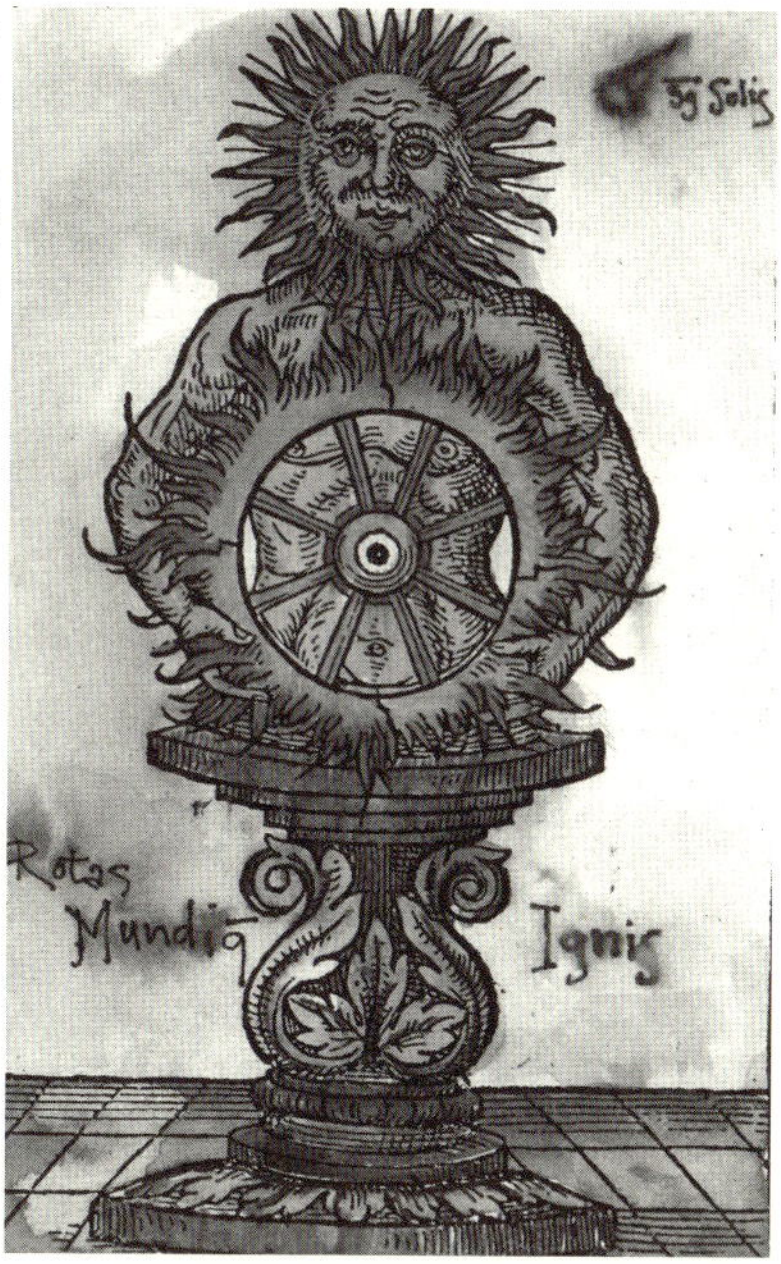

ゲルマンの太陽像。１５９６年。本書の歴史で後に登場する重要な錬金術師にして科学者Ｊ・Ｂ・ファン・ヘルモントは、胃を「魂の座」と呼んだ。

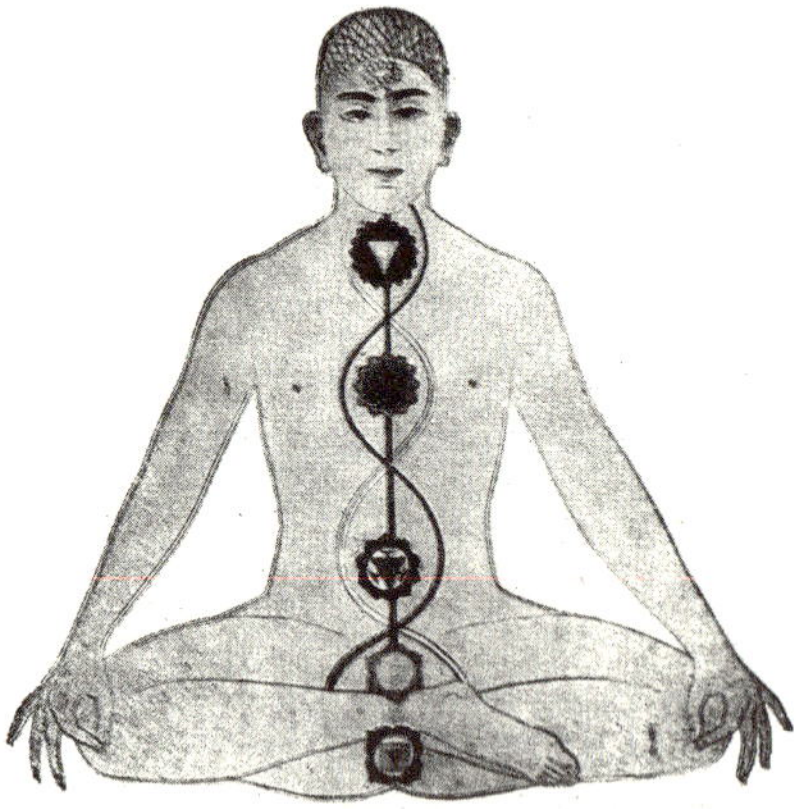

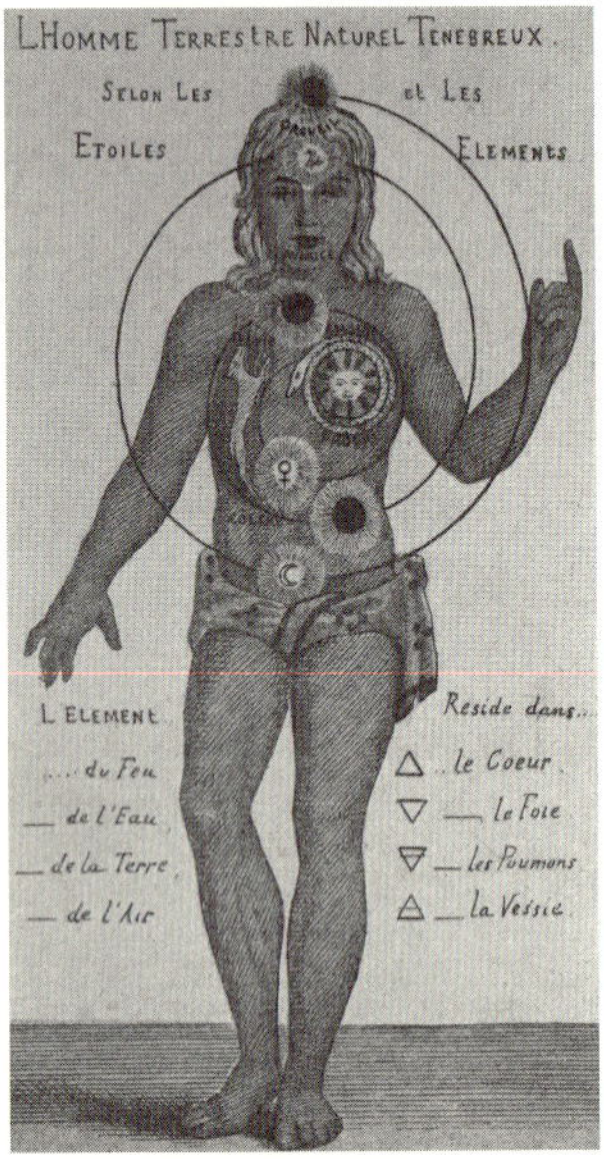

7つの主要チャクラを描いたヒンドゥの図。右のヨハン・ギヒテルによる図解と比較せよ。17世紀のキリスト教神秘家ヤーコプ・ベーメのチャクラ論より。

見るように、植物部分の知覚器官として働く「チャクラ」である。中でも人体の植物的要素の大中枢であり、太陽から放射される光と熱の波を糧としているのが、太陽神経叢のチャクラである——それが「太陽」神経叢と呼ばれるのは、太陽が支配するこの時代に形成されたからだ。

この人体の植物的要素を最高度に知覚しているのが、中国人と日本人である。中医学では、この植物的生命のエネルギーの流れは「気《チー》」と呼ばれ、これが肉体に生命を与えている。この繊細なエネルギーの流れが阻害されると病気が起こる。このエネルギーの流れが近代の物質科学によって検知できないという事実、それが人間の精神と動物としての肉体の間の曖昧な領域で作用しているらしいという事実は、中医学の有効性を些かも損なうものではない。それは長年に及ぶ患者の治癒の実例によって示されている通りである。

中国人と日本人は、医学と同様、霊的修業においてもまた太陽神経叢の役割を非常に重視する。瞑想する仏陀の像は、自らの内部に意識を集中させている。そしてこの瞑想の中心にして精神的・霊的重力の中心は、

このイエスのヴィジョンを包むアーモンド型は、ウェシカ・ピスキスと呼ばれるもので、エジプトの神聖文字ルーに由来する。ルーは産門及び〈第三の目〉すなわち額チャクラを表す。ドイツ、アルピルスバッハの教会彫刻。ここにこれを置いた石工の目的は、〈第三の目〉を活性化し、大いなる霊的存在を直接感じ、交感することである。全世界のキリスト教美術や彫刻に〈第三の目〉が描かれているが、大多数のキリスト教徒がそれに気づかないのは驚くべきことである。

その下腹部にある。それは彼が脳という硬直した、致死的なメンタリティから身を退き、自分自身の中にある中心——時に腹《ハラ》と呼ばれる——に沈潜しているからである。それは全ての生命を繋ぐ中心である。彼は生きるということ、あらゆる生きとし生けるものと繋がるということをより深く知覚することに集中しているのである。

　西洋でチャクラの観念が一般化したのは東洋の秘教思想の流入の結果であるが、チャクラはまた西洋の秘教伝統の中心でもあり、エジプトやヘブライの思想の中にも見出すことができる。そしてキリスト教の中には、星の神々の伝統と同様、チャクラの伝統もまた隠されているのだ。

　植物体の諸器官は、その幹にある結節に位置する。それらは、異なる数の花弁で出来ている——例えば太陽神経叢のチャクラには十枚、額のチャクラには二枚の花弁がある。七つの主要チャクラ——鼠径部、太陽神経叢、腎臓、心臓、喉、額、脳天——は一七世紀のヤーコプ・ベーメの文書に描かれており、後に見るよ

蛇型記章として表された〈第三の目〉。エジプトの壁画。

うに、彼とほぼ同時代のカトリックの聖人アビラのテレサの文書でも、「魂の目」と呼ばれている。

さらに、他ならぬ聖書を精密に分析すると、暗号化されたチャクラの記述が数多く含まれていることが解る。伝統的にモーセは「角」を生やしていたとされる。因習的な考えに囚われたキリスト教徒に言わせれば、これは誤訳に基づく誤解の結果に他ならないという。だが秘教の伝承によれば、この角は「第三の目」と呼ばれる額のチャクラの二枚の花弁を表しているのだ。アロンの杖に花が咲くのはチャクラの活性化であり、精妙な樹にある精妙な花の開花を示している。最終章で述べるが、『黙示録』にある七つの封印を解く話は実際には七つのチャクラの活性化を表しており、その結果として到来する霊的世界の大いなるヴィジョンを予告しているのだ。

松果体はアーモンドほどの大きさの灰色の腺で、脳の中にあり、脊髄と繋がっている。秘教的生理学においては、われわれが予感を得る時、松果体が振動する。霊的修業によってこの振動を増大・延長すれば、

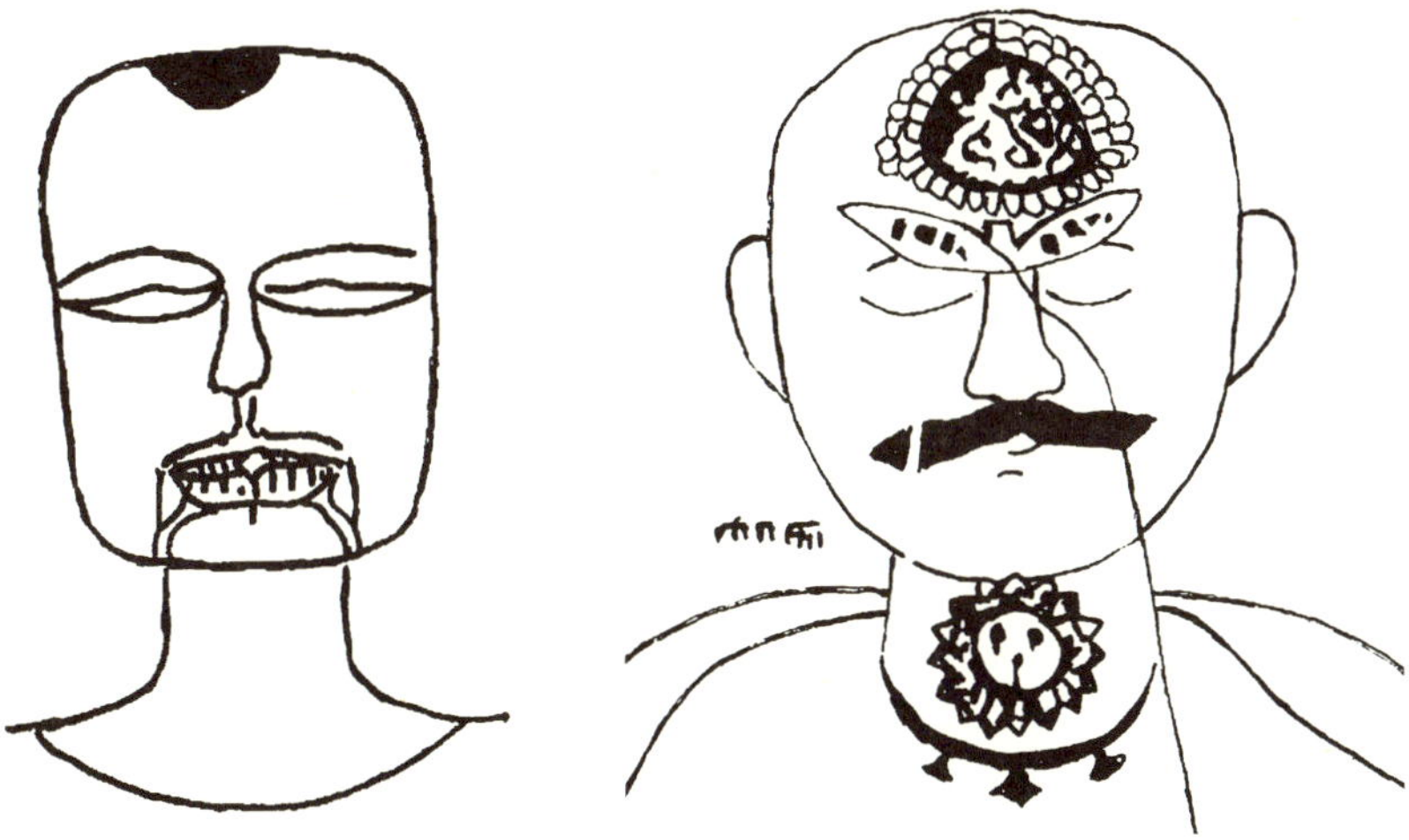

松果体に瞑想する男。パウル・クレーのドローイングと、同じものを描いたヒンドゥの図。

〈第三の目〉を開眼することができる。それは言うまでもなく、額の中心にあるものだ。

近代の解剖学が松果体を理解し始めたのはようやく一八六六年のことに過ぎない。この年、H・W・デ・グラーフとE・ボルドウィン・スペンサーによる二篇の論文がほぼ同時に発表された。後に、松果体は幼年期には大きいが、思春期に肉体のさまざまな部分が成熟してくると――つまり、われわれが一般に想像力を失う頃になると――石灰化し始め、同時に萎縮することが解った。現在では、夜間にこの松果体においてメラトニンというホルモンが分泌されることが知られている。メラトニンは覚醒と睡眠のリズムの維持、免疫系の保全に不可欠である。

近代科学による松果体の発見は比較的遅かったが、古代人は極めて古い時代からそれをよく知っていたし、その機能を理解していた。彼らはまた、それを操作して変性意識状態に到達する方法も知っていた。エジプト人はそれを聖蛇ウラエウスとして表現したし、インド文学ではそれは啓明の〈第三の目〉、シヴァの目とされている。ディオニュシウスの信徒はそれを先端に松毬を付けた杖で表し、紀元前四世紀ギリシアの解剖学者は「思考の流れを調節する括約筋」と呼んでい

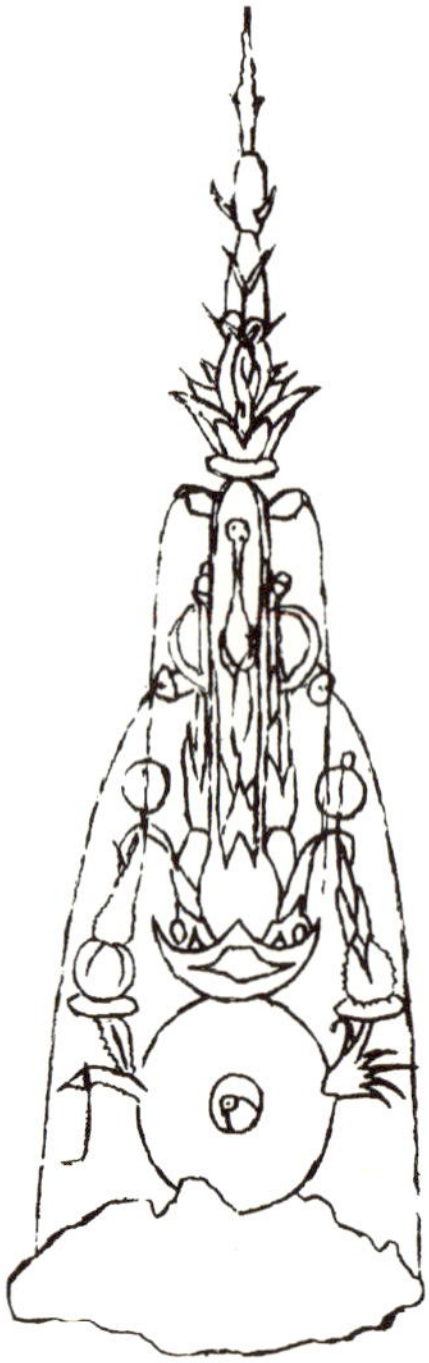

ペーテル・ブリューゲル、ヘンドリク・メト・デ・ブレス、そしてここに示すヒエロニムス・ボスのような画家はしばしば、桃色の蠟のような骨を持つ人類以前の生物を描いている。美術史家は現在に至るまで、このようなイメージの源泉を見出していない。

る。

彼らは松果体を、高次の世界を知覚する器官であり、霊的ヒエラルキーの光輝と驚異に向けて開かれた窓であると見做していた。この窓は、ヴィジョンを誘導する瞑想等の修業によって計画的に開くことができる。トロント大学による近年の研究によれば、インドのヨギが推奨する方法を用いて松果体に瞑想することによって、メラトニンを大量に分泌させることができるという。この分泌によって夢が引き起こされ、それが十分な量に達すれば、白日夢を見ることもできる。

『創世記』に秘められた創造物語と、想像力を喚起するイメージに戻ろう。アダムの身体は当初は極めて柔らかく、形も定まらず、その皮膚は池の表面の薄皮のように脆いものだったのだが、やがてそれは硬化し始めた。偉大なキリスト教神秘家にして薔薇十字思想の哲学者であったヤーコプ・ベーメは、『創世記』への注釈書である『ミュステリウム・マグヌム』において、次のように述べる。「いずれ骨となるものは、今や硬化して蜜蠟のようなものとなった」。その緑の四肢もまた太陽に暖められ、桃色を帯び始めた。

アダムは固化すると同時に、二つに分裂し始めた。つまり彼は両性具有であり、無性生殖によって自己増殖したのだ。ヘブライ聖書の研究家に強要すれば、『創世記』一章二七節に「神は御自分にかたどって人を創造された。神にかたどって創造された。男と女に創造された」とある部分の「神」は複数名詞であり、「人」は単数名詞であることを認めるだろう。すなわち一人の人が「男と女とに」創られたのである。

そんなわけで、この植物的な生殖によって、エヴァはアダムの身体から生まれた。いずれアダムの骨となる、蜜蠟に似た軟骨から生じたのである。

アダムとエヴァの子供たちもまた、無性生殖によって生じた。

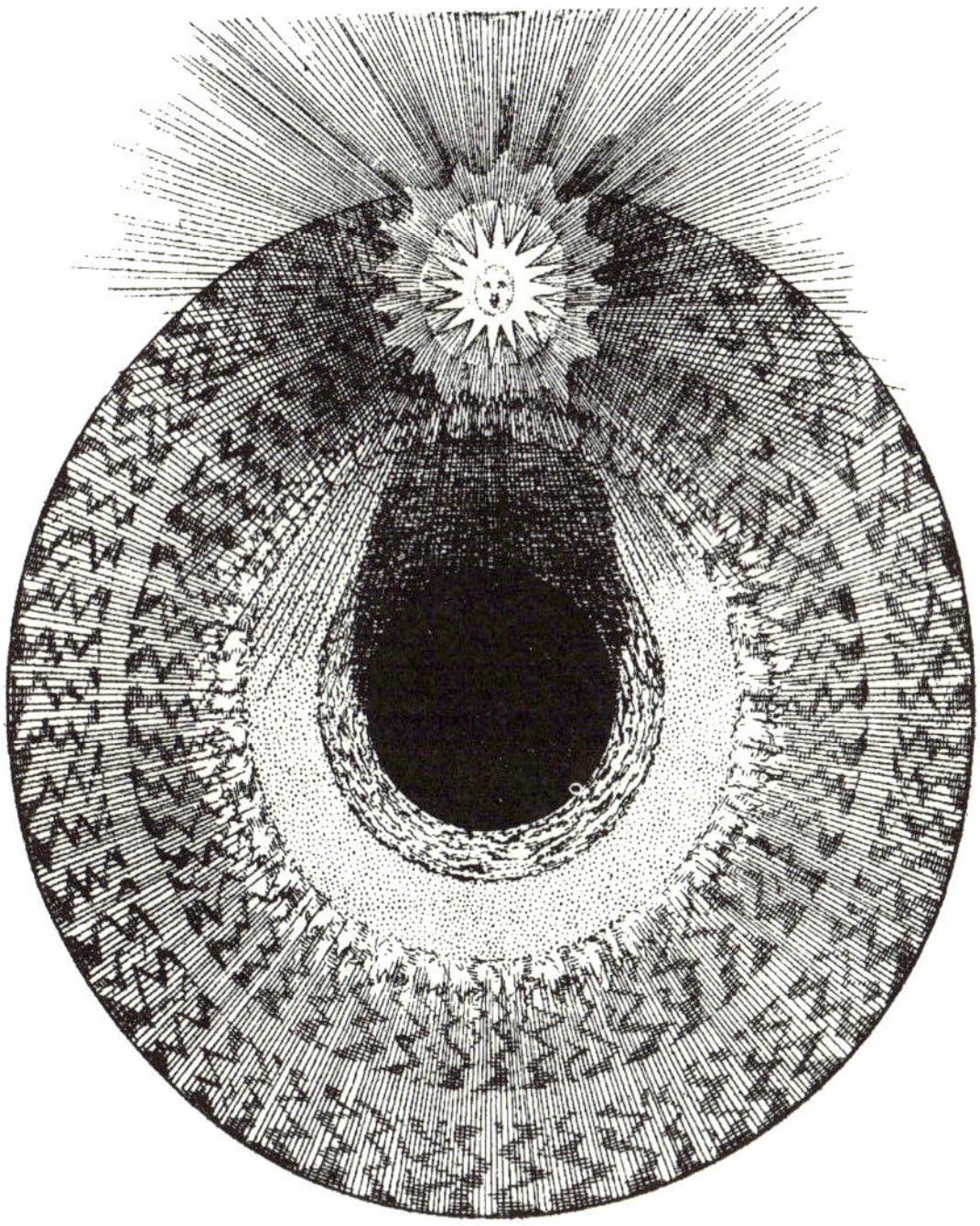

17世紀英国の銅版画に示された大地と太陽の分離。欽定訳聖書の翻訳者の一人とされる傑出した薔薇十字学者ロバート・フラッドの書より。

〈言〉による創造に似た方法で、音を用いて創られたのである。この歴史上のエピソードは、フリーメイソンリーの「失われし〈言〉」の伝説と関連している。この秘教的教義によれば、遙か未来においてこの〈言〉は再発見され、それによって人は声の音を使うだけで妊娠させることができるようになるという。

アダムとエヴァ、そしてその子供たちは死なない。ただ時折眠りに就き、自らを更新するのである。だが、エデンの園の至福の境地は永遠に続くわけではない。もしもそれが永遠に続いていれば、人類が植物段階以上に進化することは望むべくも無かっただろう。

太陽神はいずれ——一時的にではあるが

マンドラゴラ男。19 世紀の版画より。マンドラゴラの根は秘教伝承においては常に重要な役割を果たしてきたが、それはその根の形が、人間の形態に向けて進化する植物体を表しているからである。ヘロドトスが見た巨像も、これに似たものだったのか？

――大地を離れることになっていたのだ。

　無論、神々と、植物段階にあった原人類の時代の遺物などは現存していない。だが少なくとも、そのような遺物が存在したという確かな記録はある。

　紀元前五世紀の著述家ヘロドトスは、しばしば「歴史の父」と呼ばれる。なぜなら彼は、首尾一貫した客観的な歴史叙述を探求し、組み立てようとした最初の人物だからだ。

　紀元前四八五年頃、ヘロドトスはエジプトのメンフィスを訪れた。その地の広大な地下納骨所で、彼は過去の王たちの像の列を見せられた。それは見渡す限り、ほとんど想像もできないほど遠い過去にまで続いていた。その列の間を神官たちと歩いていた彼は、初代の人間の王であるメネス王以前の統治者たちの、三四五基に及ぶ巨大な木像のある場所に辿り着いた。神官たちによれば、この統治者たちは「各々が各々から生まれた」。つまり配偶者の必要もなく、植物的な単為生殖によって生まれたというのだ。それぞれの像に付いていた銘板には、名前、歴史、年代が刻まれていた。これらの木像は、人類がまだ植物であった頃の、失われた長い時代の記録だったのだ。

4 世の光ルシファー

情欲の林檎／天の争い／曜日の秘密

秘儀の学院においては、宇宙の創造は三幕の劇として再演されていた。

第一幕は、サトゥルヌスによる〈母なる大地〉への迫害である。これは「サトゥルヌスの時代」と呼ばれる。

第二幕は、太陽の誕生と彼による〈母なる大地〉の庇護である。花の人々にとっての楽園であるこの時代は、「太陽の時代」と呼ばれる。

この大いなる出来事の再演において、秘儀参入の志願者が体験するのは、ある意味では特殊効果を伴う劇、ある意味では交霊会である。おそらく何らかの薬物を処方され、眼前の出来事を単なる芝居として客観的に見ることがほとんどできなくなっている志願者は、変性意識状態の中で神官に導かれ、シャーマンのように霊的世界への旅に出る。今日のわれわれの知る演劇は、最終的にはギリシアの秘教センターから出て公のパフォーマンスとなったが、少なくとも古い時代の秘儀の学院においては、志願者はそれまでそのようなものを見たことは全く無かっただろう。

われわれはようやく、第三幕に辿り着いた。それが本章の主題である。まず初めに、先の章の最後に暗示しておいた、重要な出来事が起こる。大地と太陽の分離である。爾来、生命をもたらす太陽の光は、内側から照らすのではなく、天上から地上を照らすことになる。その結果、大地は冷え、濃密化し、気体状態から液体状態へと移行する。大地は凝縮し、その液状の表面全体はアダムとエヴァ、それに穏やかに舞う花のような彼らの子供たちによって覆われる。

突如、第三幕のクライマックスにおいて、この劇を目撃している秘儀の学院への参入志願者は硫黄の臭いに襲われ、またおそらく、稲妻のような光によって半盲となる。平穏な田園風景が、煌めく異生物の侵略を受ける。それは角を生やし、恐ろしいほどに猛り狂っている。彼の想像力に示される図は、果てしなく長い蛇である。何百マイルにも亘って宇宙にのたうつ、邪悪な美を持つ蛇である。「お前は神の園であるエデンにいた」と『エゼキエル書』二八章一三節は告げる。「あらゆる宝石がお前を包んでいた。ルビー、黄玉、紫水晶、橄欖石、縞瑪瑙、碧玉、サファイア、柘榴石、エメラルド。それらは金で作られた留め金で、お前に着けられていた」。

参入志願者は、それがアダムの植物的な幹にこれまで以上に強く巻き付くのを見て、恐怖を感じただろう。そして彼は、自分が今見ているものとは、地上の生命が苦しみながら進化の次の段階に移行するための一連の出来事であると理解する。なぜなら、樹の周囲に絡みつく蛇の物語は、大地の植物生命から動物生命への移行を示す、これ以上もないほど明瞭なイメージだからだ。

一八世紀に、物質先行型の世界観が古代的な精神先行型の世界観を圧倒し始めて以来、キリスト教会は『創世記』の創造の記述と科学の発見を調停しようと骨折ってきた。だがそれは失敗に終わることが運命づけられた試みだった。なぜならそれは、近代的かつ時代錯誤的な『創世記』の読み方に基づくものだからだ。『創世記』は近代科学のように、進化を客観的に考えることはない。科学者は地質学・人類学・考古学的証拠を公平かつ客観的に寄せ集め、考察する。これに対して『創世記』の物語は人間の進化に関する主観的な記述であり、それがどのように感じられたかを語っているのである。言い換えれば、樹と蛇が絡み合うとい

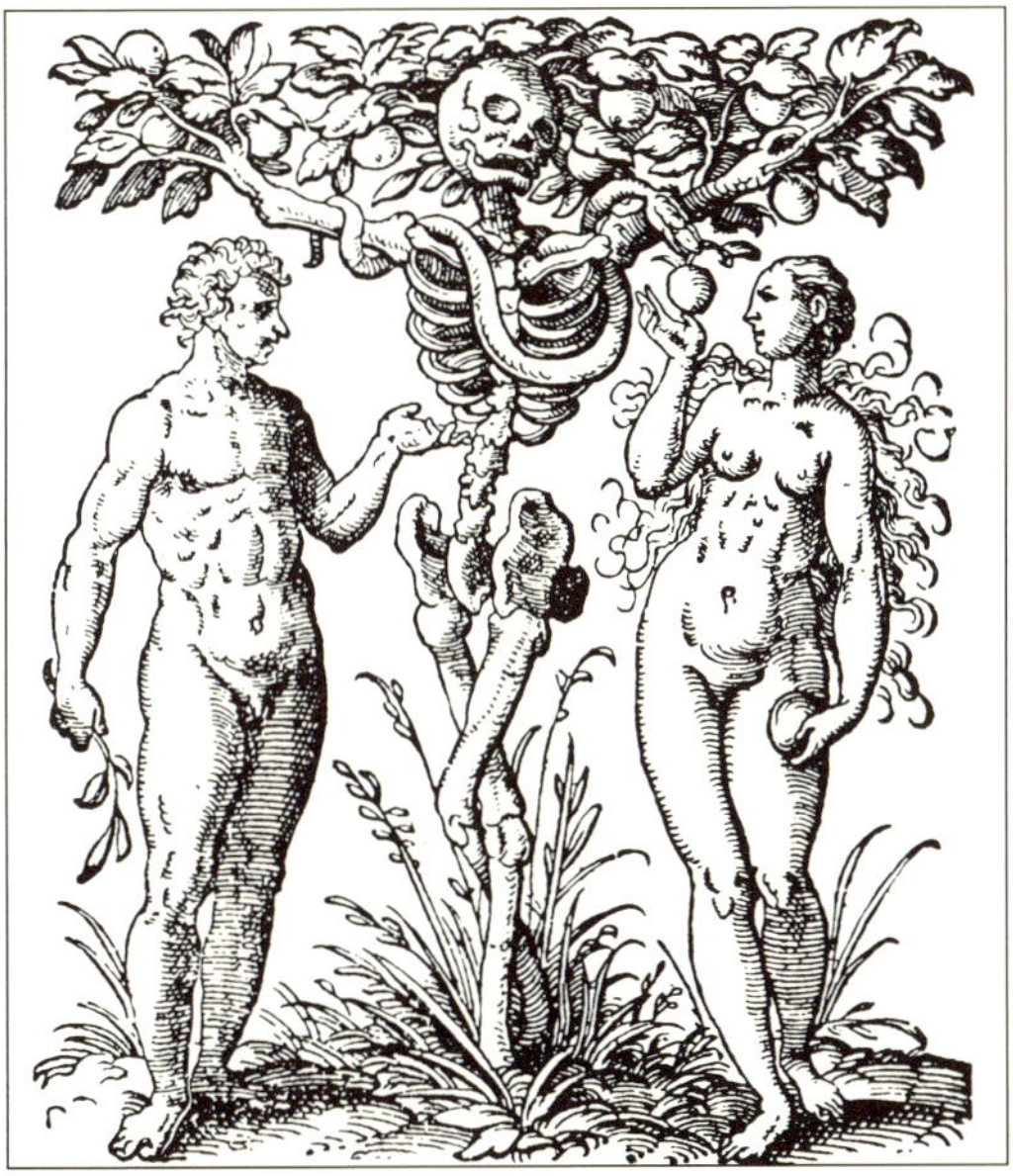

㊧アダムとエヴァと蛇。マソリーノ画。㊨ルネサンス期の素描。エデンの園の樹が骸骨になっている。ジャコブ・リュエフの模写。

う物語は、動物の特徴である脊椎と中枢神経系の形成の様子を、人間の集合的無意識に留められた形で視覚化したものなのである。

今後何度も見ていくことになるが、秘教的な記述は必ずしも科学的記述と矛盾するものではない。遠近法のように、それは同じ事実を異なる視点から見たものなのである。

先の章で見たように、物質はある意味では、植物的生命を生むための基盤を用意した。今、植物生命はいわば、動物生命を生むための揺籃を形成した。言い換えれば、植物的生命は苗床を造り、そこに動物的生命の種子が落ちたのだ。

これこそ、〈堕落〉と呼ばれる歴史上の重要事件の始まりである。

参入志願者は、〈堕落〉に関わる恐るべき危機と危険を、全く文字通りに知覚する。突如、あたかも地割れに呑み込まれたかのように、彼は自らが暗い穴の中に落下していくのを感ずる。それは蛇の穴である。秘教の伝統においては、ギザの大ピラミッドの地下に造られた「試練の部屋」と呼ばれる荒削りの部屋が、まさにこの機能を果たしていた。イタリアのバイアエには半天然・半人工の洞窟系があり、ローマ人はこれを黄泉への入口であると信じていたが、近年の発掘調査によって、そこに実際に落とし戸があったことが確認された。これは参入志願者を、その下の蛇穴に落とす役割を果たしていた。

志願者は自らの身を以て、ルシファーとその軍団が煌めく蛇の禍いを以て全地を蹂躙した様子を体験する。全地が原始的な動物生命によって沸き立つ様子を体験する。そしてまた彼は、情欲が大地を苛み、うねらせた様子を見る。このうねりの痕跡こそ、多彩な岩石の形成なのだ。

だが、なぜ植物生命から動物生命への移行が、これほど苦しみに満ちたものでなければならなかったのか？『創世記』におけるこの破局の記述は、旧約聖書の中でも最も大仰な言葉によって、この苦しみの段階を強調している。「神は女に向かって言われた。『お前の孕みの苦しみを大きなものにする。お前は、苦しんで子を産む』……神はアダムに向かって言われた。『……お前のゆえに、土は呪われるものとなった。お前は、生涯食べ物を得ようと苦しむ。お前に対して、土は茨と薊を生え出でさせる』」。あたかも〈堕落〉の結果、人間は苦しみ、働き、そして死なねばならぬかのようだ――だが、それはなぜなのか？

この古代の言葉には、近代科学が認識する以上の真実が隠されている。植物は単為生殖と呼ばれる方法によって生殖する。植物の一部が落ち、それが新たな植物となる。この新たな植物はある意味では、古いものの延長である。つまりそれは――ある意味では――死ぬことがない。動物生命、及びその特徴的な生殖方法――性――の進化こそが死をもたらしたのである。飢えと情欲を感じられるようになるや否や、不満、失望、悲嘆、恐怖もまた感じるようになるのである。

エヴァを誘惑したものとは何者か？　世界を情欲に駆り立てた蛇とは何者か？

われわれはたぶん、だれもがこの問いの答えを知っていると考えているだろう——だがそれは単純に過ぎる。問題は、われわれの霊的成長を担う人々が、われわれの理解力を幼児段階に留め置いていることである。前章で見たように、キリスト教会はその天文学的ルーツを隠蔽していた。そして『創世記』の冒頭の物語には、より「原始的」な宗教の惑星神が隠されていた——サトゥルヌス、大地の女神、太陽神である。そして今、『創世記』による歴史記述にさらに踏み込んだわれわれには見て取ることができるように、この天文学的ルーツの隠蔽と近代キリスト教会の過激な一神教的教義のために、古代のテキストが伝えようとしていたことが理解できなくなっているのである。

北欧のルシファー、ロキ。美しく情熱的な神であるが、性悪で機転が利き、狡猾。19世紀、R・サヴェジ画。

ほとんどの人は、キリスト教会によってその存在を認められている悪魔は唯一つしかいないと考えているだろう——言い換えれば、サタンとルシファーは同じものであると。

だが、テキストを虚心坦懐に一瞥すれば、聖書の記者の意図したことは全く違うということが解る。このこともまた聖書学

ルシファーと金星の関係はアメリカ神話にも見られる。ここでは彼は、角と羽根のある蛇神ケツァルコアトルとして登場する。

者が認める所だが、一般信徒には知られていない。

既に見たように、唯物論の使徒である〈暗黒の君〉サタンは、ギリシアとローマの神話における土星の神サトゥルヌスと同じものである。ルシファー、すなわち人間を獣欲に駆り立てる蛇もまた、土星と同一視できるだろうか――それとも、別の星なのか？

聖書のテキストと、近隣文化のより古い、あるいは同時代のテキストを比較する学識深い研究は膨大に存在している。それによれば、聖書における二つの主要な悪の象徴であるサタンとルシファーは同じものではない。幸いなことに、われわれはその膨大な文献に目を通す必要はない。なぜなら聖書自体に極めて明瞭な記述が存在するからだ。『イザヤ書』一四章一二節である。「ああ、お前は天から落ちた。明けの明星ルシファー、曙の子よ」

明けの明星とは、言うまでもなく、金星である。すなわち聖書は、ルシファーを金星であると同定しているのだ。

一見、ローマのウェヌスやギリシアのアフロディテなどの女神を、ユダヤ＝キリスト教の伝統におけるルシファーと同一視するのは納得できないかも知れない。ウェヌス／アフロディテは女神であり、豊饒神である。だが実際には、この両者の間には極めて重要な類似点が存在する。

ルシファーとウェヌス／アフロディテはいずれも、獣欲やセクシュアリティと繋がっている。

そして林檎はこの両者と関連する果物である。ルシファーは林檎を用いてエ

女神の周囲で蜷局を巻く蛇を、ギリシア人はしばしば「女神の遣い」と呼んだ。

ヴァを誘惑し、パリスはアフロディテの手に林檎を渡した。これが後にヘレネの略奪と、古代世界における大戦争を引き起こした。世界のどこでも、林檎は金星の果物とされる。なぜなら林檎を横に二分すれば、その種子は五芒星状に並んでいる。金星が四十年間の内に描く軌道もまた同じ形だからである。

ルシファーとウェヌスは共に野心的な存在である。ルシファーは悪だが、必要悪である。ルシファーの介入がなければ、原人類は植物状態以上に進化することはなかった。歴史におけるルシファーの介入によってわれわれは動物生命を与えられた。われわれは地球の表面を移動できるようになると共に、また情欲に突き動かされるようになったのである。動物は独立した存在としての自己意識を持つ。植物にはそれがない。アダムとエヴァが「自分たちが裸であることを知った」というのは、自分たちが肉体を持っていることに気付いたということである。

古代以来、多くの美しいウェヌス像が残されているが、同時にまた、恐ろしい像も存在する。比類無く美しい女性のイメージの背後に、恐るべき蛇女が潜んでいるのだ。

この両義性をさらに深く探求し、世界の秘史における次の大きな出来事を理解するために、ここでウェヌス／ルシファー伝承のゲルマン版に目を向けよう。それは中世の詩に登場し、ヴォルフラム・フォン・エッシェンバッハが『パルツィファル』に採用したことによって、世界文学の本流に入り込む。

見よ！　ルシファーがあそこにいる！
もしも祭司長がまだいるなら、
私が真実を語っていると解るだろう。
聖ミカエルは神の怒りを見た……
神はルシファーの頭から王冠を取り、
その時、その宝石がそこから落ちた。
それが地上でパルツィファルの石となったのだ。

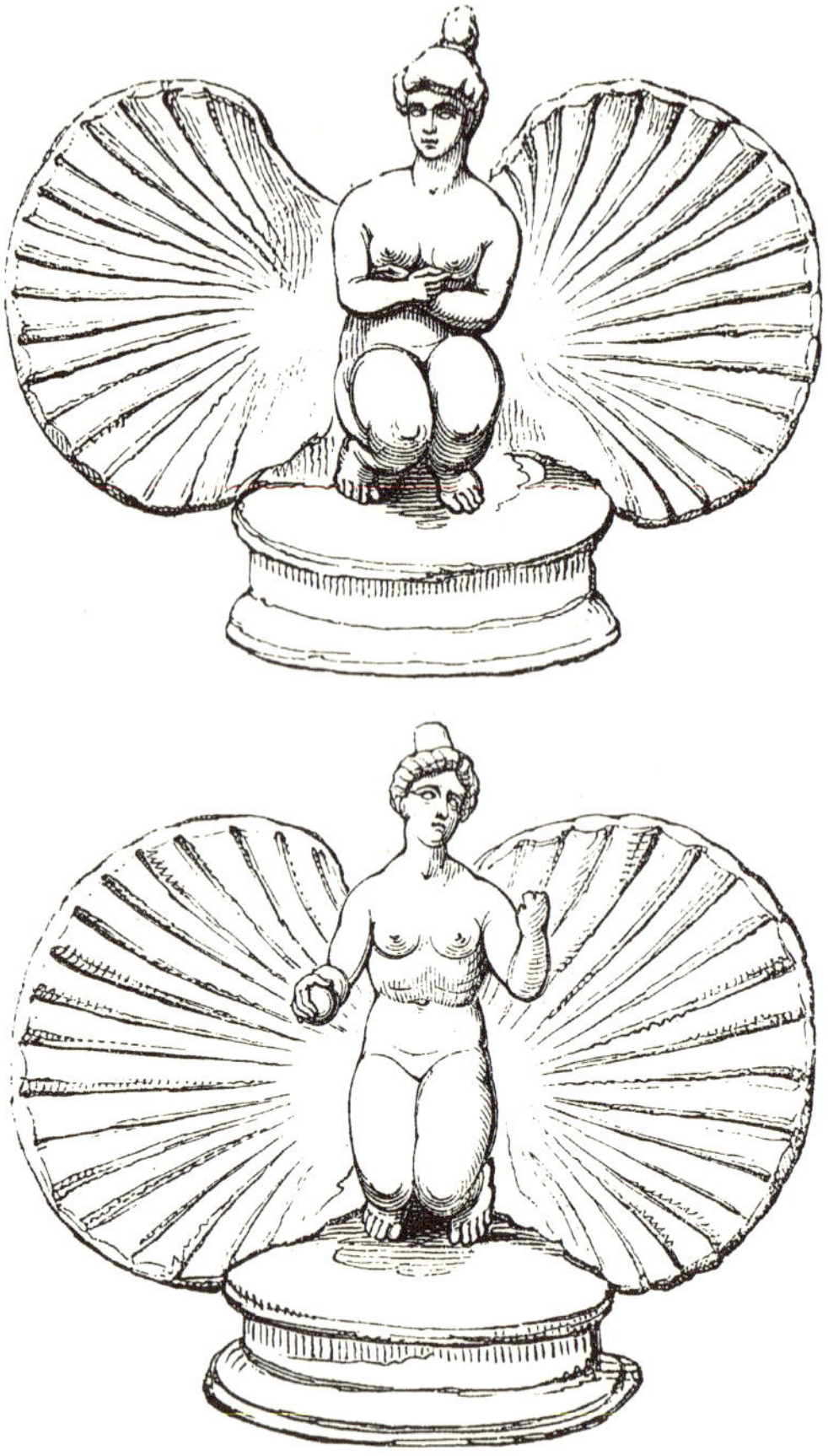

ギリシアの小像。ギリシア人による性欲の悦び、物質界の悦びの幾許かを表現している。ギリシアの創造神話によれば、アフロディテの誕生はクロノスの叛乱の結果である。クロノスはその鎌によって天空神ウラノスの睾丸を切り取り、去勢する。ウラノスの精液が海に落ちると、そこに美しい女神アフロディテが成人した姿で現れ、貝殻に乗って岸に辿り着く。古代人は、物質が霊から凝結したように、貝は水から凝結したと信じていた。ゆえに貝は宇宙精神からの流出の象徴である。それはこの像にも、またサンチアゴ・デ・コンポステラの図像にも見られる。

伝承によれば、ルシファーは堕天の際、額から巨大なエメラルドを落とした。これは人間が〈第三の目〉すなわち額のチャクラのヴィジョンの喪失に苦しむことを意味している。

サタンの影響の結果、人生はしばしば耐え難いものとなるのに対して、ウェヌスの影響の結果、人生はしばしば理解し難いものとなる。ウェヌスの影響力は、宇宙の真義に逆説的で掴み所のない性質をもたらした。言い換えれば、世界に欺瞞が侵入したのである。ルシファーは物質に魅惑を与えた。それは人間を惑わし、より高次の真実に対する目を閉ざした。

何ゆえに、前進する道が時には後退する道に見えるのか？　何ゆえに、われわれが最も為すべきでない事柄が、われわれが最も為すべき事柄とほとんど区別し難いように見えるのか？　心の中枢では、私は何を為すべきかを知っている。だが私の心の中には別の、見慣れぬものが存在している。それが私を迷わそうとするのである。このルシファー的要素は、私の生理にも浸透している。情欲と欺瞞は、私の中で危険な形で結合している。ルシファーの影響力のために、「私は自分の望む善は行なわず、望まない悪を行なっている」（『ローマの信徒への手紙』七章一九）。後に見るように、聖パウロは秘儀の伝統への参入者である。ここで彼が述べているのは、私の一部は常に正しいことを知っているのに、ルシファーの奴隷である部分にしばしば支配されてしまうということだ。

近代科学は決して次のような問いを立てることはない——如何にして欺瞞はこの世界に侵入したのか？　あるいは想像力は？　意志力は？　だが古代人にとって、欺瞞、想像力、意志は、いずれも宇宙における最強の力だった。それはわれわれ自身の心の中にも、また外界の三次元空間にも住んでいる。古代人にとって、創造の歴史とは、如何にしてこれらが存在するようになったかという記述であった。

フリードリヒ・ニーチェ曰く、「おまえの中に混沌が無ければ、舞い踊る星を生み出すことはできない」。人間は間違いを犯し、物事を見間違い、見当違いのことを信ずることができる。それゆえにこそ人間は真に自由な創造性を獲得し、勇敢に、また情愛深くあることができるのだ。われわれが必ずしも証拠に応じて物事を信ずるわけではないのは、ルシファーの所為である。われわれはしばしば、自分の信じたいものを信ずることができる。例えば、知人の人生は、われわれがそれをどのように見るか、すなわち良心的に見るか卑しい心で見るかによって、悲劇的な失敗ともなれば、心温まる成功ともなりうる。そしてわれわれの胃の腑に不快な炎、原始の硫黄が燃えている時、善意の人となるのは困難である。

始まりに、〈大地の女神〉は土星の神から攻撃を受けた。そこへ若き太陽神が登場して彼女を守った。かくして天に大いなる戦いがあり、土星は敗れた。すなわち、世界の秘史を示された参入志願者は、既に大いなる戦いの一つを見たということになる。今、彼はもう一つの大いなる戦いを見る。今回の敵は、楽園を破壊せんとして入り込んできた巨大な蛇である。

この第二の戦いに臨む新たな戦士とは何者か？

キリスト教会が、自らの天文学的ルーツを隠蔽するためにサタンとルシファーを習合させたことは既に述べたが、ここでもまた、もう一つの意図的な混乱を解きほぐさねばならない。

創造の物語を述べる『創世記』の最初の数章において、一般に「神」と訳される単語は、既に述べたように、「エロヒム」である。後に『創世記』はエロヒムへの言及をやめ、その代わり、一般に「神」と訳される語として「ヤハウェ」を使うようになる。秘教の伝統の枠外にいる聖書学者たちは、同じ神に二通りの名が与えられている理由を、文献上の二つの流派、すなわちエロヒム派とヤハウェ派の存在によって説明しようとする。おそらくこの両派は年代的に異なる時代のもので、後世の編集によって一つに纏められたのであろうというのだ。

紀元前1世紀のギリシアの鏡の裏。月の女神セメレと美しい若者エンデュミオンの物語を描く。セメレはエンデュミオンに恋をし、彼を永遠に眠らせる魔法を掛ける。ここでは、月がディオニュソスの杖の形をした松果体に働きかける様子がはっきり描かれている。

だが、秘教の伝統の内部にいる学者たちは、遙かに単純な説明を用意している。つまりエロヒムとヤハウェは同じ神の別の名前なのではなく、それぞれ別の神なのだと。エロヒムとは、既に見たように、太陽神として共働した七つの精霊の集合名であり、一方ヤハウェは金星から大地を守るためにこの七つの内の一つが離脱して生じた。

ヤハウェの真の、天文学的な正体を知るためには、その敵である金星《ウェヌス》の図像を見る必要がある。ここで念頭に置かねばならないのは、古代人にとって宇宙の起源の歴史とは、如何にして物質宇宙が出来上がったかということ以上に、如何にして人間の経験が出来上がったか、如何にして経験はその特徴的な構造を得たのかということに重きが置かれていたということだ。言い換えれば、それは自然界の法則に関するものである以上に、人間性の原理に関するものであった。

獣欲に対抗する力——私が単なる獣となってしまうことを押しとどめているもの——は、それが何であれ、思考と省察の力に由来する。人間性とはそのようにできているのだ。金星《ウェヌス》は伝統的に鏡を持つ姿で表されるが、これは現代人が考えるような虚栄の象徴ではない。鏡は、獣欲を変容させる省察《リフレクション》の力の象徴なのだ。

中世に描かれた戦神としてのヤハウェ。

省察《リフレクション》の神とは、天空における大いなる反射鏡《リフレクター》――すなわち月の神であった。あらゆる古代文化において、月は豊饒と共に、思考を司る。

　事実、秘儀の神官の信ずる所によれば、宇宙は人間の思考を可能とする条件を創り出すために自己組織化したのである。人間の省察《リフレクション》が可能となるために、太陽と月は天空の然るべき位置に就いた。これによって月は太陽の光を反射《リフレクション》し、地上に届けるようになった。

　彼らはまた、このような天空の配置は、より小さなスケールで人間の頭の中にも再現されているはずだと考えた。太陽に当たるのは松果体であり、松果体が霊的世界から受け取ったヴィジョンを変容し、これについて省察するのは脳下垂体である。

　これは誰も考えたことの無いほど気違いじみたことに見えるかも知れないが、古代人にとっては日常的な生きた体験に対応していた。彼らは意識に生じる小さな変化を追究したが、それは彼らにとって、太陽と月の位置の変化に対応して変動するものだった。読者諸君は、月が満月に近いほど、夢が鮮やかになるという事実を身を以て体験していただきたい。

　一カ月に亘って皿の牡蠣を観察すれば、それが月の満ち欠けに合わせて太ったり痩せたりすることが解るだろう。近代科学によれば、脳下垂体もまた牡蠣と同様に振る舞うことが確認されている。

月の神は、ヘブライ人にはヤハウェ、ムスリムにはアラーとして知られるようになる――「汝為す勿れ」の神である。

ペルセウス、月の楯を持つ者。

そんなわけで、創造という宇宙的ドラマのクライマックスにおいて、大地が生き地獄となる危険に陥った時、新たな勢力が起こってルシファーと対峙した。七つのエロヒムがサトゥルヌス／サタンを抑え込んだように、この七つの内の一つが分離して月の神となり、そこからウェヌス／ルシファーを抑え込む作用が生じたのだ。

このウェヌスに対する大いなる戦いは、世界中の文化に記憶されている。例えば蛇のような悪魔カリヤと戦うクリシュナの物語、ピュトンと戦うアポロン、あるいは鏡の盾を持ったペルセウスが、アンドロメダを襲う性的に貪欲な龍と戦う物語などがその実例である。

旧約聖書のヤハウェは悋気と憤怒の戦神である。ヘブライの伝承によれば、ヤハウェの軍勢を率いるのは大天使ミカエルである。『ヨハネの黙示録』曰く、「さて、天で戦いが起こった。ミカエルとその使いたちが、龍に戦いを挑んだのである。龍とその使いたちも応戦したが、勝てなかった。……この巨大な竜、年を経た蛇、悪魔とかサタンとか呼ばれるもの、全人類を惑わす者は、投げ落とされた」。

つまり、創造のドラマの第三幕において、月の神が大勝利を得たのだ。

かくして、月の時代が始まった。宇宙における最初の三つの時代、鉱物、植物、動物の各時代――すなわち土星の時代、太陽の時代、月の時代――は、週の曜日の最初の三つの名に刻印されている。これらの曜日名が、この三つの天体の名を、この順序で受け継いでいるのは、まさにこれゆえに他ならない。

蛇もしくは龍と戦う太陽神。ラファエロの絵画に基づく版画。

5 女を愛した神々

ネフィリム／人類の遺伝子操作／魚の神／人種の起源に関する歴史

ここでわれわれは、世界史の中でも特に後ろ暗い、恥辱の挿話に目を向ける。秘密結社の中においてすら、時にヴェールが掛けられるものは存在するのだ。

アレクサンドロス大王の時代のバビロンに、最初期の歴史家の一人と言える神官がいた。現存する断片資料によれば、彼ベロッソスはかつてのヘロドトスと同様、神殿に刻まれた王名表を研究し、神官たちの秘密の書庫を探求した。

資料には、大地と空の起源、そしてヘルマフロディトスの種族の歴史に関する教えが含まれている。この種族は性が分化する以前の人間であり、単為生殖によって繁殖する。

次にベロッソスは、陸上に原始的な種族が居住し始めた様子を語る。それからある時、海辺にオアンネスと呼ばれる怪物が出現する。「……その全身は魚の身体であった。魚の頭の下にもう一つの頭があり、また下には人間に似た足が、魚の尾鰭の部分に付いていた。その声と言葉は明瞭で、人間のものだった。彼の図は今日まで残っている……」

「この怪物は人間たちの間で昼を過ごすが、その間、何も食べない。そして彼は、あらゆる文学、科学、技芸に関する洞察を与えた。都市の造り方、神殿の築き方、法律の編み方を教え、幾何学の原理を説いた。大地の種子を見分け、果物の集め方を教えた。簡単に言えば、野蛮な風習を和らげ、生活を人間的なものにする全てを教えたのである……」

「そして太陽が沈むと、このオアンネスなる存在は海に戻り、海中で夜を過ごした。彼は水陸両生だったのである……」

「その後、オアンネスに似た他の生き物が現れた……」

このように、突然現れて人間の師となる魚の神の物語は、他の伝統にも見出すことができる。例えばインドにはヴィシュヌの第一の化身であるマツヤの物語があり、古代フェニキアには人間に灌漑の技術を教えたダゴンの伝承があり、西アフリカにはダゴンの同類のような魚の神々がいた。プルタルコスの記述によれば、最古のゼウス像は魚の尾鰭を持つ人間の姿であった。このイメージの名残は、ギリシア神話の中で、その兄弟であるポセイドンの形態に見られる。

オアンネス。ニネヴェの壁画を描いた 19 世紀の版画。現物は大英博物館蔵。

秘教の伝統の枠外にある現代の著述家の中には、この魚のイメージこそ古代における異星人の来訪の証拠であると考える者もいる。人間は異星人の遺伝子操作によって創り出されたものだという説まである。これは、秘教伝承を唯物的に解釈しようとする人々が陥りやすい誤りの一例である。

もしも参入志願者が十分なレベルに達すれば、彼は真実を教えられただろう。それは以下のようなものだ……。

『創世記』には、一見したところ、これと同じような出来事を指しているようには見えない条がある。だがその条は実際には、異世界からの来訪者のことを語っているのだ。

『創世記』六章一－五。「さて、地上に人が増え始め、娘たちが生まれた。神の子らは、人の娘たちが美しいのを見て、おのおの選んだ者を妻にした。……当時もその後も、地上にはネフィリムがいた。これは、神の子らが人の娘たちのところに入って産ませた者であり、大昔の名高い英雄たちであった。神は、地上に人の悪が増し、常に悪いことばかりを心に思い計っているのを御覧になった」

　いったい、この条をどう解釈すればよいのか？　ここに「神の子ら」と訳されているフレーズは、聖書の他の箇所では、天使すなわち天から下る御使いを表すのに用いられている。だがこのコンテクストにおいては、「下る」という言葉には道徳的な堕落の意味が込められているようだ。天使たちが女たちと性交したと言うことで、『創世記』はこれらの天使たちが物質界に入るために自らの身を卑しくしたと言っているのか？　それほどまでに物質界に魅了されたと？

　先に述べたように、今われわれは、世界の秘史における特に後ろ暗い挿話に踏み込もうとしている。そして実際、『創世記』におけるこの五つの節は、これだけでは全く理解できない。だが実際には、この部分は古代ヘブライの伝承の中でより詳細に説かれているのだ――殊に、『エノク書』において。

　この書は、紀元三〇〇年から四〇〇年頃に主流派の公的歴史からは抹消されたが、その存在、内容、教義に関する伝承はフリーメイソンリーの中に保管されていた。その後、一七七三年になって、スコットランドの探検家ジェイムズ・ブルースがエチオピアの修道院の中にその断片的な写本を発見し、斯くして古えのフリーメイソンリーの伝承が確認されたのである。

四世紀にキリスト教の正典が纏められた時、『エノク書』はその中には入れられなかったが、にもかかわらず新約聖書の記者はそこから引用することを躊躇わなかった。それはつまり、彼らがこの書を正典に匹敵する権威を持つものと見なしていたことを示している。この書が如何に重視されていたかは、イエス・キリストが明らかに、神の王国の到来や世界の審判といった同書の記述を念頭に置いていたという事実に表れている。さらに、彼の変容の際に用いられた「これは私の愛する子、私の心に適う者」という句は、イエス・キリストが『エノク書』で予告されていた存在であることを明らかにしようとしたものなのだ。

『エノク書』は、女たちを愛した天使について、次のように述べている。

『エノク書』六章一‐四。「そのころ人の子らが数を増していくと、彼らに見目麗しい美人の娘たちが生まれた。これを見た御使いたち、すなわち天の子たちは彼女らに魅せられ、『さて、さて、あの人の子らの中からおのおの嫁を選び、子を儲けようではないか』と言い交わした。……彼らは妻をめとり、各人一人ずつ女を選びこれと関係を持ち、交わり始めた。また女たちに医療、呪いを教え……彼女らは孕んだ」

後にエノクは諸天を巡る。そこで叛逆天使――すなわち「寝ずの番人」――から、神への取りなしを頼まれる。エノクはそうしようとするが、神はそれを拒絶してエノクを送り返す。

「君に取りなしを頼んで寄越した天の寝ずの番人たちのところへ行って言ってやれ。『お前たちが人間に代って取りなすのが当たり前なのに、人間にお前たちの取りなしをして貰うとはどういうことだ』」

それから、言わば神自身の言葉によって、叛逆天使の物語が再び詳細に語られる。

『エノク書』六章一五‐一六。「どうしてまた、遙かに高く、聖なる永遠の天を見捨てて、女どもと褥を共にし、人間の娘らを相手に身を穢し、妻をめとって、地の子らと同様に振る舞い、巨人の子を儲けなどしたのだ。お前たちは、霊的な、聖なる者、永生に与っている身でありながら、女ども相手に身を落とし、肉の血によって子を儲け、人間の血によって欲情に燃え、彼らがやっているると同じように血肉の子を儲けたが、それはやがては死に滅びる定めにあるのだ。……さて、君に取りなしを頼んで寄越した寝ずの番人たちについては――彼らは前には天にいたのだが――こう言うが良い、『さて、お前たちは天にいて、隠されたことを明かして貰っていなかった。しかし、お前たちはつまらぬ秘密を知るようになり、これを心の頑なお前たちは女たちに明かしたので、この秘密のお陰で、女たちと人間たちは地上に悪を蔓延らせている』。それゆえ、彼らに言ってやるがよい。『お前たちに平安はない』と」

『ユダの手紙』六節は、寝ずの番人が「自分の領分を守らないで、その住まいを見捨ててしまった」と書いている。三世紀のキリスト教著述家コモディアヌスは言う、「天使たちを誘惑した女たちは極めて淫らであり、誘惑者たちは天に帰りたいという希望を抱くことさえできなくなった」。

だが、これらの僅かな、見慣れぬ断片的ヒント以上に、われわれの誰もがよく知っている一連の特徴がある。

『ユダの手紙』には、この天使たちは割り当てられた季節を守らなかったとある。これは彼らがある種の時間の指標であったことを示しているように思える。だが何と言っても、この「堕天使」たちの隠された正体を明らかにする最大の手掛かりは、彼らの数にある。『エノク書』のある版では、彼らは七人であったとされているのだ。

あらゆる伝統において、七は太陽系の大いなる神々の数である。ここでもまた、聖書の記述の中にはギリシアとローマの天文神が隠されていたことになる。

人間の女に性的な意味で惹かれた天使たちとは、オリュンポスの神々に他ならないのだ。

既に見たように、聖書の中には暗号化された創造神話が隠されており、そこでは土星、大地、太陽、金星、月が重要な役割を果たしていた。その物語によれば、生命はまず完全な鉱物状態から始まり、植物を経て動物状態に到った。それに続く時代の始まりを告げる出来事こそ、太陽系の神々の到来である。木星《ユピテル》――ギリシア神話のゼウス――が全ての神々の王となる。火星《マルス》と水星《メルクリウス》もまたこの時代に姿を現す。

幼いユピテルは、父であるサトゥルヌスから身を隠す必要があった。〈母なる大地〉はユピテルをクレタ島の洞窟の奥深くに隠す。他の神々から隔てられ、幼いユピテルは山羊の乳と聖蜂の蜜で育つ。〈母なる大地〉がユピテルをこの洞窟に隠したのは、サトゥルヌスと、その年かさの息子や娘たちであるティタンがユピテルを殺しに来るのを恐れたためである。ユピテルの誕生は、サトゥルヌスの治世の終わりを告げるものであることを彼女は知っていた。だが、一つの時代から次の時代への移行は、常に苦痛を伴うものである。古き秩序は常に、割り当てられた時間を超えて居座ろうとするのだ。

ティタンはサトゥルヌスの力の代行者である。彼らは意識を食う。彼らは新たな生命を呑み込むことを欲する。そして、秘史の全てを知り尽くしていたミルトン言うところの、「死の世界」を造ろうとしたのである。

ティタンは常にユピテルの敵である。子供の内にユピテルを殺すことには失敗するが、常に散発的な、あるいは大規模な戦闘を仕掛け、最終的にユピテルに決定的な敗北を喫して地下に幽閉される。そこで、この唯物論の強大な力が大地の構造の一部に組み込まれた。火山が唸り、噴火の気配が見える度に、古代人は彼らの怨嗟の声を聞いたのだ。

ティタンを幽閉したユピテルは、当面、押しも押されもせぬオリュンポス山の主であり、神々の王、新時代の神であった。彼がその壮麗な頭髪を揺すれば、全地が震えた。彼は雷霆を投げる力を持つ唯一の神だった。

偉大なイタリアの学者・著述家のロベルト・カラッソは、神話の背後にある歴史の真実に関する秘教伝承を大衆に知らしめる上で重要な貢献を果たしている人物だが、その傑作『カドモスとハルモニアの結婚』に

大地を持ち上げる男柱像。ポンペイの発見を描いた19世紀の版画。男柱像は大地の構造の一部となることを命じられたティタンである。彼らの子孫は地の精霊、すなわちゴブリンとなる。南ヨーロッパの僻地では、彼らは19世紀になってもなお恐れられていた。死者の爪のような鱗を持つ赤い眼の怪物であり、死んだ後まで追いかけてくると言われていた。

は次のような一節がある。「オリュンポスは厳格さに対する軽さの叛逆である」。言い換えれば、オリュンポスの神々――ユピテル、アポロン、マルス、メルクリウス、ディアナ、アテナら――は、サトゥルヌスの押しつけた制限に対して叛逆したのだ。オリュンポスの神々は空を飛び、魔法のような偉業を行ない、恐るべき怪物を倒す。それは華々しい、壮麗な時代であり、精神の内部で身悶え、のたうち、歴史上で最も偉大な美術、彫刻、文学に霊感を与える。

だがそれはまたどこか不吉な時代でもあり、道徳的ないかがわしさが付きまとう。ユピテルの雷霆は濃密なテストステロンの霧、生の獣欲、この上なく無慈悲な獣の残忍性に塗れている。

ユピテルはカリストを強姦し、熊に変える。イオを強姦し、雌牛に変える。人肉食の罪でリュカオンを罰し、狼に変える。ヒュアキントスに対するアポロンの情欲は、この美しい若者を花に変え、またアポロンによるダフネの強姦は彼女を月桂樹に変える。

これらの神話の全ては、生命形態の豊饒化に関係しているということに注意すべきである。この地球の隅々に到るまで、ほとんど無限とも言うべき多様な植物と動物で埋め尽くす、この生命の多様性は、偉大なる自然の栄光である。ゼウスはモーセのような意味においては道徳的ではない。だが彼とオリュンポスの神々は、生物界の活き活きとした多様性、無数の創造性を導いたのである。

だが、魚の神についてはどうだろう？　上手く溶け込ませることはできるだろうか？

既に見たように、魚の神の到来を語る奇怪な神話は世界中に数多くある。そしてあのユピテルですら、その最古の表現においては、魚の神の一人だったのだ。さらにまた、ユピテルとオリュンポスの神々の神話は、生命形態の豊饒性の記述だった。この二つの事象を纏めると、驚くべき可能性が浮かび上がってくる。

古代の神話は、最終的に人間に進化する生命形態が、まず魚として始まったという近代科学の洞察を先取りしていたのではないのか？

もしそうなら、これは驚くべき啓示である。

ダーウィンによる種の進化の発見は科学史上最も重要なものの一つであり、ガリレオやニュートン、アインシュタインらの業績に肩を並べるものだ。だが、秘儀の学院の神官たちが何千年も前から種の進化を知っていたということがあり得るだろうか？　実はこの主張を裏付ける証拠は、少なくとも最初の内は信じ難いと思われるかも知れないが、万人が見ることのできる煌めく光として空に描かれているのである。

われわれが今解読しようとしているのは宇宙の暗号である。既に見たように、歴史の最古の挿話は太陽系の創造という文脈で理解すべきものであった。土星、太陽、金星、月、木星が次々にこの創造に与り、地上における生命の進化を可能とする基本条件を創り出した。それに続いて、生命が誕生し、意識が生まれ、生命形態の多様化が始まった。

これらの生命形態の発達史を理解するためには、またしても天体に目を向けねばならない。そして古代人の考えた惑星創造の過程に続いて、われわれはこれと連動する過程に目を向ける——黄道十二宮の星座である。

古代人にとって、自然の力は冬には眠りに就いており、それから春に目覚め、改めてその影響力を行使する。ゆえに、春に太陽が昇る星座は彼らにとって極めて重要だった。太陽はその星座に生気とエネルギーを与え、世界と歴史を形作る力を増大させるのである。

地軸の章動のために、太陽は恒星に対してゆっくり後ろ向きに進んでいるように見える。およそ二千百六十年の間、太陽は同じ星座から昇り、それから次の星座に移る。現在のわれわれは双魚宮の時代にあり、そしてよく知られているように、間もなく宝瓶宮の時代となる。星座から星座へ、時代から時代へ移る度に、〈天球の音楽〉は新たな楽章に入る。生命を駆り立てる力、宇宙に瀰漫する欲動の周期は、新たな次元に移る。

黄道十二宮の星座と言えば、一年の内で、月ごとに移り変わっていくものと考えられている。白羊宮の次は金牛宮、その次は双児宮、という具合である。だが、春分の星座によって計測する大周期では、星座は「後ろ向きに」進む。双児宮の次が金牛宮、次が白羊宮、という具合である。

この現象は「歳差運動」とよばれる。古代人が最初にこの現象に気づいたのはいつかという点については、学界でも論争がある。この問題に関する画期的な研究は、ＭＩＴの科学哲学史教授ジョルジョ・デ・サンティラーナとフランクフルト大学科学教授ヘルタ・フォン・デヘンドの共著『ハムレットの挽臼』（一九六九）だった。驚くべき浩瀚な博識を示すこの著作はまず、秘密結社の外の世界では長きに亘って忘れられていた、神話における天文学的次元の再発見から始まる。彼らによれば、全ての神話、そして『オイディプス王』から『ハムレット』までのあらゆる文学の中心テーマの一つである、流謫の子が伯父を打ち破り、父の玉座を奪還するという物語は、とある天文事象の記述なのだという——歳差運動による、一つの時代から次の時代への移り変わりである。

だが『ハムレットの挽臼』の提供するモデルは基本的に静的なものである。それは歳差運動がある特定の元型に暗号化されているという事実を示しはするが、支配星座の交代によってわれわれが如何にして適切な年代的順序において神話の異なる層を見ることができるかを語りはしない。

ではここで、秘教の伝承に従い、ユピテルと他の神々の神話の背後にある歴史事実という文脈から、この過程を見てみよう。

ここまでわれわれは神話に、殊にオリュンポスの神々の神話に記憶された歴史を見てきたので、当然ながらわれわれは神話の人間を解剖学的に現在の人間と同じものとして心に描いてきた。だが、依然として念頭に置く必要があるのは、これらの神話は、これらのものが想像力の目にはどのように見えるかを表したものなのだという点だ。もしも肉眼で見たなら、そもそも肉眼が存在していたならの話だが、非常に違ったものに見えただろう。

なぜなら、これらの空想図が描いているのは、原初的な生命形態の始まりとその発達だからである。

最初の海棲生命の時代は木星の支配の時代であったが、これを星座の歳差運動という点から見れば、双魚宮の時代に当たっていた。太陽が最初に双魚宮から昇った時、地球表面の半液体物質から新たな形態が凝結した。これが最古の魚の胚生体である——それは現在の海月に似ていた。

古代人はこの進化の衝動を神と見なした。もしも地上における原初的な生命が——それは最終的に人間に進化することになる生命だが——原初的な魚の形態をとっていたのなら、それは神がその姿をとり、地上の生命を導いたからである。

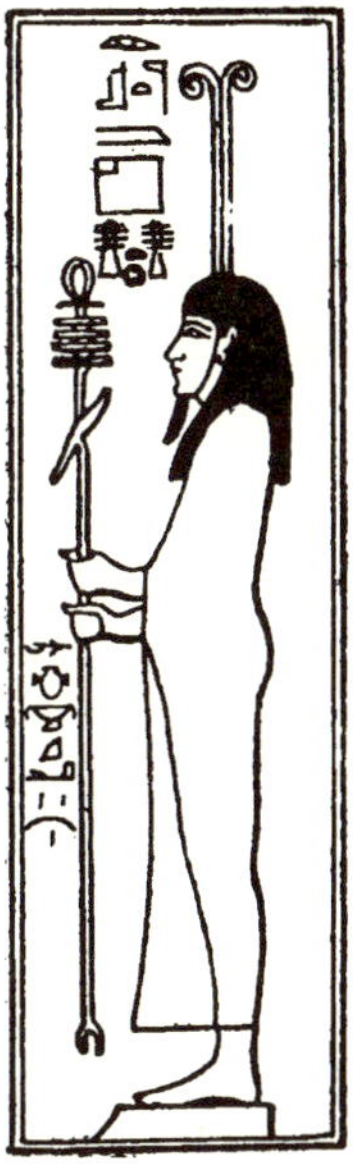

「オシリスの提灯」は、動物形態から突出したかつての植物体の名残である。

エジプトでは、この奇蹟的な出来事、動物生命の誕生を「ホルスの誕生」と呼ぶ。そして最古のホルス像は、ユピテル像と同様、半分が人間、半分が魚であった。

すなわちここでもまた、ギリシア人とエジプト人は、ギリシア人とヘブライ人のように、異なる文化的衣装を着た同じ神を崇拝していたのである。

次の歳差周期時代は最初の宝瓶宮の時代である。これは両棲類の進化の時代であった。これは海を漂う巨大生物で、現在の海豚に似ているが、水掻きがあり、提灯のような額をしていた。この提灯は松果体である。一部の爬虫類では、それは今もなお頭の上に突出している。例えばニュージーランドのムカシトカゲの類である。

この「提灯」は、この原人類の主要な知覚器官であった。この提灯は近くもしくは遠くにいる他の生き物の暖かさや冷たさを感じ取るばかりでなく、その内的な性質を直観することができた。この原人類はまた、植物の性質を直観し、食物や薬物として適しているかどうかを見定めることができた——現在もある種の動物はこれを行なう。そして自然の成長の法則がまだ完全に定まっていなかったので、当時の人間は植物に話しかけることもできた。古いユダヤの伝承には、人間が「樹に実を生らせ、麦の穂をレバノンの杉のように育たせた」とある。これらの両棲人類の話し言葉は、牡鹿の鳴き声のようであった。

提灯頭の人類は、後に理想化されて一角獣となった。〈大地の女神〉は依然として、彼らが為すべきことを直覚的に告げていたので、自然法則と倫理法則は同じものだった。この歴史上の事実を美しく描き出したものが、パリのクリュニー美術館にある有名なタペストリである。そこには処女の膝に頭を休める一角獣が描かれている。

一角獣と言えば、われわれは駆り立てられる動物を思い起こす。人間は〈母なる大地〉の膝に聖域を求めるが、世界は危険な場となりつつあった。既に見たように、情欲は元々人間とは無関係に存在しており、当時もなお、依然として独立した存在であって、原人類の形態の中に統合されてはいなかった。野放し状態のこの情欲こそ、神話の龍である。彼らは他の生物にとって大いなる脅威だった。

湿地のようだった大地の表面が固まり始め、乾いた地面が現れると、人間形態の次の進化の段階が始まった。これが磨羯宮の時代の始まりであり、この時、原人類は手と足を発達させ、芽生えつつある獣欲を満たすために地上に這い出た。

古代の叡智によれば、温血動物の進化を引き起こしたのは火星の登場であった。火星が到来したのは磨羯宮の時代から人馬宮の時代への過渡期のことである。前者の図像は半獣半魚の両棲類であり、後者は四つ足の陸棲動物である。

火星の鉄は赤い血を生み、利己主義を可能とする条件を提供した——その利己主義は、健全な生への衝動のみを意味していたわけではない。大地の固化がさらに進展し、より濃密かつ乾燥したものとなると、それはさらに収縮し、その結果、生物は他者を犠牲にしなければ生きられなくなった。人間は他の生き物を傷つけ、あるいは殺すことなしに動くこともできなくなったのである。火星のために、人間の性質の中にこれを喜ぶ残酷な部分が生じた。仲間の人間を従えることに歓びを覚え、他者を支配することに歓喜し、無制限に意のままに振る舞うことを好む部分である。

原人類が完全に陸上の生物となると、新しいコミュニケーションの手段が必要となった。そこで水星の影響によって、胸郭が発達した。水星はまた、より細くて器用な手足を用意した。それによって人間は共同で動き、生活し、働くことができるようになった。水星《メルクリウス》は言うまでもなく、神々の使者であり書記である。

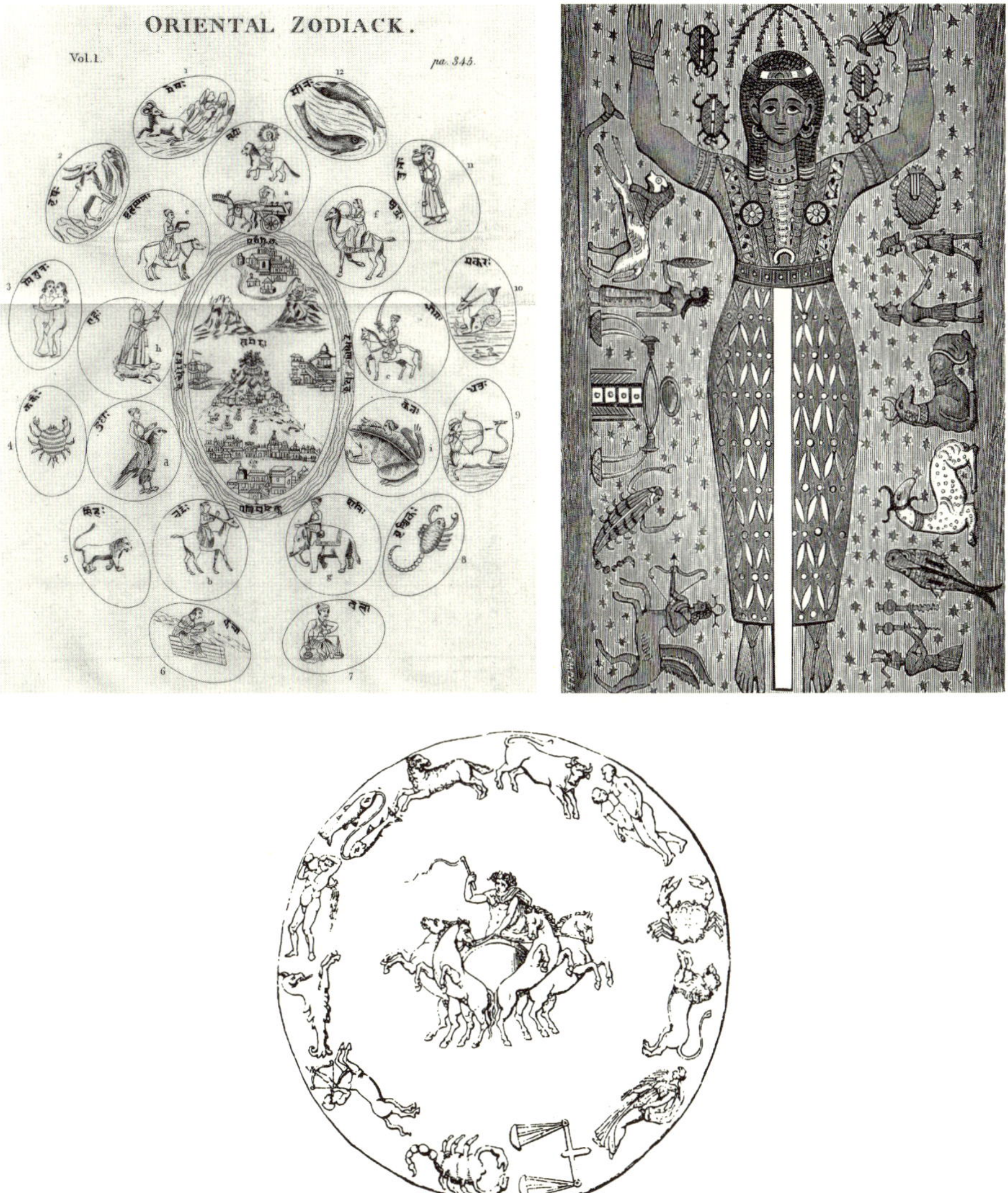

エジプト、インド、ギリシアの十二宮図。驚くほど類似したイメージを描いている。

ギリシア人にはヘルメス、エジプト人にはトトとして知られていた。
彼はまた、策略と窃盗の神でもあった。

本章では、エジプトやギリシアなどの平行する文化を踏まえつつ、『創世記』に関する注釈を述べて来た。このような聖書の解釈もしくは解読は新プラトン主義者や初期カバラ主義者の間で行なわれていたもので、薔薇十字団のような団体によって明らかにされた。ここで考察したものの多くは、例えば、一七世紀のロバート・フラッド（ミルトンの『失楽園』に多大な影響を与えた）の著作や、そのすぐ後のヤーコプ・ベーメによる『創世記』註解である先述の『ミュステリウム・マグヌム』などに見出すことができる。近代においてこれらの註解を明らかにし、薔薇十字団の叡智を再構成するという作業を完遂したのは、偉大なオーストリーの学者にして秘儀参入者であったルドルフ・シュタイナーである。彼の人智学協会はおそらく、真の薔薇十字運動の純粋な生き残りと言えるだろう。

メドゥサの頭部。ギリシアの宝石彫刻。夜空は生きた歴史である。天体は霊的存在すなわち神々の肉体と考えられていた。古代人はこれらの存在と交流し、その影響力を感じることができると信じていた。例えばアルゴル星——ギリシアの伝統では、ゴルゴン・メドゥサの頭部と関連する——は、古代世界のあらゆる文化において、不吉な影響力を持つと考えられていた。ヘブライの占星術師はこれを暗き精霊リリトと名付け、さらに以前にはサタンの頭と呼んでいた。一方中国人はそれを「積み上げられた屍体」と呼んだ。さまざまな文化が、同じ空の一角を見上げた時に、同じ霊的真実を体験したのである。

だが、秘教の伝統の枠外においても、世界中の古代文明が黄道十二宮の星座のイメージにおいて驚くべき一致を示していることは認められている。この一致は、地上から見る星々の配置がこれらのイメージとほとんど似ても似つかないものであることを考えると、ますます驚くべきものとなる。

実際には、古代人はこの星座の順序の中に、人間と世界の進化の歴史を見ていたのである。それは人類の意識の中に集合的に記憶され理解されている。古代人にとって、世界の歴史は星々の中に記されているのである。

そんなわけで、古代の迷信に引導を渡した近代的な観念と見做されているものは、実際にはそれ自体が古代の観念なのである。秩序ある種の進化に関する理解は、ダーウィンが英国海軍のビーグル号で出帆するよりも数千年も前に始まっているのだ。

この秘史は黄道十二宮に隠され、ヤーコプ・ベーメやロバート・フラッドらの秘儀参入者によって記され、秘教教団によって現代まで伝えられた。だがそれは常に、意図的に、部外者には理解し難い形をとっていた。

そして一九世紀、ヒンドゥ教の聖典が初めてヨーロッパ諸語に翻訳され、広く出版されるようになって、かつては慎重な取り扱いと管理が為されていた秘教的知識の多くが大衆の意識の中に漏れ出すようになった。これらの観念に対する魅惑は、カバラを始めとする西洋の伝統の多くに新たな光を当て、心霊主義への熱狂に火を点けた。当時の偉大な知性の多くが、科学の方法論を霊的・心霊主義的現象へ適用しようとした。一八七四年、チャールズ・ダーウィンは小説家ジョージ・エリオットと共に交霊会に参加した。ダーウィンのライバルであったA・E・ウォレスは、心霊主義に関するいくつかの実証実験に参加した。彼は心霊現象もまた、科学の手法によって他の現象と同様に計測し、実証することができると信じていたのだ。後に見るように、科学者を含む、当時の進歩的知性の多くが、秘教哲学には何らかの真実が含まれており、科学と超自然は最終的には統一されると信じていた。

ドイツの若き学者フリードリヒ・マックス・ミュラーは一八四〇年代に東インド会社に雇われ、『リグ・ヴェーダ』を翻訳する仕事に就いた後、オクスフォードの教授職を得た。彼はその後も東洋の聖典の翻訳を続け、その数は五十巻に及んだ。かくして、東洋の秘教教義が初めて万人のものとなったのである。彼はまたダーウィンとも友誼を結び、定期的に文通していた。『種の起源』が出版されたのは一八五九年のことだ。

進化の秘史においては、種の進化は科学が想定するような進歩ですらなかった。われわれが自分自身の生理と精神構造を理解する仕方にも、重要な含意を持った紆余曲折があった。行き止まりがあり、誤った出発があり、意図的な妨害までもがあった。

一方、蛇、蜘蛛、甲虫、寄生生物等は、〈月の暗黒面〉の邪悪な影響力の下に形成された。秘教教義によれば、動物は星々の影響を受けてわれわれが今日知る形に進化した。例えば獅子は獅子座の影響を受け、牛は金牛宮の影響を受けた。

宇宙的計画によれば、世界中のあらゆる生物形態は徐々に人類に統合されていく。人類はあらゆる被造物の頂点となるべく造られたものである。神々が人間を現在のわれわれが知る解剖学的形態へと導いたように、神々の形態もまた人間形態へと近づいて行った。シュメール、エジプト、ペルシア、バビロニアでは神々は半人半獣の姿をとっていたが、古代世界の最後の大文明であるギリシア・ローマに到って、神々は解剖学的に完璧な人間の姿をとるようになったのである。例えばエジプトの神殿の壁画では、金星の女神は雌牛の頭をしたハトホルであり、水星の神は犬の頭のアヌビスであった。秘教伝統によれば、これらの同じ神々、同じ生き物が、後の古代ギリシアにおいては、より進化した形で表わされたのである。

この時代を記述する古代文書はまた、巨人の存在を強調する。ヘブライの伝統の中で執筆した『エノク書』の著者、そしてギリシアの伝統において執筆したプラトンはいずれも、洪水以前の太古の時代に巨人の種族がいたと述べている。実際、洪水以前に存在した巨人族の伝承は、インドのダナーヴァとダイティヤから中国の夸父族まで、世界中に見出すことができるのである。アレクサンドロス大王時代の断章『フリュギア人ミダスとセイレノスの対話』の中でセイレノスは言う、「人はこの時代の最も高い男の三倍にまで育ち、二倍長生きした」。秘教伝統においては、近年アフガニスタンで破壊されたバーミヤンの大仏は、実際には巨大な仏像ではなく、それぞれ一七三フィート、一二〇フィート、三〇フィートの身長を持つ巨人の実物大の像なのだという。この像をあたかも仏像のように見せていた衣装は漆喰製で、後世において元来の石像に付加されたという。一九世紀の記録によれば、現地人はそれを中国の巨人族である夸父族の像であると信じていた。イースター島の有名な石像もまた、歴史上の巨人の実際の身長の記録であると考えられる。

さらにまた、袋小路に嵌った畸形がいる――一本足人間、蝙蝠人間、虫人間、有尾人など。紀元前三世紀のエジプトの歴史家マネトもまた、寝ずの番人の子孫の話を記している。曰く、「彼らは二枚の翼を持つ人間を生み出した。あるいは二つの顔に四枚の翼の人間、一つの身体に二つの頭の人間、あるいはまた、後脚が馬で前脚が人間である人間、あるいはまた、人頭の牛や四つ頭の犬がおり、その尾は魚の尾のようになっていた。……さらにまた、さまざまな種類の龍のような怪物たちがいた」。

これはすなわち、偉大な神話に描かれ、またJ・R・R・トールキンの『指輪物語』やC・S・ルイスの『ナルニア国物語』といった偉大なファンタジー文学にその残響を見出すことのできる時代である。このファンタジー文学は、人間がこの地上において巨人や龍、人魚、ケンタウロス、一角獣、ファウヌス、サテュスなどと共存していた時代の集合的な記憶を現代に甦らせたものである。侏儒《ドワーフ》、風精《シルフ》、仙女《ニュムフェ》、木精《ドリュアデス》等の下級の霊的存在は、神々や人間に仕え、交わり、戦い、そして時には恋に落ちたのだ。

秘史においては、人間の以前に受肉した最後の被造物は類人猿である。彼らが出現したのは、一部の人間の霊が、まだ人間が解剖学的に完成する以前に、受肉を急いだからである。

ゆえに秘史においては、人間が類人猿の子孫であるというのは正しくない。むしろ、類人猿の方が人間の堕落した姿なのである。

無論、そのような途方もない生き物たちの化石は現存していない。では、秘儀参入者でもあった歴史上の偉大な人々は何ゆえにそれを信じたのか？　なぜそもそも知性ある人が、そんな考えを弄ぶようになったのか？

6 緑の王の暗殺

イシスとオシリス／頭蓋骨の洞窟／パラディオン

オリュンポスの神話で語られる時代においては、神々は人間と共に地上を歩いていた。だが、地上の王として統治した最後の神の歴史を詳細に語っているのは、ギリシアではなくエジプトの伝統である。エジプト人は、彼らの最も重要な神がかつて彼らと共に歩み、戦を導き、賢明な善政を敷いたと信じていた。

ヘロドトスは、オシリスが祀られているという神殿を訪ねたことを書き残している。「方庭に巨大な石造りのオベリスクが屹立し、円形の人工池がその隣にあった。この池において、深夜にエジプト人は密儀を行なう。とある神の死と復活を祀る〈黒密儀〉である。私はその神の名は敢えて言わない。そこで何が行なわれたかを知ってはいるが……これ以上は言わない」

幸いなことに、この焦らすような記述を補完する資料がある。ヘロドトスと近い時代にデルフォイ神殿の神官であったプルタルコスによるオシリスの物語である。以下、プルタルコスの記述を基に、他の資料も追加して再構成することとしよう……

まずは、戦の世界を想像していただきたい。恐ろしい怪物や野獣に蹂躙される世界である。オシリスは偉大なる狩人、〈獣の主〉であり——ギリシア神話の狩人オリオン、北欧神話の猟師ハーンに当たる——大戦士であった。彼は凶暴な野獣の地を平定し、侵略軍を退けた。

だがこの大戦士の没落は、怪物との格闘や敵軍との戦争ではなく、内なる敵によってもたらされた。戦役から凱旋したオシリスは、彼を慕う民衆から歓呼の声で迎えられた。オシリスの統治は、常に外国からの攻撃に曝されてはいたが、黄金時代として記憶されるものであり、また内政においても理想的な時代だった。彼の名は播種と関係している。ourien は精液の意味であり、今日のわれわれがオリオンの帯と呼ぶものは婉曲表現である。古代においてはそれは男根であり、新年に勃起するとされていた。これらのことを見れば、以下の歴史には強い性的潮流があることが解る。

オシリスは弟のセトに招かれ、戦勝を祝う宴に出掛けた。

一説に依れば、オシリスは美しい黒い肌のネフテュスと寝ていたという。彼女はセトの妻であり、またオシリス自身の妻イシスの妹でもある。そのためにセトはオシリスに殺意を抱いたのだろうか？　否、そんな理由は不要だっただろう。セトの敵意の鍵はその名にある。彼はサタンの使者なのだ。

晩餐の後、セトは一つのゲームを提案する。彼は予め美しい櫃を用意していた。柩のようだが、ヒマラヤスギで造られ、金、銀、象牙、ラピス・ラズリが嵌め込まれていた。この櫃の中にぴったり入ることのできた者にこれを進呈しようというのだ。

客が次々とそれに入ったが、ある者は太りすぎ、ある者は細すぎ、ある者は大きすぎ、ある者は小さすぎた。遂にオシリスがそれに入り、横たわった。「ぴったりだ！」と彼は叫んだ。「まるで生まれた時から着ている皮膚のようだ！」

だが、彼の喜びは長くは続かなかった。セトが蓋を閉めたのだ。さらに蓋を釘で打ち付け、全ての隙間に溶かした鉛――サタンの金属――を詰めたのである。それからセトと手下たちはその櫃をナイルの岸辺に持って行き、川に投げ込んだ。

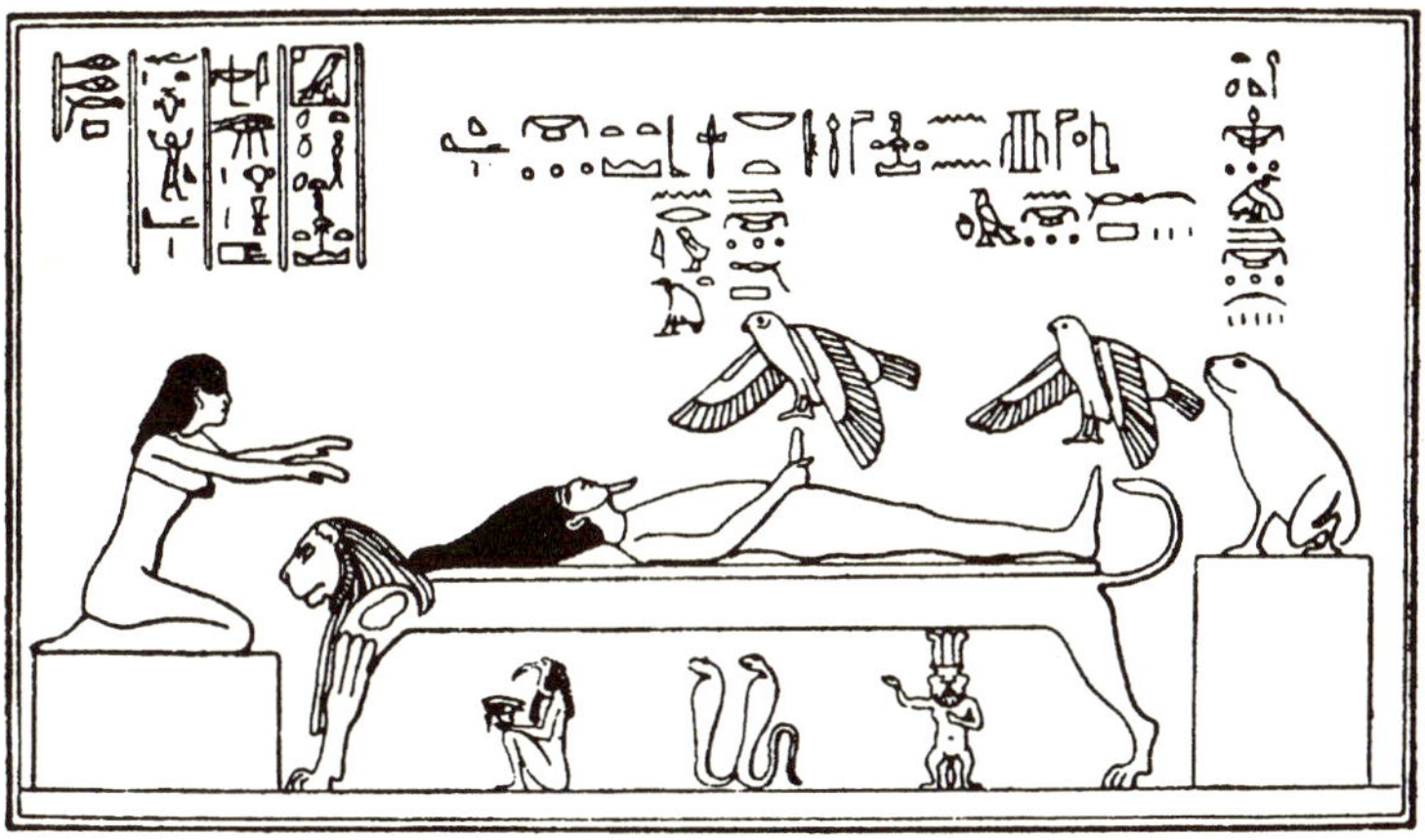

フィラエ神殿の壁画。

オシリスは不死であり、殺すことはできないということはセトにも解っていた。だが、殺せないのなら永遠に追放してしまえばよいのだ。

櫃は何日もナイル河を下り、遂に今日のシリア沿岸に流れ着いた。柔らかい御柳の若木がその枝で櫃を包み、ついには幹の中に包み込んでしまった。時が流れ、この樹はその壮麗さで知られるようになり、シリアの王はこれを伐らせ、宮殿の大黒柱にした。

一方イシスは、夫を奪われ、玉座を追われ、髪を切り、消し炭で顔を黒く塗り、地上を彷徨って泣きながら愛する夫を捜していた。時が流れ、彼女は異国の王の宮廷の下女となった（この物語は、元来はエジプトの神殿で行なわれていた神聖劇であるが、それが改変され、『シンデレラ』となって今日に伝えられていることが解るだろう）。

だがイシスは夫を諦めていなかった。ある日、彼女は魔法の力を使って、自分の働いている宮殿、すなわちシリア王の宮殿の大黒柱の中にオシリスがいることを透視する。イシスは女王の正体を明かし、シリア王を説き伏せて柱を伐らせ、櫃を取り出す。

彼女は舟に乗り、ナイル・デルタのケミス島に上陸する。ここで彼女は魔法によって夫を甦らせるつもりだった。

だがセトもまた魔法の力を持っていた。セトとその眷属は夜闇に乗じて彼らを探り、イシスがオシリスを匿っているのを知った。イシスの睡眠中に彼は急襲を掛けた。

今度こそは確実に息の根を止めんものと、彼は獰猛な歓びを以てオシリスを襲い、その身体を一四の部分に切断し、各断片を密かに国土のあちこちに隠匿した。

夫を失ったイシスはまたしても旅に出た（フリーメイソンである読者は、「未亡人の息子」というメイソンの階級名があることにお気づきだろう。それは一つには、メイソンがイシスの旅に参加した証である）。イシスはセトの手下の目を逃れるために七枚のヴェールを被り、ネフテュスに導かれた。ネフテュスもまたオシリスを愛しており、自ら犬に変身して、彼の屍体の断片を嗅ぎ付け、掘り出す手助けをしていたのだ。こうして彼女らは全ての断片を発見したが、男根だけは見つからなかった。それはナイルの魚に食われていたのだ。

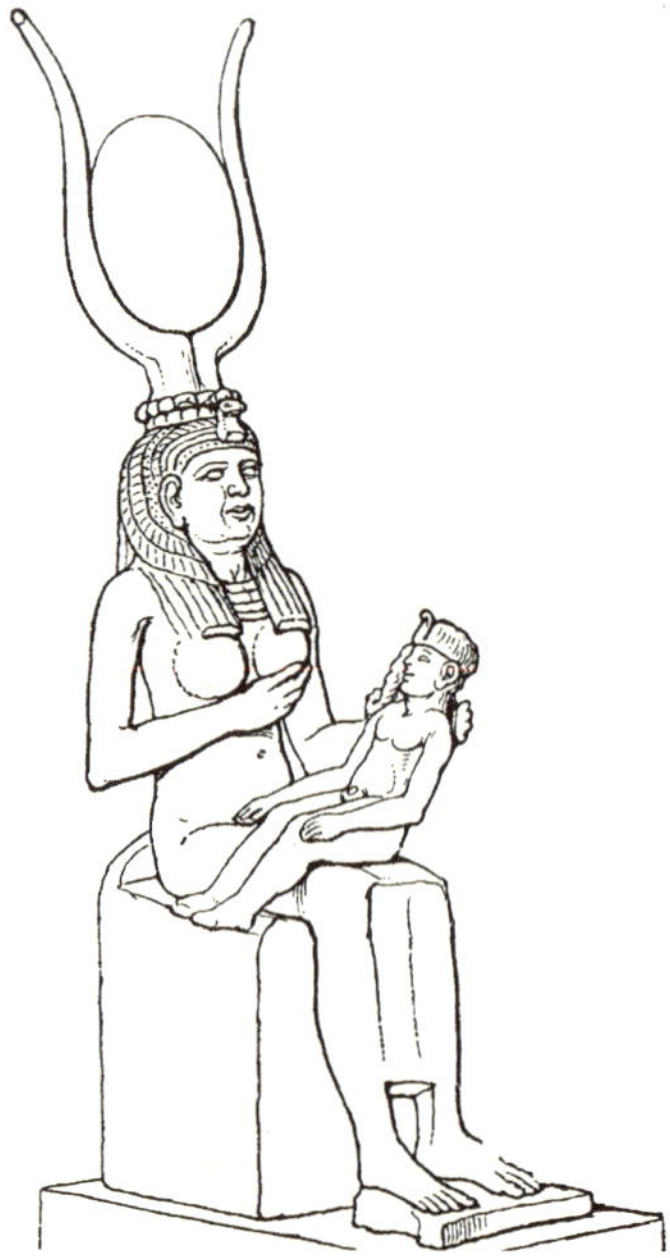

ホルスに授乳するイシス。精神先行型の宇宙を信ずる観念論者にとって、宇宙は人間の成長と進化を手助けしてきた。母なる女神と子のイメージは十字架以上に重要かつ中心的なイコンである。

イシスとネフテュスは南エジプトのアビュドスにある島に到達し、そこで夜間、白く長い亜麻布の包帯を使って残りの部分を繋ぎ合わせた。

これが世界最初のミイラである。

最後にイシスは黄金を用いて男根を造り、取り付けた。夫を完全に甦らせることはできなかったが、性的な意味で甦らせ、彼女は鳥となって彼の上に滞空し、その男根を優しく包み、射精に到らせた。このようにして彼女は彼の子を孕む。これが新たな宇宙の王、ホルスである。

成長したホルスは伯父であるセトを殺し、父の復讐を遂げる。一方オシリスは死者の王として冥府に生きる。ゆえに彼はしばしば緑の顔に包帯をきつく巻かれ、身動きできない姿で描かれる。だがその王家の紋章に象徴される強大な力を持ち、また錫杖と殻竿を手にしているのだ。

この物語はいったい、何を意味しているのだろうか？　どう解読すればよいのだろうか？

ある意味では、これは春秋分点歳差による星座の移り変わりを表している。ホルスはセトを追放し、これに取って代わる。

また別の意味、おそらく最も明らかな意味は、季節の周期に関する豊饒神話である。シリウスは数カ月に亘って身を隠した後、地平線上に出現する。それは古代エジプト人にとっては、間もなくオシリスが復活すること、ナイルの氾濫が起こることを告げる徴であった。復活する神王の神話は、タンムズやマルドゥクから、パルツィファルやアーサー王神話に登場する漁夫王まで、世界中にある。いずれも、以下の同じパターンを辿る。王は生殖器に致命的な傷を負い、彼が病に伏している間、国土は不毛となる。それから春になると魔法の儀式が行なわれ、彼は性的に復活し、全世界に豊饒をもたらす。

それゆえにオシリスはエジプトにおいて、穀物神、夏の豊穣神として崇拝されるに到った。長く待望されたオリオンとその妻であるイシスが、毎年、東の空に出現する。イシスとは、全天で最も明るい星であるシリウスである。これはナイルの氾濫の前兆であり、これによって植物が、さらには動物界と人間界が復活する――文字通り、死活の問題である。エジプト人は、亜麻布の袋に穀物を詰めて小さなミイラを造った――飾り人形《コーンドリー》である。それに水を与えると、穀物が袋から発芽する。これは大いなる神の復活を示している。

私は生命の植物である、とピラミッド・テキストのオシリスは言う。

私はオシリスのこの側面に関して長々と述べるつもりはない。なぜならこの神話と豊饒信仰との関連は、サー・ジェイムズ・フレイザーの『金枝篇』以来、百年もの間、広く認められているからだ。

問題は、これがあまりにも広く認められるあまり、他の全ての側面が蔑ろにされているということである。神殿の外陣に群れ集うエジプトの一般大衆は、確かにこの豊饒神話のレベルにおいてオシリスの物語を理解していた。これに対して、内陣の聖域の神官のみが知る、より高次のレベルが存在したのだ。ヘロドトスが知っていると称した〈黒密儀〉である。

この秘密は、史実に関する秘密である。

その真実に到達するためには、われわれはギリシア神話における、同様に奇妙かつ意味不明な物語に注目する必要がある。プルタルコスによれば、地上を支配した最後の神王オシリスは、古代ギリシアにおいてはオリュンポスの最後の神ディオニュソスと同一視されたという。

ディオニュソスの親については様々な話があり、ヘルメスであるとも、ゼウスであるとも言われる。唯一一致しているのは、この幼児神の母親が〈母なる大地〉であり、ゼウスの時と同様、彼女が幼いディオニュソスを洞窟に隠したということだ。

ディオニュソスはゼウスと同様に新たな意識形態の進化を表している。ここでもまたティタンが彼を子供の内に食おうとするのは、彼らが意識を食う者であることを示している。

彼らは鴉神の黒い息子という出自を隠すため、石膏で顔を白く塗る。洞窟の奥の隙間に隠された揺籃からディオニュソスを誘い出す時、怪しまれないためである。

そして突如、ティタンはディオニュソスに襲いかかり、ばらばらに引き裂いてその断片を煮え滾る乳の釜に投げこみ、歯を使って骨から肉を刮げ取る。

一方、アテナは気付かれぬようにこの洞窟に忍び込み、山羊少年の心臓が料理されて食われる前に盗み出す。彼女がこれをゼウスの所へ持って行くと、彼は自らの太腿を切り開き、この心臓を埋め込んで縫い閉じる。しばらくすると、ちょうどアテナが大人の姿でゼウスの頭から出て来たように、ディオニュソスもまた大人の姿でゼウスの太腿から出て来る。

この謎の物語、及びこれと平行するオシリスの物語の背後にある歴史的事実を理解するためには、この秘史における物質の位置を思い起こすことが必要である。すなわちここでは物質は非常に長い年月を掛けて宇宙精神から凝結したものであり、現在のわれわれの知る固体となるまでにも非常に長い時間が掛かった。また、われわれは神話に登場する神々や人間を、われわれと同様の解剖学的構造を持つものと見做しがちであるが、実際にはそれは想像の目で見ればそう見えるに過ぎない。

この時代において進化の途上にあった肉体の目には、世界は極めて異なったものに見えた。すなわち秘儀参入者である詩人オウィディウスの『変身譚』に記録されたような世界である。そこでは人間と動物の解剖学的形態がまだ現在のように固定されておらず、巨人や合いの子、怪物たちが闊歩していた。解剖学的に最も進歩した人間は既に今日のような二つの目を進化させていたが、オシリスの提灯は依然として額の真ん中に突出しており、頭蓋骨はまだ固まっていなかった。

だが、物質の濃密化は進んでいた。そしてここで念頭に置くべきは、物質は精神から生じたにもかかわらず、それは精神から見れば異物だったということだ。物質が固化すればするほど、それは宇宙精神の自由な流れに対する障壁となった。そこで、物質が固化して今日のわれわれが知る固体物質に近づくに連れて、二つの並行する次元が生じた。霊的世界と物質世界である。前者を見るのはオシリスの提灯であり、後者を見るのは二つの目である。

オシリス／ディオニュソスの物語は、この過程における次の、そして最も決定的な段階である。ここでは、大いなる宇宙精神、普遍的意識の一部が個人の肉体に個別に包み込まれ、吸収された。頭蓋骨の天蓋が硬化し、オシリスの提灯が閉じ、上なる宇宙精神が閉め出された。

古代の叡智によれば、もしも上に連なる精霊、神々、天使等との間に障壁が無ければ、人間意識の特徴である各個人の自由思考や自由意志が生じる可能性はなかった。もしもわれわれが霊的世界や大いなる宇宙精神と切り離されず、肉体がそれを閉め出す構造になっていなければ、われわれの精神は全く鈍らされ、圧倒されていただろう。

だが人間は今、自らの思考の空間を得た。

このような人間モデルの元型的イメージは、プラトンの「洞窟の比喩」である。囚人が洞窟の中で壁に向かって繋がれ、周囲を見ることができない。洞窟の外で起こる出来事が洞窟の壁に影を投げかけ、囚人はこの影を現実だと思い込む。

これが学術語で「観念論」と呼ばれるものである。宇宙精神およびそこから流出する思考あるいは思考体（観念）こそが高次の現実であり、物体はこの高次の現実の投影もしくは写像に過ぎないのだ。

現代のわれわれは、観念論者たちの時代から遠く隔たっているので、それはもはや生きた哲学というよりも単なる黴の生えた学説にすぎない。だが実際に観念論者たちはこの世界を観念的なものとして体験し、観念論を歴史過程として理解していたのである。

学者たちは、プラトンの比喩にある驚くほど即物的な意味の層を見落としがちである。ここで言う洞窟とは、頭蓋骨の天蓋なのだ。頭蓋骨は肉に覆われた、暗く骨張った洞窟に他ならない。

プラトンは秘儀参入者であり、人間の頭蓋骨の中に生じる投影と写像の精妙な機構、すなわち秘密教義の隠秘的生理学・心理学を良く知っていた。

人間の決定的な特徴、その最高の到達点、そして宇宙の最高の到達点は、思考能力である。脳は、この宇宙における最も複雑かつ精妙、最も神秘的かつ奇蹟的な物体なのだ。

秘密教義によれば、宇宙が人間の脳を創り出したのは、宇宙自身が自らについて思考することを可能とするためである。

われわれがここで起こっていることを理解し、物質的な思考から脱却し、物事をいわば望遠鏡の逆側から見ることができるかどうか。それこそが死活的に重要である。観念論者によれば、宇宙は〈大いなる精神〉によって人間のために創造された。

より精確に言えば、〈宇宙精神〉は人間の精神に現在の形を与えるために物質宇宙を創ったのだ。

観念論の創造史とはこの過程の歴史である。そしてこの歴史における最も重要な事象は、太陽、月、諸惑星、そして恒星の配置である。われわれの意識が現在のような構造を取っているのは、天体がわれわれの頭上に現在の形に広がっているからなのだ。

月は太陽の光を反射《リフレクト》して地上に送るように設置されており、そしてこの過程は小宇宙たる人間の頭蓋骨の中でも再現されている。それに加えて、物質が最終的に十分に濃密化し、人間の精神が「閉鎖」された。これによって人間の解剖学的形態と人間の意識は今日の形に到達した。人間にとって省察《リフレクト》すなわち思考が可能となる基本条件はこうして出来上がったのである。

だが、考察すべきことはそれだけではない。

秘史においては、この発達には特に性的次元がある。

秘儀の神官によれば、オシリスの提灯が頭蓋骨の内側に陥没し現在の松果体の位置を占めるようになると

『パーンの仲間たち』。ルカ・シニョレッリ。原画は第二次大戦で消失。この版画は貴重な記録である。

同時に、男根が突出した。古代の叡智によれば、男根は人間の肉体器官の中で最後に今の形態をとるに到ったものである。それゆえに、秘密結社の芸術家、例えばミケランジェロや、レオナルドの弟子である参入者シニョレッリなどはしばしば神話の登場人物の男根を植物のように描いているのだ。

すなわち、この歴史の大きな転換点において、男根が肉化し、人間はもはやかつてのような植物的な単為生殖を行なうことができなくなった。人間は動物的なセクシュアリティに没頭するようになったのである。

そしてこれにより、第三の、恐るべき次元が開かれた。

人間の骨は硬化し、物質的になった。頭蓋骨は半分生きて半分死んでいるようなものとなったのだ。

それゆえに、秘密教義の公理に「死の始まりは思考の誕生であった」と言われるのである。

秘密教義によれば、生命と思考は根本的に対立するものである。人間の生命活動——消化、呼吸、成長など——は概ね無意識である。人間における意識・思考の次元はこれらの生命活動を部分的に抑圧することによってのみ可能となる。人間の身体は、動物においては成長と生体形成に用いられる力を「盗み」、これを用いて思考に必要な状態を創り上げているのだ。これは人間が相対的に病弱な動物である理由の一つであるという。

人間の思考は致死的であり、成長と長命の双方を制限する。

原人類がまだ植物的な生命体であった頃、彼らは死を味わうことがなかった。動物の特徴を備え始めた時、彼らは死の前兆を体験し始めた。これは夢見る睡眠のような体験であり、暫時の後、再び物質界に「目覚める」。これは、たとえ極めて深い睡眠であったとしても、もはや人間に必要な回復をもたらしはしない。人間の骨と地上の物質が硬化し、現在のものに近づくにつれて、人間の動きは不自由となり、苦痛を伴うものとなった。死の呼び声はますます大きくなり、ついには圧倒的なものとなった。

睡眠は深化して死に近くなり、そしてついには死となった。

今や人間は遂に、生、死、再生という残酷な周期に巻き込まれた。この周期においては、生物は次世代に道を譲るために死なねばならない。父は子に道を譲るために死に、老いたる王は若き王、より活力ある後継者に道を譲るために死ぬ。学者たちは、カイロ近郊のサッカラにある階段ピラミッドのテキストを解読し、そこで行なわれていた「ヘブ・セド」の儀礼について知ろうと躍起になって来た。地下の小部屋で秘儀の学院の死と再生の儀式を体験した後、新たに生まれ変わったファラオは、公の方庭に姿を現す。そこで彼は、自らの力と強さを示す一連の試練を受ける。例えば彼は雄牛と共に走る。「私は思うがままに大地を駆け巡ることができる」という祝詞を証明するためである。この試練に失敗すれば、ファラオは雄牛と共に屠殺される。一九世紀のイギリスの旅人は、インドで行なわれていた牛神の儀礼について、次のような目撃証言を残している。「一撃と共に、生贄の首が切り落とされると、鉦、太鼓、角笛が鳴り、観衆全員が叫び、自ら

北部ヨーロッパにおいては、自然の周期と関わりを持つ神は〈緑の男〉として描かれる。葉を纏った神で、自然そのもののように獰猛だが、また自然への生贄でもある。数え切れないほどのキリスト教の教会の壁から、オシリスが会衆を見下ろしているのだ。

の身に血を擦り付け、その中で転げ回り、そして、悪魔のように踊る。その踊りには猥褻な歌、隠喩、身振りが伴う」。

ヘロドトスが見たというエジプトの〈黒密儀〉とは、これに極めて近いものであったろう。われわれが追っている参入儀式のクライマックスでも、志願者はこれに似たものを見ただろう——すなわち、大いなる神の死を。

人間は多くの異なるレベルにおいて変化していた。われわれは世界の秘史における枢要な時に到達した。精神から流出した物質は硬化し、人間の頭蓋骨も遂に現在のものに極めて近い形を取るに到った。だが第三の目はまだ現在よりも遥かに活発であり、現在のような痕跡器官と成り果ててはいなかった。物質世界の知覚は、霊的世界の知覚と同様に鮮明であった。

謁見室に招き入れられた人間は、目の前に同じ人間が座っているのを見るかも知れない。あるいは少なくとも、非常に人間に似たものを見るだろう。人間はもはや、霊的世界への無制限な接触は許されなくなったが、もしも〈第三の目〉によって王を見ることを許されれば、そこにいるのは神であることが解っただろう。

人間がこのような二重の知覚モードを駆使する様子が、ヒンドゥの聖典『バガヴァッド・ギータ』に記録されている。アルジュナは、戦の前夜、無性に疑念に駆られる。そこでアルジュナが戦場に連れて行く筈であったクリシュナは、アルジュナがヴィジョンの目で彼を見ることを許した。こうしてクリシュナはその至高かつ神聖な正体を明かしたのだった。畏怖し恐懼するアルジュナの目に映ずるクリシュナの両眼は太陽と月であった。彼は千の太陽のような輝きで天地を満たし、無数の神々から崇拝を受け、自らの中に宇宙のあらゆる驚異を蔵していた。やがてクリシュナは再び人間の姿に戻り、その穏やかな人間の顔をアルジュナに見せ、怯えるアルジュナを安心させたのだった。

オシリスもまた、テーベの謁見室に足を踏み入れた者に、これと同様の体験をさせたかも知れない。ヤーコプ・ベーメは、切石と彫木、王衣、血と肉の世界を「外世界」と呼んだ。やや婉曲的な表現ながら、彼は〈第三の目〉によって見ることのできる「内世界」こそが真の世界であるということを知っていた。オシリスの信徒たちは、身は血みどろの苦痛と死に満ちた世界に、そして心は真の世界に置いていた。

そのようなわけで、オシリスの神話にはさまざまな意味の層がある。だがとりわけ重要なのは、それが意識に関する神話であるということだ。

われわれはだれもが死ぬ——だが、それは甦るためである。この物語のキーポイントは、オシリスが通常の生命ではなく、高次の意識状態に甦ったということである。『死者の書』において彼は言う、「私は朽ちぬ。腐らぬ。腐敗せぬ。虫に食われぬ。私は生きる。生き続ける。生き続ける」。これもまた、キリスト教徒にとっては奇妙なほど親しみ深い、復活という観念である。ここでオシリスは、彼がキリスト教徒の言う「永遠の生命」を持っているということを見出したのだ。

オシリスの物語において、性、死、思考の力が緊密に絡み合い、人間の意識という独自の存在を生み出したことを見た。古代の賢者たちは、思考を生じせしめるためには死と性が必要であることを、そしてこれらの力が歴史過程に編み込まれている次第を理解していた。のみならず、意識的思考を用いて性と死の力を操作し、高次の状態に到達する方法までをも熟知していたのである。古代以来、これらの技法は秘儀の学院や秘密結社の秘中の秘とされてきた。

　これらの技法については後に述べるが、いずれにしてもわれわれにとっては難解な分野である。なぜなら性に関するわれわれの理解は、専ら極めて肉体的なレベルにのみ限定されているからだ。

　例えば、現在のわれわれにとって、ヒンドゥやエジプトの神殿の壁を飾る勃起した男根の絵や彫刻を見ても、その「解読」の仕方などほとんど解らない。なぜなら現代世界においては、霊性と性はほとんど切り離されているからだ。

　古代世界においては、精子は宇宙意志の表現であり、事象に秘められた生殖力であり、あらゆる生命を統べる原理であった。精子の一つ一つに、万物の根源である第一物質《プリマ・マテリア》の粒子が含まれており、この粒子は信じられない熱と共に爆発し、全く新たな大宇宙を形成するとされたのである。現代の青年たちの中にも、初めての性の衝動が、胸の中に、全世界を抱きしめたいという激しい情熱、灼け付くような欲望をもたらした時、そこに古代の感覚の残響を感じる者がいるだろう。

　だが、欲望は常に頽廃を指向する。われわれは欲望の対象を想像力の中に保有している。欲望は強固になる。ジャン＝ポール・サルトルの言葉を借りれば、何者かを欲望する時、われわれはその対象を「具象化」する。相手を意のままに従わせようと欲する。これは〈妨げる霊〉の影響である。

　精神先行型の宇宙においては、認識によって他者を貶めることは比喩ではない。他人をどう見るかによって、われわれは相手の内的な生理的・化学的組成に影響を及ぼすのだ。

　近代科学の教える所によれば、性的衝動は非個人的なものである。それはわれわれの個別の意志を超えた、種の存続の意志の発現であるというのだ。古代人にとってもまた性的衝動は個人を超えた意志の発現であった。彼らによれば、性はわれわれを人生の重大時に向けて駆り立てている。なぜなら性は、どのような人間が生まれるか、またわれわれがどんな相手に惹かれるかを決定する力であるからだ。

古代世界の男は、自分が欲する女を見ると、恐るべき圧倒的な情欲に打ち負かされる。それに対する彼女の反応が、彼のそれ以後の人生を決めるのだ。その情欲の源泉は極めて深遠であり、彼の今生が始まる遥か以前に由来している。彼をその女に対して駆り立てている情欲は——現代人が言うように——単に生物学的なものではなく、霊的かつ神聖な次元を持つのだ。愛の星が彼らの針路の舵取りをしてこの出逢いを生じさせたのなら、同様に他の偉大な天の神々も、何千年何万年も前から、多くの転生を通じてこの出逢いを用意していたのである。

今日のわれわれは、遠くの星を見る時、実際にこの目に映っているのは遥か過去に起こった事象であると知っている。なぜならその星からの光が地球に到達するまでに極めて長い時間が掛かるからだ。古代人はまた別の真実を知っていた。自分自身の意志に鑑みる時、それは同時にまた、自分が生まれる遥か以前に形成されたものであることを知るのだ。性交によって他の人間と繋がる度に、そこには全ての星座の運行が関わっている。またその性交を如何に行なうかが、今後数千年数万年に亘って宇宙に影響を及ぼすのだ。

性交する時、われわれは大いなる宇宙の諸力と交流している。そしてもしも意識的にそうすることを選択するなら、われわれはこの魔法の行為に参加することになるのだ。性行為におけるこの魔法の要素を、リルケはこう記している。「その夜、共に集った二人の人が、未来を召喚する」

オシリスの物語には、さらにもう一つの展開がある。もともと暗い物語が投じるさらに暗い影である。既に見たように、イシスにはネフテュスという妹がいた。そして彼女にはオシリスとの間に性的不品行、おそらく性的堕落があった。だが後にネフテュスは魔法の力を使ってイシスが夫の身体の断片を探し出すのを手伝い、またそれを繋ぎ合わせるのを手助けした。

すなわちネフテュスは、叡智の暗い形、堕落と贖罪を表す人物である。

キリスト教神話においては、この同じ人物、この同じ霊的衝動は、マグダラのマリアとして再登場する。

ここまでわれわれは〈堕落〉の歴史を辿ってきた。既に見たように、〈堕落〉とは人間の魂がそれ以前から存在した物質界に墜落したということではない——これは極めて一般的かつ陥りやすい誤解である。実際には〈堕落〉とは、物質界が濃密化すると共に、人間の肉体もまた濃密化したことを意味する。

デューラー『メランコリアⅠ』。次頁はオースティン・オスマン・スペア『死の姿勢』。秘密結社には性の力を高次の意識に到達する手段として用いる技法があったが、同様に、それと密接に絡み合った死の力を扱う技法もあった。オスマン・スペアは、口、鼻孔、耳と目を閉じる修業を行なった。インドでは、バグワン・シュリ・ラマナやタークル・ハラナトを始めとする導師が、長時間に及ぶ死に似たトランスを達成した。そのために彼らは埋葬の準備までされていたが、その後復活し、より高次の新たな意識形態に生まれ変わった。

われわれは〈堕落した〉世界に住んでいる。無数の精霊がわれわれの成長と進化を助けているのと同時に、それと同数の他の精霊が、われわれとこの世界の構造を破壊するために活動している。キリスト教神話——及び、キリスト教会の秘密教義——によれば、大地の女神は堕落の罰として、彼女自身の魂を大地の底の地下世界の奥に幽閉された。キリスト教の伝統ではよく知られる、ソフィアと呼ばれるこ

の叡智と出会うには、大地とわれわれ自身の暗い悪魔的な場所を通過しなければならない。われわれの誰もが、最底辺にまで落ち、人生の最悪を体験し、デーモンと戦い、知性を極限まで試し、狂気の向こう側に旅立たねばならないのは、ネフテュスの――すなわちソフィアのためなのだ。

プルタルコスによれば、古代においてイシスはギリシア神話の叡智の女神アテナと同一視されていた。アテナには腹違いの妹があり、この黒い肌のパラスを彼女は誰よりも愛していた。彼女らは気兼ねなくアナトリアの平原に遊び、追いかけっこをし、槍と楯で戦争ごっこをした。だがある日、アテナはうっかりその槍でパラスを突き殺してしまった。

それ以来、彼女はパラス・アテナと名乗ることとなった。ネフテュスがイシスの暗黒面であるのと同じ意味で、自らの暗黒面を受け容れたのである。また彼女は黒い木材を用いてパラスの像を造った。

「パラディオン」と呼ばれるこの像は、女神の手で彫られ、その涙で磨かれたもので、古代においては世界を変える力を秘めると恐れられた。アナトリアの人々が首都トロイアにこれを安置していた時、トロイアは世界最大の都市だった。ギリシア人はトロイア人の知識を得たいと願った。彼らが意気揚々とそれを運び出すと、世界文明のリーダーシップは彼らに移った。それは後にローマの地下に埋められ、この都市に栄光をもたらしたが、皇帝コンスタンティヌスがこれをコンスタンティノープルに移すと、今度はここが世界の霊的中枢となった。これは今日でも東ヨーロッパのどこかに隠されていると言われる。それゆえに近年、超大国やフリーメイソンリーが、この地域を支配せんと暗躍しているのだという。

ネフテュスのカルトは、ギリシアやキリスト教のそれと共に、オカルティズムにおける最も暗く、最も強力な流れを創り出した。このような強大な力は、現在に至るも尚、世界の歴史を作り続けているのである。

7 半神と英雄の時代

古えの者／アマゾン／エノク／ヘラクレス、テセウス、イアソン

人間以前に統治していた王たちの奇怪な木像を見て戸惑うヘロドトスに、エジプトの神官は言った。この歴史を理解するには、「三つの王朝」について知らねばならないと。

もしもヘロドトスが秘儀の学院の参入者であったなら、彼はその「三つの王朝」とは何かを理解していただろう。第一の、最古の王朝は、創造主である神々――サトゥルヌス、レア、ウラノス――の時代である。第二の世代はゼウスとその兄弟、そして子供たちであるアポロンやアテナの時代であり、そして最後が半神と英雄の時代である。本章の主題はこの最後の世代である。

物質がますます濃密化すると、物質と霊は反目し合うものであったので、神々はますます姿を現さなくなった。より高次の神であればあるほど、地上を覆う因果律の緊密な網の中に姿を現すことは困難となる。ゼウスやパラス・アテナのような大神が降臨して直接人間の事象に介入するのは何らかの危機の時のみとなった。

秘儀の学院の教えによれば、この方向での決定的な変化が起こったのは紀元前一万三〇〇〇年頃である。

月の上のイシスを描くメダル。アプレイウスの『黄金の驢馬』では、イシスは次のように描かれる。「額のすぐ上の方に平たい円板が、ちょうど鏡のように、というよりも月そのものを象徴するように白銀の光を放ち、女神は片手に蛇を、別の手に麦の穂を持っている」。

それ以後、高次の神々が月よりも下の領域に降りて来ることは困難となった。彼らが地上に降臨するのは稀で、かつ束の間となった。このような降臨の際に、神々は偶然、奇妙で不可解なヤドリギを残したという。これは地上の土では育たず、月で育つ植物である。

　大神たちがいなくなると、地下の洞窟に幽閉されていた、サトゥルヌスの子孫である蟹のような生物が再び陽光の下に這い出し、地上に跋扈し、人間を襲い始めた。海の怪物もまた海岸に現れ、近づきすぎた人々を海に引きずり込んだ。巨人たちは家畜を奪い、時には人間を喰った。

　人間と他の生物、前時代からの生き残りたちの間で、全面戦争が起こった。ラピタイ族――太古の石器人――とケンタウロス族の戦いの様子がパルテノン神殿の壁に描かれている。ケンタウロス族はラピタイ族の王の息子の結婚式に招かれていたのだが、白い無毛の肌をしたラピタイ族の女たちを見て欲情し、花嫁を――そして付き添いの娘たちや少年たちを――略奪・強姦した。それがきっかけで起こった戦いでラピタイ族の王は死に、子々孫々まで続く確執が生まれた。

　骨が硬化すると共に、動物界はその重みを感じ始めた。万物は疲労し、動物は凶暴化し、生きるために戦わねばならなくなった。人間が堕落すると共に、自然もまた堕落した。自然は歯と爪を血に染めた。獅子と狼は人を襲うようになった。植物は棘を生やし、果物の収穫は困難となった。また鳥兜のような有毒の植物も生まれた。

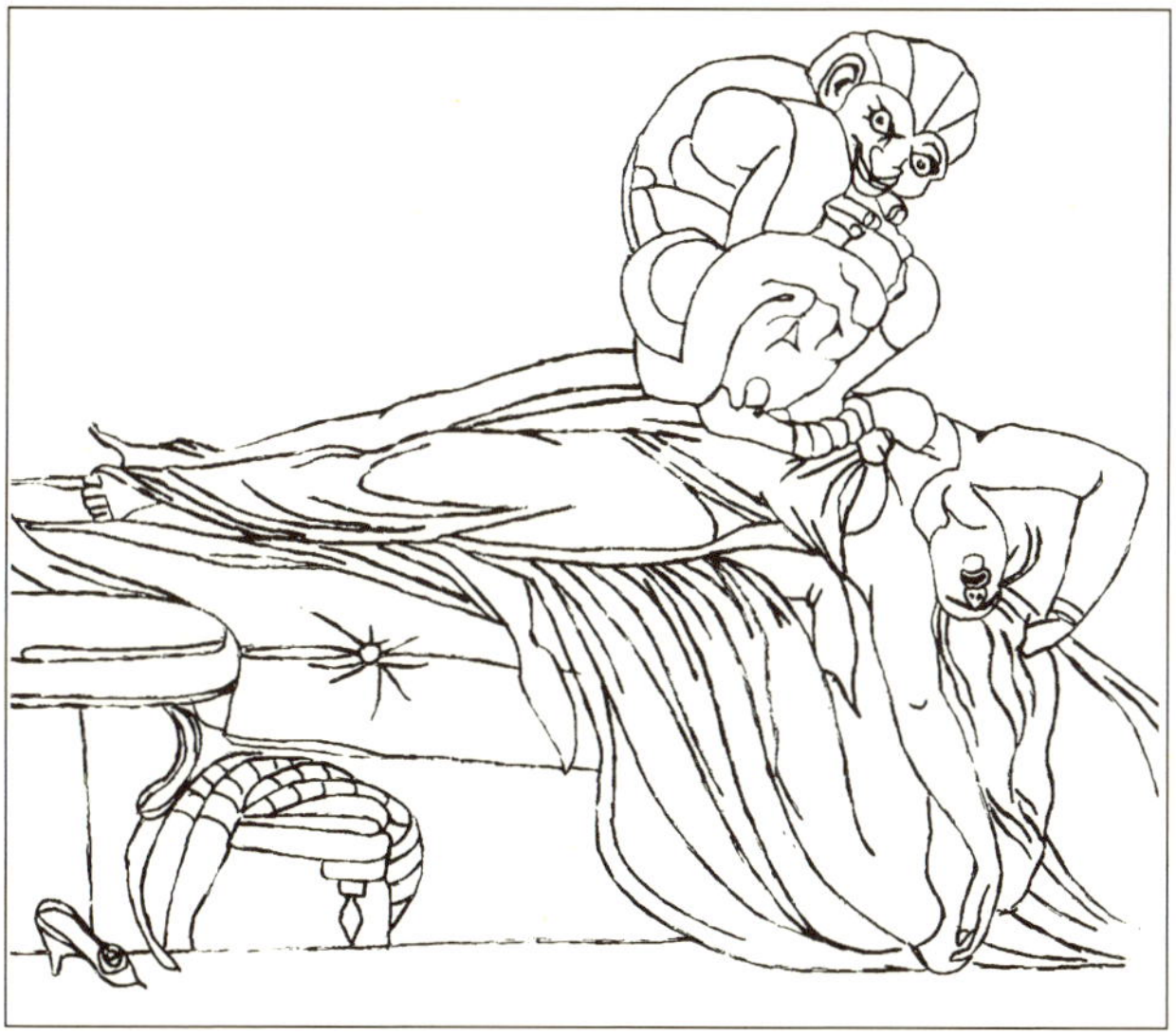

スイス生まれの 19 世紀の画家アンリ・フューズリ描く「ハノン・トランプ」と呼ばれるデーモンの図。月のデーモンは「月の暗い側」に棲み、宇宙の霊的経済にとって有用な働きをしている。彼らは人間の死後の霊から腐敗を剝ぎ取る。だが、地上の領域に侵入すると、邪悪なドワーフのように見える。背丈は6歳か7歳の子供くらいで、催眠力を持つ巨大な目。人を恐怖で立ちすくませる、耳を劈く叫びを放つ。月が欠けている時に力が強くなる。現代の「エイリアン」目撃報告の一部はこれであろう。

パルテノン神殿の壁にはまた、女戦士の種族であるアマゾン族の戦いも描かれている。彼女らは初めて馬に乗って戦った戦士である。アマゾンは一人の男を殺すまで結婚が認められない。毛皮の甲冑を纏い、半月型の楯を持った彼女らの騎馬隊は、敵の歩兵たちを次々に薙ぎ倒していった。彼女らは気高く、人間の行為の新しい形を代表していた。なぜなら、殺される可能性を免れれば、次には殺す可能性が生じるからである。人を切れば血が出る。激しく、あるいは何度も切れば死ぬ。一部の人間はこれを喜ぶようになった。『エノク書』によれば、地上は軍隊に覆われ、「人間の肉そのものが邪悪となった」。

霊的感覚の器官が頭蓋骨の中に閉じ込められたために、人間は今や上なる神々との繋がりのみならず、お互い同士の繋がりまでも断ち切られてしまった。人間同士の関係に影が投げかけられた。意識の中枢同士が切り離されている感覚まで生じるに至った。「私は弟の番人でしょ

ラピテスとケンタウロスの戦い。パルテノン神殿の壁面装飾。

うか」とカインは訊ねる。彼は新たな形態の意識の進化の象徴である。この問いは、アダムとエヴァにとっては何の意味も持たなかっただろう。彼らは同じ樹から出た枝のようなものだったからである。

霊的世界を遮断しなければ、われわれはそれに圧倒されてしまう。同様に、もしも共感を遮断しなければ、われわれは万人の苦痛を自らの苦痛と感じ、他者の苦悩に完全に打ちのめされてしまうだろう。ある程度の孤立がなければ、人間は自らを独立した個人として体験することはできない。カインを駆り立てた額の炎を感じられないのである。だが無論、そこには陥穽があった……

歴史の示すところによれば、人間は他の意識形態を持つ人間を恐れる。他の意識形態を許容することができないのである。時にはそれを地上から根絶する必要を感じることもある。ヨーロッパ人のアステカ人虐殺、オーストラリアのアボリジニに対する民族抹殺、ナチスによるジプシー絶滅の試みなどを思えば、それは明らかであろう。後に見るように、モーセの時代以来、ユダヤ人はしばしば、新たな意識形態出現の最前線にあった。

人間は今や、過ちを犯す自由を得た。悪を選択し、それを楽しむことができるようになった。もはや、〈母なる大地〉の豊かな乳房から、あらゆる霊的滋養を受け取ることはなくなった。自然法則と道徳律はもはや同じものではなくなった。

　大地はより冷たく、硬くなり、さまざまな意味で危険なものとなった。人々は生き延びるために苦闘し、しばしば忍耐の限界に達した。前途は常に死の危険に満ちているが、その道を行かなければ、いずれにせよ死ぬこととなる。今後は、自分の最も大切なものを危険に曝さなければ、それを失うこととなるのだ。ある点を越えれば、もう後戻りはできない。だがもはや、その点を迂回することもできないのだ。

　また彼らは、自分自身の不快さに気づいた――この新たな世界は彼らを残虐にし、彼らは防衛的な習慣という硬い甲殻を身に纏うようになった。この甲殻をこじ開けて自分自身の敏感な部分、すなわち生の充足感をもたらす善き部分を露出することは流血と苦痛に満ちた過程であり、ほとんどの者はそれに目を向けることができないのだった。

　世界は暗くなった。敵対する者同士が角突き合わせる所、人間であることが苦痛である所となった。世は英雄を求めていた。


　サトゥルヌスの子孫の中で最も巨大、かつ恐ろしい怪物が、最後に現れた。テュフォンである。これは海から現れ、まっすぐにオリュンポスを目指した。口から火を吐き、蝙蝠に似た羽根で太陽を覆い隠した。驢馬の頭を持ち、腰から下は何千もの蛇の蜷局の塊だった。ゼウスは雷霆によってこれを撃ち落とそうとしたが、テュフォンはこれを振り払った。テュフォンにのしかかられたゼウスは、かつてクロノスがウラノスを去勢するのに用いた燧石の大鎌を揮った。だが怪物の蛇のような手脚がゼウスの手脚に絡みつき、固く締め上げ、鎌を奪い取った。そして神々の王を押さえ付けたまま、テュフォンはその全ての腱を切断してしまった。ゼウスは不死であり、殺すことはできないが、腱を切断されては、どうしようもない。

　テュフォンは腱を持ち去り、洞窟に身を隠して、自らの傷を癒した。そこへアポロンとパーンが物陰から現れ、計画を練った。彼らは龍退治の勇者カドモスを探しに出掛けた。彼は妹のエウロパを探して地上を彷徨っていた。彼女はゼウスに攫われ、白い牛に姿を変えられていたのだ。そこでアポロンとパーンは、もしもカドモスが手を貸してくれるなら、その探索を終わらせてやると約束する。

パーンはカドモスに彼の笛を与え、英雄は牧者に身をやつして、傷ついたテュフォンのために笛を吹きに行く。それまで音楽を聴いたことの無かったテュフォンは、この奇妙な新しい音に夢中になる。カドモスは言う、こんなものは私の竪琴の音とは比べものにならないが、悲しいことに、今竪琴の弦が切れているのだ、と。そこでテュフォンは彼にゼウスの腱を与える。カドモスは牧舎に戻って竪琴を修繕してくると言い残して去る。こうしてゼウスは腱を取り戻し、今度こそ怪物を圧倒して、これをエトナ山の下に埋める。

ここで重要な点は、ゼウスが英雄の助けによって救われたことだ。神々は今や、人間を必要としているのだ。

ギリシアの英雄たち——カドモス、ヘラクレス、テセウス、イアソン——の神話は、人類史上、最も有名な物語である。これらの物語は聖書からは完全に抜け落ちているようだが、秘密結社に伝わる古代の伝承によれば、カドモスはエノクなのだという。エノクとは、ヘブライの伝統において、神々が助けを求めた最初の人間である。

旧約聖書では、エノクに関してはごく短い謎めいた記述しかない。『創世記』五章二一－二四に曰く、「エノクは六十五歳になったとき、メトシェラを儲けた。エノクは、メトシェラが生まれた後、三百年神と共に歩み、息子や娘を儲けた。エノクは三百六十五年生きた。エノクは神と共に歩み、神が取られたのでいなくなった」。

ここでは極めて僅かな事柄しか語られないが、既に見たように、ヘブライ文学にはエノクに関する文字伝承が残されており、中には新約聖書の中に広く引用されているものもある。その一つである『ヨベル書』では、エノクは〈寝ずの番人〉の書を発見したことになっている。だが実はこれは誤伝であって、実際には彼が発見した、と言うよりも発明したのは、言語それ自体なのだ。

ヘブライの伝承によれば、エノクは奇妙な人物である。その輝くような顔色は直視し難いもので、彼は人前に出ることを忌避していた節がある。このことは、福音書のイエスを思い起こさせる。イエスは多くの民衆を魅了したが、彼の前に現れた大いなる霊的存在と共に過ごすために、孤独になることを望んでいたような印象を与える。

孤独の中で、エノクは人類が急速に失いつつある澄明さで神々や天使たちと交流することができた。最初、エノクは一日民衆に教え、それから三日間孤独に過ごしていた。後にそれは一週間に一日となり、一カ月に一日となり、最後には一年に一日となった。民衆は彼の帰還を待ち望んだ。だが帰ってきた彼の顔は眩しく輝いていたので、その顔を見るのはあまりにも不快であり、目を逸らさねばならなかった。

エノクはたった一人で何をしていたのだろうか？　後に何度も見ることになるが、歴史における大いなる転換点は、二つの形で引き起こされる。第一に、ソクラテスやイエス・キリスト、ダンテなどの偉大な思想家が、歴史上初めて、それ以前の誰もが考えたことのないことを考え出した時。第二に、消滅の危機にある古代の叡智が、不朽の文字の形で書き留められた時である。

エノクの父イエレドの世代は、神の精神から流出する神々、天使たち、精霊たちの絶え間なき波の途切れ無きヴィジョンを見た最後の世代であった。エノクが最初の言語及び最初の巨石記念物、すなわち最古の環状列石に保管したものとは、上に広がる霊的存在のヒエラルキーのヴィジョンなのだ。エノクは世界の秘史における重要人物の一人である。というのも、彼は今日の言葉で言えば霊的世界の生態系というべきものに関する完璧な記述を残しているからである。この点において、彼はギリシアの伝統におけるカドモスであるのみならず、アラビアの伝統におけるイドリスであり、またエジプトの秘教伝統におけるヘルメス・トリスメギストスなのである。彼は、思考過程が健康を弱めるのと同様に、言語は記憶を弱めるということを知っていた。彼はまた、差し迫った破局が人類の造った全てのものを破壊することを予期していた。後に残るのは彼の頭の中にあることと、頑丈な巨石記念物に保管したものだけとなろう。

彼は天のヒエラルキーを巨石記念物に保管したのみならず、言語の発明それ自体にも記録した。秘密教義によれば、全ての言語は、天体に名前を付ける行為に発祥するからである。

事実、世界最古の芸術、例えばフランスのラスコーやスペインのアルタミラで発見された有名な洞窟画などは、実際にはこの同じ天体の描写なのである。これらの天体は大いなる宇宙精神の思考であり、宇宙の全てのものに編み込まれている。言語と芸術は今や、人間がある意味でこの宇宙の思考を鑑賞し、また自ら造り出すことを可能としたのである。

エノクはますます山の奥深くに籠る。そこでは大地は険しく、天候も厳しい。彼に従う者はどんどん減っていった。彼は言う、「そして私の目は、稲妻と雷の秘密、雲と滴の秘密を見た。それから私は、それらが生じる場所、大地を潤す所を見た。そして私は、風を分かつ閉ざされた部屋、開闢以来地の上に浮かぶ霧と雲を生じる部屋を見た。そしてまた私は、太陽と月が生じ、また戻っていく部屋を見た」。『エノク書』によれば、エノクはその最後の法悦ヴィジョンの中で諸天界を巡る旅に連れ出される。彼は天のさまざまな領域を見、またそこに住むさまざまな天使の階級、そして宇宙の全史を見る。

最後に、エノクは最後まで山道を付き従ってきた少数のぼろぼろの信者たちに教えを説く。話の途中で彼らが天を見上げると、旋風と共に一頭の馬が天から降りてくる。エノクはその馬に乗り、天に消えて行く。

このエノクの昇天の物語が告げているのは、彼が普通の人間のように死んだのではないということである

――なぜなら彼は本質的に人間ではないからだ。ギリシアの伝統の半神や英雄たちと同様、エノク／カドモスは人間の肉体を得た天使なのだ。

ヘラクレスやテセウス、イアソンらの物語はあまりにも有名なので、ここで語り直す必要は無い。だがその物語には、秘史にとって格別に重要な諸相が含まれている。

半神半人の英雄ヘラクレスの物語の中に、われわれは人類があまりにも深く物質の中に堕落してしまった様子を見る。ヘラクレスは物質的な生活に浸り、世俗の歓び――酒、宴、喧噪――を楽しむために、干渉されずに放っておかれることを望むのだが、霊的な運命に従う義務を果たすべき羽目に何度も陥る。ヘラクレスは時に不器用、時に過ちを犯し、時に滑稽な人物だが、対立する宇宙的な力に引き裂かれる。

オウィディウスによれば、神々が隠棲した後、エロスが悪戯を行なうようになった。ヘラクレスは彼を支配しようとする精霊のみならず、情欲にも取り憑かれる。

今日のわれわれが美しい人物に対して恋に落ちると、美しさこそ偉大な霊的叡智の徴だと見なすようになるのも無理はない。美しい目を覗き込むと、そこに生命の秘密を見出せそうになる。デイアネイラに対するヘラクレスの愛、テセウスに対するアリアドネの愛、メデイアに対するイアソンの愛は、人々の間の霊的な繋がりが既に曇らされつつあったことを示している。今や、美人の眸を覗き込んで、そこにあるものに惑わされることもあり得るようになったのだ。性は狡猾なものとなった。

欺瞞の危険は、欺瞞への愛によってさらに悪化する。最善のことと最悪のこと、最も為すべきことと為すべきでないことは、互いに極めて似通って見える。心の奥底では、どちらがどちらであるか判っているかも知れない――だが、捻くれた霊が、間違った選択を促すのである。大いなる霊的混乱が、常に大いなる美の周囲を取り巻いているのだ。

ヘラクレスの十二の難業は、星座を支配する精霊が次々に彼に課す一連の試練である。全ての人間はこの試練を課せられる。しかもヘラクレス同様、いつの間にか否応なく課せられているのだ。つまりヘラクレスの人生は、人間であることの苦悩を表している。彼は苦悩の周期に囚われている全ての人間なのだ。
現代人の感覚では、物語が寓意であるならば、それが実際の出来事の正確な記述であるという可能性は減る。現代の作家は自らのテキストから意味を奪い、平坦化することによって、より自然なものにしようとする。

古代人は、この地上に起こる全ての事象は星々の運行に導かれていると考えていた。彼らにとって、物語がこのような「詩的」パターンに則れば則るほど、そのテキストはより真実味が増し、現実的に感じられたのである。

そんなわけで、ヘラクレスやテセウス、オルフェウスらの冥府への旅は単なる隠喩であると見なしたいのは山々であり、またあるレベルでは、彼らの冒険は実際に人類が死の現実を受け容れ始めたことを表す隠喩であるとも言える。だが、ヘラクレスやテセウスやその他の冥府の冒険を、今日のわれわれが考えるような、純粋に内的・精神的な旅であると見なしてはならない。確かに彼らが怪物やデーモンと戦う時、彼らは自分自身の存在を、朽ちた肉体を、脳という暗い迷宮を侵す諸力と対峙している。だが彼らはまた、血と肉を備えた現実の怪物とも戦っていたのである。

テセウスによるミノタウロス退治の物語と、それよりも遙かに古い神話であるペルセウスによるゴルゴン・メドゥサ退治の話を比べてみると、テセウスの時代には変容の度合いが既に衰えていたことが解る。ペルセウスの物語では、全ての挿話に超自然の力や魔法による変身が出て来る。一方、半人半牛のミノタウロスは明らかに、より古い時代の稀少な生き残りに過ぎない。

ヘラクレスの難業。新プラトン主義の哲学者ポルフュリオスは、この12の難業は黄道十二宮を表すと解いた。現代人の考えでは、物語が寓意であれば、それだけでそれが史実の記述ではないという理由になる。だがもしも古代人と同様に、地上の出来事は全て天体の運行に支配されていると信ずるなら、事態は全く逆になる。史実の記述は、不可避的に天体の事象、例えば各星座の中の太陽の運行などを写すことになるのである。石棺の浮彫に描かれたこのヘラクレスは、ネメアの獅子である獅子宮、ヒュドラである天蠍宮、エリュマントスの猪である天秤宮を運行して行く。野猪の馴致は、ヘラクレスが動物的霊と適度な知性とのバランスを取ることを意味している。

半神や英雄たちが一同に会した最後の大冒険は、また歴史として解釈せねばならない。古来、競合する部族の「至聖所」の秘密を盗むために幾多の戦争があった。あるレベルにおいて、金羊毛を求めるイアソンの冒険は、このような強奪の一例である。

アイザック・ニュートンによれば、金羊毛の探求はヘラクレスの難業と同様、黄道十二宮における太陽の進行を示している。これは彼の所属していた同胞団の秘密の叡智の一つである。だが彼が間違いなく知っていながら、明らかにしなかったこともある。金羊毛とは、「浄化《カタルシス》」によって完全に清められた動物的霊を表すのだ。ゆえにそれは黄金のように輝くのである。

問題の樹の周囲には、イアソンの手から金羊毛を守らんとする蛇が巻き付いている。この蛇は、そもそも人間の生理に堕落を引き起こしたあのルシファーの蛇、エデンの園の樹に巻き付いていた蛇の子孫である。

だがもしもイアソンが蛇から金羊毛を奪い取ることができれば、彼は偉大なる力を得る。意のままに肉体を離れ、かつての時代の人間と同様、神々や天使たちと自由に交流できるだろう。自らの肉体を制御し、テレパシーによって他人の精神に影響を与え、物質を変容させることまでできるだろう。

ゆえにアポロニウスによるイアソンの冒険のテキストは、歴史事実の記述であると同時に、また秘儀参入のマニュアルとして読まねばならない。後に見るように、中世の錬金術師たちや、後にはニュートン自身、このような洞察に基づいて行動していたのである。

エノク、ヘラクレス、イアソンの時代を科学の目で見るならば、本章で記述したような大事件は何一つ起こらなかっただろう。英雄も、海の怪物も、ゼウスのような神々も、帝国の没落を引き起こした黒魔術も何もなかったと見えるだろう。そこにあったのはただ風と、雨と、退屈な自然の風景だけであって、人間の痕跡などはせいぜい、粗末な住居と原始的な石器だけだと思うかも知れない。

だがおそらく、科学が示すものは単なる表面的な出来事に過ぎない。その下ではもっと重要なことが起こっていたのではないか？　秘史とは主観的な体験の記憶なのだ。それはこの時代において人間の精神を変容した大いなる体験なのだ。では、どちらがより現実的と言えるだろうか？　どちらの方が、この時代の人間の真実について、より多くを語っているだろうか？　科学的な見方と、古代の神話に封印された秘教的な見方とでは？

科学指向の常識的な意識は、確かに交通渋滞やスーパーマーケットやeメールの海の中を泳いでいくのには極めて有用である。だが今日の出来事の中にも、そんな意識には捉えられない真実や現実のレベルが存在しているのではなかろうか？

8 スフィンクスと時間の固定

オルフェウス／最初の科学者ダイダロス／ヨブ／スフィンクスの謎解き

イアソンによるアルゴ船の冒険は、半神と英雄による最後の祝宴であったが、この船にはヘラクレスやテセウスを始め、当時の有名人が数多く乗船していた。だがそんな筋肉系のスーパーヒーローたちの中に一人、極めて異質な力を持つ者がいた。半神と英雄たちが去った後、人間が自分たちだけで上手くやっていかねばならない時代を予見する、過渡的な人物である。

北のオルフェウスは音楽の才に溢れていた。その演奏のあまりの美しさに、人間や動物のみならず、山川草木までもが魅了されるのだった。

イアソンとの旅では、彼は専ら暴力が通用しない場面で英雄たちを助けた。歌と竪琴の力によって、彼はアルゴ船を押し潰そうとしたシュムプレガデス岩を魅了し、金羊毛を守っていた龍を眠らせた。

帰還後、彼はエウリュディケに恋をするが、婚礼当日、彼女は踵を蛇に嚙まれて死ぬ。悲しみに我を忘れたオルフェウスは、冥府に降る。新たな生と死の秩序を受け容れることを拒み、彼女を連れ戻そうとしていたのだ。

死は今や恐るべきものとなっていた。それはもはや、霊が次の転生に備えて更新される、歓迎すべき安息ではない。愛する者との苦しみに満ちた離別なのだ。

オルフェウスは地の底で不気味な渡し守カロンと出会う。当初、彼はオルフェウスを乗せてステュクス川を渡り、死者の国へ向かうことを拒否する。だがオルフェウスの竪琴の力によってカロンも、また冥府の番犬である三つ首の犬ケルベロスも魅了されてしまう。冥府にはまた、死者の霊に執着する獣欲や残虐性を引きはがす役割の恐ろしいデーモンたちがいたが、オルフェウスはこれもまた手懐けてしまう。

遂に彼は、冥府の王が彼の恋人を捕えている場所に辿り着く。だがこの王は否応なくオルフェウスに魅了されはしなかった。彼女を解放することに同意はしたが、無条件ではなく、たった一つの簡単な条件を付けたのだ。もしもオルフェウスが地上に帰還するまでに、一度たりとも振り返ってエウリュディケの存在を確認することがないならば、彼女を生者の世界に返してやろうと。

だが言うまでもなくオルフェウスは、まさに最後の瞬間、陽光が彼の顔に射した時に、恐らくは王に欺されたのではないかという懸念から、後ろを振り返ってしまうのである。その瞬間、彼の目の前で、生涯の恋人は彼の手から奪われ、石の道を引き戻され、煙のように冥府に消えてしまう。他の筋肉系の英雄たちは、勇気と不屈の精神によって腕力と忍耐の限界に挑み、成功を成し遂げてきた。だが時代は変わりつつあったのだ。この物語の教えによれば、オルフェウスが失敗した理由とは、他の英雄たちと同じことをしようとしたことにある——つまり、彼は成功を確認しようとしたのだ。

また同時に、彼の音楽がその魅力の一部を失いつつあったということもある。ディオニュソスの女信者であるマイナスの一団が彼に殺到し、ばらばらに引き裂いた時、音楽は何の訳にも立たなかった。彼女らは彼の首を川に投げ込んだ。首は川を下りながら、依然として歌を歌い続けていた。首が通った河岸にはシダレヤナギが生えた。最後にオルフェウスの首は拾われ、洞窟の祭壇に安置される。人々はそこに詰めかけ、首の告げる神託を聞いた。

カドモス／エノクが星々に名を付けたとすれば、それらを測定したのはオルフェウスだった。そして彼はその測定によって数を創り出した。オクターヴには八つの音があるが、ある意味ではそれは七つである。というのも、八番目の音は次のオクターヴへの上昇を表すからだ。つまりオクターヴとは、太陽系の七天球の上昇と関係している。それは古代においては、あらゆる思考と経験の中心だった。記数法の体系を作り出すことで、オルフェウスは数学を創始した。これによって概念の操作が可能となる。すなわち、物理宇宙を科学的に理解する道が開けたのである。

オルフェウスが過渡的な人物であるというのは、一方では彼は音楽の力で木石をも動かす力を持つ魔術師であると共に、他方ではまた科学の先駆けでもあるからだ。後にわれわれは多くの偉大な科学者の中にこれと似た両義性を見る。その中には近代の科学者も含まれるが、オルフェウスと同時代の代表的人物はダイダロスである（彼がオルフェウスと同時代人であることは、ミノタウロスの番人をしていたことからの類推である。そのミノタウロスを殺したテセウスが金羊毛の旅に参加していたのだ）。

ダイダロスは蠟と鳥の羽根で翼を造り、息子イカロスと共にクレタを脱出したことで知られている。彼はまた迷宮を設計し、鋸や帆を発明したという。つまり彼は今日的な意味での発明家であり、技術者であり、建築家である。彼は魔術師ではなかった。

もしも科学が時代の新機軸であったなら、魔術もまたそうだった。魔術とは、科学の思考様式を超自然に対して向けたものである。この時代になると、もはや以前の時代のように、いとも簡単に変身したり、罪を犯した者を蜘蛛や鹿や植物に変えたりすることはなくなってしまう。この時代に登場するのがイアソンの妻であるメデイアと、彼女が助言を求めるキルケである。キルケとメデイアは魔術を行なうために霊薬や呪文、祈祷などを用いねばならない。言葉と数の発明によって自然界を操作できるようになった人間は、またそれ

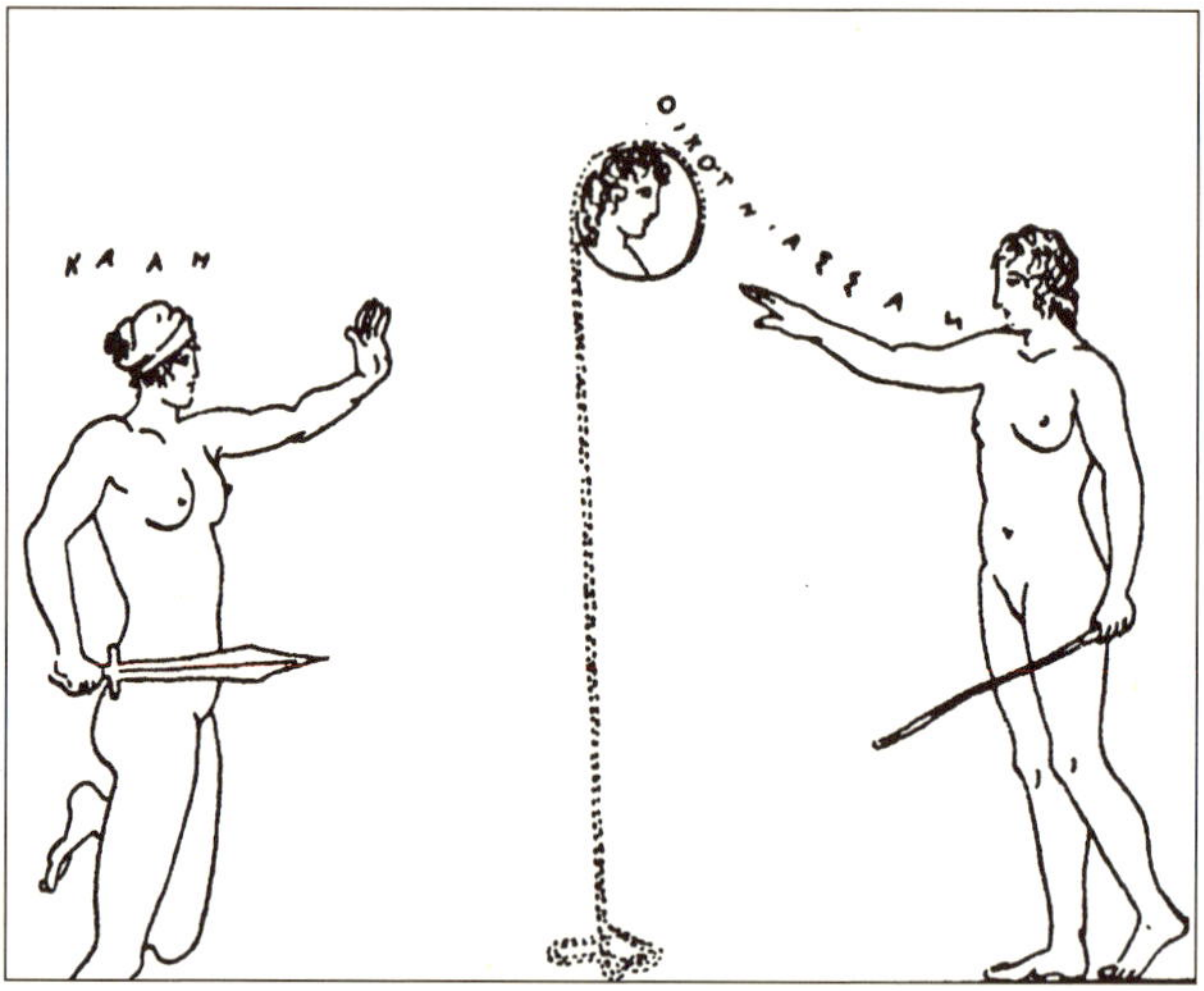

月を引きずり下ろす魔術師。ギリシア。

によって霊的世界を操作できるという観念を得た。メデイアはイアソンに血のように赤い霊薬を与える。それはクロッカスの液から造ったもので、金羊毛を守る龍を温和しくさせる効果があった。彼女は詠唱と柏槇の枝を用いて、龍の目にそれを掛けた。彼女は魔法のエリキサを扱い、蛇遣いの秘密を知っていた。

物質界が濃密化し、霊的世界の住人たちの追放が進むと、下級霊、自然霊、風精《シルフ》、木精《ドリュアデス》、水精《ナイアス》、土精《グノーム》までが捉えどころのないものとなった。彼らは夜明けの曙光を避け、小川や木石の中に姿を隠した。だが彼らは依然として思いがけないほど近くにおり、魔術師にとって——当時も今も——最も操作しやすい霊なのである。

一部の魔術師たちは、大神たちを自らの意志に従わせ、月から引きずり下ろそうと試みた。最初の人狼リュカオンは、デウカリオンの洪水を引き起こす原因となった。またトラキア平原を襲ったポセイドンの洪水のために、アテナは自らの街を現在のアテナイに移した。あるいはメデイアはどこへ行こうとも常に恐ろしい嵐に追われることとなった。これらの神話はいずれも、黒魔術の行使の結果である環境破壊を表している。

この時代の終わりには、人間も自然も病んだ。

オルフェウスは伝統的な英雄の基準から見れば失敗したが、彼が歴史に与えた影響は、ヘラクレスやテセウス、イアソンよりも遥かに強く、また長く続いた。オルフェウスに発祥する音楽は、その後数千年に亘り、人間の病や苦悩に対する妙薬となるだろう。

人々は神からのみならず、お互い同士からも孤立し、苛酷で峻厳な環境に疲弊し、その想像力が魔術の邪悪かつ獣的な衝動に影響される。だがその全ては今や、想像力に対する美的な影響力によって相殺されるのだ。それは音楽のみならず、文学、絵画、彫刻の全てを通じてもたらされる。美、真実、愛などの肯定的イメージは、意識的精神の下のレベルで人間に作用した。それは直接的かつ抽象的な道徳の教えよりも遥かに強力だった。

オルフェウスは、ギリシア秘儀の神話上の創設者とされる。それは古代ギリシアを啓明し、霊感を与えるものとなろう。

英雄の時代の終わりに到来した霊的な危機を、最も力強く、芸術的に表現したものが聖書である。今日に伝わる文書の形式では、ヨブの物語は旧約聖書の後期のテキストの一つであるが、その起源は最も古いものに属する。

ヨブは善人であったが、にもかかわらず全財産を失う。息子と娘も皆殺しにされる。一人きりで取り残された彼は、全身を皮膚病に冒される。一方で邪悪な者が栄える。ヨブの物語が今日まで伝えられているのは、彼が偉大な指導者であったからでも、称揚すべき偉業を成し遂げたからでもない。人類史上初めて、極めて重要かつ真正な思考をした人間だからである――「人生は不公正だ」。ヘラクレスもまた神々の慰み者にされた。だがヨブこそ、天に対して反抗の叫びを上げた最初の人間なのだ。ヘラクレスとは異なり、ヨブにはそれを実行しうる言語があった。

今日のわれわれは、自分が何を考えるかを自ら選択することのできる精神能力を当然のものとしている。だが、この時代の偉大な達成である言語の発明以前には、このような能力は望むべくも無かったのだ。

言語は、われわれが世界から距離を置くことを可能にする。言語のお陰でわれわれは物理的な現在から離れ、経験を、現在のものであろうとなかろうと、解体して操作可能な形にすることができる。われわれはある程度まで、望むままに経験に秩序を与えることができる。

この過程には、人間を疎外する要素がある。言語がもたらす利点と共に、それはまた世界をより冷たく、暗く、狡猾なものにする。先にわれわれは、思考それ自体が致死的な過程であるのを見た。言語もまたわれわれの健康を損ない、生の活力を削ぎ、世を歩む足下を不確かなものとする。

すなわち言語は、新たな意識をもたらした。ヨブ以前、人は自分の身に起こったことは何であれ起こるべくして起こったことであり、万物の背後には神の意志が働いていると感じていた。彼らはこれに疑問を抱きはしなかった——できなかったのだ。だが今や、言語のためにヨブは一歩退くことが可能となった。彼は矛盾に気づき始めた。人生は不公正である。

だが神は、ヨブの理解があまりにも浅いことを非難した。「わたしが大地を据えたとき、お前はどこにいたのか。そのとき、夜明けの星はこぞって喜び歌い、神の子らは皆、喜びの声をあげた。お前は海の湧き出るところまで行き着き、深淵の底を行き巡ったことがあるか。死の門がお前に姿を見せ、死の闇の門を見たことがあるか。光が住んでいるのはどの方向か。暗黒の住みかはどこか。すばるの鎖を引き締め、オリオンの綱を緩めることがお前にできるか」

ヨブを救ったのは、われわれ全員に共通する、とある感覚である。素晴らしい夢から目覚め、もう一度同じ夢を見ようとしてもそれが叶わぬという感覚だ。彼は人間の経験の幅がある意味で狭まりつつあることを認識していた。「どうか、過ぎた年月を返してくれ。神に守られていたあの日々を。あのころ、神は私の頭上に灯を輝かせ、その光に導かれて私は暗黒の中を歩いた」（『ヨブ記』二九章二－三）

ここでヨブが述べている「頭上の灯」とは、言うまでもなく、「オシリスの提灯」である。

今日では、apocryphal（外典の）という語は「出所の怪しい」という芳しからざるニュアンスを持つようになっているが、元来この語は「隠された」――あるいは、「秘教的な」を意味する。『ヨブ記』の外典テキストでは、彼は自分の知らないこと、失ったものを自覚していたことによって報奨を得る。ヨブの息子たち、娘たちも戻って来る。娘たちは金のガードルを身につけている。第一の帯は、ヨブに天使の言語を、第二の帯は創造の秘密を、第三は智天使の言語を理解する力を与える。

ブレイクのヨブ。

音楽、数学、言語は英雄の時代に発明された。天文学も同様である――これもまた、エノクに帰せられる業績である。最初の環状列石は神々と天使たちのヒエラルキーの配置のみならず、また星々の配置をも描き出していた。

ゆえに秘史においては、この時初めて重要な出来事の日付を確定することが可能となったのである。

ギザの大地で東を見詰めるスフィンクスの前脚の間にある巨大な石碑には、「〈最初の時〉の栄光の地」と刻まれている。この神秘的な〈最初の時《ゼプ・テピ》〉とは、時の始まりを示す言葉である。エジプトの神話においては、ゼプ・テピとは水中から原初の塚が浮上し、そこにフェニックスが舞い降りた時を言う。

ロバート・ボーヴァルはスフィンクスの前脚の間で得た非凡な着想に基づいてゼプ・テピの日付を導き出した。エジプトの神話においては、フェニックスの到来は新時代の始まりを告げる。フェニックスすなわちベンヌ鳥は一四六〇年の狼星周期の象徴である（エジプト暦の一年は三六五日なので、狼星すなわちシリウスが日の出直前に昇る時期は毎年四分の一日ずつ遅れて行き、一四六〇年で一巡する。これを狼星周期と呼ぶ）。この二つの周期、すなわち一年の周期と狼星周期が一致したのは紀元前一万一四五一年、一万八一年、七一六〇年、四二四一年、そして二七八一年である。ボーヴァルは直ちに、これらの年代はナイル河畔の巨大建築プロジェクトの開始の時期に一致していることを見て取った。明らかにこれらの周期の始まりは、古代エジプト人にとっては極めて重要なものだったのだ……

どの周期が「最初」だったのかを確定しようと試みたボーヴァルは、まずはそれが紀元前一万八一年だったという説に惹かれた。なぜなら、とある秘教伝承によれば、スフィンクスはその時代、もしくはさらに以前に造られたものだからだ。

次にボーヴァルは、その一つ前の紀元前一万一四五一年に、天の川がナイル河と折り重なる位置に来て、お互いを映し合うということを弾き出した。天の川は世界中の古代文化において、「魂の川」としてことのほか重視されている。さらにまた彼は、紀元前一万一四五一年には狼星周期と年周期が第三の周期である「プラトン年」の重要な時と一致するということに気づいた。「プラトン年」とは、黄道周期が一周する二万五九二〇年の周期である。この年、獅子身を東に向けるスフィンクスの眼差しは、獅子宮の時代の始まりを見ていたのだ。

スフィンクスは黄道十二宮の四つの基本宮、すなわち宇宙の四隅を体現している——獅子宮、金牛宮、天蠍宮、宝瓶宮である。これはまた、物質界を創り上げる四大元素でもある。秘史によれば、スフィンクスは初めて四大元素が所定の位置に据えられ、物質が最終的に固体となったことを記念する建造物なのだ。

プラトンの『ティマイオス』には、世界霊が世界体に磔にされたという有名な一節がある。一部のキリスト教護教家はこれをキリストの磔刑の予言であると言うが、そうではない。これは観念論の世界史における極めて重要な瞬間、すなわち意識が最終的に固体の物質の中に固定されたことを表しているのだ。

すなわちスフィンクスは、観念論の語る世界史において唯一無二の位置を占めている。それは宇宙精神からの流出に次ぐ流出の波の後に、今日のわれわれが知る固体物質が最終的に形成された時点を記念しているのだ。ゆえにそれは古代世界の最も重要なイコンである。今日のわれわれが知る物理法則はこの時初めて発動したのであり、日付の確定が可能となったのはこの時以後である。なぜなら宇宙の大時計は、この時を以てその複雑な軌道パターンを最終的に確定したのだ。

もしも実際に、物質の固体化が起こったのがこれほど最近であるとすれば、言うまでもなく、古い年代を測定するために用いられる通常の方法、例えば放射性炭素法などは無効になる。近代科学の計算は、古代人とは異なる仮定の上に築かれている。すなわち、自然法則はあらゆる場所、あらゆる時で常に同一であると。

スフィンクスはオイディプスに一つの謎を問いかける。「初めに四つ足、次に二本足、次に三本足になるものとは何か?」。もしもこれに答えられなければ、スフィンクスは彼を殺す。だが彼は正しく、この謎は人間の年代を意味していると解いた。赤ん坊は四つ足で歩き、成長すれば二本足となり、老年に達すると第三の足、すなわち杖が必要となる。だがここで言う「年代」はまた、人間の進化を再現している。スフィンクスの形態はこの進化の記念碑でもあるのだ。

スフィンクスはオイディプスの慧眼に敗れ、深淵に身を投げる。スフィンクスの死は、諸元素の神々、宇宙を統べる諸原理がこの時、首尾良く人間の肉体の中に吸収されたことを示している。

オイディプス伝説の中心は、彼が逃れようと望んだ——そして叶わなかった——恐るべき運命である。彼は予言通り父を殺し、母の愛人となる。自然法則が固定され、機械的なものとなると、人間はそれに囚われる。

ゆえにスフィンクスは、変身の時代の終わり、自然法則の固定と現在の生物学的形態の固定を表している。そしてそれはまた、後戻りする道を塞いでいる。『創世記』においては、それはエデンへの道を塞ぐ智天使である。エジプトのスフィンクスは四柱の智天使から成る。彼らはこれを「フー」と呼んだが、この語は「守るもの」を意味する。つまり彼は、古い生殖方法への退行を防いでいるのだ。

一六五〇年、アッシャー司教は人間の創造を紀元前四〇〇四年と計算した。これを古代の迷信の名残と考えるのはよくある誤解である。実際にはアッシャーの計算は、唯物論が優勢と成りつつあった時代の産物に他ならないのだ——そしてそれは、聖書の解釈としては極めて狭量かつ即物的であり、古代人の目には馬鹿げたものと映っただろう。古代人は、人間の魂は紀元前一万一四五一年よりも遙か以前から存在していたと信じていた。紀元前一万一四五一年という年代は、われわれの知るような人間の肉体が、魂の周囲に完全に物質化した時期に過ぎないのである。

興味深いことに、紀元前三世紀のマネトの計算によれば、この年代は半神の治世の時代の終焉の時期にほとんど一致している。

後に見るように、秘教教義によれば、物質が精神から生じたのはつい最近のことであるのみならず、将来的にも僅かな期間しか存在しない。今から九千年ほど後、太陽が再びスフィンクスの視線の先で獅子宮において上昇する時、物質は再び消滅するのだ。

秘密結社の教えによれば、われわれは観念と想像力の広大な海に浮かぶ、物質という小島の上に生きているのだ。

スフィンクス。四方位への四大元素の固定を記念する。近代の傑出したエジプト学者R・A・シュワレール・ド・リュビク——アンリ・マティスの弟子——は世界で初めてスフィンクスは紀元前 10000 年以前に造られたことを公にした。彼によれば、スフィンクスを取り巻く構造物の壁面には水による浸食の後があり、これは紀元前 10000 年以後にはあり得ないものである。秘史によればスフィンクスは初めて四大元素が固定され、物質が固化したことの記念碑である。紀元前 11451 年、四大元素と共に固定された東西南北が物理世界を創った。

9 新石器時代のアレクサンドロス大王

ノアとアトランティス神話／チベット／ラーマのインド征服／パタンジャリのヨーガ・スートラ

アトランティス神話についてあまり詳しくない人が、この伝説の古い出典は一つしかないと考えるのも無理からぬことだ――つまりプラトンである。

プラトンの記述は次の通りである。エジプトの神官が、プラトンの曾祖父の世代の政治家・法律家であるソロンに、大西洋にあった巨大な島について語った。その島はおよそ九千年前――すなわち紀元前九六〇〇年頃に滅びたという。

この島の文明の創始者はポセイドン神で、島の住民はこの神とクレイトという美女の子孫であった（第5章で述べたように、魚神による介入は進化の隠喩であり、全世界の神話に共通する）。アトランティス文明は本島の他、その地域のいくつかの小さな島もまた支配していた。最大の島には美しく肥沃な平原と大きな山があり、ここにクレイトが住んでいた。人々はこの島に豊富に産出する食べ物を食べていた。二本の川があり、一つは湯、一つは水が流れていた。

クレイトを幽閉するため、ポセイドンは山の周囲に何重もの円い運河を巡らせた。やがて洗練された文明が築かれた。彼らは野生の動物を飼い慣らし、金属を採掘し、建物を築いた――神殿、宮殿、競技場、練成所、公衆浴場、官公庁、港、橋。壁は金属で被覆された――真鍮、錫、そしてオリハルコンと呼ばれる未知の赤い金属。神殿は象牙の屋根に、金銀の尖塔を備えていた。

アトランティスの島々は十人の王に統治され、それぞれが王国を持っていたが、本島の支配者が真の王で、他の九人はその副王だった。

ポセイドンに奉献された中央神殿には黄金の神像があり、その一つは戦車に乗ったこの神を象ったもので、六枚羽根の馬がこれを牽き、海豚を駆る数百のネレイスを従えていた。神殿の柱の間では雄牛が放し飼いにされ、五年か六年に一度、島々を治める十人の王は神殿の中で素手でこの牛を狩る。一頭を捕まえると、アトランティスの法が刻まれたオリハルコンの大柱の所へ連れて行き、そこで首を刎ねる。

アトランティスの島々での生活は概ね牧歌的である。実際、あまりにも良好な生活だったので、遂に人々は退屈し、不満を抱き、頽廃し、堕落し、新奇なものや強い力を求めるようになった。そこでゼウスは彼らを処罰することにした。島々は大洪水に見舞われ、海から突き出た骨のような小島を残すのみとなった。そして残された島も巨大地震によって一日と一夜の内に沈んでしまった。

確かに、アトランティスの滅亡について書き残している古代の著述家がひとりプラトンだけならば、この話はとても事実とは思えなかっただろう。アリストテレス曰く、「ひとりプラトンのみがアトランティスを海から引き上げ、そして再び海に沈めた」。この言葉は、プラトンが全てをでっち上げたのだという意味であると考えられている。だが少し調べてみれば、古典文学にはアトランティスに関する言及が満ち満ちていることが解るのだ。例えばプロクロス、ディオドロス、プリニウス、ストラボン、プルタルコス、ポシディノスらの記述である。そこに含まれる多くの要素はプラトンには見当たらぬもので、より古い典拠に基づくと考えられる――それらもまたでっち上げではないとするならば。

プロクロスによれば、ソロンの三百年後、クラントルはサイスの神官から、神聖文字でアトランティスの歴史が記された柱を見せられた。プラトンに時代の近い、「偽アリストテレス」と呼ばれる人物もまた、『驚くべき噂について』と題する書物の中で、同じような楽園の島について書き残している。

やはりプラトンと時代の近いギリシアの歴史家マルケロスは、明らかに古代の典拠によって、「外の海［大西洋］に七つの小島と、それよりも大きい三つの島があり、その内の一つがポセイドンの島であった」と述べている。これは王国の数の点でプラトンの記述と一致する。紀元前四世紀のギリシアの歴史家キオスのテオポンポスは、プラトンの二百年前にフリュギアのミダスが語った物語を再話している。「世界のよく知られた部分――ヨーロッパ、アジア、リビュア（アフリカ）――以外に、もう一つ、未知の地域がある。それは信じられぬほど広大で、広い草地と牧草地があり、さまざまな巨大かつ強力な野獣が棲息している。その地の人間は通常の二倍の大きさであり、また二倍の寿命を持つ」。既に見たように、エノク及び世界中の多くの文化の神話や伝説は、大洪水以前に巨人族が大勢いたことを語っている。

ならば当然、ギリシア神話にも大洪水の物語がある。デウカリオンの物語はプラトンよりも遙かに古い。プラトンの記述にもまた聖書の記述にも、大洪水は堕落した人間の大部分を滅ぼすために引き起こされたという含意がある。ルドルフ・シュタイナーの指摘によれば、半神と英雄、すなわちカドモス、テセウス、イアソンらの物語には、いずれも東方への旅が含まれている。つまりこれらの物語は、アトランティスの島々の居住環境が悪化し始めた後、最終的な破局の前に行なわれた東方への大移動の物語として読まねばならないというのだ。

プラトンはアトランティスの初代の神王であるポセイドンについて述べているが、これは第5章で述べたことを思い起こさせる――すなわちポセイドンは、ゼウス／ユピテルの元来の半魚形態であった。彼はまた荒海の神であり、地下や火山の奥底の神であり、その雄牛のような唸り声は破局的な気象を告げるものであった。ポセイドンはアトランティスの物語の始めと終わりに関係しているのである。

他の古代文化の伝承も、プラトンの記述を裏付ける。アメリカのアステカ人の原郷は「アストラン」と呼ばれる地であり、それは「水に囲まれた地」の意味であるという。時にこの地は「七洞窟のアストラン」と呼ばれる。そこには中心に巨大な階段状ピラミッドがあり、その周囲を六つの小さなピラミッドが取り巻いていた。侵略者であるスペイン人が収集した伝承によれば、人類は大洪水によってほとんど滅び去ったが、一人の神官とその妻だけが中空の丸太で船を造り、ここに種や動物たちと一緒に乗り込んで助かったという。これらの南米の部族の複雑かつ洗練された天文学に基づいて、ある現代の研究者は、この洪水は紀元前一万一六〇〇年に起こったと推論した。

これはプラトンの言う紀元前九六〇〇年頃とは懸け離れていると思われるかも知れないが、ここで重要なのは、両者とも、大洪水を氷河期の終わりの時期に設定しているということだ。現代地質学の教える所によれば、氷冠の溶融に伴い、一連の洪水が北から地上を襲った。既に述べたように、アトランティスは長期に亘って何度かの破局的な大洪水に襲われた末に、最後の島までが完全に水没してしまったのだ。

今日の水中考古学者は、世界の多くの場所で、洪水で沈んだ文明の痕跡を発見しつつある。その洪水とは、氷河期の終わりの氷の溶融によって引き起こされたものだ。二〇〇二年四月、地元の漁師たちが語るさまざまな物語に基づき、インドはマハーバリプラム沖の失われた〈七塔の街〉の位置の特定が行なわれた。これまでに発見されている神殿のような建造物は、氷河期――すなわち新石器時代と聞いてわれわれが想像するようなものよりも遥かに壮大かつ複雑である。著述家のグラハム・ハンコックは、これまでにも古代史に関する学界の定説に疑問を呈してきたが、この遺跡について次のように述べたという。「私は長年の間、世界の洪水神話を重視すべきであると述べてきました。それはほとんどの西欧の学者たちが拒絶する考えです。ですが、ここマハーバリプラムでは、神話が正しく、学界が誤りであることが証明されたのです」

私自身、アメリカの大西洋岸沖の海底から発見された工芸品――いわゆるスコット・ストーン――を見たことがある。それは今日のテクノロジーを用いても複製困難な代物であり、ましてや問題の海域が水中に沈んだ一万一千年前においては言わずもがなであるという。意匠の面では、スコット・ストーンはエジプトの工芸品に驚くほどよく似た特徴を示している。私の一存ではどうにもならないが、本書が刊行されるまでに、マイアミ博物館エジプト学協会会長アーロン・デュ・ヴァルが、彼の所有するものを世界に公開してくれることを願うばかりだ。

　現存するギリシア神話には、このような遺物を海中に沈めた出来事に関する詳細な記述はない。また聖書の記述も例によって素っ気ないものである。だがこれらは、他の文化圏の記述、特にシュメールを始めとする近東の伝承によって補完することができる。このような、より古い文化の伝承が聖書の物語の原資料となったということに異を唱える学者はいない。聖書の物語でお馴染みの要素、例えば方舟、鳩、オリーヴの枝などの要素は、より古いシュメールの物語にも登場するのだ。そこではノアはジウスドラと呼ばれている。彼はまた、メソポタミアの物語ではアトラハシス、バビロニアではウトナピシュティムと呼ばれる。これらの異なる伝承を一つに纏め上げると、聖書の物語の拡充版が出来上がる――

　ある日、ノアが葦の小屋の中に立っていると、壁を通じて声が聞こえてきた。大嵐が来て、人間は根こそぎにされてしまうという。その葦の小屋を解体して舟を造れ、と彼は言われる。ノアと家族は葦を使って巨大な舟を造り、瀝青を塗って耐水とした。大地から生える全てのもの、大地の上で食む全てのもの、空の鳥、家畜、野の獣の全てを彼は中に入れた。それから六日六晩の間、嵐が吹き、彼らの舟は波に揉まれた。豪雨、嵐、洪水が全地を覆い尽くした。七日目、風の音が止むのを確かめて、ノアは窓を開いた。光がその顔に射した。世は静まりかえっていた。全ての人間が土に帰ったからだ……

人類を滅亡寸前に追いやった破局の大洪水は、毎年の死者の日、すなわちハロウィーンに、生者と死者の双方によって記念される。イングランドでは、一九世紀になっても村人たちは死者に扮し、仮面を被り、口を閉じたままマーマーという声を出す。これは歩く死者の声の模倣である――「役者《ママー》」という言葉はここから来た。

ノアとその家族が舟を下り、乾いた地に足を下ろした時、さらに奇妙なことが起こった。「さて、ノアは農夫となり、葡萄畑を作った。あるとき、ノアは葡萄酒を飲んで酔い、天幕の中で裸になっていた。カナンの父ハムは、自分の父の裸を見て、外にいた二人の兄弟に告げた」（『創世記』九章二〇 - 二二）

ノアが農夫となったというのは全く相応しいことである。と言うのも、考古学によれば、農業の開始はこの時代、すなわち新石器時代に当たっているからだ。だが、彼が泥酔して全裸となったという奇怪な話をどう理解すればよいのか？

これを理解するためには、ノアとギリシアの伝説上の人物である小ディオニュソスとを同一視する伝統に注意を向けねばならない。

とはいえその前に、同じ名前を持つ二人の人物にまつわる、二つの物語の糸を解きほぐすことが必要となる。ディオニュソスの名を冠する人物は二人いるのだ。一人は神であり、もう一人は半神である。この両者は、二つの異なる時代に、全く異なる貢献を人類史に残している。ノアと同一視されるのは後の時代の小ディオニュソスであり、これは先の時代の大ディオニュソス、すなわちディオニュソス・ザグレウスとは別人である。大ディオニュソスが八つ裂きにされる話は既に6章で述べた。

ノアの方舟。伝説によれば、方舟に乗ることができなかった唯一の動物は一角獣であり、そのために絶滅した。これは〈第三の目〉の力の衰えを表す。大洪水がアトランティスを襲うと共に、この想像力の時代は終わった。こうして潜在意識が形成された。

しばしば舟に乗った姿で描かれる小ディオニュソスは、大洪水の後にアトランティスからヨーロッパを経てインドへ向かった。農業、播種、葡萄栽培、文字を伝えるためである。言うまでもなく、文字を教えたのはエノクだが、今やそれは大洪水がもたらした惨禍によって消滅の危機に瀕していたのだ。

ディオニュソスとその信徒は、テュルソスと呼ばれるものを持っていた。これは蛇が蔦のように巻き付いた杖で、先端には松果体のような松毬がついていた。これはつまり、ディオニュソスがまた人間の形態の進化の秘密を教えていたことを意味する。先に考察した、脊椎の発達とその先端の松果体の秘密である。

ファウヌスとサテュロス、それにディオニュソスの集団は、アトランティスから脱出して来た人々を表している。彼らは形態変容過程の最後の生き残りである。『創世記』の中で、ノアが泥酔して居眠りしている時に息子たちが彼の性器を見るという奇妙な記述は、この過程の終わりを意味している。先に見たように、性器は人体の中で最後に現在の形に進化した部分であり、ノアの息子たちは自らの起源を見出さんとしていたのだ。彼らの親は人なのか半神なのか、人間なのか天使なのか？

ギリシアとヘブライにおけるこの人物——小ディオニュソス

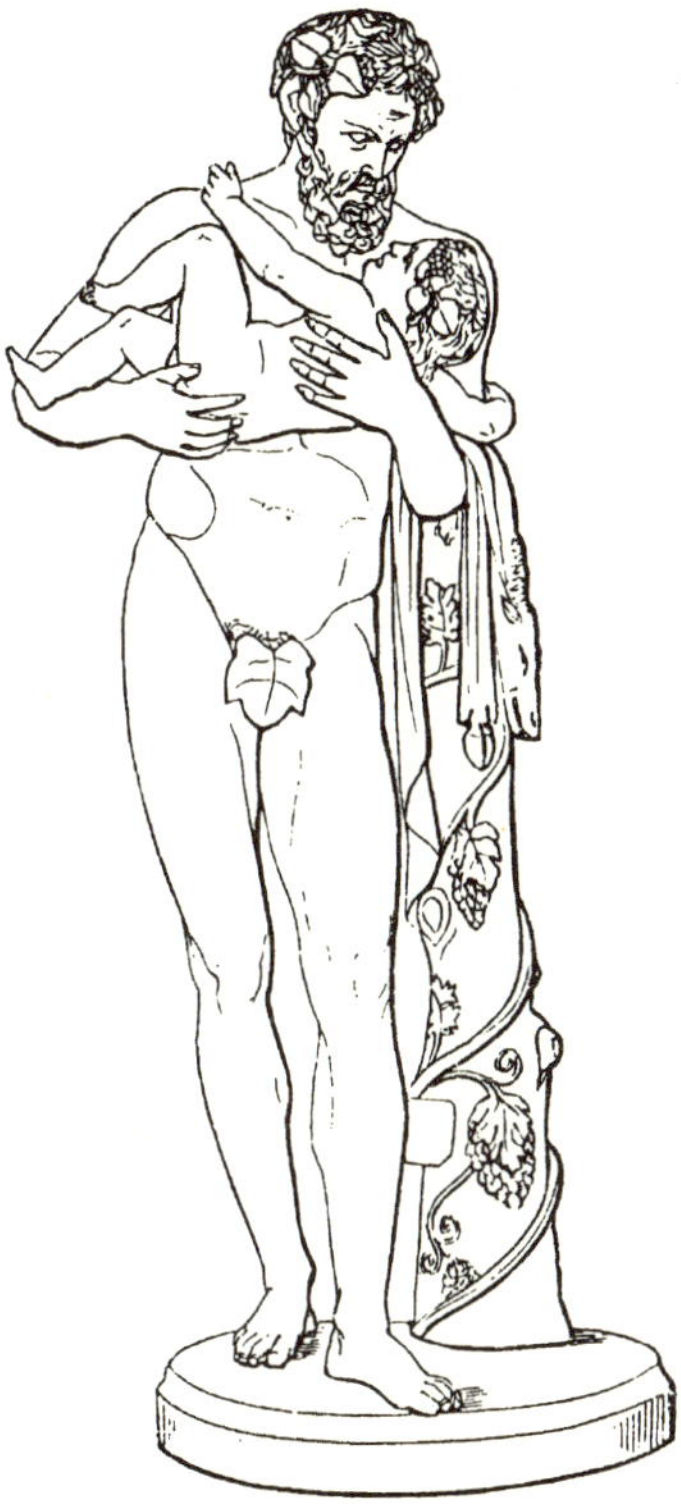

小ディオニュソス。セイレノスに養育された。

とノア——に関する物語は、いずれも葡萄および酪酊と関係している。われわれは既に、ディオニュソスの信者たちを見た。彼女ら、すなわち野蛮にして残虐なマイナスたちは、歯と爪でオルフェウスを八つ裂きにした。法悦的な酪酊状態で、マイナスたちは神に憑依されるのである。

原始人は常に自らの本質の中の植物体と調和して生きていた。その結果の一つとして、彼らはさまざまな異なる植物が人間の生態、生理、意識に及ぼすさまざまな効果を理解していた。

農業の始まりに関するこれらのギリシアとヘブライの伝承には、新たな、より思慮深い意識の形態が記述されている。自然に関する人間の秩序ある思考の力を示す外的な象徴として、麦畑に勝るものがあるだろうか？

今や人間の指導者の責務は、新たな、思考指向の意識を生み出すことである。

ゾロアスター教の聖典『ゼンド・アヴェスタ』では、ノア／ディオニュソスに当たる人物はイマと呼ばれる。彼は人々に集落《ヴァル》の造り方を教えた。これは囲いに囲まれた地の意味で、一種の砦であり、「その中に人間、家畜、犬、鳥、そして赤々と燃える火があった」。人々が定住すべき土地に辿り着くと、その土地の「水捌けを整備し、境界を示す標柱を立て、その標柱を基準に家を建て、城壁や筵、塀を作ること」を教えた。また彼は「大地を耕してこれを広げる」ことを人々に促した。そこには「抑圧も卑賤もなく、愚鈍も暴

「万人の牧人」ラーマによるセイロン侵攻。

力もなく、貧困も挫折もなく、片輪も、歯の長い者も、巨人もおらず、デーモンの特徴であるところのものは何一つ無かった」。

ここにもまた、巨人のような前時代の畸形への退行に関する懸念が見られる。

ギリシアの叙事詩人ノンノスは、ディオニュソスによるインド移住を歌っている。この同じ旅は、『ゼンド・アヴェスタ』にも「牡羊のインド進軍」と書かれている。だがこれを最も詳細に描いているのは、インドの大叙事詩『ラーマーヤナ』である。

これらの記述から明らかなのは、この大規模な東征は無人の地への移住ではなかったということである。アトランティスの住民はほとんど滅亡したが、生き残った人々は土着の部族が居住していた土地に向かったのだ。これらの新しい土地の住民に対して、ディオニュソスは人肉食や人身御供を禁止した。土着の神官は時に、大蛇や翼竜を飼っていた。これらは大洪水以前の時代からの稀少な生き残りで、神として崇拝され、捕虜の肉が与えられていた。『ラーマーヤナ』によれば、ラーマとその信者たちは松明を持ってこれらの神殿を急襲し、神官と怪物たちを追い払った。彼は警告も無しに敵の只中に現れた。時には弓を引き絞り、また時にはその蒼白い蓮のような蒼い眸で睨むことで敵を石化させた。

ラーマは根無し草の漂泊民である。その王国は波の下に没した。王侯貴族としての生活どころか、愛するシータと共に山野に野宿していた。

そんな時、シータが悪の魔術師ラーヴァナに略奪される。『ラーマーヤナ』によれば、ラーマはインドを征服した後、ラーヴァナが逃げ込んだセイロンを攻略する。ラーマはインド本土とセイロンの間に、猿の軍団の力を借りて橋を架ける。この猿とは言わばヒト科の生物である。彼らはあまりにも受肉を急ぎすぎた人間の霊の子孫であり、絶滅が運命づけられている。遂に、十三日に及ぶ戦闘の末、ラーマはラーヴァナに火の雨を浴びせ、これを殺す。

このラーマは新石器時代のアレクサンドロス大王である。インド征服の後、彼は世界を跪かせた。彼にはまた夢があった。

月の夜、彼が森の中を歩いていると、美しい女性が近づいて来た。その肌は雪のように白く、立派な王冠を被っていた。最初は誰か判らなかったが、女は言った、「私はシータです。この王冠をお受け下さい。私と共に世界を治めましょう」。彼女は慎ましく跪き、煌めく王冠を彼に差し出した――かつて彼を拒んだ王権の象徴だ。だがこの時、彼の守護天使が耳元で囁いた。「その冠を戴くなら、おまえは二度と私を見ることはないだろう。そしておまえがこの女を腕に抱くなら、その幸福のあまり、女は瞬く間に死ぬだろう。だがもしおまえが彼女を愛することを拒めば、彼女は今後もこの地上で自由に、幸福に生きることになる。おまえの目に見えぬ霊が彼女を守るだろう」。ラーマが心を決めると、シータは森の中に姿を消した。二人は二度と会うことはなく、死ぬまで離れて暮らした。

その後のシータの人生に関する物語を見ても、守護天使の約束通り、彼女が幸福であったかどうかは全く明らかではない。この両義性、曖昧性は、この物語に極めて近代的な感覚を付与している。

　またここには、人間存在の中心にある逆説を見て取ることもできる。真の愛には相手を手離すことも含まれるのだ。

「弓の技量といい、見目良い顔、蒼い眸、隆々たる筋肉といい、ラーマは多くの点で、ヘラクレスを始めとするギリシア神話の英雄たちによく似ている。だがラーマの物語には、既に述べたように、何か新しい感覚がある。ヘラクレスは美徳と幸福のいずれかの選択を要求され、当然ながら前者を選ぶ。一方ラーマの物語には、道徳的な驚きの要素がある。ラーマは生まれて以来、本来受けるべき王冠を奪われていたのだから、今それを受けるのは当然であり、正しいことだという シータの説得に対して、物語の読者の多くは同意するだろう。だがここで、ラーマは予想外の選択をする――当然受けるべき王冠を拒絶し、愛する女性との結婚を拒むのだ――これらの選択は道徳的想像力を拡張し、道徳的知性をかきたてる。ラーマの物語は、因襲を越え、他者の心中を忖度し、自ら考えて結論を下すことを読者に促す。秘教思想は常に、思考の因習的・習慣的・機械的様態を弱体化し、転覆させることを求めてきた。後に見るように、秘教思想に足を踏み入れた作家、劇作家、小説家たちは、シェイクスピアやセルバンテスからジョージ・エリオットやトルストイに至るまで、いずれも人類の道徳的想像力をかきたてる働きをしてきた。それは文学の真の傑作と呼ばれる作品の明らかな特徴の一つである。偉大な芸術や文学は因習的な思考を超えて働くパターンや法則の感覚をもたらし、偉大な秘教芸術はこれらの法則を意識の表面に浮かび上がらせる。

　ラーマの物語はまた、宇宙は人間が自由思考と自由意志を体験しうるような条件を生み出すために造られたという秘史の教えを思い起こさせる。ラーマは、鉄の杖を用いて国民に善と義を叩き込むこともできただろう。だが彼はそうはせず、国民自らにそれを決断させることにしたのだ。この点でラーマは、流浪の「秘密の王」、「秘密の賢者」の元型である。玉座からではなく、人知れず人の中に混じることによって、歴史の流れを変える存在である。ラーマは人間が自由に進化する手助けをしようとしたのだ。ラーマは半神であるが、世の支配者となることを拒む。もはや神も、また半神ですら、肉と骨の身を纏って玉座に就くことはないだろう。

旅の終わりに、移民たちはシャンバラを造った。これはチベット山中の偉大な霊的要塞である。世界の屋根チベットは、世界最大、かつ最高の高原で、高い山並みに囲まれている。伝承によれば、チベット人はアトランティス人の直系の子孫であるという。

シャンバラには地下のトンネルを通らなければ辿り着くことはできないという話もあれば、またそれは他の次元に存在しており、そこに入る秘密の入口がこの地域のどこかにあるという話もある。聖パウロ以後の最も偉大なキリスト教神学者であり、聖パウロと同様に秘儀の学院の参入者であった聖アウグスティヌスは、エノクや聖人たちが住む地について書き残している。そこは大洪水も届かない高地にある地上の楽園であるという。一八世紀スウェーデンの神学者・外交官・発明家――そして当時の指導的な秘教的フリーメイソン――であったエマヌエル・スウェデンボリは、「〈失われた言葉〉はチベットとタタールの賢者の間に求めねばならない」と述べている。一九世紀ドイツのカトリック神秘家アンナ＝カタリナ・エメリヒもまた、エノクやエリヤら、通常の意味で死んだのではなく「昇天」した者たちの住む〈預言者の山〉について記している。そこにはまた大洪水を生き延びた一角獣も棲息しているという。

チベットの山上要塞から、生ける霊性の川が流れている。それは一つになり、力を集め、深く広くなり、ガンジスのような大河となって、インド全土を養う。

星々に書かれたこの秘史において、次の時代の始まりは紀元前七二二七年、太陽が巨蟹宮からの上昇を開始する時である。この時、最初の大インド文明が築かれた。これは洪水後の世界において最初の、そして最も深遠な霊的文明である。その創設者たちは新たに造られた物質世界をほとんど歯牙に掛けておらず、むしろそれを霊的世界の高次の現実から目を背けさせる幻影《マーヤー》と見なしていた。そして彼らは、この物質というヴェールが人間と霊的ヒエラルキーの間に引かれる以前の世界を郷愁を込めて振り返ったのだった。

行者の行なう氷風呂などの苦行は、霊的世界に対して目覚めていようとする努力の一つと見なしうる。そのヴェールがまだ比較的透明であった頃、彼らは霊的世界の特質を思い起こし、それを人間の意識の中にしっかり刻印するために、意識的な努力を行なったのだ。

この試みが成功したがゆえに、インドは現在においても霊的知識の、殊に隠秘生理学に関する知識の世界最大の貯蔵庫である。さる高位の参入者が、私にこんなことを言った。「今日のインドを訪れれば、今も空気が星幽性《アストラリティ》でびりびりしていることを感じずにはおれないだろう」

ピュタゴラスやテュアナのアポロニウス、サン＝ジェルマンなどの偉大な西洋の導師たちもまた、この星幽性を求めてインドを訪れた。福音書にも、より古いインドの出典からの若干の引用や、そこに発祥する思想などが含まれている。

一九世紀に初めてタントラ経典を翻訳したサンスクリット学者サー・ジョン・ウッドラフによれば、あの崇敬に値するスーフィの伝統すら、例えばチャクラの教説などにおいて、ヒンドゥの叡智に依拠しているという。

一九六〇年代以降、多くの西洋人が、インドの宗教こそ生きた霊的知識の源であると感じている。そこにある実践的な霊的行法や、霊的世界の案内などは、キリスト教会には見出し難いものだ。西洋の書店は今も、神秘主義と言えば西洋の伝統よりも東洋のそれに由来する書物の方をより多く取り揃えている。

ラーマが王冠を拒絶して以後、この時代を支配した偉大な個人はいない。ラーマが行動派の英雄であり、怪物と戦い、長く危険な旅をし、都市を築いたのに対して、彼の後継者である〈七賢人〉あるいは聖仙《リシ》はひたすら静穏に過ごしていた。石造りの建物を築くこともなく、泥の家もしくは木の根や蔓を編んで造った小屋に住んだ。聖仙については何も現存していない。残されているのは、彼らの知識だけである。

カバラに曰く、「汝が見たものの全て、全ての花、全ての鳥、全ての石は無となり、土に帰る。だが汝がそれを見たという事実は無とはならぬ」。これは聖仙の言葉を思わせる。聖仙は足の裏を上に向けて脚を組む。重力、すなわち下向きの、物質界に向かう力に抗い、ひたすら霊的世界を目指したのだ。彼らは地上で活動する霊的存在を見ることができた。霊的存在は、春には種子を発芽させ、夏には花を咲かせ、秋には実を実らせ、そして冬には種を保存する。聖仙は、巨人の呼吸のような霊的影響力の干満を体験した。インド古代文明は、地上というよりも寧ろ天の最下層のようであった。

先に述べたように、唯物論者は「人生の意味」などの言葉を誤用し、二義的な、そして不正直な意味で用いている。「霊的《スピリチュアル》」という言葉もまたそうである。愛想はよいが支離滅裂な偽神秘主義者が自らの良心や倫理について吹聴する時、しばしばこの言葉が使われる。だがこの言葉の真の意味は、インドの導師たちのように、霊を見、聞き、交流する能力を言うのである。

彼らはまた、隠秘的な方法で交流することもできた。他の人が友好的であるかそうでないかは、その呼吸によって判る。他者の呼吸を感じることで、当人の内面が判るのである。

導師たちは、絶え間ない視覚像の流れの形で、他人の魂に知識を注ぎ込むことができた。遙か後の時代にこの知識は言葉に移し替えられ、世代を超えて口伝によって伝えられ、最終的に書き留められて『ヴェーダ』となった。

彼らの眼差しは蛇を追い払い、獅子や虎を宥めることができた。聖仙の瞑想を妨げることは誰にもできな

㊨新石器時代の卍。イングランド、ヨークシャーのキースリーの岩に刻まれている。二枚の花弁を持つ蓮の回転を示している。
㊤――同じ図案――はスウェーデンで出土したケルトの太陽の飾り。『リグ・ヴェーダ』曰く、「見よ、卍の太陽神サヴィトリの麗しき光輝、我らに霊感を与えん」。

い。心の赴くままに放浪し、苫屋に露営し、木の実を食べ、家畜の乳を飲む。口にするのは植物のみで、肉は決して食べない。肉食は動物の死の苦痛を吸収することになると彼らは信じた。

彼らは肉体的過程——覚醒、睡眠、呼吸、消化——において、植物の意識に浸っていた。既に見たように、これらの過程は人間の肉体に対する植物界からの贈物である。エーテル体《エンス・ウェゲタリス》の制御によって、彼らは呼吸や消化率、心拍や血流までをも自在に制御することができた。インドの導師は、例えば意志するだけで心臓すら止めることで知られている。

彼らはまた、太陽神経叢のチャクラに深く瞑想することで、千里眼を使うことができた。心臓のチャクラから発する愛の波動によって他者を守ることもできた。

心臓のチャクラには十六枚の花弁があり、また百一本の精妙に輝く脈が車輪の輻のように広がっている。その内の、太い三本が頭部に向かっている。一つは右目に達し、太陽と未来に対応する。もう一つは左目に達し、月と過去に対応する。この両者の組み合わせによって、人間は物体の運動を時間と空間の中で相対的に捉えることができるのである。

心臓から昇る三つの脈の中心は、頭頂に達する。この脈を通って上に向かう道は、心臓の放射によって下から照らされる。また、死の瞬間に霊が頭頂部から出て肉体を離れる時にも、この中央の脈が使われる。

古代人にとって、あらゆる生命に脈、律動、呼吸があった。人間の生涯もまた幻影《マーヤー》の中に一時的に吹き込まれ、再び吹き出される、時代を超えて繰り返される過程なのだ。たくさんの魂が群となって一時に物質的生命に吹き込まれ、また吹き出される。

この古代インド文明はある意味で、太陽と大地が分離する前の、日光と水分に満ちていた植物的世界の残響である。またそれは別の意味では至福の時代でもあったが、さらなる進歩を起こすためにはこの時代を終わらせる必要があったのだ。

既に見たように、もはやアトランティスの時代とは異なり、高次のヒエラルキーの偉大な存在が肉体を持って存在することはできなくなった。彼らは半物質的な幻や心像のような形で現れることはできたが、これすら稀にしか起こらなくなっていった。この時代の終わりには、人々が肉体の目で彼らを見るのは生涯に一度か二度になってしまった。神々が退くと、人々は彼らを追う方法を見つけ出さねばならなくなった。

かくして、ヨーガが生まれた。

瞑想の高みにおいて、エネルギーの奔流が背骨の基部から中央の脈を通って上昇し、心臓を経由して頭部に向かう。時にこのエネルギーは蛇のようなものであると考えられ、背骨を上昇して頭蓋骨に達し、鼻梁のすぐ後ろの辺りを嚙む。ここを嚙まれることによって、レースのような法悦的な光の流れが拡散する。何百万もの蜂の羽音のような音を立てる、七十万の閃光である。この時導師は異次元にいる。それは最初、光とエネルギーの逆巻く巨大な波濤の大海であるように見える——あらゆる伝統に見られる、神秘体験の第一歩である。霊的世界に慣れてくると、この非人格的な諸力は神々の衣へと姿を変え、最終的に神々の顔そのものが光の中から姿を現す。これまでの数章で既にわれわれにもお馴染みの、星の神々である。

世界で最も短い、だが最も強力な書物の一つは、パタンジャリの『ヨーガ・スートラ』と呼ばれるものである。これが現在の形に書き留められたのは紀元前四〇〇年頃のことだが、元来は聖仙たちの教えに由来するものだ。

パタンジャリによれば、象の力に集中すればその力が得られ、過去に集中すれば過去世を知ることができる。だが、あなたや私がそのような離れ業を文字通りに達成するのは甘い考えかも知れない。当時も今も、それを達成することができるのは、最高の高みに達した参入者だけである。それ以外のわれわれは、来世においてできるようになるかもしれない。

聖仙の教えによれば、全宇宙の進化こそが存在の目的であり、その変容の全ての種子は人体に組み込まれているという。

紀元前五〇六七年、これらの神々は人間の次の進化段階に向けて宇宙を動かした。太陽が双児宮に入場したのである。かつて人類の進化の衝動は波間に消えたアトランティスからインドへと東漸したが、今やそれは西漸を開始した。そしてそれは現在も尚続いている。

10 魔術師の道

ザラスシュトラと暗黒の力との戦い／牧者クリシュナの生と死／暗黒時代の夜明け

紀元前五〇六七年、現在のイランと呼ばれる地域で、偉大な新指導者の誕生が予言された。彼の母親は、チャタル・ヒュユクで発掘されたような、小さな農業共同体に住んでいたのだろう。

その冬は特に例年になく苛酷で、疫病が流行っていた。村は噂で持ちきりとなり、現在の嵐や疫病はこの若い女性が魔術を行なったためだと非難された。

妊娠五カ月目に彼女は悪夢を見る。巨大な雲から龍、狼、蛇が生まれ、彼女を引き裂いて子供を奪おうとした。だが怪物どもが近づくと、子供が子宮の中から彼女を励ました。子供の声が止むと、空から光のピラミッドが降りて来た。このピラミッドから、杖と巻物を手にした少年が出て来た。その目は内なる火に輝いていた。彼の名はザラスシュトラと言った。

ザラスシュトラの年代については、さまざまな説がある。紀元前五〇〇〇年という説もあれば、プルタルコスのように紀元前六〇〇〇年という説もある。これもまたやはり複数のザラスシュトラが存在したからである。

第一のザラスシュトラの誕生は、憎悪の嵐を解き放った。妖術師に籠絡された王は、この少年は死なねば

巻物を持つザラスシュトラ。手に巻物を持つのは、秘教哲学の信奉者の印である。ロンドン、パリ、ローマ、ワシントンＤＣ、あるいはそれ以外の世界の大都市の街路を見回せば、極めて多くの偉人像が巻物を手にしているのに驚くだろう。

ならないと吹き込まれた。彼は若い母親の家へ行き、赤子が寝台に一人でいるのを見た。王は赤子を刺し殺そうとしたが、腕を上げると、どういうわけか麻痺してしまった。後に彼は召使いの一団を送り、赤子を攫って狼の彷徨く荒野に棄てた。だが、赤子を引き裂くはずの狼の群れは、その瞳の中に何かを見て、恐怖のあまり逃げ去った。

赤子は母の夢の通りの若者となった。

悪の諸力は、彼らの最大の敵が地上に現れたのを知った。彼らは機会を窺っていた。

双児宮の時代は、分断の時代である。もはや、インド時代の人々のように、楽園に安住することはできなくなった。インド時代がいわば、大地と太陽の分離以前の天上的な時代の再現であったとするなら、新たに到来したこのペルシア時代はルシファーの龍が地上の生命を冒した火の時代の再現であった。今や、悪の諸力はアフリマン（ゾロアスター教におけるサタン）に率いられ、再び横行し始めたのだ。宇宙は悪魔の軍団に侵略され、諸天は暗くなった。悪魔は人間と、高位の霊的ヒエラルキーの間に割り込んだ。インド時代に人間の秘教的生理学が人間の記憶に刻み込まれたとするなら、ペルシア時代はわれわれが悪魔学の知識を求めるようになった時代である。

ザラスシュトラは、自らと敵対する悪魔の軍団を分類した。これは、今日の秘密結社が用いている分類の基礎となっている。

この歴史の転換点において、人々は今日でいう実存的なレベルでの不安を感じ始めた。自分たちの住む宇

エトルリアのデーモン。ペルシアのアスラの形態を採る。アスラという名は、文字通りには「神ではない」の意味。a は否定であり、Sura はペルシア語の神もしくは天使を表す。あらゆる伝統におけるデーモンは、しばしば内臓を喰らう姿で表される。これは、意識と記憶は脳のみに蓄えられるのではなく、全身に蓄えられるという古代的理解のためである。思い出したくないような、苦しく未消化な体験は、内臓に蓄えられる。

宙は究極的には善であり、全てのものは結果的には正しいのだという確信が薄れていった。彼らは初めて、エミール・デュルケムの「アノミー」という恐怖を感じるようになった――生の周縁に忍び寄る破壊的な混沌の恐怖である。それは陣地の外の暗黒から、あるいは睡眠中の圧倒的な暗黒からわれわれを襲う。またわれわれが死を迎える時、再びそれとまみえるかも知れない。

眠りに落ちる時、われわれは動物意識を失う。秘密結社の教えによれば、動物意識――すなわち霊――は、睡眠中は肉体から離れているとされる。このことは二つの結果をもたらす。第一に、動物的な要素を失ったわれわれの肉体は、植物状態に戻るということである。もはや動物意識の動揺や思考の疲労作用に苛まれることもなく、植物要素が支配する肉体の機能は回復する。目が冷めると気分は爽快である。

第二に、霊は肉体の感覚的知覚を離れて変性意識状態に入る。それは月球天下の霊的世界の体験である。夢の中でわれわれは霊的世界を知覚する。そこでわれわれは天使や悪魔、死霊と交わる。

少なくとも聖仙の時代には人間はそれを体験していた。ザラスシュトラの時代には、人間の本質が物質に絡め取られ堕落してしまったので、夢もまた混沌となり解釈困難となった。それは今や奇妙な、歪んだ意味に満たされた。それでもなお、夢には霊からの刺戟や過去世の断片、歴史のエピソードの記憶などが含まれているのである。

最も深い眠りにおいては、〈第三の目〉が開き、霊的世界を覗き見るかもしれない。だが目覚めるともう忘れているのだ。

放浪の年月の後、若きザラスシュトラはイランに戻る必要を感じた。国境で彼は幻を見る。巨大な輝く霊的存在がやって来て、ついて来いと言った。霊が九歩行く間にザラスシュトラは九十歩行かねばならなかったが、霊は岩だらけの地面の上をザラスシュトラを導き、岩と樹に隠れた空き地に連れて行った。そこには同じような霊が他に六体、空中に浮かんでいた。輝く一団はこちらを向いてザラスシュトラを迎え、しばらくの間、肉体を脱いでこの集まりに参加せよと言った。

われわれがこの輝く霊に出会うのは、これが初めてではない。彼らはエロヒムと呼ばれていた太陽の精霊である。今や彼らは、ザラスシュトラに使命を与えようとしていた。

第一に、彼は火傷することなく火の中を潜り抜けねばならないと命じられた。

第二に、彼らは溶融した鉛――アフリマンの金属――を彼の胸に注いだ。彼は黙って耐えた。それからザラスシュトラはその鉛を胸から取って、黙って彼らに返した。

第三に、彼らは彼の身体を切開し、内なる器官の秘密を開示し、再び閉じた。

大理石群像。紀元前2世紀。太陽の大天使ミトラス――ヘブライの伝統におけるミカエル――が、物質的創造の宇宙牛を屠る。牛の脊椎から植物生命の麦が、そしてその血から動物生命の葡萄酒が出る。ミトラスが「フリュギア帽」を被っている点に注意。この帽子が後に一般の歴史に顔を出すのは、フランス革命を導いた秘密結社の参入者が被っていた時である。フランスのマルタン主義者ジョゼフ・ド・メーストルはさまざまな資料から、ミトラス教の参入儀礼を纏めた。穴を掘り、その中に志願者が立つ。その上に金網を被せ、牛を載せて犠牲に捧げる。志願者は上から降り注ぐ牛の血でずぶ濡れになる。また別の場面では、志願者は死んだように墓の中に横たわる。祭司は彼の右手を摑み、「新生」へと引き起こす。参入者には7つの階梯がある――鴉、ニンフ、兵士、獅子、ペルシア人、太陽の密使、父。

ザラスシュトラは王宮に帰り、大いなる精霊たちが明かした教えを説いた。世界を創造した太陽の精霊が世界を変容させるべく働いていること、そしていつの日か世界は巨大な光体となることを。

この王は新しい王だったが、前代の王と同様、悪の家臣に籠絡されていた。この福音に耳を傾けようとせず、家臣の言うままにザラスシュトラを投獄してしまう。

だがザラスシュトラは脱獄し、また暗殺者を退ける。そして悪の諸力と戦いを続け、その魔術力で悪の妖術師たちを討った。後に、彼は魔術師の元型となる。山高帽に星を鏤めたマント、肩には鷲。ザラスシュトラは危険で挑発的な人物であり、火を以て火に挑むタイプであった。

彼は信者たちを人里離れた森の奥の洞窟へと連れて行き、地下の洞窟で秘儀伝授を行なった。戦いに勝つのに必要な超自然の力を授けたのである。この初期の秘儀の学院が如何なるものかは既に判明している。それはペルシアにおいて五千年の間、地下で生き延びた後、ローマ兵の間で隆盛を誇った秘教カルトであるミトラ教として表面化したからである。その後、同じ教えはマニ教として出現した。これは後期密儀宗教のひとつで、聖アウグスティヌスもその参入者の一人であった。

パラケルスス曰く、「善と同様に悪を学ぶことが重要である。悪を学ばずして善を知ることはできないのだから」。現代の秘密結社の森での集会。イングランド、ウェストサセックス。あらゆる秘密結社が悪霊と関わりを持つとされることもある。だが、歴史的に重要な偉大な秘密結社、例えば薔薇十字団やフリーメイソンリーは、暗黒面と戦うためにその存在を認めている。

ザラスシュトラは、信者に与える参入儀礼の恐るべき試練によって、アフリマンの悪魔すなわちアスラと対決する心構えをさせた。彼は言う、死を恐れる者は既に死んでいるのだと。

紀元前三世紀のギリシアの哲学者メニッポスは、ザラスシュトラの後継であるミトラ系の参入者から秘儀伝授を受けた。孤独の中で一定期間の断食、禁欲、精神修業を行なった後、志願者は川に投げ込まれて対岸まで泳がされ、火と氷を潜らされる。さらに蛇の穴に投げ込まれ、胸を切り裂かれて血を流す。

極限の恐怖を体験することで、志願者はこの世において、および死後において起こりうる最悪のことに備えることができるのだ。

この準備における重要な一部として、志願者は自らの組成の内の動物的部分を、植物的・鉱物的部分と意識的に分離する。これは睡眠中にも起こることである。同様に重要なのが、植物体から動物体を分離することで、これは本来は死後に起こる。言い換えれば、秘儀伝授には今日のわれわれが言う「死後体験」が含まれていたのである。

肉体からの離脱を直接体験することによって、志願者は死は終わりではないということを疑いの余地無く理解する。

意識的に夢を見る方法を学んだ人、すなわち通常は覚醒時にのみ発揮しうる思考力や意志力を夢においても行使しうる人は、今日の基準で言えば「超自然的な」力を開発する可能性がある。意識的に夢を見ることができるということは、意のままに霊的世界へ行き、死者の霊や他の霊的存在と自由に交流する途上にあるということである。他では不可能な方法で未来を知ることができるかもしれない。物質宇宙内の他の場所へ行って、肉体的には存在しない場所のものを見ることができるかもしれない――いわゆる星幽体投射である。一六世紀の偉大な秘儀参入者であるパラケルススは、後に見るように、近代の実験医学とホメオパシー両方の父と言うべき偉人であるが、彼は他人の夢の中に入ることができたと述べている。

また、後に見るように、多くの秘儀参入者が、この変性意識状態において、偉大な科学的発見を成し遂げている。

秘儀伝授はまた、他人の精神に影響を与える超自然的な手段をもたらすこともある。私が出会った秘儀参入者たちは、疑いようのない読心力を持っていた。それは疑り深い科学者が「コールド・リーディング」の実験によって再現する能力を遥かに上回るものだった。

同様に科学は、催眠術に対しても、全く説得力のない誤魔化しのような説明しかできない。その理由は、催眠術は現在では舞台芸人によって乱用される嫌いがあるとはいえ、元来は――そして今も根本部分においては――オカルト的行為だからである。究極的にはそれは精神先行型の宇宙観でしか説明できないものなのだ。その発祥はインドの聖仙であり、エジプトの神官による秘儀伝授の過程で用いられた技術である。パタンジャリの『ヨーガ・スートラ』では、他者の精神に影響を及ぼすこの力は「ヴィブーティ」と呼ばれる力の一つであるとされる。精神に対する影響力は善意の目的に用いられたが、世界が危険になるにつれ、防御と攻撃の双方に用いる必要が生じる。

先に見たように、精神先行型の哲学では、誰かを見ることによって、その対象に原子下レベルで影響を及ぼすことができる。エジプトの秘儀参入者の額の〈第三の目〉が蜷局を巻いたコブラで表されるという事実は、それが外に伸びて、見詰めるものを攻撃するということを示している。一七世紀の科学者であり錬金術師のJ・B・ファン・ヘルモント曰く、「人間は動物を十五分見詰めることによってこれを殺しうる」。一八世紀以後、インドを訪れたヨーロッパの旅行者たちは、導師たちが誰かを見るだけで、その人物をたちどころに麻痺状態にしてしまうのを見て目を瞠った。ジョージ・エリオットの知己であった秘儀参入者ジェラルド・マッシーによれば、一九世紀のとある旅行者は、蛇に見詰められて麻痺状態に陥ってしまったという。その何とも言えぬ魅惑に当てられた彼は、「夢遊病状態」の中にどんどん深く沈んでいった。その時、一行の中の一人がこの蛇を撃ち、彼を解放した——彼はまるで自分自身が頭部に銃弾を受けたように感じた。二〇世紀の旅行者たちの報告によれば、野生の狼は獲物を麻痺させ、声を立てられなくさせることができる。たとえ獲物の方が自分が見られていると気づいていない場合でもである。今、これを書いている所から六マイルも行かない所にあるクロウバラという小さな街に、「弁髪爺《ピグテイル・バジャー》」と呼ばれるヒーラーがいたのを思い出す。村人は彼を大層恐れていた。なぜならこのやたら背が高くてがっしりした強面の男は、一睨みするだけで人をその場に釘付けにすることができたからである。話によれば、時折彼は百姓を相手にこの術を掛ける。そしてその前にどっかと座り込み、目の前で彼らの弁当を平らげるのである。

秘儀伝授における最も重要な教えは、死後に体験する霊的世界に関するものであった。これは、志願者が死後生を疑っていたからではなく——そのようなことは当時は思いもよらないものであっただろう——死後に待ち受ける体験を恐れていたからである。生きている間は回避していたデーモンが、死んだ途端に待ち構

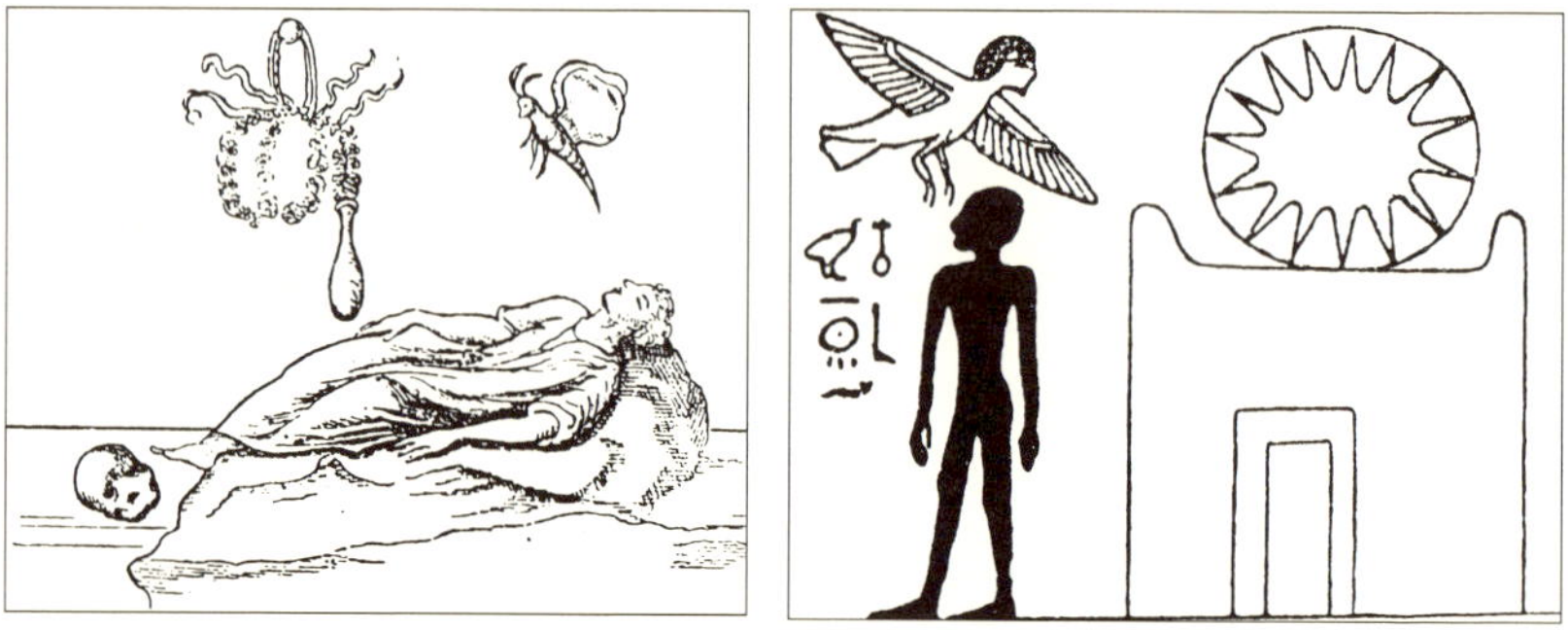

エジプトとキリスト教の美術における霊の離脱（ディドロン『キリスト教図像学』より）。エジプトの図像では、遺棄された魂から霊が離れている。

えているのではないか。秘儀伝授は、死後の旅を安全なものにする方法を伝える。

睡眠中、動物的霊は肉体の植物・鉱物部分を残して離れる。一方、死においては、基本的な生機能を司っていた植物部分が動物的霊と共に離れる。

人間の本質の中の植物部分は多くの機能を担っている。記憶の保持もその一つである。植物部分が肉体から離れると、両者共に崩壊が始まる。この植物部分の崩壊の過程で、霊はたった今終了したばかりの人生を回顧するのだ。

植物部分は数日の内に四散し、自ら動物的霊から離れる。そして霊は月球天下の領域に入り、デーモンの攻撃を受ける。デーモンは全ての不浄、腐敗、獣欲、意志の中の悪の衝動を剝ぎ取る。霊はこの苦しい浄化の時を耐えねばならない。その長さは、地上で過ごした期間の三分の一に及ぶ。キリスト教の伝統ではこれを煉獄と呼ぶ。またエジプトやギリシアの冥府も同じ場所である。ヒンドゥではカーマロカ（「情欲の領域」）と呼ばれる。

一三世紀ドイツの神秘家マイスター・エックハルトは、次のような驚くべき言葉を残した。「死に抗う者は、デーモンどもに無理矢理に生命を引き剝がされるであろう。死に正しく向かい合う者は、悪魔とは実は天使であり、魂の解放者であることを見て取るだろう」。秘儀参入者は、死に正しく向かい合う者である。表面的な物事を透かし見れば、デーモンはその適切な場所において、計り知れぬほど重要な役割を果たしていることが解る。それは霊的世界における「エコロジー」の一環であると言っても良い。このように浄化されぬ限り、霊は高次の諸天に昇ってその音楽を聴くことはできない。地上で放蕩三昧を重ねた霊は、浄化を受けぬ限り〈父〉と合一することはできないのだ。

常に念頭に置かねばならないが、秘儀参入によって得られる知識は無味乾燥でも抽象的でもない。実体験に基づくものなのだ。参入者の体外離脱体験は強烈なものである。

肉体を離れた霊は月球天から上昇して水星天に昇る。そしてそこから金星天へ、さらに太陽天へと向かう。そして霊は、ギリシアの雄弁家アリステイデスが述べたように、「秘儀伝授を受けていない者には説明も理解もできない軽さ」を体験する。この教えは古代世界のあらゆる秘儀の学院に共通するものであり、また秘密結社によって現代にまで伝えられているということを念頭に置くことが重要だ。エジプトの『死者の書』から、キリスト教カバラの『ピスティス・ソフィア』やダンテの『神曲』を通じ、そして二〇世紀フランスの作家アントワーヌ・ド・サン゠テグジュペリの『星の王子様』に至るまで、この秘密教義は脈々と受け継がれている。時には秘儀参入者しか目にし得ぬ書物の中に。そしてまた時には、衆目に曝されながら。

『星の王子様』挿絵。諸天球の上昇。

古代のテキストの中で、秘儀参入者はそれぞれの天球への入口を守護する霊の秘密の名前、そして時には入場の交渉の際に必要な特殊な握手法などの定式を教えられる。『ピスティス・ソフィア』によれば、これらの天球は水晶でできており、門番はアルコーンもしくはデーモンである。

あらゆる古代宗教において、冥府の旅で人間の霊を導き、門番のデーモンとの交渉を手伝うのは水星の神である。

だが秘儀の学院には、さらに奇怪な秘密が保持されていた。天球の旅が半ばに差し掛かると、案内人が交替するのだ。人間の霊をさらに上へ導く役は、より大いなる存在に引き渡される。その正体は、多くの人を驚かせるかも知れない。天球の旅の後半においてその道を照らす案内人は、ルシファーなのである。

宇宙の霊的エコロジーにおいては、ルシファーは必要悪である。それはこの世においても――なぜならルシファーがいなければ、人間は欲望を感じることがないのだ――また死後においてもそうである。ルシファーがいなければ、霊は完全な暗闇の状態に陥り、上昇の道を失う。二世紀ローマの著述家アプレイウスによれば、秘儀参入の過程で霊は、全てのヴェールを脱いだ、光輝に満ちた天の神々に直面する。

霊は木星天、土星天を過ぎ、恒星天を通り、最終的に大いなる〈宇宙精神〉と再合一する。それは苦しく意味不明な、疲労困憊する旅である。プルタルコス曰く、「だが最後には素晴らしい光が輝いてわれらを労う。美しい草原に人々は歌い、踊る。聖なる世界、聖なる存在が荘厳に満ちてそこにある」。

次に霊は、諸天球を下降せねばならない。次の転生の準備のためである。各天球を降りる度に、物質界に再突入する際に必要となる贈物を受け取る。

以下の記述は一九世紀末にイラクで発掘された古代の碑銘の断片から再構成したもので、おそらく紀元前三千年紀に遡る。

> 第一の門を通過した時、番人は肉体を覆う外套を与えた。

第二の門を通過した時、番人は手と足に嵌める輪を与えた。
第三の門を通過した時、番人は腰に巻く帯を与えた。
第四の門を通過した時、番人は胸飾りを与えた。
第五の門を通過した時、番人は首飾りを与えた。
第六の門を通過した時、番人は耳飾りを与えた。
第七の門を通過した時、番人は立派な王冠を与えた。

今日においても、子供たちは『眠れる森の美女』というお伽噺で、この贈物について学ぶ。人間の精神は今もこの物語に強く、懐しく反応する。この物語が深層において真実であることを体験的に知っているのだ。だが『眠れる森の美女』の秘教的意味を理解するためには、物事を逆しまに考えることが必要である。物語によれば、王女の誕生の祝宴で、六人の妖精が彼女のために幸福の贈物をする。だが七番目の妖精、すなわちサトゥルヌス／サタン、唯物論の精霊がこの子供に死の呪いを掛ける。だがこの呪いは長い眠りの呪いと差し替えられる。この七人の妖精は言うまでもなく、七つの天球の神々である。

この物語における逆しまとは、悪の妖精の呪いがもたらす、死のような夢無き眠りである。これは地上での生を意味しているのだ。言い換えれば、サタンの介入によって人間はかつて天のヒエラルキーの間で過ごしていたという意識を、最終的にはその全ての記憶を失ってしまうのである。「われらの誕生は単なる眠りと忘却に過ぎない」。つまりこの物語では、冒頭に開かれる祝宴は霊的世界の出来事と理解せねばならない。美女の物質界での生は眠りで表される。目が醒めた時は死ぬ時なのだ！

実際、われわれは既に同様の逆説をオシリスの物語に見た。そのほとんどは霊的世界の出来事である。オシリスは皮膚のようにぴったりした柩に閉じ込められるが、それは現実の皮膚なのだ。イシスにとっては、

薔薇十字団の輪廻転生信仰は、『白雪姫』の物語の中に暗号化されている。白雪姫は「死に」、ガラスの柩に入れられる——薔薇十字団の習慣である。現代のキリスト教文化で育った人には、輪廻転生という観念は全く無縁のものである。だが後に見るように、新約聖書には輪廻転生の観念があり、初期キリスト教徒はそれを信じており、キリスト教の指導層はそれ以来、密かに信じ続けている。輪廻転生の密かな信仰は絵画、彫刻、文学の中に暗号化されている。『あかいろの童話集』アンドルー・ラング編。

彼の死とは物質界への下降なのだ。

これらの物語は、この世とあの世の生が星々に支配されていることを示している。そして秘儀の教えの中の極めて重要な次元にわれわれの注意を向けさせる。秘儀伝授は志願者に、上昇・下降の双方の途上で、さまざまな天球の番人に出会う準備をさせる。もしもこれらの教えが各自の精神に十分に刻み付けられれば、これは究極的にはその霊にとって、新たな転生の準備のために高次の霊的存在から意識的に分離する準備となる。ここでのキーワードは「意識」である。

秘儀伝授には、肉体を持たぬ霊的存在との間に意識的かつ有益な関係を作り出すことや、彼らがわれわれの人生や死後生においてどのように

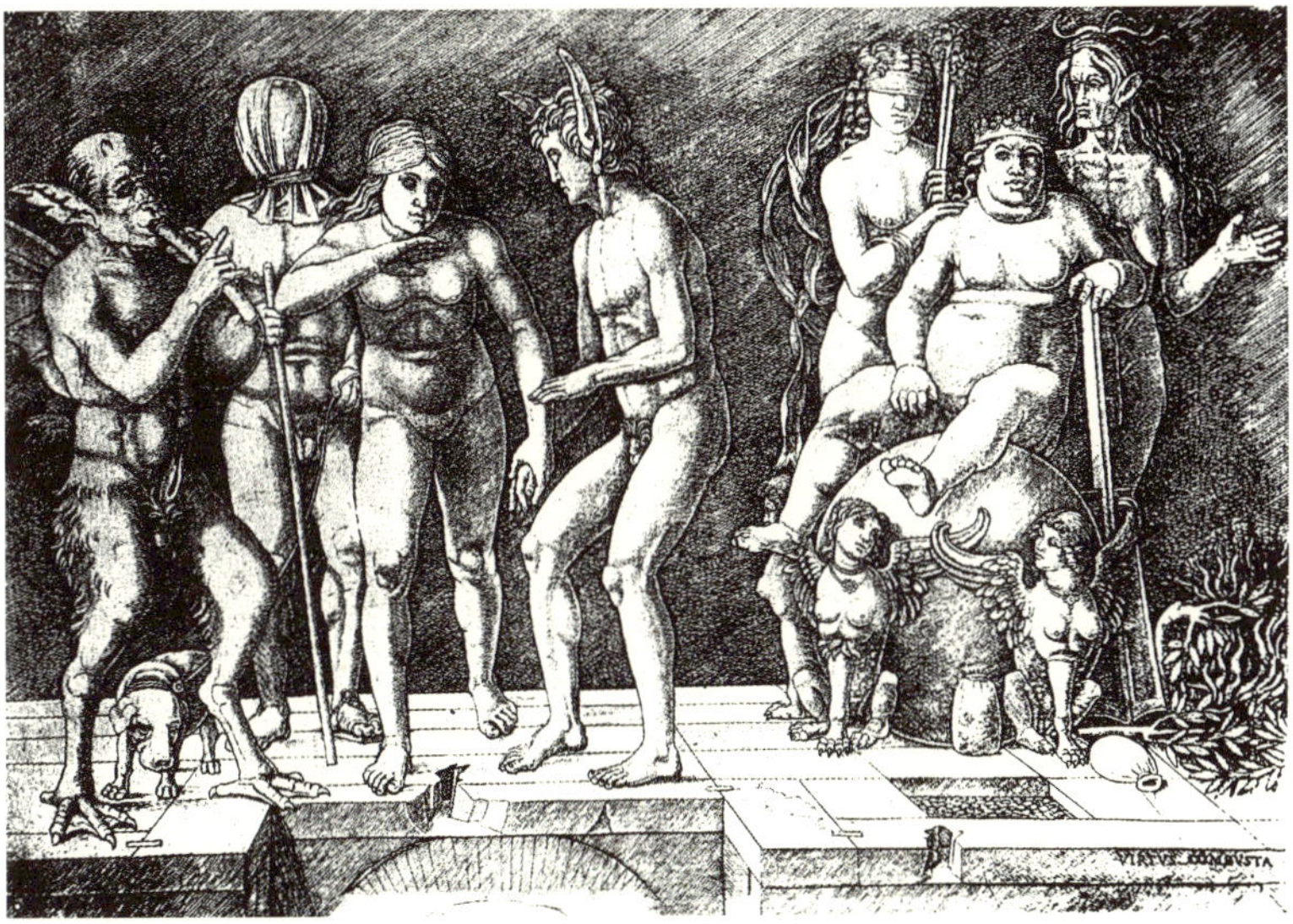

ルネサンスの画家アンドレア・マンテーニャによる秘儀参入の図。70 頁の古代ローマにおける秘儀参入の過程と比較せよ。頭巾を被せられた志願者は脅され、突如、突き飛ばされて落下する感覚を味わう。これは体外離脱体験を導入する過程であり、これによって志願者は、死後に霊が肉体を離れた後に起こることを、実体験に基づいて理解することになる。この過程がその後も続いて行なわれていたことは、18 世紀の偉大なマギであるカリオストロがロンドンのメイソンリーのロッジに参入した話に見て取ることができる。ソーホーのパブの 2 階にあったエスペランス・ロッジで、彼は守秘の誓いを繰り返すよう求められ、それから目隠しされた。腰の周りに綱が巻かれ、滑車の音がして、彼は天井まで吊上げられた。突如、彼は床に落され、目隠しが取り去られた。目の前で拳銃に火薬と銃弾が入れられた。再び目隠しされ、拳銃を手渡され、誓いを守るという証拠に頭を撃ち抜けと言われる。躊躇っていると、参入者たちは彼を罵り、臆病者と罵倒した。彼は引金を引いた。爆発音がして、側頭部に衝撃を感じ、火薬の臭いがした。自分は死んだと思った――こうして彼は参入者となった。

働いているかを体験的に知ることが含まれている。われわれが目覚めている時、夢を見ている時、そしてわれわれが死んでいる時、それはどのように働くかが明らかにされる。既に見たように、これまで検討を加えてきた歴史、例えばヘラクレスの難業などは、それぞれ異なる天文周期――月々の、そして歳差周期の中の太陽の運行――に従って造られたものである。重要な点は、地上の生を形成する同じパターンが、また霊的世界をも形成しているということだ。ヘラクレスとヨブは、その地上での人生において秘史に記されている試練を受けた。だが彼らはまた、死後においても同じ試練を受けねばならない――それを意識することを覚えぬ限り。もしそれができなければ、次の転生においても同じ苦しみを体験せねばならないのだ。

これが秘儀伝授の目的である——体験をより意識的なものとし、意識の境界を押し戻すこと。われわれの個人的な——そして、集合的な——生において、われわれは星々が描き出した円に沿ってひたすら回り続ける。

だがもしもわれわれがこれらの円を意識できるようになれば、われわれの生における星々の働きを深く意識しうるようになれば、われわれはある意味で、もはやそれらに囚われることは無くなる。もはやそれらに囚われることは無くなり、その上に昇ることができる。われわれはもはや円に沿って動くのではなく、上向きの螺旋に乗ることができるのだ。

ザラスシュトラは、星を鏤めたマントを着ていた。それは大いなる太陽の精霊から教えられた知識の象徴である。この知識が秘儀伝授によって伝えられたのである。志願者が体外離脱体験を終えて肉体に戻ると、ザラスシュトラの手で自らの肉体の内的な作用を探求できるようになっている。数千年後、人々は死体解剖によってようやくそれを再発見する。ここでも両者の違いは、生命を可能な限り主観的に見る習慣のあった古代人が、人間の解剖学的構造を抽象的・概念的に知るのではなく、直接それを体験したという点である。それゆえにこそ、古代人は近代科学が松果体を「発見」する遙か以前からそれをよく知っていたのだ。

紀元前六千年紀から五千年紀にかけての時代、人類は今日まで残る巨大な環状列石を築き始めた。インド時代には神々が身を隠したために、人間は神を追い求める方法を考えることとなった。同様に、今や神々からの直接的な導きが隠されたために、その導きを求める新たな方法を見出すことが必要となったのである。またしても人類は、自らの手でそれを成し遂げつつあった。

これらの巨石記念物の創始者であるザラスシュトラは、ある意味では洪水後の時代におけるエノクの写し絵である。

中東、北欧、北アフリカを通じて広まり始めた巨大環状列石は、天体の運行を測量するものであった。一九五〇年代、ケンブリッジ大学のアレクサンダー・トム教授は、全世界の巨石記念物が共通の単位に基づいて造られていることに気づき、これを「巨石ヤード」と名付けた。以来、この単位の存在は遺跡の幅広い統計分析によって確認されている。近年、シェフィールド大学のロバート・ロマス博士は、この単位が如何にして、世界のさまざまな場所でこれほど驚くべき一致と正確さに到達したのかを解き明かした――天空において星が一度移動する間に三六〇回の周期で振動する振り子の長さは正確に十六・三二インチとなる。これが「巨石ヤード」のちょうど二分の一に当たるのだ。

古代人は地上における生命を支配するものとして星々を観測していたので、当然ながら、これらの天体――というか霊体――との関連において物質世界を計る数学的単位を決定していたのだ。ゆえに数学は、その起源においてホリスティック――すなわち、地球の大きさ、形、運行、及び天体との関係を計算に入れたものであったのみならず、さらには霊的衝動の表現でもあったのだ。

悪の諸力は常にザラスシュトラを倒そうと迫った。そのことをまざまざと思い起こさせる記念物が、今日のゾロアスター教の山間の祠にもある。そこでは常に火が灯されているが、それは常に吹き消される危険と隣り合わせである。七十七歳の時、ザラスシュトラは自らの祭壇の上で殺された。

紀元前四千年紀の終わりの直前にクリシュナは生まれた。紀元前三二二八年のことである。牧人にして預言者である彼は、ある意味ではイエス・キリストの先駆者である（後に見るように、有名なルネサンスの絵では、クリシュナとオシリス、それにザラスシュトラが、それと判らない姿でキリスト聖誕の場面に参列している)。

言うまでもなく、彼は戦神クリシュナではない。こちらのクリシュナはかつてのアトランティスのクリシュナであり、その英雄的な戦において、欲望と欺瞞のルシファー的勢力を破る。今や、これらの勢力は既に人間の性質の深いところに沈み、黄金や流血を求める欲望となっている。

彼の母となる処女デヴァキは、奇妙な幻を見るようになっていた。ある日、彼女は深い法悦に陥る。竪琴と声による天の音楽を聴き、無数の光の煌めきの只中で、人の姿をとった太陽神を見た。彼にのし掛かられた彼女は意識を失う。

月満ちてクリシュナが生まれた。後にデヴァキの許に天使が現れ、兄のカンサがその子を殺そうとすると告げる。そこで彼女は宮廷を抜け出し、メルー山の麓で牧人たちと共に暮らす。

カンサは子供を殺すのが趣味で、貧民の子供を狩っていた。しかも彼自身が子供の頃からである。彼は巨大な赤頭の蛇を送り込んで甥を殺そうとしたが、クリシュナは自らその蛇を踏み殺してしまった。それから、富単那という猛毒の乳を持つ女デーモンが送り込まれた。だがクリシュナは凄まじい勢いでその乳を吸ったので、デーモンは萎れて皺くちゃになり、斃れて死んだ。

それでもカンサは甥を迫害し続け、野獣のように狩ろうとしたが、クリシュナは牧人たちに守られ、山や森に身を隠して大人になる。そこで彼は、全ての人間に対して非暴力と愛の福音を説く。「悪には善を以て報いよ。自らの苦しみは忘れ、他者の苦しみを気に懸けよ」、「労働の果実を棄てよ――労働自体を報いとせよ」。クリシュナの教えは、それまで誰も聞いたことのないものだった。

これらの教えがカンサの耳に届くと、カンサはさらに怒り狂った。それは彼の魂の奥底を刺戟したのだ。

クリシュナの多くの称号の中に、「牛飼い」「牧女の主」がある。彼は質素な田園生活を楽しみ、説教はしたが、カンサとの直接対決は避けていた。土地の牧女たちは誰も彼も、このほっそりした若者に狂おしく

クリシュナは罪の神であり、その聖性によって、因習的な倫理を超越する。

恋をした。彼は彼女らと共に笛を吹き、愛の踊りを踊るのが好きだった。ある時、彼女らがユマナ川で水浴するのを見た彼は、その着物を盗んで高い樹に登ってしまった。またある時には、一緒に踊っている多くの牧女全員が彼の手を取りたがったので、彼は多数に分裂し、全員が本物のクリシュナと手を握り合っていると信じた。

ある時、貧しい田舎者に身を窶した彼と兄弟がカンサの街マトゥラに入り、運動競技会に参加した。そこにはクブジャという不具の娘が、軟膏と香を宮廷に運び込もうとしていた。それは彼女にはとても買えるものではなかったが、クリシュナに乞われて、少量を彼に与えた。そこで彼は彼女の不具を治し、美しい女に変えた。

だがカンサはこの兄弟の変装を見抜き、二人が格闘場に入ると、二人の巨人を用意して彼らを殺そうとした。もしこの巨人で駄目なら、次には巨大な象が乱入して彼らを踏み殺す手筈になっていた。だが兄弟はそれらの罠にことごとく打ち勝ち、脱出した。

遂にクリシュナは変装を脱ぎ捨て、白日の下に姿を現し、カンサと対決することにした。再びマトゥラ入りしたクリシュナは人々から歓呼の声で迎えられ、花や花輪を浴びせられた。カンサは家臣を従えて中央広場で待っていた。「お前は我が王国を奪った」とカンサは言った。「余を殺すがよい！」。クリシュナがこれを拒むと、カンサは兵士に命じて彼を捕え、ヒマラヤスギに縛り付けた。そして彼はカンサの射手によって殺された。

紀元前三一〇二年のクリシュナの死と共に、カリ・ユガ——暗黒の時代——が始まった。ユガとは長期的な時間の単位で、一周期は八ユガである。

東洋でも西洋でも、この大きな宇宙的変化は紀元前三一〇二年に始まり、一八九九年に終わったとされる。第24章で述べるが、フリーメイソンリーはカリ・ユガの終わりの記念として、西洋世界のあらゆる大都市の中心に巨大なモニュメントを建てた。それらは本書で提示した歴史と哲学の標識に他ならないのだが、ほとんどの人はそんなことに気づかぬまま、この慣れ親しんだ建築物の横を通り過ぎて行く。

蝟集する闇の只中に、光が現れた。クリシュナが死んだ頃、もう一人の大人物、光の運び手が成人しようとしていた。彼はその三千年後のイエス・キリストの受肉と同様に、ここで受肉したのだ。

次章では、この受肉したルシファーの生涯と時代を検討する。

11

物質への対峙

イムホテプとピラミッド時代／ギルガメシュとエンキドゥ／アブラハムとメルキゼデク

社会というものが登場して以来、常にその中には、変性意識状態に入るための秘密の技法を実践する小さな集団があった。このような変性意識状態においてこそ、通常の日常意識では知り得ぬ事柄を知覚する力を手に入れることができるのである。

今日の日常意識は、全く前例の無いほど常識的で現実的である。その観点から見れば、変性意識状態で見る全てのことは、当然ながら妄想にしか見えない。秘密結社の参入者が幻覚状態に入り、そこで肉体を持たぬ霊的存在と交流し、未来を見、歴史の流れに影響を与えたとしても、そんなことは単なる幻覚に過ぎぬと片付けられてしまうのだ。

だが、それが確固たる結果を伴うものであったら、どうだろうか？

既に見たように、変性意識状態は歴史上、最も偉大な芸術、文学、音楽などの霊感の源となっている。だがそれら全ては、口さがない人々に言わせれば、単なる想像の世界の産物であり、現実の生活の面では何の意味も無いものとして片付けられてしまう。何にせよ、多くの芸術は、たとえどのような傑作であろうとも、空想の要素を持っているのだ。

われわれの近代的思考は、もっと具体的な結果を好む。では、技術工学上の偉業や、偉大な科学的発見についてはどうだろうか？　本章で取り扱う時代においては、秘儀の学院の偉大な参入者たちは、人類を比類無き技術工学上の偉業へと導いた。例えばレバノンのバアルベク神殿。その建造には、重さ一〇〇〇トンに及ぶ花崗岩の石塊が使われている。そんなものは今日の世界最強のクレーンと雖も釣り上げることはできない。また、ギザには有名な大ピラミッドがあり、あまり知られていないが、中国にもピラミッド群がある。

この時代の初めに、最初の偉大な文明群が、突如として無から生じた――雄牛の英雄ギルガメシュが治めるシュメール文明、オシリスの雄牛カルトのあったエジプト文明、そして雄牛崇拝のクレタ文明である。これら諸文明の時代は〈金牛宮の時代〉であり、紀元前三千年紀の初期に始まった。正統派の学者たちはその理由を上手く説明できていないが、突如として莫大な人口が、驚くべき規模、高度な技術、複雑な体制を持つ高度に統制された都市に共生し始めたのである。

曖昧模糊とした、だが極めて重大な出来事が中国で起こった。それは謎に包まれている。偉大な秘儀参入者ですら、それをしかと見定めることはできない。

紀元前三千年紀、中国の人々は少数部族の漂泊民であり、ルドルフ・シュタイナーによれば、そのような宿営地の一つに、驚くべき人間が生まれた。それから数千年後に、いと高き天なる存在が地上に下り、イエス・キリストとして受肉するのと同様、この時に受肉したのはルシファーであった。

ルシファーの誕生は、知恵の始まりだった。

もちろん、ここでいう「知恵」とは、一般的な意味ではない――聖書学者が、「聖書の知恵文学」と言う際の「知恵」である。例えば『箴言』や『コヘレトの言葉』に書かれた知恵は、幸福な生活を送るための法則である。だが聖書の他の文書の教えとは違って、ここには道徳的・宗教的次元はない。この知恵は徹頭徹尾、幸福追求のために為すべきことであり、思慮深く生きよという実際的な教えである。善行や悪行への報いは人間の手で行なわれる。神の摂理はここでは問題にされない。

　これらの書物が現在の形に纏められたのは紀元前三〇〇年頃のことだが、実際にはそれよりも二千五百年ほど前に発達した考え方の成果である。秘史によれば、このような形の知恵が可能となったのは、ルシファーの受肉と宣教の結果なのだ。

　概して、霊的修行への参入は幼少期から成熟期の間に、何年もの準備の後に行なわれる。例えばカバラへの参入が許されるのは伝統的に四十歳の時とされ、ピュタゴラス教団への参入志願者は、何年にも亘る孤独な無言の行を経た後に、初めて教育を受けられる。だがルシファーは誕生以来、ずっと秘儀の学院の内部で育てられた。マギの一団が彼の教育にのみ専念し、最高機密の儀式への参加を許し、その魂を陶冶し、かくして四十歳になった時、彼は遂に啓示を得た。彼は地上での生活について完全に理性的に考えることのできる最初の人間となったのだ。


　第8章において、オルフェウスが数を発明した次第を見た。だがオルフェウスの時代には、数について考えるとは、同時にまたその霊的意味について考えることに他ならなかった。今やルシファーは、如何なる象徴的含意もなしに数について考えること、すなわちその質に関する観念に邪魔されることなく、純粋に量を数える手段として数を考えることを可能とした。人は今や、自由に計測し、計算し、造り、建てることができるようになった。

　プルタルコスによれば、オルフェウスの息子アスクレピオスはイムホテプと同一視された。イムホテプは紀元前二五〇〇年頃の人物である。この頃までには、この大変化の波、革命的な思考法が極東から押し寄せていた。

　エジプト王ジョセルの高官であったイムホテプは、建築家・彫刻家であり、石壺の制作者とされる。彼はまた〈星読みの長〉と呼ばれたが、その呼び名は後にヘリオポリスの大神官の称号ともなる。時には星を鏤めたマントを着た姿で、また時には巻物を持つ姿で表されるイムホテプは、古代世界において、サッカラの階段ピラミッドを造った偉大な建築家・彫刻家としても知られていた。一九世紀、階段ピラミッドの下を発掘していた考古学者たちは、秘宝の貯蔵庫を発見した。それはこのピラミッドの創建時から封印されていたもので、「イムホテプの不可能品」として知られるようになる。その一部は今日、ニューヨークのメトロポリタン美術館に展示されている。一九世紀の学者がとりわけ驚いたのはその壺である。それは一九世紀当時の職人には複製不可能な品であった。麒麟のような首に膨らんだ基部を持つその壺は、今日においてすら、その材料である水晶をどのようにしてくりぬいたのか判らないのだ。

サッカラから半時間ほど車で行くと、大ピラミッドがある。まず間違いなく歴史上で最も壮大な建物であるこの大ピラミッドは、驚くほど精確に東西南北の四方位に合わせ、この歴史の交差点に揺るぎなく聳えている。その壮大さを表現するのには多言を要しない。確かに今日、それを再建するのは理論上は可能かも知れないが、もしもそんなことをすれば世界で最も豊かな経済大国をも再起不能に追い込んでしまう、とだけ言えば十分だろう。またそのためには、それは現代の土木工学の技術を、特に天文学的な方位の確定のために、極限まで駆使せねばならないだろう。

だが、何よりも大ピラミッドを非凡な、奇蹟的なものにしているのは、秘史によればそれがエジプトで最初の建造物であるという事実である。

因習的な歴史家によれば、建築に対するエジプト人の野心はまず、マスタバと呼ばれる単純な平屋の墓として始まり、比較的複雑な階段ピラミッドを経て、ついに紀元前二五〇〇年頃、精緻と洗練を極めた大ピラミッドに到達したとされる。当時の文献資料における言及が発見されていないこと、これらの建造物の中に放射性炭素測定法に掛けるべき有機物が存在しないこと、そして現在に至るまで、切り出した石の年代を測定する方法が存在しないことなどからして、その推定は現存する証拠をごくごく常識的に解釈したものと言えるだろう。

冒頭に記したように、本書は裏表の、逆しまの歴史である。秘密教義によれば、大ピラミッドは紀元前三五〇〇年に建造された。エジプトやシュメールの大文明が創建される以前である。当時、それ以前の建物と言えば環状列石を始めとする巨石建造物しかなかったのだ。

毛皮を着て原始的な石器を持った石器時代人は、大ピラミッドを見てさぞかし肝を潰したことだろう。

つまり秘史によれば、階段ピラミッドを始めとする他の小ピラミッド群は、発展段階ではなく、衰退の跡なのだ。

一般に、大ピラミッドは墓であると見なされてきた。もしそうだとすれば、いわゆる王の間と女王の間から特定の星に向けて貫通している細い通気孔を見る限り、大ピラミッドとは死せるファラオの魂を天なる住まいへと投射するための機械であると考えられる。つまり大ピラミッドは一種の巨大な、霊肉分離機であると。

だが秘史の観点から見れば、この解釈は時代錯誤である。当時、全ての人間の霊は死後、諸惑星天を通過して上昇するということは普遍的に信じられていた。事実、既に見たように生前から鮮明に霊的世界を体験していた彼らにとっては、死後の旅の現実性は、われわれにとっての目の前の本やテーブルの現実性と同様に疑いの余地のないものであった。

ゆえに大ピラミッドの機能については、他の説明を求めねばならない。古代エジプト文明の第一の特徴は、物質に対峙しようとしたことである。そのことは、石を切り出し、彫ることへの革新的衝動に見ることができる。

また、物質に対する新しい関係性は、ミイラ作成の営為にも見出すことができる。古代エジプト人がミイラや精巧な副葬品を造ったのは、彼らが実際に、霊が死後にこれらの副葬品を使いたがると信じていたからだ、という説ほど馬鹿げたものはない。秘教思想によれば、これらの埋葬品の要点とは、上昇する霊に対してそれらが一種の磁力的な効果を発揮し、速やかな転生を促すということにあったのである。うち捨てられた肉体を保管しておけば、それを残した霊の拠所となり、再び地上に転生させる誘因となると考えられたのである。

大ピラミッドに関する秘教的説明も同様である。第7章で見たように、大神たちは地上に受肉することがますます困難となり、月に隠棲して、地上を訪れることは稀となった。

大ピラミッドは、巨大なる受肉促進機なのだ。

エジプト文明は、人類の進化における新しい巨大な衝動を示している。それは物質は幻影《マーヤー》であると教えていた東洋の文明とは全く異なるものだ。エジプト人は西洋の大きな霊的使命を開始した。それは錬金術、スーフィズム、フリーメイソンリー等において〈大作業〉と呼ばれるものである。その使命は物質に働きかけ、これを切り、彫り、そして宇宙にある全ての物質の粒子が霊化されるまで、これに意図を吹き込むことである。大ピラミッドはこの衝動の最初の顕現であった。

本書で説く歴史は、いくつかの異なる意味で、意識の歴史である。

第一に、この歴史はさまざまな結社の内部で教えられてきたものであり、それらの結社は自らを変性意識状態に導くことを目的としていた。

第二に、この歴史においては、長い時間の間に意識が変化を遂げたことを説いている。その変化は因習的歴史が認めるものよりも遙かに過激なものであった。

第三に、この歴史は、これらの結社の使命が意識の進化を導くことにあったということを示している。精神が生み出した宇宙においては創造の目的とは常に精神なのである。

今ここでは、以上の三つの内、第二の点に重点を置きたい。近年、一部の学者は、過去において意識が現在とは全く異なる形で用いられていたという秘教的観点を支持する論文を発表している。

紀元前三二五〇年頃のエジプト文明の興隆と時を同じくして、ティグリスとユーフラテスに挟まれた地にシュメール文明が勃興した。シュメールの古都では、祖先や下級神の像が各家庭に置かれていた。時には下位の精霊の「住処」として頭蓋骨が置かれることもあった。一方、都を守護する上位の精霊は「神の家」に住んでいた。これは神殿複合体の中枢にある建物である。

都市の成長に伴って神の家もまた巨大化し、かくしてジッグラトができた。これは矩形をした泥煉瓦製の巨大な階段ピラミッドである。各ジッグラトの中心には巨大な部屋があり、そこには貴金属や宝石を嵌め込まれ目も眩む衣装に包まれた神像が安置された。

楔形文字のテキストによれば、シュメールの神は飲食や音楽、踊りを愛した。食卓に食物が置かれ、人払いした部屋で神がそれを楽しむ。その後、神官が入室して残されたものを食べる。神々はまた、睡眠や他の神々との性交のための寝台も必要とした。そのために寝台は清められ、整えられ、香が焚かれた。

エジプトの副葬品と同様、このような慣習の目的は、霊的世界においては不可能な肉体的快楽を思い起こさせることによって、神々を物質界に住まわせようとすることである。

蜜蜂は、秘密の伝統における最も重要な象徴の一つである。蜜蜂は一種の前意識的な才能によって、巣の造り方を理解している。蜂の巣の構造には、極めて難解かつ精確なデータが含まれている。例えば、全ての蜂の巣には地球の自転の角度が組み込まれているのだ。当時のシュメールの円筒印章には、人間の身体に蜂の巣の頭を持つ人物が描かれている。これは第2章で記したとおり、当時においては個人の意識は多くの異

蜂の巣の頭をしたシュメールの女神。

なる意識の中枢の協働から成るものとして体験されていたからである。これらの中枢は、複数の精神によって共有されたり、あるいは一つの精神から別の精神に移動することもできた。ちょうど、一つの巣から別の巣へ移動する蜂の群のように。

　プリンストン大学の歴史学教授ジュリアン・ジェインズは一九七六年、シュメールを始めとする古代のテキストに関する優れた分析『二院制精神の崩壊における意識の起源』を発表した。同書によれば当時の人間は今日のような意味における内なる生という概念を持たなかった。彼らの語彙にはそれに当たるものは無い。また今日のわれわれは、意志や思考や感情等の精神生活の要素はわれわれの「内部」に生じるものとして体験するが、当時の物語を見れば、彼らはそれを自分の身体の中もしくは周囲にいる精霊や神々の活動として体験していたということが判る。これらの衝動は、彼ら自身の命令として自分の中に生じるのではなく、彼らから独立した非物質的存在からの命令として彼らの身に起こるのだ。

　興味深いことに、ジェインズの分析はルドルフ・シュタイナーが示した古代に関する秘教的記述と一致している。一八六一年にオーストリーに生まれたシュタイナーは、薔薇十字思想の本流を代表する人物であり、現代における秘教の導師として、意識の進化についてこれ以上もないほど詳細な記述を残している。そして私の知る限り、ジェインズの研究は彼の伝統とは無関係である。

ジェインズの分析を評価するために、より親しみ深いギリシア神話を例に取ろう。例えば『イリアス』には如何なる意味においても現代のわれわれのようにじっと座ってどうすべきかを考え抜くような人間は一人も出て来ない。ジェインズによれば『イリアス』の登場人物の辞書には内省という言葉は存在しない。アガメムノンがアキレウスから愛人を奪った時、アキレウスは自制したのではない。神が彼の髪を引っ張り、アガメムノンを打たないように警告したのである。海から現れたもう一人の神が彼を慰め、またヘレネに望郷

㊨ここでアテナはアキレウスがアガメムノンを打つのを防いでいる。秘密結社の参入者であるフラクスマン画。㊤聖人の肩に乗り、その耳に囁くデーモン。

の念を囁いたのも神だった。現代の学者はこれらを内的な感情の「詩的」表現と解釈しがちである。すなわち神々とは現代の詩人の用いる比喩と同類の象徴であると。だがジェインズの明敏な読解によれば、このような解釈は、現代人とは全く異なる意識を持っていた人々の書いたテキストの中に、現代人の意識を無理矢理読み取ろうとしているに過ぎない。ジェインズだけではない。ケンブリッジ大学教授ジョン・ウィズダムは言う。「ギリシア人は衝動を抑えることの危険について語ることはない。その代わり彼らは、ディオニュソスの邪魔をすることの危険、アテナのためにポセイドンを忘れることの危険を思うのだ」

本書の纏めの数章で、意識の古代的形態がジェインズの措定よりも遙かに後の時代まで栄えていたことを見る。だがここでは、ジェインズの分析と、古代人自身の物事の理解の仕方の間にある重要な齟齬を指摘しておきたい。ジェインズは人間の行動を支配する神々を「幻聴的存在」であると書いている。つまり彼によれば、シュメールの王たちやギリシアの英雄たちは妄想に取り憑かれていたことになる。だが古代人の見方によれば、これらが単なる妄想ではなく独立した存在者であったことは間違いない。

ジェインズによれば、ホメロスの時代及びそれ以前の人間は全て妄想の世界に生きていたのであり、それは彼によれば、右脳が左脳に対して優位を保っていたからである。つまりジェインズの見方では、各人は自分が神から指図を受けており、その神は他人の目にも明らかな存在であると信じていたのだが、それは実際には個人的な妄想に過ぎないということになる。この見方の問題点は、幻覚というものは当然ながら不随意的なものであるから、そんなものに取り憑かれた人間は完全に混沌かつ野蛮な状態となり、相互理解などは全く覚束ないという点である。近代の臨床精神科の定義によれば、統合失調症とは内的に生成されたイメージや音声と外的なそれとを区別できない状態をいう。精神病は極度の機能不全を引き起こし、家庭的・社会的・職業的機能を損なう。だが実際には当時の人間は、宗教・軍事・農業・商業・工業のそれぞれにおいて秩序の取れた文明を築いていたのだ。統制の取れた労働力によって、運河や壕、そして神殿などの巨大公共建築が造られた。複雑な経済体制、大規模かつ訓練された軍隊もあった。これらの人々が相互に協力していたとするならば、その幻覚は集団幻覚だったのだろうか？　もしも古代の世界観が妄想ならば、それはほとんど限りなく複雑、かつ洗練された妄想であったに違いない。

ここまで私が呈示しようとしてきたものは精神先行型の世界観を持っていた古代人が理解していた世界史である。そこでは、全ての人間が集合的に、神々、天使、精霊との交流を体験していた。

フロイトとユングの業績によって、われわれは誰しも、精神の中に一種の心理的複合体があるという概念に親しんでいる。この複合体はわれわれの意識の中枢から独立しており、ゆえにある程度まで自律的なものと見做すことができる。ユングはこれらの主要な心理的複合体を神話の七惑星の神に準えて語り、集合的無意識の七つの主要元型と呼んだ。

だがユングは、惑星神を含む不可視の精霊を信ずるルドルフ・シュタイナーと遇った時、彼を統合失調症として一蹴した。第27章で見るように、晩年のユングは死の直前、近代科学のコンセンサスの垣根を遙かに越えてしまった。彼はこれらの心理的複合体が人間の脳から全く独立しているという意味で自律的なものであると結論したのだ。かくしてユングはジェインズよりもさらに一歩を踏み出したのである。もはや――個人的なものであれ集団的なものであれ――神々を幻覚と見做すことをやめ、高次の知性と見做すことによって、彼は古代の精神先行型の哲学を受け容れたのだ。

読者もまた同じ轍を踏まないよう注意していただきたい。本書でいう歴史も何となく――それなりに――筋が通ってるじゃないかとか、よく解らないけど比喩的な、あるいは霊的な意味では正しいように思われるじゃないか、等という印象を抱いたりしないよう注意を払うことが重要である。なぜ重要かといえば、この点でほんの一瞬でも集中力が緩むと、全く気づかぬうちに、気楽な気持ちで、軽い足取りで、精神病院への一本道に足を踏み入れてしまうことになるかも知れないからだ。

円筒印章に描かれた、狩りをする二人の英雄。ギルガメシュとエンキドゥとされる。

シュメール文明の偉大な英雄ギルガメシュは、紀元前二一〇〇年頃のウルクの王である。その物語は狂気と激情、不安と錯乱に満ち満ちている。偉大な詩人ライナー・マリーア・リルケはそれを「死の恐怖の叙事詩」と呼んだ。

ここに示す物語は主として、一九世紀に発掘された粘土板から拾い集めて繋ぎ合わせたものだが、ほとんど完全な形に近いと考えられる。

物語の始めに、この若き王は「角突き牛」と呼ばれている。エネルギーに満ち溢れ、山道を切り開き、井戸を掘り、冒険し、戦場に赴く。誰よりも強く、美しく、勇猛で、好色で、乙女という乙女をものにしてしまう——だが、孤独である。彼は友人を欲する。彼と肩を並べうる存在を。

そこで神々はエンキドゥを造る。彼はギルガメシュと同じくらい強いが、野生であり、全身に体毛が密生している。野獣と共に生き、野獣のように喰い、川の水を飲む。ある時、一人の狩人が森の中でこの奇妙な怪物と鉢合わせし、そのことをギルガメシュに報告した。

狩人の話を聞いたギルガメシュは内心、これこそ待ち望んでいた友人だと確信し、一計を案じる。神殿娼婦の中の最も美しい者を選んで裸で森に行かせ、この野人を籠絡するように命じたのだ。こうして女を知った彼は、ギルガメシュの思惑通り、山の家を忘れてしまった。野獣がエンキドゥと出くわしても、彼らはその違いを感じ取り、もはや共に行動しようとはしなくなった――彼らは一目散に逃げ去ったのである。

こうしてギルガメシュとエンキドゥはウルクの市場で出会った。そこで二人の格闘が始まった。住民全員が詰めかけて見物した。結局ギルガメシュが勝ち、エンキドゥを地面に叩きつけた。

そして誰知らぬものとてない二人は一連の冒険に出発した。豹を狩り、杉の森への道を守っていたフワワという怪物を倒し、天の牛を倒し、ギルガメシュは自分の寝室の壁にその角を飾った。

だがその後、エンキドゥは不治の病に倒れる。ギルガメシュはその死の床を六日七晩に亘って見守るが、遂にエンキドゥの鼻から蛆虫が湧く。ギルガメシュは旧友の顔をヴェールで覆い、仔を失った雌獅子のように慟哭する。彼は草原を泣きながら彷徨し、死が彼自身の腑を食い荒らすのを恐れる。

ギルガメシュは遂に、世界の果ての酒場に到達する。彼は何もかも忘れたいと願い、女給仕にジウスドラに会う方法を尋ねる。ジウスドラとは、既に見たように、ノアやディオニュソスの別名である。半神であり、これまで死んだことがない。

ギルガメシュは、今日でも湿地帯のアラブ人が使っているような瀝青の先端を持つ櫂で漕ぐ舟を造り、この賢者に会いに行く。ジウスドラは言う、「おまえに秘密を授けよう。神々の秘密を。海の底に、薔薇のように棘のある草がある。それを取って来ることができたなら、再び若返ることができる。それは不老不死の草なのだ」。

ジウスドラはアトランティスを沈めた海に潜る方法を告げる。すなわち大洪水の際に失われた秘教伝承を見出す方法である。ギルガメシュは土地の真珠取りのように両足に石を括り付けて潜り、草を取り、石を切り離して意気揚々と海面に上がった。

だが、疲れ果てて浜辺で休んでいる間に、蛇が草の臭いを嗅ぎ付け、盗んで行ってしまう。ギルガメシュは落胆のあまり、生ける屍と化した。

ギルガメシュの物語を読むと、人類の偉大な指導者が彼に課した課題に彼がしくじった次第に興味を惹かれるだろう。ここには、バビロニアとメソポタミア文明にかつて無いほど広まっていた不安の暗示がある。それはこの地域を覆い尽くすほどになる。

ギルガメシュの死と共に、われわれは最大のジッグラトの時代に達する。バベルの塔の物語は天に達しようとする塔を建てる試みであり、その結果、全人類を一つにしていた唯一の言語が失われる。この物語は、各国、各部族が自らの守護精霊や守護天使に執心するようになり、より上位の神々、そして宇宙全体に一つの運命を与えている大いなる宇宙精神が見えなくなってしまった事実を表している。ジッグラトは、物質的な方法によって諸天を計測しようとする誤った試みの象徴である。

バベルの塔は狩人ニムロドによって築かれた。『創世記』はニムロドを「地上で最初の大王」と呼ぶ。考古学者デイヴィッド・ロールは、ニムロドをウルクの初代の王エンメル＝カル（狩人エンメル）と同定している。彼は近隣のアラッタの王に書状をしたため、貢ぎの銭を要求している。これは現存する世界最古の手紙とされている。

ニムロドは権力のための権力を求めた史上初の人物である。ここから、権力への意志は残虐と頽廃となる。ヘブライの伝承によれば、アブラハム誕生の予言を聞いたニムロドは、幼児大虐殺を行なったという。このことから彼が常々幼児の人身御供を行なっており、大建築の人柱として幼児を埋めていたことが解る。

ここで、紀元前二〇〇〇年頃に故郷のウル（ウルク）の摩天楼の間を彷徨っていたアブラハムの秘話に耳を傾けよう。彼は放浪の旅に出ることを決意する。砂漠の漂泊民となり、失われつつあった聖なる感覚を取

『オズの魔法使い』挿絵。フランク・ボームは神智学徒であり、自らの最も有名な著作に秘教の叡智を込めた。臆病なライオン、案山子、ブリキの樵夫は、それぞれ動物体、植物体、鉱物体を表す。OZとはカバラ的術語であり、77の数価を持ち、物質に働きかける魔術の力を表す。

り戻そうとしたのだ。

彼がエジプトを訪れると、ファラオは自らの娘の一人ハガルをアブラハムの妻サライの侍女として与える。ハガルはアブラハムとの間に長子イシュマエルを儲ける。彼はアラブの諸国民の父となる。このことは、アブラハムがエジプトの神官から大いなる秘儀を学んだことを示している。当時の結婚は、通常は部族内か、拡張家族内で行なわれていた。超常的な力は血と関係しており、同じ血を持つ人間同士の結婚はその血を強化する。例えばかつてのジプシーの習慣がそれである。異なる部族の人間同士の結婚は、力や知識の交換を意味する。

アブラハムがエジプトで得た秘儀とはどのようなものだったのだろうか？

おそらく志願者は花崗岩の墓に横たえられる。周囲には秘儀参入者たちが取り囲み、彼は深い眠りのようなトランス状態に導かれる。このトランス状態において、彼らは彼の植物体——および彼の霊すなわち動物体——を肉体から分離させることができる。これにより、それは墓の入口の上に亡霊のように漂う。アイルランドの詩人W・B・イェイツに施された秘儀伝授では、儀式の最中、その段階を示す一連の鐘が鳴らされた。イェイツなっていた。
の霊はそれぞれの段階において、さまざまな明るさで輝いた。また各段階においてその色彩のパターンも異なっていた。

この種の儀式を行なう秘儀参入者は、志願者の植物体に特殊な成型を施す。これによって志願者は、それが肉体に戻された後、その知覚器官を意識的に用いることができるようになる。三日間の終わりに、志願者は「生まれ変わる」、すなわち秘儀参入者となる。この時、大神官は彼の右手を取り、柩から引き起こす。

秘教生理学においては植物体が最も重視される。それは生体の機能を支配すると共に、チャクラという独自の器官を備えている。つまり植物体は、文字通り物質界と霊的世界の入口を形成している。チャクラが活性化されれば、超自然的な知覚力・影響力、不可視の精霊との交感力、そして超常的な治癒力が得られる。

神殿はまた、治療にも用いられる――これはこの時代から二千五百年後の秘儀の学院でも、また今日の一部の秘密結社でも実践されている。患者は神殿内で眠ることが許される。三日に亘るその眠りの間、参入者は患者の植物体に、秘儀参入の過程と類似する方法で働きかける。

患者は参入者に導かれ、極めてリアルな夢を見ることがある。まず始めに、完全な暗黒の中に入れられる。自分が全ての意識を失い、死につつあるように思われる。それから自分で、自分の意識が回復するところを見る。それから動物の頭を持つ存在に導かれて長い道を歩いて行き、いくつかの部屋を通過する。あるいは他の獣頭の神やデーモンに脅される。鰐の怪物に噛みつかれることもある。

エジプトの『死者の書』では、志願者はこれらの境域の守護者をやり過ごすために、「我はグノーシス者なり、我は知る者なり」と宣言する。秘儀参入で用いられるこの魔術の術式は、また死後にも用いることができる。

彼は内陣の聖域に近づく。門の周囲の割れ目から洩れる、凄まじく明るい光を見る。彼は叫ぶ、「我を行かしめよ！　我を霊化せしめよ、純粋なる霊とならしめよ！　我はトトの書によりて備え来たれり！」。

最後に、渦巻く光の中から、子に授乳する〈母なる女神〉のヴィジョンが顕れる。これは癒しのヴィジョンである。なぜならそれは第3章で見た楽園の時代への回帰であるからだ。大地と太陽が分かたれる以前、大地が太陽神によって内から照らされていた時代、不満、病、死の存在しなかった時代である。それはまた、大地と太陽が再結合する時代の予見である。その時、大地は再び太陽によって変容するのだ。

あらゆる時代、あらゆる場所に、この〈聖母子〉のイメージへの瞑想が治癒の奇蹟をもたらすと信ずる人々がいる。

メルキゼデクは、聖書の中ではほとんど触れられないにもかかわらず、絵画や彫刻には不釣り合いなほど頻繁に登場する。フランスの秘教彫刻、例えばここに示すシャルトル大聖堂の北入口でも目立つ位置を占めている。彼は伝統的に聖杯を持つ姿で表される。

アブラハムはエジプト逗留後に西へ向かう。今日のパレスティナである。地元の盗賊に捕えられている親族を救出するために武装し、奴隷たちを訓練する。熾烈で血腥い戦いの後、とある谷（今日の聖書学者は、これをキドロン渓谷と同定している）までやって来て、メルキゼデクと呼ばれる奇妙な人物に遇う。

エノクと同様、聖書ではメルキゼデクは僅かに触れられるのみだが、そこはかとない荘厳な雰囲気や風格を漂わせている。『創世記』一四章一八‐二〇に曰く、「いと高き神の祭司であったサレムの王メルキゼデクも、パンと葡萄酒を持って来た。彼はアブラムを祝福して言った。『天地の造り主、いと高き神に、アブラムは祝福されますように。敵をあなたの手に渡された、いと高き神が讃えられますように』」。この荘厳な雰囲気を強化しているのが、新約聖書の謎の一節、『ヘブライ人への手紙』六章二〇‐七章一七である。「イエスは……永遠にメルキゼデクと同じような大祭司となられたのです。このメルキゼデクはサレムの王であり、いと高き神の祭司でしたが、王たちを滅ぼして戻って来たアブラハムを出迎え、そして祝福しました。アブラハムは、メルキゼデクにすべてのものの十分の一を分け与えました。メルキゼデクという名の意味は、まず『義の王』、次に『サレムの王』、つまり『平和の王』です。彼には父もなく、母もなく、系図もなく、また、生涯の初めもなく、命の終わりもなく、神の子に似た者であって、永遠に祭司です……この祭司は、肉の掟の律法によらず、朽ちることのない命の力によって立てられたのです。なぜなら、『あなたこそ永遠に、メルキゼデクと同じような祭司である』と証されているからです」

　明らかに、この記述は尋常ではない。明らかに、この謎の人物、永遠に生きる力を持つこの人物は、通常の人間ではないのだ。

　カバラの伝統では、メルキゼデクの知られざる正体はノアである。彼は偉大なアトランティス人の指導者であり、人間に農業、すなわち穀物と葡萄の栽培を教え、決して死ぬことなく、ただ異次元へ移行した。そしてここに再び登場し、アブラハムの霊的導師となり、彼をより高次のレベルへと参入させたのだ。

　メルキゼデクの秘儀の教えを理解するためには、後の挿話を考察せねばならない。古代の伝承ではその場にメルキゼデクがいたことになっているが、聖書では伏せられている。

　イサクが二十二歳になった時、父は彼を山上へと連れて行き、メルキゼデクの祭壇の上で彼を生贄に捧げようとするのだ。

ある種の秘儀参入儀礼においては、その特定の段階において、束の間であれ、参入者は自分が死につつあると心の底から確信する。これが極めて重視される。

彼はたぶん、自分が象徴的な意味で死ぬということは既に理解している。だが突如、その計画が変更になったのではないかという疑念が兆す。彼は既に生き方を変えること、崇高な理想に生きることを厳かに誓っている。今、刃を突きつけられた彼は、目の前の参入者たちは既に自分が嘘をついていることを知っているのではないかと疑う。確かに自分は、絶対にしていないと誓ったことをしてしまったし、していなくてはならないことをしていない。自分はもはや健全ではない。心の奥底では、誓いを守り抜くだけの意志力など無いと判っているのだ。つまり自分は、自らの口で、自らの死刑宣告を下したのだ。逃れる術は万に一つも無い。

この時点で、彼は超自然の助けが必要だと気づく。

悲劇の傑作『オイディプス王』や『リア王』などに感動したことのある人なら、このような恐怖と哀惜の感覚を僅かなりとも摑むことができるだろう。秘儀参入において、志願者は自分自身の人生の悲劇を、浄化への圧倒的な欲求を感じる。死後にデーモンや天使が裁くように、自分自身の人生を裁き始めるのだ。

アブラハムの刃がイサクの喉を切り裂こうとしたまさにその瞬間、そこに天使が介入する。そしてイサクの代わりに、近くの藪の繁みに角を取られていた山羊を生贄にする。

藪の繁みの棘が象徴しているのは、二枚の花弁を――あるいは二本角を――持つ額のチャクラである。これは既に物質に囚われている。アブラハムの行動は、このようなヴィジョンを犠牲にしなければならなかったということを表している。少なくともしばらくの間は、霊的世界の知覚は眠らせておく必要がある。それはアブラハムの祖先の使命のためである——すなわち、思考の器官として脳を発達させることだ。

ユダヤ人はヤハウェに導かれることになる。彼は月の大いなる精霊であり、〈汝為す勿れ〉の神であり、人類が獣的・法悦的体験から離れ、また部族的・集合魂的生活から離れて、個人の自由意志と自由思考を発達させる方向へ進化することを助ける存在である。

秘史によれば、この額チャクラの犠牲はメルキゼデクの祭壇で行なわれた。彼は〈太陽の秘儀〉の偉大なる大神官である。その意味するところは、イサクが人類進化の次の段階である月の段階の必要性を理解するところまで秘儀参入を果たしたということである。個人の自由意志と自由思考の進化によって、後に人類はこの世界の変容における意識的役割を果たすことが可能となる。

イサクはメルキゼデクの秘儀の学院に三年半の間とどまり、このようなことを学んだ。

メルキゼデクは〈太陽の秘儀〉の神官であるから、この学院には環状列石があっただろう。われわれは既にこれらの太陽神殿の最盛期に到達した。その実例は今もドイツのリュネブルク、フランスのカルナック、イングランドのストーンヘンジに残されている。紀元前一世紀、歴史家シチリアのディオドロスは、北方にある円形の太陽神殿のことを書き残している。これはアポロンに奉献されていたという。今日の学者は、これはストーンヘンジか、もしくはスコットランド北方のカラニシュのことであるという。だがいずれにせよ、アポロンとの関係は〈母なる女神〉の子宮からの太陽神の再生を期待したものとして理解せねばならない。


思考の発達に対するもう一つの偉大な貢献をしたのは、言うまでもなくギリシアである。

トロイア攻城は大いなるギリシア文明の勃興の開始を告げている。この時ギリシア人は、カルデア＝エジプト文明から主導権を奪い、彼ら自身の理想を生み出したのだ。

われわれが紡いできた世界史では、史上初めて、世界中の偉大な文化英雄たち——アダム、ユピテル、へ

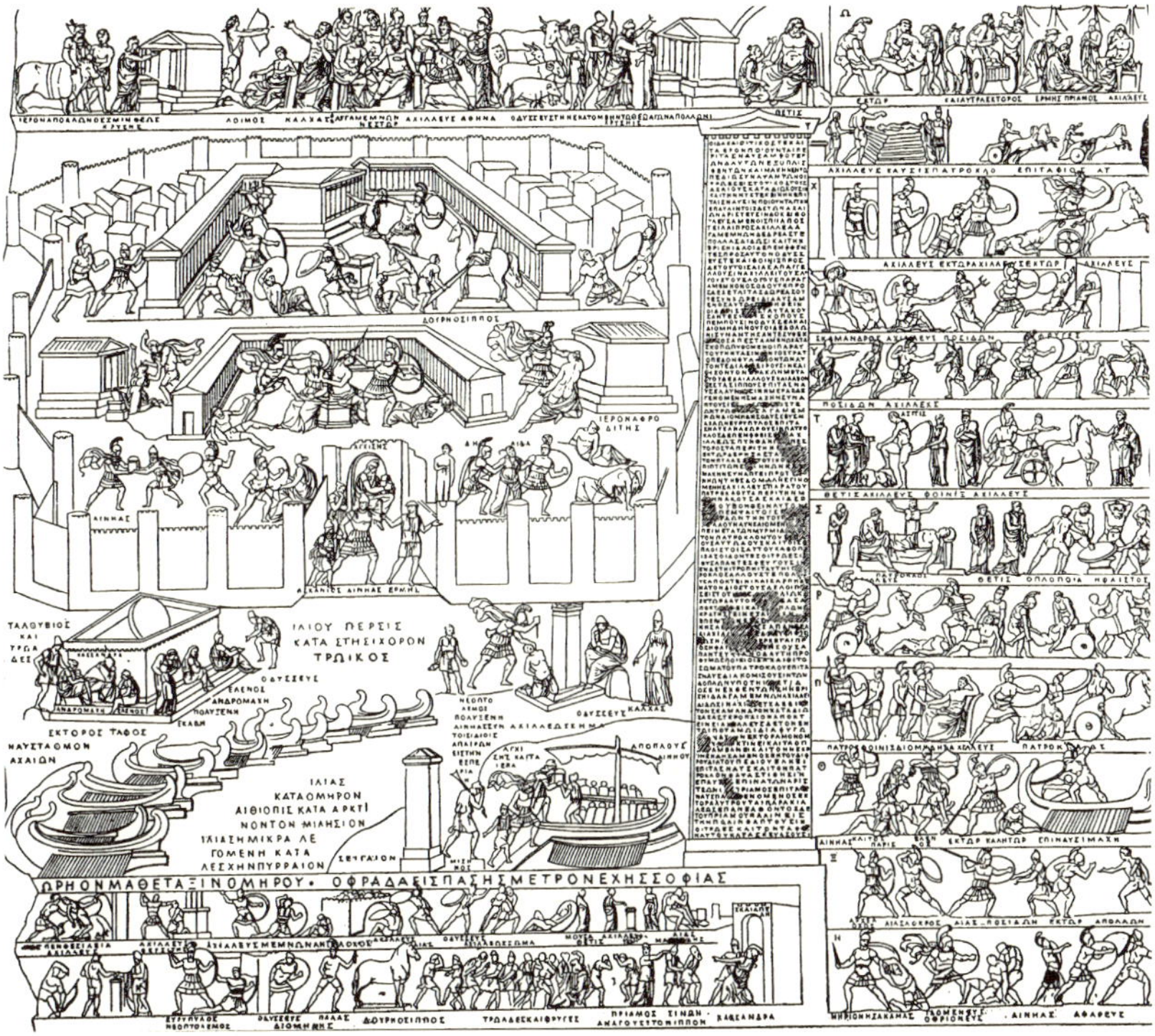

最下層のパネルにトロイアの木馬。現代に伝わるトロイア攻城の物語は、そのほとんどの部分を「盲人ホメロス」に依拠している。秘密結社の言語では、「盲目」とは必ずしも文字通りの意味ではない。ホメロスの場合、彼が秘儀参入者であり、その視線が物質界ではなく霊的世界を見ていたことを示している。フローレンス・ウッドとケネス・ウッドによれば、『イリアス』は占星術の寓話として読むことができる。だが既に見たように、それは必ずしも、それが史実ではないということを示すものではない。秘儀参入者であったホメロスは、星々の大神が地上の出来事を導いていることを知っていただろう。

ラクレス、オシリス、ノア、ザラスシュトラ、クリシュナ、ギルガメシュ――の生涯が一つの編年体の叙述の中に織り込まれた。概して彼らは物理的痕跡を残してはおらず、集合的想像力の中にのみ生き続け、物語の断章や散在する図像の中にのみ生き残っている。

だが実際には、多くの人が全く架空の存在であると考えていた伝説的な人物が物理的痕跡を残していたことが近年の考古学によって示されているのである。

一八七〇年の、ドイツの考古学者ハインリヒ・シュリーマンによるトロイア遺跡の発見は、常に論争の的となってきた。彼が発掘した考古学的

オデュッセウスは、一つ目巨人ポリュフェモスの目を潰した。これは旧い〈第三の目〉の思考を破壊し、新たな思考を開始することを示している。それから200年後のダビデとゴリアテの話では、ダビデは巨人ゴリアテの額の中央に石を投げてこれを殺す。これは、当時はまだ依然として旧時代の生き残りがいたことを示している。

地層はおそらく紀元前三〇〇〇年頃のもので、ホメロスの時代のものとしてはあまりにも古すぎる。だが今日では、大半の学者は紀元前一二〇〇年、すなわち後期青銅器時代の地層がホメロスの記述と一致しているということに同意している。

古代世界においては、戦争は聖なる秘儀の知識の所有を巡って行なわれた。その理由は、それがもたらす超自然的な力にある。ギリシア人は、アテナの手で造られた彫像、すなわちパラディオンを奪うために戦争を起こした。彼らがヘレナを手に入れようとしたことも同様に考えねばならない。

今日のわれわれは美しい顔に、スタンダールの言う「幸福の約束」を見る。そう、確かにわれわれはその約束を未熟な、あるいは平凡な意味において噛みしめるかも知れない。だが、その言葉のより深い意味を味わうのも良いだろう。素晴らしい美は神秘である。そこには生の秘密が秘められている。もしもこんな美しい人と共に過ごせるなら私の人生は満たされただろう、とわれわれは思う。例外的なほどの美は、変性意識状態を引き起こすのだ。そして秘儀参入者の男性はしばしば極めて美しい女性と関係を持つ。

おそらくその理由の一つは、そのような女性の参加によって学院の秘められた性的技法が強化されるからであろう。

ヘレナの所有によって、ギリシア人は文明の次の段階への移行が可能となった。

トロイア攻城が意味する意識の変革は、有名なアキレウスの言葉に見て取ることができる。「冥府で王となるよりも、生者の国で奴隷となった方がましだ」。ギリシアとトロイアの英雄たちは太陽の下で生きることを愛していた。それが突如として断ち切られ、霊が西の冥府に送られるのは恐るべきことだった。これはギルガメシュが、あたかも現代人であるかのように抱いた「死の恐怖」である。

忘れてはならないが、アキレウスは死後の生を信じていなかったわけではない。だが彼の考えるそれは、月球天下の領域における、陰鬱で生気のない生に過ぎない。彼は既にその上にある諸天球のヴィジョンを失っている。

意識におけるこの転換点を別の角度から眺めてみよう。ギリシアから見て、トロイア攻城戦に本当に勝ったのは誰だろうか？　それは勇敢で強い最後の半神・無敵のアキレウスではない。「機転の男」オデュッセウスである。彼は木馬の中に兵士を潜ませ、これを贈物として贈るという策略によってトロイアを打ち破ったのだ。

今日の感覚からすれば、トロイアの木馬の話はほとんど全く信じ難い。近代の心理学の観点から見れば、それほど欺されやすい人間がいるなどということはあり得ない話である。

だがトロイア戦争当時の人々は、やっと集合的意識から抜け出しつつあったところなのだ。それは先に、古代の森の中を歩いていた時に追体験した意識であり、この章でジェインズが定義した意識である。トロイア戦争以前には、あらゆる人は同じ思考の世界を共有していた。自分が何を考えているか、他人から丸見えだったのである。このような嘘は不可能だった。人々は驚くほど正直に生きていた。彼らは、行住坐臥の全てにおいて、自らが宇宙の出来事に参加しているのだという、われわれが失った感覚を持っていたのだ。

……トロイア攻城の日は、歴史上初の、策略の日でもある。

12
暗黒への下降
モーセとカバラ／イクナートンとサタン／ソロモン、シェバ、ヒラム／アーサー王と王冠のチャクラ

エジプト文明はおそらく有史以来最大の成功を収めた文明であり、三千年以上に亘って存続した。これに対してヨーロッパ＝アメリカのキリスト教文明はまだ二千年である。もう一つ注目すべき点は、エジプトが神殿の壁や銘板、パピルスなどに異常なほど大量の歴史記録を残していることである。これらは、記録や遺物を残していない周辺の諸文明を歴史の中に位置づける上で極めて重要である。

ヘブライ人の出エジプトは、エジプトで最も偉大、かつ有力な王の一人であるラムセス二世の治下とされている。彼はルクソールやアブ・シンベルに重要な建築物を残しており、現在パリのコンコルド広場に立つ巨大オベリスクもその一つである。ロマン派の詩人シェリーの『オジマンディアス』では、彼は自らの偉業が永遠に続くと信ずる地上の王の元型となっている――「我が業績を見よ、汝、全能者よ。そして絶望せよ！」。

まさにモーセの敵役には相応しいと思われるかもしれない。セシル・B・ド・ミルは間違いなくそう考えていた。だが問題が生じた。考古学者の調査によれば、ラムセス二世の時代にヘブライ人の痕跡を探しても、あるいは、例えばイェリコの陥落の痕跡やソロモン神殿の痕跡をそれに該当する地層に探しても、全く何も

見つからないのである。

そこで因習的な学者たちは一つの結論に到達した。すなわちユダヤ人の起源を語る叙事神話は「ただの神話」であり、歴史的事実の点では何の根拠も無いのだと。

ここで少し立ち止まって、これらの人々の内のいったい何人が、これらの物語が虚構であることを望んでいたのか、彼らの確信の内のどれほどが、幼い頃の教えが覆されたことに対する青年の喜びに毒されたものだったのか、考えてみる価値はあるだろう。

一九九〇年代に、デイヴィッド・ロール率いるオーストリーとロンドンを本拠とする若い考古学者集団が、エジプトの定説的な年代学に疑問を唱え始めた。細かく言えば、第三中間期の二つの王名表は、従来は連続的なものと考えられてきたのだが、実際には同時並列的なものではないかと考えたのである。

そう考えると、古代エジプトの年代学はおよそ四百年ほど「短縮」されることになる。「新年代学」と呼ばれる彼らの説は、徐々に上の世代のエジプト学者の間でも認められつつある。

この新年代学の思いがけない副作用は——ここで「思いがけない」と言ったのは、これらの学者には宗教的な意図など何もなかったからだが——野外考古学者たちが聖書の物語の痕跡を求めて従来よりも四百年ほど前の地層を調べ始めると、驚くべき発見が続々と出て来たことである。

人間には、自分が信じたいものを信ずる傾向がある。だが、聖書の物語は「ただのお伽噺」に過ぎないと信じたいという隠れた動機を持たない人にとっては、この新しい証拠は極めて説得力あるものだった。

それによれば、モーセはラムセス二世と同時代である紀元前一二五〇年頃に生きていたのではない。彼が産まれたのは紀元前一五四〇年頃であり、出エジプトは紀元前一四四七年頃であった。デイヴィッド・ロールは過去の天文事象を計算して、メソポタミアのテキストに記された金星の観測記録と、聖書の記述、および現存するエジプトの記録を照合し、モーセが紀元前一六世紀半ばのネフェルホテプ一世の時代にエジプトの王子として育てられたという説得力ある証拠を提出した。またそれを補う資料として、紀元前三世紀のユダヤの歴史家アルタパノスの記述を援用する。現在では失われたエジプトの神殿の記録を見ることができたアルタパノスは、ネフェルホテプ一世の後継者であるケネフレス王の下で人気を博した「モウソス王子」が、ケネフレスの妬みを買って追放されたと述べている。そして遂にロールは、出エジプトの際のファラオはケネフレスの後継者であるドゥディモセであったと示す。ドゥディモセ時代の地層の発掘によって、異邦人の奴隷もしくは労働者の居住地の痕跡が発見された――ブルックリン・パピルスにも、ちょうどこの頃にそのような集団を移動させることを許可する勅令が出たという言及がある。この居住地は、ヘブライ人のために、ヘブライ人の手で造られたのかもしれない。また同時に、短期間に大量の屍体が埋葬された痕跡も見つかっているが、これは聖書にある疫病の痕跡かもしれない。

　石や陶器の発掘は、歴史事実を教えてくれる。だが、当時の人間にとって本当に大切であった事柄、その時そこにいた人間は何をどう感じていたのかということ、当時の人間の体験の中でも最も崇高で深遠であったものを理解するためには、またしても秘密の伝統に依らねばならない。

　エジプトの王子モーセはエジプトの秘儀を伝授された。これはエジプトの歴史家マネトが記録している。彼はヘリオポリスを秘儀の学院と同定した。このことは、『使徒言行録』七章二二からも確認できる。そこで使徒ステファノは言う、「そして、モーセはエジプト人のあらゆる教育を受け、素晴らしい話や行ないをする者になりました」。

　実際、モーセの教えはエジプトの叡智にどっぷり浸かっている。例えば『死者の書』の呪文一二五には死者の審判が記述されている。ここでは霊はオシリスの前で生前の自分が善良に生きてきたことを宣言し、それから四十二人の裁判官に対して、特定の不道徳な行為に手を染めていないことを断言する。「私は盗んでおりません。私は殺しておりません。私は偽りの証言をしておりません」等々。言うまでもないが、これは十誡に先行するものである。

このように指摘したからと言って、モーセを貶めることにはならない。彼の教えとて、所与の歴史的環境の中から育ってきたものに他ならないのである。秘史の観点から見て重要なのは、モーセが意識の進化の次の段階に人類を導くために古代の叡智を再構成したということなのだ。

逃亡して砂漠で放浪していたモーセは、老いた賢者と遇う。アフリカ人――エチオピア人――の神官にして、石板の書庫の管理人エトロである。モーセがエトロの娘と結婚すると、彼はモーセをより高いレベルに参入させる。燃える柴の物語で暗示されるのは、この秘儀伝授である。モーセの見た、燃えているのに燃え尽きない柴のヴィジョンは、あの世で待つ浄化の炎によって自我が燃え尽きることはないということを示している。

モーセの燃える柴のヴィジョンから、一つの使命感が湧いた。人類の更なる善のために働きたい、乳と蜜の流れる地に全ての人類を導きたいという衝動である。

だが、モーセが目の前にある責務の大きさに躊躇していると、神がその決意を促す。「この杖を手に取るがよい。これによって験を行なうがよい」。モーセは「我が民を解放してください」とファラオに依頼するためにエジプトに戻った。

モーセは兄のアロンと共に謁見室に立った。いきなりアロンは地面に杖を投げた。それは魔法のように蛇になった。ファラオは宮廷魔術師たちに命じて同じことをやらせた。だが彼らの蛇は、アロンの蛇に呑み込まれてしまった。

モーセとファラオとの間に、意志の戦いが展開した。モーセはその杖を使って、さまざまなことを起こした――天から雹を降らせ、蝗の禍いを起こし、紅海をまっぷたつにし、岩を打って水を湧かせた。

これは何を意味しているのか？　多くの読者は既に御存知だろうが、民間伝承によれば、この杖は元々、エデンの園に生えていた木で造られたものだという。この伝承は深い意味を持っている。この杖は宇宙の植物次元の一部なのだ。自らの身体の中を流れるそれを我がものとし、操ることによって、今や導師であるモーセは、周囲の環境を我がものとし、操ることができたのだ。

後に、モーセは王を説得して民を解放させるのを諦め、自ら民を率いてシナイ砂漠までやって来て、石板を持って山から下りて来る。今やモーセは苛酷な監督者である。ある意味ではファラオよりもさらに苛酷である。何度も何度も民は彼の命令を守ることにしくじる。ある時など、彼らは猛毒の炎の蛇に襲われる（『民数記』二一章六）。これを救うために、モーセは青銅の蛇を造り、水平の旗竿に掲げた。『ヨハネによる福音書』三章一四は、旧約聖書のこの条に触れている。「そして、モーセが荒れ野で蛇を上げたように、人の子も上げられねばならない」

明らかにヨハネは、この青銅の蛇をイエス・キリストの予型と見なしている。「上げる」という言葉には変容、すなわちより高いものになるという含意がある。ヨハネによれば、青銅の蛇は人類の物質的な身体の変容を見越して、そのために造られたのだ。

エジプト人を打ち据え、自らの民を折檻するために用いられたモーセの杖は、動物意識のルシファー＝蛇のイメージである。それは意志力と道徳の修業によって矯正し服従させることができる。だがそれを保つのは極めて困難なことだ。

つまり、モーセが民に与えた重要な贈物とは、罪である。道徳性はモーセと共に歴史に登場した。そしてそれは、内心の変化を迫るものであった。

秘教教義の観点から十誡を見れば、最も重要なのは、最初の二つの戒律において、宗教活動における偶像の使用を禁じ、ユダヤ人に他の神々を崇拝することを禁じていることだ。アブラハムに倣って、モーセは新しい宗教を目指していた。それは古い諸宗教のように、複雑で圧倒的な儀式、大きな鐘の音、目を眩ませる煙、物言う偶像などを用いることはない。そのような古い宗教は、意識を弱めることを目的としていた。これを崇拝するものは霊的世界と接触することができるが、それは不随意的な形であり、オシリスの信徒のように、壮大で圧倒的で放埒なヴィジョンに圧倒されたのである。モーセが駆逐しようとしたのはまさにこれである。彼はそれに代えて、聖なるものとの思慮深く意識的な交流をもたらそうとしたのだ。

この偶像禁止によって、モーセはまた、抽象思考を可能とする条件を創り出した。

十誡を始めとする『出エジプト記』と『申命記』の律法は、モーセの顕教である。つまり万人のための教えである。秘教の伝承によれば、彼は同時にまた七十人の長老にカバラを伝授した。カバラとはユダヤ教の密教である。

カバラは主要な世界宗教に匹敵する広がりを持つ。後の章で、カバラの別の側面に触れよう。

カバラはより古い伝統であるエジプトの数秘学から発達したものだが、これもまたモーセやカバラに対する侮辱ではない。

古代エジプト人が行なっていた数学的計算は大部分が失われてしまったが、彼らが高度な数学を理解していたことは、エジプト美術を見れば明らかである。例えばホルスの眼はウジャトとして表される。これは分数を表す多くの神聖文字からできており、それぞれを足し合わせると合計63／64になる。これを逆さにして64を63で割ると、エジプト最大の秘密と呼ばれているもの、〈ピュタゴラスのコンマ〉という数が得られる。

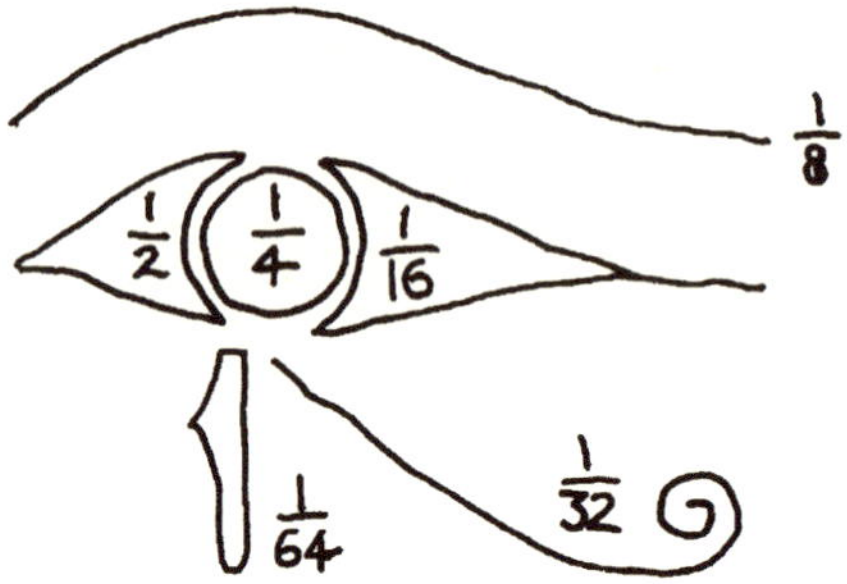

ウジャトと分数。

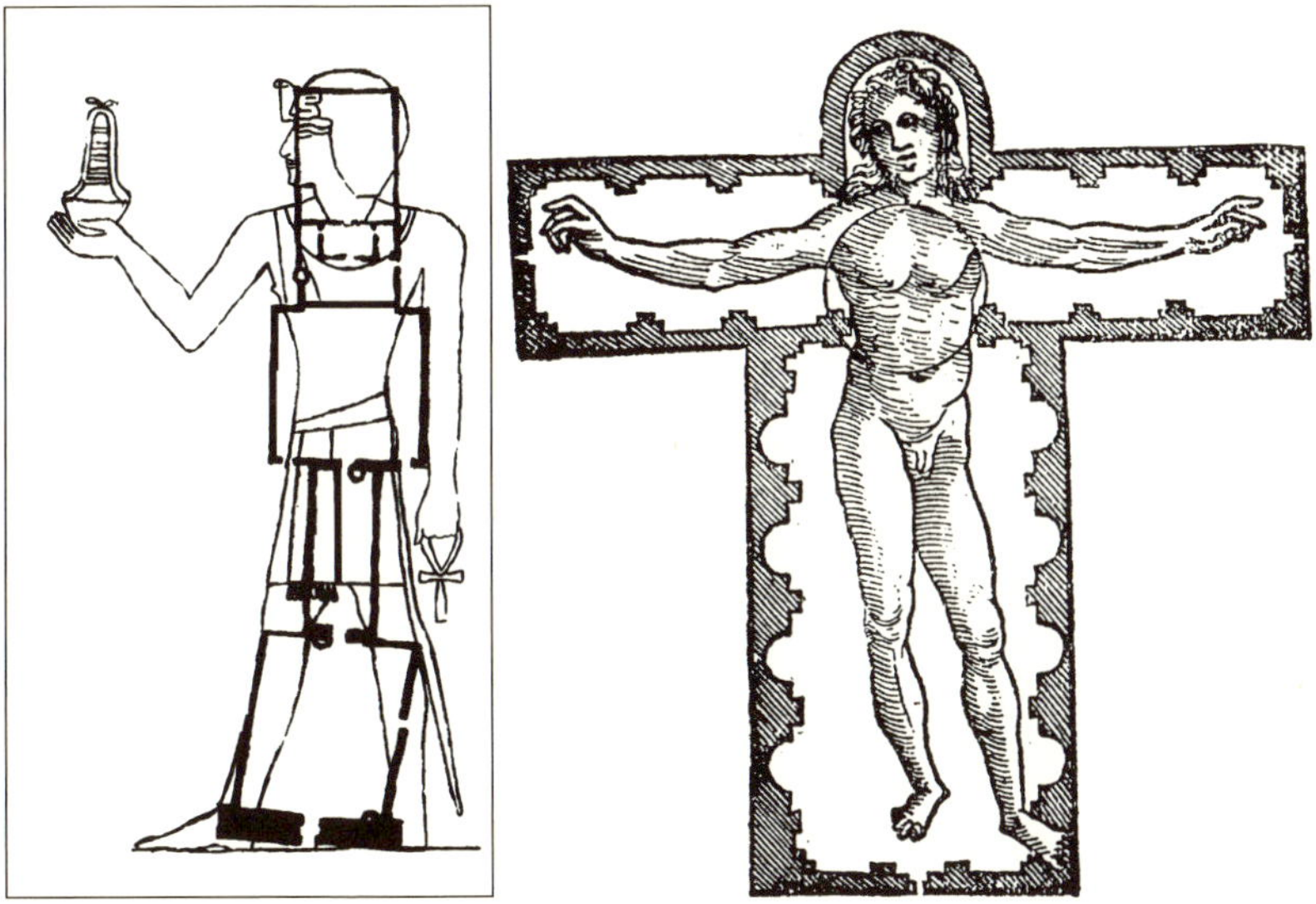

神聖観念論では、人体は大宇宙に対する小宇宙である。黄金比は、アンモナイトや星雲のみならず、人体にも見られる。背教のエジプト学者R・A・シュワレール・ド・リュビクは15年に亘ってルクソールに滞在し、ルクソール神殿の神聖数学上の比例を調査した。彼によれば、神殿の定礎と聖別の儀式は「主にその家を奉献する儀式」と呼ばれていた。同様に、ヒンドゥ教においても、人体の形に神殿を築くのは魔術的過程であったという。建築の監督者が神殿の特定の部分の建築に失敗すると、彼自身の肉体の対応する部分に病もしくは怪我を引き起こすと信じられていた。

〈ピュタゴラスのコンマ〉、π、φ（黄金比）のような極めて複雑な数は無理数と呼ばれる。それらは物質宇宙の構造の奥深くに秘められており、エジプト人はそれを、宇宙を支配する原理、宇宙精神から物質が生み出された原理であると考えていた。

今日の科学者は、〈ピュタゴラスのコンマ〉やπ、φ、およびそれに密接に関連したフィボナッチ数列などを、天文学、音楽、物理学における複雑なパターンを記述する普遍的定数と見なしている。例えばフィボナッチ数列とは、各項がその前の二項の和となっている無限数列である。この数列に従って描ける螺旋は銀河の渦からアンモナイトの形態、茎に生える葉の配置まで、自然界の至る所に見られる。

エジプト人にとって、これらの数はまた、宇宙の秘められた調和であり、彼らはそれをピラミッドや神殿の構造の中に律動や比例として組み込んだ。このようにして造られた建造物はイデア的なのものとなる。そこに組み込まれた黄金比の広間、門戸、窓などは、言語で表せぬほどに、人間の精神を喜ばせるのである。

エジプトの大神殿は、言うまでもなく、植物の形態で溢れかえっている。例えばカルナックの多柱堂の柱は葦の形をしている。だが人体の四肢に比例を与えているのは植物生命である。肋骨を美しい数学的公式に従って曲げているのもまた植物生命である。神殿建築者たちは、殊にその公式の再現に関心を抱いた。

重要なのは、エジプトの神殿がこのように造られている理由である。すなわちそれは、神々がもはや血と肉を備えた肉体に住むことができなくなったからなのだ。神殿は文字通り、神の身体として造られたのである。神の霊は、神殿に具象化された植物的・物質的身体に宿った。ちょうど人間の霊がその植物的・物質的身体に宿るのと同様である。

カルナックの多柱堂。

ヘブライ人は、エジプト人のような豊饒な建築的遺産を残さなかった。彼らの数秘学は、モーセの書の言語の中に暗号化されてわれわれに伝えられたのである。

カバラの名著と言えば『光耀篇《ゾハール》』である。これは伝統的にモーセの手に成るとされる旧約聖書の最初の五書に対する膨大な注釈である。カバラによれば、世界が物質化した思考であるのなら、その過程は言葉と文字によって生起した。神はヘブライ語アルファベットの各文字を操作し、パターンを創り出すことによって世界を創造した。ゆえにヘブライ文字は魔術的性質を持ち、聖典の中にそれが創り出すパターンは隠された意味の層を、というか眺望を開くのである。

『出エジプト記』一四章には、七二文字からなる節が三つある――一九節、二〇節、二一節である。これらの節を、七十二文字が縦に並ぶように続けて書き、横に読むと、七十二個の秘密の神名が現れる。

ヘブライ語アルファベットの各文字はまた数字でもある。ヘブライ文字のAであるアレフは一であり、Bであるベスは二である。以下同様。父を表すヘブライ語の単語は三の数価を持ち、母を表す語は四一の数価を持つ。子は四四、すなわち父と母の合成である。

驚くべきことはそれだけではない。

ヘブライ語でエデンの園を表す句の数価は一四四である。智慧の樹の数価は二三三。この二三三を一四四で割ると、黄金比であるφに極めて近い――小数点以下四位まで同じ――数価が得られるのだ！

ここ数十年間、数学者たちはモーセ五書のテキストに暗号化されたメッセージを発見するという課題に挑戦してきた。ウィツトゥム、リップス、ローゼンベルクによる画期的な研究は、等距離文字列を用いた変換コードを発見することであった。発表された成果には、ヘブライ史における聖書以降の人名がいくつか含まれていた。だが何らかの陳述や文、あるいはその他のメッセージとして読めるようなものは何もなかった。またしても私には明かすことはできないが、ケンブリッジ大学のとある統計学者は、極めて複雑な「スキップ・コード」を適用した結果を見せてくれた。これはケンブリッジ大学のとある数学教授のお墨付きの暗号解読法である。彼が示した断章は、『詩篇』を思わせるものだった。

考えてもいただきたい。手許のテキストの中に、他の本が一冊丸ごと――あるいは何冊も――暗号化されて含まれているとしたら、どうだろう！　そしてまた、解読して得られたこれらのテキストのそれぞれにも、他の意味の層が含まれるとしたら？

このような業績は、通常の人間の知性の限界を越えている。

とある隠秘学グループの最近の研究によれば、J・S・バッハは世界で最も美しいメロディを創ったが——例えば有名な「シャコンヌ」など——同時にまた、各音符に、アルファベットの文字を当て嵌めていたという。バッハの音楽は知られざる、『詩篇』のようなメッセージを綴っているのだ。これもまた、通常の人間の知性を超えているのではないだろうか？

秘教結社においては、参入者によって意味の諸相を与えられた言語は時に〈緑の言語〉〈鳥の言語〉と呼ばれる。ほぼ同時期にモンペリエ大学にいたラブレーとノストラダムスの二人、さらにはシェイクスピアは、全員それを書いたと言われている。ジークフリートが龍の血を飲んで〈鳥の言語〉を習得したという伝説に言及しているヴァグナーもまた、これを仄めかしている。

もう一つ、これに関して別の可能性がある。もしかしたらわれわれは全員、常に〈緑の言語〉を話しているのではないのか？　われわれとシェイクスピアのような偉大な参入者との違いは、それを意識的に行なうかどうかということではないのか？

ジクムント・フロイトはカバラに深い関心を抱いていた。後に見るように、それは彼の思想の発達に大いに影響を及ぼした。だが、エジプトのファラオであるイクナートンこそモーセの一神教の元であるという彼の主張は全くの勘違いである。実際にはモーセの方が先なのだから。そしてイクナートンの一神教の観念はそれとは微妙かつ危険な違いがあった。

エジプト新王国の最盛期、イクナートンの父アメンホテプ三世の治世は、更なる平和と繁栄の新時代の幕開けのようであった。その時代は唯一無二の大ピラミッドには及ばぬとしても、古代世界における最も壮大な神殿建築を日の当たりにすることになる。

女王ティイは、三人の娘を生んだ後、初の男子を得た。後にイクナートンとなるこの待望の男子は、おそらく父の命が長くないだろうこともあり、神殿内部で育てられ、宇宙的な使命感を持って成長した。

イクナートンには染色体異常があり、そのために彼は奇妙な、両性具有的な、この世ならざる風貌の持ち主だった。女性のような腿と面長の顔付は、精妙な、むしろ霊的な雰囲気を湛えていた。この異常はまた、精神的な不安定さをもたらした——偏執狂、妄想、躁病などである。

これらの要素が組み合わさって、彼の行動に結びついたのであろう。それは人間の進化の全過程を途絶させる危険を持つものであった。

バビロンでは王と神官はそれぞれ独立しており、それ故に王は独裁者として残虐の限りを尽くすに至ったのだが、エジプトのファラオは秘儀参入者である神官たちの庇護の下に統治していた。それ故に、イクナートンの革命を過激な個人主義と見做す一般的な見方は完全な誤りなのである。

イクナートンの治世の開始は、狼星周期の開始に当たっている。狼星周期とは、神官神学において歴史を形成した天文周期の最大のものの一つである。

狼星周期は一四六〇年である。エジプト神話によれば、この周期の新たな開始の時には、ベンヌ鳥が帰還する。この不死鳥は、新たな時代、新たな摂理の始まりを告げる。イクナートンは世界で最も壮大なカルナック神殿を閉鎖し、カルナックとギザのほぼ中間に新たな崇拝中枢と首都を創設すると宣言したが、これは奇矯な個人の気まぐれではなく、宇宙的な運命を執行する秘儀参入者たる王としての行為なのであった。彼は紀元前一三二一年のベンヌ鳥の帰還に備えていたのだ。

彼の最初の活動は、日輪神アテンに奉献する新神殿の建立であった。イクナートンの新たな神殿の巨大な方庭には、その目玉である巨大オベリスクがあった。その頂点には伝説の不死鳥が留まるというベンベン石が据えられた。

次に彼は、母親であるティイ女王の助けを得て、巨大な新首都を建造し、政府機関の全てをそちらに移してしまった。彼は大地の軸を動かすことを望んだのだ。

そして彼は他の全ての神々は実際には存在しておらず、アテンのみが唯一の真なる神であると宣言した。これは非常に現代的な意味における一神教である。イシス、オシリス、アモン＝ラアの崇拝は禁じられた。彼らの神殿は打ち壊され、閉鎖され、人気のあった祭は迷信とされた。

イクナートンの改革には現代人の感覚に訴えるものがある。今日の一神教と同様、イクナートンもまた唯物論的である。当然ながら、一神教は唯一神以外の神を、そして他の精霊を初めとする不可視の存在を必要としない。そこで一神教は霊的なものとの交流体験を否定する傾向を持つ。だが既に述べたように、そのような体験こそが真の霊性なのであり、この点で一神教は唯物論的なのである。

そのようなわけで、神でありあらゆる善の源であるとイクナートンが宣言したところのものは、物理的な太陽であった。その結果、イクナートン時代の美術では、さまざまな神々の位階を描くエジプト美術の伝統である宗教的形式主義は影を潜めた。イクナートンの美術は自然主義的であり、われわれにとってはむしろ親しみやすい。現存するイクナートンのアテン讃歌は、驚くほどダビデの『詩篇』を先取りしている。「あなたのお創りになったものは如何に夥しいことか。あなたは意のままに世界をお創りになった——全ての人間、家畜、野の獣を」、とイクナートンは言う。「主よ、御業は如何に夥しいことか。あなたはすべてを知恵によって成し遂げられた。地はお造りになったものに満ちている」とダビデは歌う。

だがこの詩の背後には、そしてこの明瞭な治世と近代性の背後には、偏執狂的な狂気が兆している。他の神々を全て禁じ、自分こそが地上におけるアテンの知恵と力の唯一の水路であると宣言することで、彼は事実上、全ての聖職者を無用のものとし、自らがそれに成り代わったのだ。

だが自らを全ての宗教儀礼の焦点としたにもかかわらず、彼は美しい妻ネフェルティティおよび愛する子供たちと共に、自らの宮廷の方庭の迷路の奥へ奥へと引き籠もった。家族と遊び、讃歌を創り、民心の不安や、エジプトの支配を揺るがす植民地叛乱などの悪い報せに耳を傾けようとしなかった。

崩壊は、内部から生じた。戴冠から一五年、アテンへの祈りも虚しく、彼の溺愛していた娘が死んだ。さらに常に彼の支えであった母親のティイもまた死んだ。ネフェルティティは宮廷記録から消えた。

二年後、神官たちはイクナートンを亡き者とし、年若い少年を玉座に就けた。後のツタンカーメンである。直ちに神官団はテーベの再建に取りかかった。イクナートンの首都は瞬く間にゴーストタウンとなり、彼に関するあらゆる記念碑、肖像、そしてイクナートンという名への言及は情け容赦なく、組織的に抹消された。

現代の研究者の中には、イクナートンを預言者的な、果ては聖人まがいの人物と見做す者もいる。だがマネトによれば、エジプト人は彼の治世をセトによるものと見なしていたのだ。セトとは言うまでもなくサタンであり、大いなる唯物論の霊である彼は常に真の霊性の破壊のために活動する。もしも彼の使いであるイクナートンが首尾良く人類を唯物論に改宗させていたなら、三千年に及ぶ人間精神の穏やかで美しい成長とそこから発達した多くの特質は永遠に失われていただろう。

エジプトの神殿のように現物が残っている訳ではないが、人間の集合的な想像力の中で最大の神殿と言えば、ソロモンの神殿以外に無い。

サウルは近年、イクナートンに宛てた諸王の書簡の中に登場する人物と同定されている。諸王は書簡において、自国の出来事を忠実にイクナートンに報告していた。これらの書簡の中で、サウルは「ハビル」の王

「ラビヤ」と呼ばれている。このように周辺諸国の記録に残されていることからして、今やわれわれは自信を持って、ダビデ――「タドゥア」――が初めてイスラエル諸部族を一つの王国に纏め、紀元前一〇〇四年にエルサレムで玉座に就いたと言うことができる。これはツタンカーメンの治世に当たる。ダビデはエルサレムに神殿の土台を築いたが、完成前に死んでしまった。そこでその責務は息子に託されることとなる。この息子がエルサレムで王位に就いたのは紀元前九七一年であることが判明している。

デイヴィッド・ロールの「新年代学」以前には、ソロモンは、仮に実在の人物であるとしても、鉄器時代の人物であると考えられていた。これは由々しき問題である。というのも考古学はその時代の遺物の中に、ソロモンの名を高からしめている富や大建築の痕跡を何一つ発見できなかったからだ。だがソロモンの時代が後期青銅器時代であるとするなら、全ては完璧に符合する。ヒラムが造ったと思われるフェニキア様式の建築物が、まさにその時代の地層から発掘されているからだ。

ソロモンは、大衆の想像力の中では王の中の王に相応しいあらゆる威厳と叡智の体現者となり――秘密の伝統においては、魔術によってデーモンを使役した者として知られている。フリーメイソンリーの秘密の伝統では――シュヴァリエ・マイケル・ラムジの一七三六年の演説からも判るように――ソロモンはその魔術知識を秘密の書に記録し、それは後にエルサレムの第二神殿の土台に隠された。

ユダヤの民話では、ソロモンの治世はあまりにも豊かで、街では金や銀が石と同様にありふれたものとなっていたという。だがユダヤ人は漂泊民であったため、この当時まで神殿を建立する伝統が無く、ソロモンはフェニキア人ヒラム・アビフを雇うことにした。旧約聖書の記述に基づく限り、その神殿はせいぜい教区教会程度の大きさに過ぎなかったが、比類無き壮麗さを誇る装飾で埋め尽くされていた。

中心には至聖所があり、その内壁は金の板と宝石で覆われていた。その中にはモーセの石板を入れた約櫃が安置されている。それを守るかのように翼を伸ばす智天使は、既に見たように、黄道の星座を表している。

祭壇の四隅には月を表す四本の角と、七つの灯火のある金の燭台がある。七つの灯火は言うまでもなく、太陽と月と五惑星を表している。ヤキンとボアズの二本の柱は、宇宙の脈動を計っている。その配置は春秋分における日の出の最も遠い位置を示しており、一世紀ユダヤの歴史家ヨセフスおよびアレクサンドリアの初代司教クレメンスによれば、その上には「太陽系儀《オーラリ》」が置かれていたという。太陽系儀とは、各惑星の運行を示す機械の仕掛けである。聖書の中では、装飾的な柘榴の彫刻が何度か言及される。祭司の法衣は太陽、月、諸惑星と星座を示す宝石で飾られている――名が挙げられているのはエメラルドのみである。

この神殿の最も驚くべき特徴は、真鍮を鋳造して造った「海」――『コーラン』では噴水――である。ここでもまた、モーセが旗竿の先に取り付けた青銅の蛇と同様、金属を溶融させるイメージは、人間の肉体機能を変容させることを目的とする秘密の行法の存在を暗示する。

棟梁ヒラムはこの設計を現実化するために建築家の一団を雇い、彼らを三つの階級に分ける。徒弟、職人、親方である。ここにわれわれは友愛団の観念を見る。元来は狭い秘教的な友愛団として始まったものが、やがて大きく広がり、社会全体を変えてしまうのだ。そしてまた、ヒラム・アビフ殺害の物語には、それが悪い方向へ行った場合の警告が示されている。

ソロモンとヒラム・アビフの間には、秘密の伝統に関する競合関係の暗流がある。シェバの女王がソロモンの許を訪れるが、この時彼女は、これほど奇蹟的な建物を設計した男に会ってみたいと願う。そしてヒラム・アビフの視線が注がれているのを感じた時、彼女は自分の中に溶融した金属があるような感覚を体験する。

この神殿の建築はまるで天上の美を地上にもたらしたかのようだが、いったいどうしてこんなことができたのか、と彼女は問う。彼は返事の代わりに、タウ十字を掲げる。タウ十字とは、T字型の十字である。す

ソロモン神殿。18 世紀の版画より。フリーメイソンリーの学者アルバート・パイクはこれを「全宇宙の縮約的イメージ」と呼んだ。二本の柱ヤキンとボアズには、多重的な意味がある。生理学的なレベルではそれは赤い血と赤黒い血の律動であり、宇宙的レベルでは霊が律動的に、霊的世界と物質界を往復することを示している。

ると直ぐさま、大勢の職人たちがまるで蟻のように神殿に蝟集する。

またしても昆虫のイメージである。『タルムード』と『コーラン』にある伝承によれば、この神殿は「シャメール」と呼ばれる、石を彫ることのできる不思議な昆虫の助けで造られたという。蜂の巣のイメージと同様、ここには霊的諸力のイメージがある——ヒラムはそれを使役することができたのだ。

ヒラムの職人の中の三人が、彼の秘密の力に嫉妬した。彼らは鋳造の「海」の秘密を聞き出そうと計画し、神殿を出る彼を待ち伏せした。だが三度に亘って秘密を明かすことを拒絶したので、彼らはそれぞれ流血を伴う激しい打撃を彼の頭に浴びせ、これを殺してしまう。

彼の死と共にその秘密の系統は途絶え、以来、秘儀の学院と秘密結社で教えられているのは小さな秘密のみとなってしまったとも言う。

シェバの燃えるような感覚とタウ十字の話には、性的要素の暗示がある。だがヒラムの秘密を理解するためには、神殿の設計と装飾に満載された天文学的要素の目的とは何なのかを考える必要がある。

自由な精神を持つフリーメイソンリー研究家、クリストファー・ナイトとロバート・ロマスは、その謎を解き明かした。最初の鍵は、ヒラムがフェニキアから来たということである。フェニキアと言えば、その主神はアスタルテ——すなわち金星である。当然ながら、これは既に述べた神殿の装飾とも繋がっている。柘榴は金星の果物であり、エメラルドは金星の宝石なのだ。

アレクサンドリアのクレメンスによれば、至聖所を隔てる幕は五芒星が描かれていたという。五芒星は常に金星の象徴であった。なぜなら八年周期で金星が黄道上を運行する軌道——夜明けの五度の出現と夕暮れの五度の出現——は五芒星の形になるからである。このように完全に規則的な形を描く惑星は金星以外にない。この形は時には五線星、時には五芒星、そして時には、後に薔薇十字思想を考察する際に見るように、五弁の花すなわち薔薇に見立てられる。

五線星形は金星の象徴であると同時に、また幾何学において極めて重視される。レオナルドの数学教師であったルカ・パチオリが黄金分割に関する書物で述べているように、それは至る所に黄金比を体現しているからである。

だがそれだけではない。この神聖幾何学は、空間のみならず、時間においても作用するのだ。

金星年の一年は五八四日。ということはつまり、五金星年は八太陽年とぴったり一致する。言い換えれば、金星年は太陽年の一・六倍だということだ。われわれは先に、この一・六という数字に出くわしている。つまり黄金比の最初の二桁である。黄金比は無理数の一つであり、精神の物質化を意味する魔術数であった。

古代の秘密教義によれば、精神の物質化を支配しているのは星々である。

金星の聯関はどんどん増えて行く。現代科学の泡宇宙のように、一つの次元から次々と別の次元が生ずる。エルサレムの語源説にはさまざまなものがあるが、その一つによれば、この都の元来の名は「ウルシャレム」であり、「ウル」は「～に創建された」の意味、そして「シャレム」は夕方に没する時のアスタルテー——つまり金星——の古名であるという。フリーメイソンリーの伝承によれば、彼らのロッジはエルサレム神殿をモデルにしている。金星の五芒星はグランドマスターの儀礼席の上に描かれており、参入者たちは五芒星を模した儀礼的抱擁で挨拶する。ロッジの屋根窓は、特定の重要な日に金星の光が入射するように配置されている。マスター・メイソンは、春秋分の日に、金星の光に対面しながら柩から起こされる。

金星とルシファーが同じものであることを念頭に置くと、これらの聯関は一見、訳の判らないものに見える。だが秘史においては、ルシファーはとは常に必要悪であったのだ。人間の思考能力は、金星と月のバランスから生じた——そして月もまた、先に見たように、神殿の祭壇の設計に顕著に採り入れられている。

ソロモンの使命とは、人間をより暗さを増す物質世界へと導きつつ、霊性の炎を絶やさぬようにすることであった。近代の唯物主義の夜明けである一七世紀にフリーメイソンリーが引き継いだのも同じ使命である。

ソロモン伝説は、イギリス諸島に遠い谺を見出す。近代の学者は、もしもアーサー王伝説に何らかの歴史的基盤があるとしても、それはローマ人がブリテン島から退却した後の「暗黒時代」のことだと見做す傾向がある。その当時はキリスト教徒の将軍たちが異教の侵略者を相手に華々しい、だが究極的には敗北を喫することになる戦いを繰り広げていた。もしもアーサー王伝説の背後にいる歴史上の人物が、四七〇年のバドンの戦いで異教のサクソン人を破ったオワイン・ダントグウィンであるなら、興味深い問題が起こる。この場合、「アーサー」とは称号であり、「熊」を意味すると考えられるのだ。

だが元々のアーサー王はソロモンよりも少し前、紀元前一一〇〇年頃にティンタジェルに生きていた。青銅器時代のブリテン島の平和で牧歌的な共同体が、鉄器時代の好戦的な部族に蹂躙された時代である。彼の霊的導師であるセリドンウッドの魔術師マーリンは、環状列石の時代からの生き残りである。彼はアーサーを助け、〈太陽の秘儀〉の命脈を保つ。アーサー王自身が太陽王であり、黄道十二宮の一二人の騎士を従え、金星グィネヴィアと結ばれる。彼女はケルトの金星である。彼の王冠は王冠チャクラであり、民を率いるために燃え上がっている――ソロモンが暗黒の中で民を率いたように。

ヘロドトスによれば、イランの王はこのような、人間には耐えられない強烈な光を発すると信じられており、ゆえに臣下の前に出る時も幕の背後に留まらねばならなかった。王冠は秘儀参入の特定の階梯の象徴であり、参入者は仏陀のような火を頭上に戴いた。

13 理性、そしてその超克

エリヤとエリシャ／イザヤ／秘教的仏教／ピュタゴラス／老子

ソロモンの後、イスラエル王国は再び分裂を始めた。「預言者」と呼ばれる集団が出現した。彼らの役割は、王への助言である——ただ、メルキゼデクとアブラハムや、マーリンとアーサー王の関係とは違って、彼らのそれは敵対的であり、ある意味では反体制的であった。彼らは、誰も聞きたくないような、不愉快で不人気なことを語った。激しく毒づき、喚き散らし、時には狂人扱いされた。

エリヤは野人で変人で孤独で、ほとんど宿無しであり、革の帯に長い外套を羽織っていた。ザラスシュトラと同様、彼は火を以て火と戦った。

神に命じられた通り、彼は荒れ野に住み、小川の水を飲み、鴉に養われた。「鴉」は、エリヤがザラスシュトラの叡智の方法による秘儀伝授を受けていたことを意味している。「鴉」はザラスシュトラの秘儀における階級の一つなのだ。

イスラエルの王アハブはイゼベルと結婚し、バアルの祭壇を建て始めた（バアルはサトゥルヌス／サタンを示すカナン語の名前）。エリヤはバアルの預言者たちと戦い、天から火を降らせてこれに勝った。また後に彼は同じく天から火を降らせ、イゼベルが彼を捕らえようとして送り込んだ兵士の一団を皆殺しにした。

エリヤは冷血かつ激情的な男で、狂気の境目にいた預言者だった。彼のカリスマぶりを示す物語が繰り返される——彼は千里眼を駆使し、毒の井戸を清め、鉄を浮かせ、癩病を癒した。ある時などは、死んだ子供の上に身を重ねて生気を吹き込み、これを甦らせた。そして再び荒れ野へ逃げねばならなくなり、命からがら逃げ延びた——神の許へ。気がつくと、彼は荒れ狂う嵐の只中に山にいた。彼は嵐に向かって毒づいたかもしれない——リア王と道化を足したかのように。

遂に彼は疲労困憊し、エニシダの樹の下で眠り、天使の夢を見る。

それから、まだ暗い内に、彼はホレブ山に登るために出掛けた。天使に言われた通り、神を探しに行ったのである。だが凄まじい風が吹いて、山が裂け、岩が砕けて飛んできた。神はこの風の中にはいないと知ったエリヤは、やっとの思いで安全な洞窟に逃げ込んだ。

突如、洞窟のすぐ前に雷が落ち、辺り一帯の植物が炎上した。彼は出るに出られなくなった。だがその火の中にも神はいないことが判った。

しばらくすると嵐と火は収まり、朝が近づくにつれて周囲は静かになった。明けの明星が現れ、この時、穏やかな朝の空気の中で、エリヤは神の囁く声を聞いた。

情熱的で、狂暴とさえ言える人物ではあったが、それでも彼は新たな内面性を持つ預言者だった。モーセは燃える柴の中に神の声を聞いたが、エリヤの聞いた声は遙かに静かであり、ほとんど意識下の声と言えるものだ。かつて人は神の存在感に圧倒されたが、今では耳を澄ませて集中せねばならない。修業を重ね、注意を向けなければ、その声は聞こえないのだ。

だがエリヤの使命の真の意味を理解するためには、彼の死を理解することが必要である。そしてそのためには、まずはインドに眼を向ける必要がある。

インドの導師たちは、思いのままに非物質化し、再び物質化することができると言われる。パラマハンサ

・ヨガナンダの驚くべき『あるヨギの自叙伝』（一九四六）によれば、ある時、彼は霊的指導者であるスリ・ユクテスワと駅で待ち合わせしていたが、そこへ行くなというメッセージをテレパシーで受け取った。師は遅刻してしまったというのだ。そこで弟子はホテルで待っていた。突如、通りに面した窓が日光に輝き、師が彼の前に物質化した。生霊の類ではなく、血と肉を備えており、この極めて珍しい現象を弟子に見せるよう、神に命じられたのだという。パラマハンサ・ヨガナンダは、オレンジ色の帆布を荒縄で巻いた懐かしい履き物に触れた。彼はまた師の黄土色の法衣にも触れたが、毛羽だった感覚がしっかり感じられた。

　エリヤは、この能力をさらに次の段階まで進めた。彼は思いのままに昇天し、また地上に戻ることができるようになったのである。

　あの世までは持って行けない、とはよく言われることだが、秘密教義によれば、持って行けるのだ。二〇世紀の偉大な秘儀参入者G・I・グルジェフによれば、今生において真に自分自身の支配者になるために必要なものとは、死後において意識的な存在として生き延びるために必要なものであるという。秘儀参入は少なくとも、今生と同様の関心を死後にも抱いている。プラトンの『国家』第七巻に曰く、「今生において善の観念を理解することのできない者は、死後冥府に降り、その暗き血に眠る」。

　死に臨んだエリヤは、火の戦車によって天に上げられた。つまり、かつてのエノクやノアと同様、彼もまた通常の意味では死なかったのである。彼は昇天した導師たちの宗団に入った。彼らはたいていの場合は不可視だが、大きな変化と危機の時には地上に戻るのだ。

　カバラ思想では、エリヤを乗せて昇天した戦車は「メルカバ」と呼ばれる。偉大な秘儀参入者たちは植物体に働きかけ、その死後の崩壊を防ぐ。こうすることで、昇天する霊は本来なら地上にいる間しか使えない意識を持って行くことができるのだ。参入者たちは、極めて精妙なエネルギーを結晶化させ、消散しないようにさせる秘密の技法を知っていた。

昇天のエリヤ。19 世紀の聖書より。

後に見るように、キリスト教の思想家はこの戦車を〈復活の身体〉と呼ぶ。

エリヤが昇天すると、その外套が落ちて来たので、エリシャはこれを拾った。エリシャはエリヤの後継者として選ばれた人物である。何らかの神秘的な過程によって、外套を与えた事でエリシャはエリヤの力の大部分を得た（後にシェイクスピアの生涯と作品を考察する際にこれについて再び触れる）。

だがエリシャによるエリヤの継承は、曖昧な所が無いわけでは無い。ある箇所では、エリシャを拒絶したがっているかのように見える。彼はそそくさと立ち去り、エリシャが追いつくと、「行って来なさい。私があなたに何をしたというのか」と言う。彼はエリシャの中に、自分でもよく判らないものを見たのか？　後にエリシャは大勢の子供たちに禿頭をからかわれる。そこで彼は力を使って森から二頭の熊を呼び寄せ、子供たちを虐殺させる。まるでこの預言者は依然としてバアルと死力を尽くして戦っているかのようである。

それから二百年後、預言者イザヤの時代に、宇宙の働きに関する新たな、卓越した理解が進展した。〈恩寵〉という観念が、預言者たちの喧嘩腰の態度を和らげたのだ。紀元前五五〇年、イザヤは宣言した。「闇の中を歩む民は、大いなる光を見……一人の嬰児が私たちのために生まれた。一人の男の子が私たちに与えられた。権威が彼の肩にある。その名は、『驚くべき指導者、力ある神、永遠の父、平和の君』と唱えられる」

〈恩寵〉という観念は、預言者たちのこのような歴史認識から出現した。二つの王国の王たちとその民は、命じられたことを守れなかった。彼らは堕落し、土地は荒れるに任された。だがその後、神の〈恩寵〉によって、荒れ地から命ある根が出現した。預言者たちは、彼らが生きている間に、彼らの小国の興隆と没落、そして新たな興隆の中に、〈恩寵〉が軍事的・政治的レベルで作用するのを見た。彼らはまた、歴史の宇宙的な周期の中に、それが繰り返されるのを予言した。

一方、バアルの信徒にとっては、生きるとは力を揮うことだった。正しい礼拝――犠牲と魔術儀式――を行なう限り、神々に要求を受け容れさせることができると信じていた。

イザヤはその考えを拒んだ。ヤハウェは自らの民に〈恩寵〉を示したのだ、と彼は説いた。神は彼らを選び、神に従う権利を与え、罪を清め、彼らが頑なになって従わなかったのにこれを救い、そんな資格もないのにかつての栄光を取り戻させると約束した。これらは全て神の〈恩寵〉なのだと。ヤハウェの恩寵は求めるものでも買うものでもない、完全な自由意志によって与えられる愛なのだと。

このような神の愛が理解されれば、この理解が、人間同士の愛に新たな次元を開くのは時間の問題である。

イザヤはイスラエルの歴史と、未来の運命についても卓越した感覚を持っていた――「エッサイの株からひとつの芽が萌えいでる」。そして彼は、後に述べる歴史の終わりについても素晴らしいヴィジョンを持っていた――「狼は小羊と共に宿り、豹は子山羊と共に伏す」。

この預言者の伝統は紀元前四五〇年頃に死に絶える。一六世紀末のカバラ主義者ラビ・ハイム・ヴィタルは言う、ハガイ、ゼカリヤ、マラキの後、預言者は諸天の最下層しか見えなくなり、しかもその視界も酷く曇らされてしまったと。

旧約聖書の掉尾を飾るのは、決然としてエリヤの帰還を預言するマラキの言葉である。今日においても、毎年の過越祭の日には依然として彼の到来が待たれている。晩餐には彼の席が用意され、一杯の葡萄酒が置かれ、そして扉が開け放たれるのだ。

だが世界の別の場所では、別の驚くべき参入者たちが、人間の他の次元を開こうとしていた。大いなる啓蒙の精神が、何人かの異なる人々、いくつかの異なる文化において、同時に編み上げられようとしていたのだ。

悉達多《シッダールタ》王子は、現在のネパールに当たるルンビニーの、小国同士の戦争の絶えない地方に生まれた。二十九歳になるまで、彼は贅沢三昧に過ごした。全ての欲求はそれと意識する前に叶えられ、眼に映るものは全て喜びに満ち満ちていた。そんなある日、王宮を出た彼は、それまでは一度も見せられたことのないものを見た――老人である。彼は恐れたが、さらによく見ると、彼は自分自身の民が病に苦しみ、死んでいくのを見出した。

彼は王宮を――そして妻と子の許を――去ることを決意した。その苦しみの意味を理解するためである。苦行者たちと共に七年間を過ごしたが、パタンジャリのヨーガ・スートラにも、聖仙の子孫たちの教えにも、彼の求めているものは無かった。

それから、ついに三十五歳の時、彼は尼連禅河の岸辺の菩提樹の下に座り、悟りを開くまでは動かないと決意した。

三日三晩の後、彼は理解した。生は苦である。苦は地上のものに対する欲から起こる。だが、あらゆる欲から自由になることは可能である。実際、そのような自由、霊的世界との親和性を獲得すれば、もはや二度と転生する必要もなくなる――そして仏陀になれる。

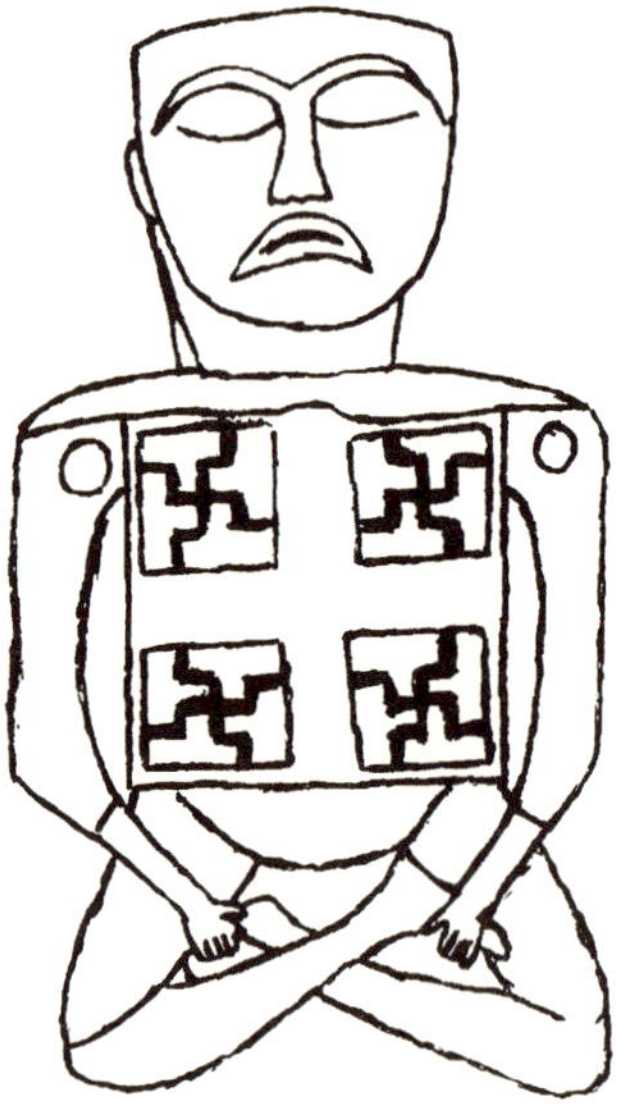

秘教的仏教においては、仏陀は水星の精霊である。ケルト人が水星を「ブドゥ」すなわち「賢明なる教え」と呼ぶのは偶然ではない。仏陀の特徴である蓮華座がケルト人にも知られていたことは、この手桶の彫刻からも判る。ノルウェイ、オーセベル出土。

仏陀は悟りへの道を「八正道」と呼んだ。正見、正思、正語、正業、正命、正精進、正念、正定である。

この八正道は、現代の西洋人にとっては到底不可能なほど高尚な倫理であり、抽象的で、実際的ではないように見えるかも知れない。だが仏陀の教えには秘教的側面があり、あらゆる秘教教義がそうであるように、そこには極めて実際的な意味の層がある。秘教哲学の教えには、人間の肉体機能を操作する実際的な技法を用いて、心理的変容を引き起こす方法があるのだ。仏陀の八正道で言えば、この八つの行法は、喉チャクラの十六枚の花弁の内の八枚を活性化させる技法なのである。

このことは、霊的行法における歴史的な変化を示している。例えば大ピラミッドで行なわれていた秘儀参入儀礼では、志願者は仮死状態のような深いトランスに導かれ、それから——五人の——参入者が、彼の植物体を肉体から引き起こす。彼らはそれに働きかけ、成型し、陶冶し、高次の世界を知覚しうるように造り変える。この植物体を再び肉体に戻し、志願者が目を覚ますと、新しい、高次の生命形態に生まれ変わっている。重要な点は、エジプトの志願者はこの過程において無意識であったということだ。

今や仏陀の信徒は、意識的に自らの秘儀参入に参加し、意識的に自分自身のチャクラに働きかけるようになった。その作業の一つは、全ての生きとし生けるものに対する慈悲に基づく、新たな、より道徳的な生き方である。

人々はますます霊的世界から懸け離れて生きるようになっていたので、個人の力が、正しいことをしたい、正しく力を使いたいという願望を上回る危険があった。また、邪悪な心の持ち主が秘儀伝授によって超自然の力を得る危険もあった。

たとえ秘儀伝授を受けなくとも、このような力を得ることは可能である。時には子供の頃に極端なトラウマを受けることでそうなることもある。トラウマが精神に亀裂を引き起こし、そこを通じて精霊が制御できない形で入り込んで来るのである。現代の霊媒の中には、子供の頃に大きなトラウマを受けた人々がいる。また、魔術の実践によって力を身につける場合もある。それは黒魔術であったり、あるいは少なくとも、真正な古代の伝統を守る立派な秘儀の学院で行なわれているような、崇高な霊的目的に合わせたものではないこともある。このような行為の危険性の一つは、秘儀参入者ではない者は、如何に善意で行なっている場合でも、自分が交流している精霊の正体を見抜くことが困難であるということだ。

一方、八正道の秘儀伝授の目的は、統制された、防御的な道徳的成長である。世界を支配するためには、まず始めに自分自身を支配せねばならない。

心臓チャクラと額チャクラを繋ぐ喉チャクラは、霊的叡智を形成する器官である。参入者の体内では愛の脈が心臓チャクラから上昇し、喉チャクラを経由して額チャクラを輝かせる。この光が額チャクラに達すると、それは日向の花のように開く。

われわれ自身の生活においても、これの残響――あるいは先触れ――を感じることができる。愛情の眼で

仏教徒のアショカ王は、初めてインドを統一したチャンドラグプタの孫であり、紀元前 273 年に王位に就いた。ある戦いで 10 万以上の兵を失った彼は戦争を放棄し、自らの仏教徒としての光り輝く霊性による統治に努めた。84000 の仏塔を建てたが、現存するのはその一部のみである。因習的な歴史では、灌漑、道路、病院、植物園などの造築、菜食主義、屠畜禁止で知られる。秘史においては、〈九未知会〉と呼ばれる強力な秘密結社を創ったとされる。インドの代表的科学者D・N・ボースを始め、20 世紀の多くの人々が、同会は今も活動していると信じている。

誰かを見れば、他人が気づかない美点を見ることができる。他者を愛情の眼で見るだけで、そのような美点を引き出し、開花させることができるかも知れない。最高に洗練された霊的資質を持つ人と出会えば、その人はおそらく幸福で、微笑み、笑い、ほとんど子供のようだろう。これはその人物が全ての人を愛の眼で見ているからである。

仏陀が死んだ時、彼は既に目的に到達していた。もはや転生の必要は無いだろう。

だからと言って、それは何も彼が二度とこの歴史に登場しないという事ではない。イタリア・ルネッサンスの歴史を語る時、そのことが判るだろう。

ピュタゴラスは紀元前五七五年頃、ギリシアの豊かな島、サモス島に生まれた。アテナイのアクロポリスの丘に、最初の大理石が積まれた頃である。

西洋の秘教思想の発展において、彼ほどの影響力を及ぼした人物はいない。生前の彼は半神と見なされていた。イエス・キリストと同様、彼自身の書いたものは何一つ残されていない。ただ弟子たちの手に成る少しの語録、註解、物語があるだけである。

彼は二つの場所に同時に存在することができたとか、白い鷲が自ら彼に命を捧げたとか、とある川の神に呼びかけたところ、水の中から「ごきげんよう、ピュタゴラスよ！」という声がしたというような話が伝わっている。とある漁師らが一日中、全く魚が獲れずにいたところ、ピュタゴラスが最後にもう一度だけ網を投じてみろと言うのでそれに従ったところ、網が破れるほどの大漁に恵まれたという話もある。彼は偉大な治療家でもあり、時には強力な呪文としてホメロスの特定の一節を唱えることもあった。ちょうどキリスト教の神秘家が『詩篇』や『ヨハネによる福音書』を唱えるのと同様である。彼はまた治療のために音楽を用いた。ギリシアの哲学者エンペドクレスによれば、ピュタゴラスは病人を癒し、老人を若返らせたという。仏陀と同様、彼は過去世を記憶しており、開闢以来の全世界史を思い起こすことさえできたという。

彼の叡智は、長年に亘る研究と、さまざまな秘儀の学院への参入の賜物である。彼はエジプトの参入者である神官の下で二二年間修業し、バビロンのマギやインドの聖仙の子孫たちと共に研究した。インドには、ヤイヴァンチャリヤと呼ばれる奇蹟の人の記憶が残されていた。

ピュタゴラスは、世界中の秘教思想を統合し、包括的な普遍概念を打ち立てようとしていた——一七世紀の数学者でありカバラ主義者であるライプニッツの言う〈永遠の哲学〉である。

観念論の世界史は、この時点で一つの転換点に達する。宇宙精神から流出した偉大な観念や思想は今や、それが創造した物質によってほとんど覆い隠されてしまった。ピュタゴラスの使命は、それが完全に消えてしまう前に、それを概念として記録することであった。

つまりピュタゴラスの哲学は、原初のヴィジョン、古代人の意識図を抽象的・概念的術語に翻訳する過程を開始したのである。

紀元前五三二年頃、ピュタゴラスはサモス島の僭主ポリュクラテスと衝突した。追放された彼は、南イタリアのクロトナに小さな共同体——その最初のもの——を建てた。この共同体への参入志願者は、長年に及ぶ訓練を受ける。例えばその際の食餌は、芥子、胡麻、胡瓜の種、野生の蜂蜜、水仙の花、汁を搾り出した海葱の皮などである。また、三つの身体——肉体、植物体、動物体——の調和を図るために運動が重視され、何年にも及ぶ沈黙が課せられた。

ピュタゴラスは弟子たちに霊的世界のヴィジョンを見せ、次にそれを解釈した。最初は取り留めのないこの教えの中から、数学、幾何、天文、音楽が生まれた。

当時、ピュタゴラスは諸天球の音楽を聴くことのできる唯一の人間であると言われていた。これは七つの惑星が空間を運行する際に創り出す音階であるという。詮も無い戯言として片付けてしまうのは簡単な話だが、彼が世界最初の音階を造り出した次第は、この話とよく適合している。

ある日、街中を歩いていたピュタゴラスは、金床の上で鉄を打つ音を聞いた。見ると、大きさの異なる鎚は異なる音を出している。家に帰ると、彼は部屋に厚板を据え、いくつもの錘を吊した。試行錯誤の末、彼はそれぞれの錘について、人間の耳に心地よく聞こえる音階を決定した。それから彼は、それらが数学的に精確な形で互いに比例関係にある事を計算した。ピュタゴラスによるこれらの計算から、今日われわれが楽しんでいるオクターヴが導き出されたのである。

ピュタゴラスと弟子たちは、人生に関する理性的要素の記述を開始する一方で、それと並行する概念を立てた。それはこれまではっきりと表明されたことのない概念である。なぜならその時まで、その概念は万人の日常体験の一部であったからだ。それは以下のようなものである。人生は、ある点までは合理的な用語によって説明できる。だが人生には、不合理な要素も数限りなくある。

合理的側面に関する秘儀の学院の教義は、都市の建築、科学とテクノロジーの発達、外界の構築と規制に関しては有効である。不合理な教義は、ありのままの形においては、学院内部に留め置かれるだろう。外界でそれについて語ることは危険であり、敵意の的となる恐れがある。プルタルコスが述べたように、より高次の真実を知る者は、社会の「真剣な」価値を真剣に受け取ることは困難である。彼はまた、ヘラクレイトスを好んで引用する。「真理とは、遊ぶ子供である」

この合理思想の誕生において、秘儀の学院はその対立物を涵養した。ピュタゴラスやニュートン、ライプニッツなど、人類が物質宇宙の現実に対処するのに大いに貢献した人物が、同時に秘教思想に深く染まっていたことは偶然でも何でもない。これはつまり、これらの偉人たちが認めたように、人生というものを科学のように客観的に見るのではなく、可能な限り主観的に見れば、極めて異なるパターンが浮かび上がってくるというのは疑いもない事実だからである。客観的に見た人生は合理的であり、自然法則に従っているかも知れないが、主観的に体験する人生は不合理なのだ。

経験をこのように意識的に裂くことによって、ピュタゴラスは両方の次元についてより明瞭に考えることを可能としたのである。

ピュタゴラスの弟子たちは社会から隔絶し、神秘的法悦と知的分析を交互に行き来するよう教えられた。ピュタゴラスは自ら「叡智を愛する者」すなわち「哲学者」を自称した最初の人間である。だが彼の後に続くソクラテスやプラトンと同様、むしろ彼は今日の大学教授よりも、マギに近い存在だった。弟子たちは彼を畏怖していた。彼は弟子たちに意のままに夢を見せ、また瞬時に覚醒意識を変えてしまうことができると信じられていたのだ。

ピュタゴラスの内陣から閉め出された人々は、彼に殺意を抱いた。彼はキュロンという男を、その無謀で尊大な態度ゆえに、秘儀の学院に入れることを拒否した。キュロンは群衆を煽動してピュタゴラスを襲わせた。彼らはピュタゴラスと弟子たちが集会をしていた建物に押し入り、放火した。中にいた人々は全滅した。

ピュタゴラスの時代、別の地域に、二人の哲学者がいた。ギリシアのヘラクレイトスと、中国の老子である。いずれも束の間、歴史の表舞台に現れ、人生の不合理な次元を合理的に定義しようとした。

万物は流転する、とヘラクレイトスは言う。

話によれば、孔子が老子の所へ行って、秘儀伝授を求めた。老子は彼の阿った態度と思い上がった野心を嘲笑し、追い返した。作り話かもしれないが、これは儒教と道教が各々中国における顕教・秘教を代表しているという重要な真実を指摘している。

孔子は長年の間、中国の伝統的な叡智を収集し、その成果は後の中国の指導者によって統治の手引きとして採用された。

孔子の言葉は極めて合理的である。報酬よりも仕事自体を重んじよとか、目的に達せねば、目的を変えよ。等々。

孔子はラドヤード・キプリングに喩えることができる。両者とも、帝国の臣下であった。もしも科学的唯物主義が人生にある全てのものを記述するなら、キプリングの詩「もしも」は人生の全てを説明し尽くし、秘教哲学がわれわれに教えるものは何も無くなるだろう。

もしも、お前が自分の気力と神経と体力がなくなってしまった後も、それらを振り絞ることができるのであれば、

そして、それらに『頑張れ！』と言っている意志以外何もないお前が、頑張ることができるのであれば、

もしも、過ちの許されざる厳しい一分を、六〇秒間の全力疾走で長距離走の如く見事に完走できるのであれば、

地球はお前のものだ。そして、その中にあるすべてのものも
そして、お前は男になるのだ、私の息子よ！

問題は、確かに力の限り努力して、決して諦めないことこそが最善である場合もあるが、そうではない場合もあるということだ。オルフェウスが身を以て見出したように、諦めて流れに身を任せる方が賢明であるという時が。時には欲しかったものを手に入れても、こんなはずではなかったと思う時もある。何かを手にするためには、それを手放さねばならないという時もある。老子は言う――

覚者は後退するがゆえに、進む。
棄てるがゆえに、得る。
自己がないがゆえに、満たされる。
静寂は騒がしさを支配する。

ピュタゴラスの死から三〇年後、クセルクセス率いるペルシアの大軍がギリシアを蹂躙した。その後、紀元前五世紀初めにペルシア軍はマラトンの戦いでアテナイに敗れ、次にミカレの戦いでアテナイ＝スパルタの連合軍に敗れた。

ピュタゴラスは、選択肢に対する公論、共同体全体の利益に関わる問題に関する集合的な決断――すなわち、今日のわれわれが政治と呼ぶものを打ち立てた。ここから――そしてアテナイ＝スパルタ連合が創り上げた場で――アテナイというギリシア都市国家の独自の性格が生じてくるのである。

14 ギリシアとローマの秘儀

エレウシス密儀／ソクラテスとダイモーン／マギ・プラトン／大王アレクサンドロスの神性／皇帝とキケロ／マギの擡頭

アテナイ人の中に自由な個人の思考があるなら、スパルタにおいては個人の意志と競争心が発達し、ひたすら強い者を崇める英雄崇拝にまで達した。英雄たちはギリシア文化の開花の場を創った。それは紀元前五世紀に、形態の美と知性の厳格さの中に、今日のわれわれが称讃して止まぬ水準を創り上げたのである。

それが偉大な参入者たちのギリシアである――哲学者プラトンとアリストテレス、詩人ピンダロス、劇作家ソフォクレスにエウリピデス。

ギリシアの秘儀の学院の中でも最も有名なものは、エレウシスにあった。アテナイから数マイルの小村である。彼自身参入者であったローマの政治家キケロ曰く、エレウシス密儀、及びその成果は、アテナイが文明世界にもたらした最良のものを創り上げたと。

「エレウシス」という言葉は「私は来る」を意味する elauno に由来する。すなわち、いわば「私は生じる」である。この聖域には、現在はほとんど何も残されていない――散らばった石と、発掘された数枚のパネルだけだ――だが当時の記録を見れば、灰青色の石造りの、変哲もない外壁があったという。内部には、彩色された神像、女神や麦束、八弁の花の描かれた浮彫があった。ある記述によれば、内陣の天上にあった明かり取りの穴が唯一の光源であったという。

〈小密儀〉は春に行なわれる。浄化儀礼と、神々の物語の上演。ギンバイカを戴き、松明を手にした神像が、歌や踊りと共に練り歩く。その神は生贄とされ、三日間の間、死んでいる。生贄にされた神が死から甦ると、集まった神官や志願者は叫ぶ、「イアコス！　イアコス！　イアコス！」。

これらの儀礼には、明白な性的要素もある。ビザンティンの学者プセロスによれば、海から上がるウェヌスが演じられるのだが、彼女は動く女性器の中から登場する。その後、ペルセフォネとハデスの婚礼がある。アレクサンドリアのクレメンスによれば、ペルセフォネの略奪の様子が演じられ、またアテナゴラスによれば、この奇妙で、暴力的で、ほとんどシュールと言うべき劇において、彼女は額に角を持つ姿で演じられる。おそらくこれは第三の目を表している。

また、乳房の形をした黄金の器から乳を注ぐ儀式もある。ある意味ではこれは明らかに〈母なる女神〉崇拝と関係しているが、より深いレベルにおいては、このような儀礼は死後の生命と関わっているのである。ピュタゴラスによれば、天の川は広大な川もしくは精霊の群と考えられた。星となった死者の霊は、磨羯宮の門から昇天し、諸天球を昇る。その後、巨蟹宮の門を通じて物質世界に帰還する。ピンダロスは言う、「地に葬られる前に秘儀を見た者は幸いである。生命の終わりに何が起こるかを知っているから」。ソフォクレス曰く、「死ぬ前に秘儀を見た者は三重に幸福である。彼らは死後の生命を得る。その他の全てのものはただ苦しむのみ」。プルタルコスもまた、死ぬ者はその時初めて、秘儀伝授を受けた者が既に体験していることを体験すると述べている。

〈大密儀〉は秋分当日またはその頃に行なわれる。九日間の断食の後、志願者はキュケオンと呼ばれる強力な薬を飲む。

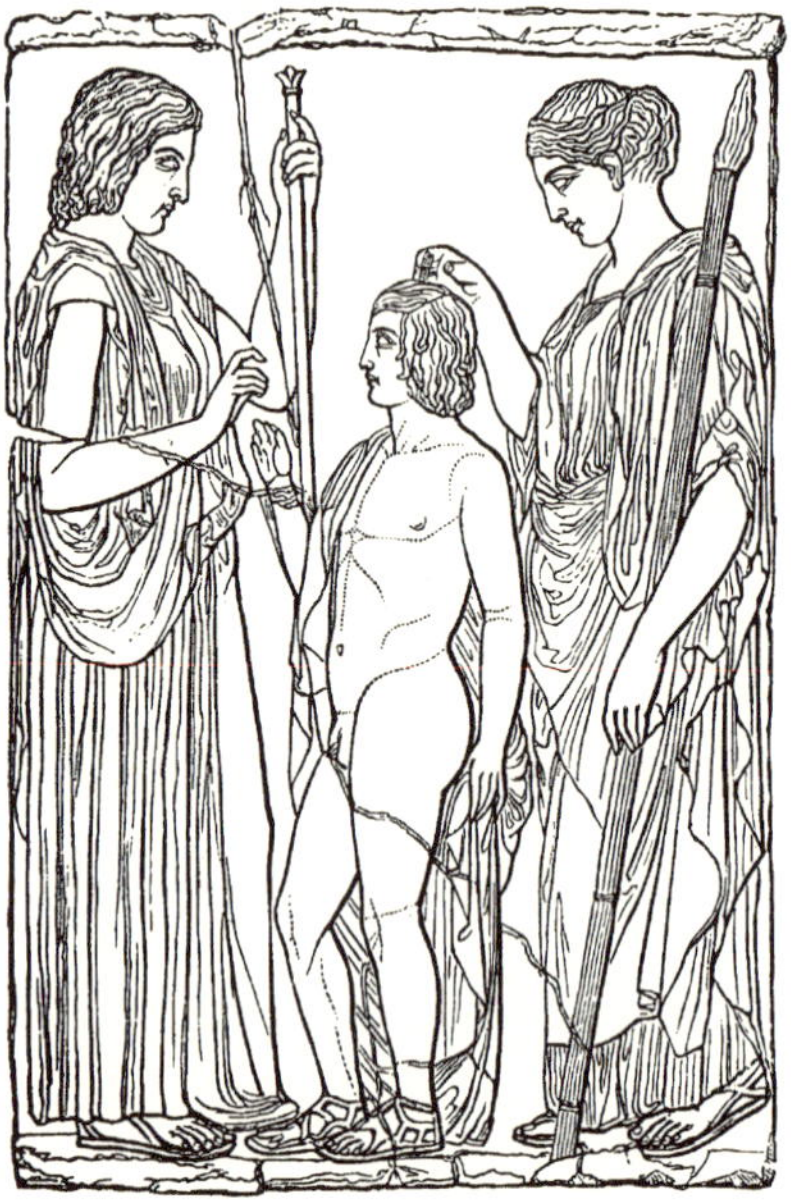

エレウシスの現存するパネル。デメテルと参入志願者の図。

無論、極度の飢餓はそれ自体が幻覚状態を引き起こしたり、あるいは少なくとも幻覚を起こしやすい状態へと導く。これほど長期に亘って断食した後に、志願者は焼いた麦、水、薄荷油の混合物を飲む。これは十分な量であれば、麻酔薬になりうる。

この密儀は、極めて強烈な体験、凄まじい恐怖、そして喜びをもたらすことが知られていた。プルタルコスは、秘儀参入を控えた者たちがあたかもこれから死ぬかのような恐怖を覚えたと記している。そして言うまでもなく、ある意味では彼らは実際に死ぬのである。

〈小密儀〉において、恐るべき超自然の出来事の演技を既に見せられている。そしてこれから、同じ出来事が今度は現実に起ころうとしているのだ。これからそのドラマに参加し、殺されようとしている。ある意味では、本当に死ぬのである！　プロクロスによれば、志願者は「地上のデーモンの大軍の殺到」に襲われるという。この頃には既に高次の霊的存在、すなわち神々をこの濃密な物質界に引きずり下ろすことは極めて困難になっていたが、下位の精霊、例えばデーモンや死霊などは比較的容易だったのである。志願者はデーモンによって辱められ、罰せられ、痛めつけられる。パウサニオスの『ギリシア誌』は、腐った屍体の肉を喰う、蠅のような青黒い皮膚を持つエウロノモスというデーモンについて書き記している。

これを文字通りの事実と取るべきか？　先に述べたように、これらの参入儀礼は、ある意味では儀礼と劇であり——ある意味では交霊会であった。デーモンの召喚に薬物が用いられているという事実は——観念論の観点から見れば——必ずしもそれが幻覚であるということを意味しない。インドの地方では今なお、これと同様の儀式が行なわれている。それはブレタやブート、ピサチャ、ガンダルヴァなどの下級霊を崇拝するもので、われわれ西洋人なら交霊会の一種と判断するような儀式である。

秘儀の学院では、志願者に正しい霊体験をさせることが重視されていた。それは観念論の哲学においては、本物の霊体験なのである——最初はデーモンや死霊、次に神々。

勿論、紀元前五世紀頃には、神が肉体無しに直接影響を及ぼすこと、例えば重いものを動かすなどは困難となっていた。だが参入者である神官が、生贄の炎から出る煙に呪文を唱えると、時にはそこに神の顔が現れることがあった。一八世紀後半の神智学者カール・フォン・エカルツハウゼンは、神の出現を引き起こす最も効果的な煙を書き記している——毒人参、ヒヨス、サフラン、アロエ、阿片、マンドレイク、サロルム、芥子粒、阿魏、パセリである。

ギリシアの名を高らしめている、実物そっくりの彫刻もまた秘儀の学院から生まれたものだ。その元来の機能は、神々を地上に降ろすことだった。

既に述べたように、それ以前のエジプトやシュメールでも、彫刻は神をそこに憑依させ、それを肉体として住まわせ、命を与えることを意図していた。エフェソスのアルテミス像の前に立てば、〈母なる大地〉が大樹のように目の前に姿を現す。あたかも宇宙の植物的基盤の中に吸収されたかのように感じ、光の波から成る大洋を感じ、それと一つになったかのように感ずるだろう。

彫刻は呼吸し、動くように見えた。時にはそれに話しかけられることもあると言われた。

何度も試みた後に、優秀な志願者は最高天まで昇ることを許される。そこは光と音楽、舞踏の洪水である。ディオニュソス——バッコスもしくはイアコス——が、美しく放たれる光の中に現れる。雄弁家アリステイデス曰く、「神が直ぐ傍まで来て、それに触れたと思った。私は夢と現の間にいた。私の霊は軽かった――その軽さは、秘儀伝授を受けていない者には想像もできないだろう」。この霊の軽さは、体外離脱体験を意味している。そして密儀の頂点において、神々が光の霊体のような、エーテル的な植物体を纏って現れることもあるという。

つまり、秘儀伝授の過程は、霊は肉体の外に生存しうるという、直接的体験に基づく否定しがたい知識を授けるのである。そしてこの間、志願者は霊の中の霊、神の中の神となる。新たな参入者が日常的な物質界に「生まれ変わった」時、参入者として戴冠された時、彼は神のような知覚と、事象に影響を及ぼす力を身につけている。

すなわち、秘儀伝授とは一種の神秘体験である。だがピュタゴラスの事例で見たように、ここには実際的かつ科学的な知識もまた含まれている。秘儀伝授の後、神官は新たな参入

秘密結社特有の逆しまの、裏表の教義では、ギリシア人が史上初の完璧な人体の彫刻を生み出したのは、この時代において初めて、人体が完璧に形成されたからである。ギリシアの肉体崇拝は、完璧な形態という新鮮な体験から生じたものである。

者がたった今体験したばかりのことを説明するために、〈解釈の書〉と呼ばれる二枚の石板の本に記された奥義を説く。物質界と肉体の成立の次第、及びその両者が霊的世界に導かれている次第が説き明かされる。その補助として神官は象徴を用いる。例えばテュルソスである。これは葦製で、時には七つの結節があり、先端に松毬が付いている。また、「ディオニュソスの玩具」もある——黄金の蛇、男根像、卵、「オーム」という音を出す独楽。キケロによれば、これらを理解できれば、隠秘学の秘儀は宗教よりも自然科学であることが解るという。

この教えには、予言的な要素もある。エレウシスの最後秘儀伝授では、志願者は沈黙の内に緑の麦の穂を見せられる。

当然ながら、あるレベルにおいてはこの密儀は豊饒を祈る農耕儀礼である。だが別のレベルでは、これは魂の収穫を表している。

この麦はスピカ、すなわち処女宮の女神の左手にある聖なる種子である。言うまでもなく、これはエジプト人がイシスと呼んだ女神だ。彼女が手にする麦は、大宇宙の「播種期」を待望している。この麦は最後の晩餐のパンとなる。これはイエス・キリストの植物体の象徴であり、また植物的次元すなわち変性意識状態の象徴である。秘教的キリスト教によれば、われわれは全員、そこで彼に会うために、自らその状態にならねばならない。

ここでもまた、宇宙の植物次元が秘教思想の焦点となっている。プラトン哲学における魂体、すなわち肉体と動物霊体の媒介物である。物質界を後にして霊的世界に入るためには、この植物次元がわれわれの〈大作業〉の主題となる。

霊体が事象に影響を及ぼす手段はそれだけではない。

ヘルメスの杖「カドゥケウス」は、2匹の蛇がまとわりついた竿である。テュルソスはカドゥケウスの表現であり、おそらく茴香のような中空の茎から作る――これによってプロメテウスは火を地上にもたらし、人類を啓明した。秘密の聖なる火が隠されたテュルソスは、インドの隠秘生理学に言うスシュムナ・ナディである。この茎の先端には、松果体を表す松毬がある。

現存するソクラテスの胸像を見れば、彼の人相の強烈なサテュロス的容貌に驚くだろう。

秘密伝統によれば、ソクラテスは前世においてセイレノスの肉体を持った大霊であった。

ソクラテスは彼のダイモーンについて語っている。これは彼の人生を導いた善霊である。今日ではこれは耳慣れない概念かもしれない。だが以下に述べる、現代におけるダイモーンに関する話は示唆的である。これはロシアの秘教哲学者P・D・ウスペンスキーの弟子の回想である。ウスペンスキーは二〇世紀の数多くの大作家や芸術家に絶大な影響を及ぼしたことで知られる。例えば詩人で劇作家のT・S・エリオット、建築家フランク・ロイド・ライト、芸術家カジミル・マレーヴィチ、ジョージア・オキーフなどがいる。

さて、弁護士であるこの弟子はウスペンスキーの講義を聴くためにロンドン西部のとある家へ行った。帰路、彼は訳が解らなくなり、あれこれ疑念を抱いた。だがそうしている内に、彼の中の声が言った。「彼との関わりを絶てば、死ぬまで後悔することに

㊤古代世界におけるスピカの重要性は、それが有名なデンデラの星図に登場するシリウス以外の唯一の恒星であるという点に現れている。当該の箇所をここに示す。巨大な宇宙輪は、スピカ以外の全ての星を研磨する。スピカだけはその輪の外部にあってこれを免れる。　㊦セイレノスとソクラテス。宝石彫刻。

なるだろう」。いったいこの声はどこから来るのだろうと彼は訝った。

遂に彼はその答えをウスペンスキーの教えの中に見出した。それは彼の高次の自己だったのだ。彼自身が受けている秘儀伝授の過程の重要な目的の一つは、この声を常に聞くことができるように、意識を変えることにあったのである。

ソクラテスはこのようにして自らの良心に導かれていたのだ。彼は低次の動物的自己の本能的叡智を概念に転換するという重要な計画を担っていた。そして彼の哲学はピュタゴラスのそれと同様、単なる学問ではなかった。それはまた人生哲学でもあったのだ。彼によれば、あらゆる哲学の目的は、死に方を教えることである。

秘儀の学院の内部にすら、ソクラ

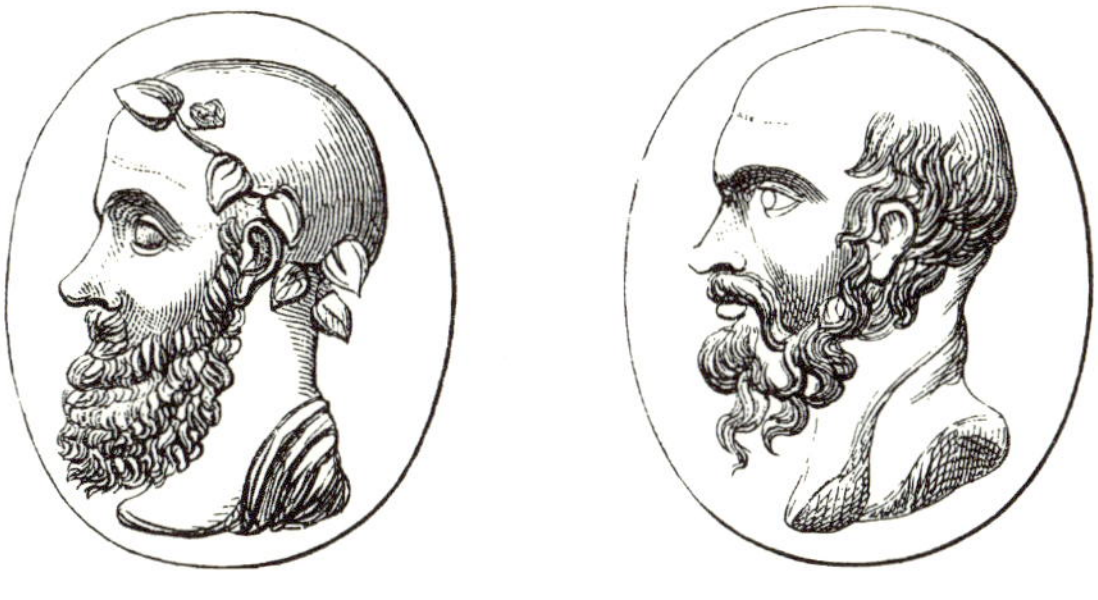

アイスキュロスの死。宝石彫刻。アイスキュロスはエレウシスの神官の息子である。彼はエレウシス密儀の秘密を戯曲化したとして死罪に問われたが、自分は参入者ではないとしてこれを逃れようとした。だがこの時、非常な高空から鷲が彼の禿頭に石を落とし、殺してしまった。多くの者はこれを神罰と解した。

テスが秘儀参入者か否かという議論がある。

アテナイの若者たちを堕落させ、神々を信じていないと非難されたソクラテスは、毒人参を仰いで自殺した。自らを死に追いやった者たちを咎め立てすることもなかった。

自殺を拒むという誓いは、秘儀参入者の誓約の中でも最も恐ろしいものであったはずなのだ。

宗教が人類史に対して否定的な、あるいは破壊的な影響をもたらしたというのはよく言われることだ。宗教戦争、異端審問、科学的思考の抑圧、封建的な姿勢などは常々指摘される。だが、人類の文化の精華ともいうべきものは秘儀の学院にその起源があり、それは古代世界において、組織宗教の中心にあったということを思い起こさねばならない。彫刻や演劇のみならず、哲学、数学、天文学も、そして政治学や医学も、この宗教機関から生じたのである。

特に秘儀の学院が影響を与えたのは、意識の進化である。

一般的な歴史では、意識の進化が云々されることはない。だがまたしても、ギリシア演劇の変転に目を向ければ、その実際を目の当たりにするのである。秘儀の学院の外で作品を演じた最初の劇作家であるアイスキュロスとソフォクレスの演劇では、悪業は最終的に、エリニュスやフリアイと呼ばれる羽の生えたデーモンによって罰せられることになる——例えば、紀元前四五八年のアイスキュロスによる『オレステイア』を見よ。それが紀元前四二八年のエウリピデスの演劇『ヒッポリュトス』では、この叱責者は内面化され、名前が与えられている。「人生の全ての試練に耐え抜くものが一つある——内なる良心である」

一般的な歴史では、人々は昔から、常に良心の痛みを感じてきたとされる。この見方からすれば、エウリピデスは単に、それに名前を与えた最初の人間に過ぎない。だが秘教伝統の、裏表で逆しまの考え方によれば、この時以前の記録には良心なるものが全く存在していない理由は、エレウシスの密儀こそが良心という人間の経験の新たな次元を生み出したからであるということになる。

偉大な舞台芸術を見れば、われわれはしばしば、一般に言われていることとは別の感じ方をするということが解る。それはわれわれに新たな在り方を——感じ方、考え方、思い方、解り方を示す。ソール・ベロウの言葉を借りるなら、それは人間の条件を少し広げるのだ。

ギリシア演劇を見る者は、カタルシスによる浄化を受ける。ギリシアの劇作家は、観衆に秘儀参入の体験に似たものを与える。そして彼らの創作は、基本的に秘儀参入者たちの人間理解に基づいている。われわれの動物体は堕落した。それは硬直し、甲殻のようなものになった。だがわれわれはその甲殻を快適に感じるようになった。寧ろそれに頼るようになった。だが、われわれの安楽な、日向ぼっこをするような生活は、流血と拷問、盗みと不正によってのみ可能となったものである——心の奥底では、われわれはそれを知ってい

仮面の俳優像。アリストファネスは『蛙』において秘儀を諷刺した。悲劇がこの世におけるサタンの謀略の劇化なら、喜劇はルシファーの謀略の劇化である。

る。ゆえにわれわれの心の奥底には自己嫌悪があり、そのためにわれわれは今この時を十全に生きることができない。人生を心ゆくまで生きることができないのだ。秘儀参入の苦痛に満ちた過程によって、この昆虫のような甲殻を切り開くまで、われわれは本当に愛し、愛されることはできないのである。その時まで、われわれは人生が何なのかを知ることはない。

秘儀参入の体験に基づく偉大な悲劇――例えば『オイディプス王』や『リア王』――を見る時、われわれはその過程の残響を摑まえるかも知れない。

ギリシア人の思想の中には理解し難い、受け入れ難いものがある。一方、一見したところでは当たり前で陳腐過ぎ、わざわざ口にする価値もないと思われるようなものもある。ピュタゴラスが言ったという言葉の中に次のようなものがある。

万事に先立ち、汝自身を敬え。

そして

誘惑に屈する者は、自分自身に対して不正直であると認めよ。

何ゆえにこれらの言葉が挑発的で、仰天すべきものであり、世界を揺るがし、世代を超えて受け継がれてきたのかを理解するためには、それが自己という感覚が生まれつつあった時代の言葉であることを念頭に置かねばならない。

同様に、ソクラテスもこう述べている――

人生について考えぬ者は生きる価値がない。

彼が語りかけていた相手の人々は、この時点まで、自分の人生について考えるというような抽象的な思考能力を持たなかったのだ。これは世界に対するソクラテスからの大いなる贈り物なのである。

ソクラテスが死ぬと、その弟子であるプラトンがギリシア哲学の指導的地位に就いた。

プラトンは紀元前四二八年に生まれた。体系的に文字を習った最初の世代である。彼はアテナイのアカデモスの墓である庭園に、アカデメイアを創設した。

彼の『対話篇』は、本書の中心テーマである観念論と呼ばれる精神先行型の哲学の最大の宣言である。秘史においては、この時代まで、全ての人間が世界を観念論的に理解していた。万人の意識形態は、観念は物体よりも高次の現実であることを信じて疑わないものだった。万人が何も考えず、本能的にこれを信じていたのである。偉大な参入者たちにとって、観念論的な世界観を概念化し、体系的な術語で書き記す必要が生じたのは、人々の意識が発達して、その正反対の見方を抱くことができるようになった段階以後のことである。プラトンの弟子であるアリストテレスはさらなる哲学的飛躍を成し遂げた。それは今日の支配的な哲学である唯物論へと到るのである。

プラトンの観念論は、われわれにとっては誤解を受けやすい。もしも物質界がわれわれの精神の過程から生じたのなら、何かを考えるだけで、極めて明確かつ直接的にそれを操作することができるはずである。実際、もしも世界が単なる巨大ホログラムに過ぎないのであれば、スイッチを切ればたちどころに消滅するのだろうか？　英語圏における最も有力な観念論哲学者バークリ司教の『人知原理論』では、物質は知覚から独立して存在することはできないという観念論が提唱されている――そしてこれは、英米の大学の哲学科の学生たちに最もよく知られた観念論である。

　とは言うものの、歴史的事実として、観念論を信じた歴史上の人々の圧倒的大多数がそのように考えていたわけではない。既に述べたように、これらの人々は世界を観念論的に体験していた。想像するという能力は、ちょうどその頃発達し始めたばかりの思考するという能力よりも遥かに強いものだったのだ。彼らは、想像の対象は感覚の対象よりも遥かに現実的であると信じていた――とはいうものの、それは必ずしも、後者が完全に非現実であるという訳ではない。

　人生哲学としての観念論を信じていた歴史上のほとんどの人は、物質は歴史的な過程を経て精神から生じたと考えていた。その過程は膨大な時間を掛けて、徐々に起こったのである。同時に彼らは、ホログラムは確かにスイッチを切ることはできるけれども、そのためには再び膨大な時間を掛けて徐々に行なう必要があると信じていた――そして今も信じている。

　今日の大学生は観念論の是非を論じながら、おそらくわれわれがして来たように、プラトンのイデアを神や天使と同一視することに抵抗を覚えるのではないだろうか。両者を関連づけることは、現代人の感覚からすると、素朴な擬人化に過ぎないように見える危険がある。

だがこれもまた、歴史的事実として、人生哲学として観念論を信じた人々は、常に精霊や神々や天使を信ずる傾向があったのである。

　世界を織り上げる大いなる宇宙的思考、事象の見かけの背後にある活性成分について考える時、それらをどの程度まで自分と同じ意識的存在であると考えて良いのかという疑問が湧く。キケロやニュートンのような観念論者は、ニュートンの用語を使えば、このような「知性体」は単純に非人格的でもなければ、また単純に人格的でもないと考えていた。キケロもニュートンも単純な多神論者でもなければ、単純な一神論者でもない。彼らは人生には意味があると考え、宇宙を意味あるものとして体験していた。つまり彼らは、何かしら人間に似た性質、実際には人間の意識に似たものが、宇宙の構造の中に組み込まれていると信じていたのだ。

そして何より決定的なことに、秘密結社の参入者たちは、秘儀の学院の参入者たちと同様、変性意識状態においてこれら不可視の知性体と遭遇していたのである。近代における観念論者の感覚を最も明瞭に書き記したのはゲーテであろう。彼は、計測したり眼で見たりすることはできないが、自然界との生きた繋がり、そして他者との生きた繋がりが存在するという感覚を叙述している。そしてまた決定的なことに、彼は全てを繋いでいる大いなる普遍霊についても書き残している。ニュートンが「知性体」と呼んだものを、ゲーテは「母たち」と呼んでいる。

私たちは、みな神秘の世界をさまよっている。私たちは、まだ未知のある雰囲気に包まれている。その中には、何かが動いているな。そして、私たちの精神は、それと何らかの関係を持っている。おそらく、特殊な状態にある時に、われわれの魂の触覚が、肉体の限界を乗り越えて、近い将来に対する予感、いや真の透視を起こすことは、確かだろうよ。……一つの魂は、黙って顔を合わせているだけで、他の魂に明瞭な影響を与えることができる。これについては、私も、いくつかの例を挙げられるよ。仲の良い知人と一緒に歩きながら、何かをありあり思い浮かべていると、彼がすぐ私の頭にあるとおりのことを語り始める。こんなことは、私にもしばしばある。私の知っているある男は、一言も言わないで、ただ念力だけで、賑やかにお喋りをしている仲間を、ぴたりと黙らせることができた。……われわれは、誰しも自分の中に電力や磁力のようなものを備えている。そして、……磁石のように、引力と斥力を働かせるのだね。……恋人たちの間では、例の磁力がとりわけ強いので、とても遠いところまで作用が及ぶのだね。私が青年時代にひとりで散歩したりしていると、恋しい娘に無性に会いたくなり、じっと娘のことを考えていると、本当に彼女が私のところへやって来たようなことが実によくあったな。「部屋にいても、落ち着いていられず」と彼女は言うのだった、「ここへ来ずにはいられなかったのですわ」とね。

ゲーテはさらに、このような現象の基盤にある生きた繋がりに言及する……

このように永遠の薄明と孤独に耐えながら、母たちは創造する存在であり、創造し保持する根源であり、地表に形態と生命を持つものはすべて、そこから発生する。息絶えたものは、霊的存在として、彼女たちのもとに回帰する。そして再び新しい生命を与えられる機会が訪れるまで、彼女たちの守護を受ける。過去に存在したものと、未来に存在するであろうものの、すべての魂と形態は、彼女たちの住処の無限空間のなかを、雲のようにあちこち漂い、母たちを取り囲んでいる。だから、魔術師も、魔術の力で、ある生き物の形態を支配し、かつて生きていたものを呼び出して仮の生命を与えようと思うならば、彼女たちの住む国へ行かねばならないのである。

紀元前五世紀、アテナイとスパルタは覇権を賭けて争った。紀元前四世紀には両国とも、強壮なフィリッポス二世のマケドニアに取って代わられた。プルタルコスによれば、フィリッポスの息子アレクサンドロスは紀元前三五六年、エレウシスの神殿が一人の狂人に放火された日に生まれた。

各々の秘儀の学院はそれぞれ個別の叡智を教えている。ゆえにモーセもピュタゴラスも複数の学院に参入したのである。エレウシスの神殿にあった秘儀の学院の神官たちは、〈母なる大地〉の秘儀、自然界を形作る諸力を教えていた。ある意味で、この学院の精霊が生まれたばかりのアレクサンドロスの中に入ったのである。

ある日、燃える眸と獅子のような鬣を持つこの美少年は、フィリッポスの将軍らが跨ることすらできなかった荒々しい悍馬ブケファロスを手なずけてしまった。

フィリッポスはこの子の教育係として当代髄一の賢者を捜し求め、プラトンの最も偉大な弟子アリストテレスに白羽の矢を立てた。アレクサンドロスとアリストテレスは、互いに相手を同じ魂を持つ者同士と認識した。

プラトンが観念論を正式かつ概念的に表明して以来、その反対側のものを速やかに公式化することは不可避となった。アリストテレスは、世界に対する真実を非物質的・普遍的原理から導き出す代わりに、物質世界のデータを集め、分類した。彼は抽象化の過程によって物理法則を解明した。つまりアリストテレスは、自然を形作る秘められた力を記述する、全く新しい、近代的な方法を発明したのである。よく言われるように、ローマ帝国はキリスト教の布教のための手段を提供した。同様に、アレクサンドロスは当時、史上最大の帝国を創り上げた。この大帝国が、アリストテレスの哲学を普及させる手段となったのである。

フィリッポスは息子が二十歳の時に暗殺されたが、間もなくアレクサンドロスは天才的な統治者・不敗の司令官として頭角を現した。紀元前三三四年、彼は軍を率いてアジアに侵攻し、イッソスの戦いにおいて、数の上では十倍を上回るペルシア軍を破った。次に彼は南進してシリアとフェニキアを征服、さらにエジプトを平定してアレクサンドリアを築いた。どこへ行っても彼はギリシア型の都市国家を作り、ギリシアの政治と哲学を広めた。

アレクサンドロスの使命の一つは、プラトンやエウリピデスらの参入者が造り上げた新しい意識を、より富強で壮麗なアジアの大国から守ることであった。細かく言えば、新たな合理精神を、古代の儀式的・視覚的意識から守ることであった。

紀元前三三一年、アレクサンドロスは再びペルシアを破り、古都ペルセポリスを破壊した後、さらにアフガニスタンに侵攻し、遂にインドに至った。そこで彼は婆羅門の哲学者、すなわち聖仙たちの末裔と論争する。婆羅門の神聖な参入儀礼の見学を許されたアレクサンドロスの神官たちは、それが彼ら自身のものに極めてよく似ているのに仰天する。

話によれば、アレクサンドロスは一人のギリシア哲学者を遣いとして送り、婆羅門の導師を招聘する。応じれば莫大な報奨を与えるが、断れば首を切るというのである。哲学者はついに森の奥に件の婆羅門を見つけ出すが、次のように言われてしまう。「婆羅門は死を恐れず、黄金を欲しない。われわれは森の葉の上で深く安らいで寝る。何かを所有すれば、眠りが妨げられるだけだ。われわれは何者にも妨げられることなく、地上を自由に行く。必要なものは全て、子が母から授乳されるように、与えられる」

アレクサンドロスがこのような拒絶を受けるのは滅多にないことだった。事実、その人生の終わり近くまで、彼の邪魔をする者はほとんど誰一人いなかったのである。歴史上稀なことだが、一人の人間が、全世界を意のままにし得たのだ。

既に述べたように、アレクサンドロスの全生涯はこの聖なる力の根源を理解しようとする探求の旅だった。伝承によっては、彼はペルセウスやヘラクレスの末裔であるとされる。アリストテレスはアレクサンドロスにホメロスの『イリアス』を与えた。彼はこれを暗唱し、時に自らをアキレスのような半神と見做すこともあった。紀元前三三二年、彼はエジプトのメンフィスから西へ五百マイルほどの所にある砂漠のオアシス、シーワにあるアムン神殿に出掛けた。この旅の途上で彼はほとんど死に掛けたと言われているが、これは

「秘儀的死」のことかもしれない。確かなのは、彼はそこの神官に「認められ」、秘儀伝授を受けたということだ。

一説によれば、神官はアレクサンドロスがアムン＝ゼウスの息子であると告げたという。以後、彼が身につけることになる儀礼用の角はこのことを示している。彼が征服したいくつかの国では、彼は角のある人間と見做されていた。『コーラン』には、彼はズル＝カルナインとして登場する。これは「二本の角を持つ者」の意味である。だが秘史によれば、この角は既に述べたとある狩人の角であり、激しく愛し合っていたギルガメシュとエンキドゥの二人は、エンキドゥの不慮の死によって引き裂かれてしまうが、アレクサンドロスとアリストテレスとして転生し、再び巡り会ったのだという。

僅か三十三歳の時、アレクサンドロスはバビロンの城門に入るなというこの地の占星術師たちの警告を無視する。二週間後、彼は熱病のために死んだ。その後間もなく、アレクサンドロスの大帝国は彼個人の磁力によってのみ維持されていたのだということが明らかとなる。

仏教は紀元前二〇〇年頃、世界初の布教・宣教する宗教として登場した。それ以前は、人々がどの教えを信ずるかは、人種や部族によって予め決まっていたのである。今や人間は変わりつつあった。非参入者にとって霊的世界はぼんやりした幻となり、よく判らない、不確かな痕跡しか残さないものとなってしまった。ピュタゴラス、ソクラテス、プラトン、アリストテレスらの影響により、人々は演繹的・帰納的思考能力を発達させつつあった。彼らは議論の双方の意見を比較考量して判断することができるようになった。

紀元前一四〇年までに、世界の首都、思想の坩堝となっていたのはローマだった。市民は自ら多くの異なる宗教体系の中から選択できるようになっていた。国教である星神崇拝、エジプトの新宗教であるセラピス崇拝、エピクロス主義、ストア派、逍遙学派、そしてペルシアのミトラ教。仏教僧とヒンドゥ教の婆羅門も

スイスの画家アンリ・フューズリ描くウェルギリウス。ウェルギリウスは偉大な秘儀参入者にして詩人であり、ローマ帝国の創建と運命を歌った。『アエネイス』（748 － 51）は、輪廻転生の教義を暗示する。千年が巡り来た時、霊は「肉体への回帰を望む」という。

また間違いなくアレクサンドリアに来ていた。

歴史上初めて、これらの宗教体系のどれかを選ぶことは、個人の選択の問題となったのである。

人々は霊験あらたかなものを選んだかも知れないし、あるいは自分が信じたいものを選んだかも知れない。つまり、ローマ帝国の支配の擡頭と共に、われわれは紛い物の信仰、犬儒哲学、そして感覚を意識的に開拓する時代に到達したのである。それは人間にとって全く新しい体験であった。

ローマと言えば、その洗練と壮麗のみならず、その偏執狂ぶりも特筆される。ペリクレスのギリシアと皇帝たちのローマを比較すれば、後者には虚仮威しのような壮麗さ、煙や香や鐘を使う複雑でおどろおどろしい儀式が思い浮かぶ。それはかつて、人々を催眠に掛けてバアルに服従させたのと同じ装置である。今やそれは民衆を催眠に掛け、自己中心的な奇人に過ぎない支配的エリートを神と信じさせるために用いられるのだ。

皇帝たちは、自らを参入させるよう秘儀の学院に強制した。その過程で彼らは、古代の秘儀の教えが太陽を神としていることを見出した。

ユリウス・カエサルは、その〈太陽秘儀〉の教義ゆえに、ドルイドを殲滅した――彼らは太陽神が間もなく地上に帰還すると教えていたのだ。同様に、アウグストゥスもまた占星術を禁じた。それを信じていなかったためではなく、占星術が天空の徴に読む内容が恐ろしかったからである。人民が時の徴を読むことができなければ、彼は自らが太陽神であることを彼らに信じ込ませることができるだろう。自ら参入者であったカリグラは、夢の中で月の精霊たちと交流することができた。だがその参入は権力で勝ち取ったものであり、適切な準備を経たものでもなかったため、彼はそれらの正体を見極めることができなかった。カリグラはユピテル、ヘラクレス、ディオニュソス、アポロンらを自らの兄弟と称し、時には神のような壮麗な衣装を纏って人々の前に現れた。ネロの狂気の治世が頂点に達したのは、結局自分が太陽神でも何でもないということに気づいた時である。彼は自分よりも偉大な存在を認めるよりも、全世界を灰燼に帰すことを選んだのだ。

アプレイウスの『黄金の驢馬』は、ローマ時代における秘教文学の傑作である。そこには精霊に関する素晴らしい物語が含まれている。『クピドとプシュケ』には、好奇心の危険に対する、よく知られた陳腐な警告が描かれているが、同時にまた、秘教的・歴史的な意味のレベルも含まれている。

プシュケは美しく無垢な少女である。彼女に恋をしたクピドは遣いを送り、真夜中に丘の上の宮殿に来るようにと言う。つまり彼女は神と性交するのである！　だがそれには一つの条件がある。その性交は完全な暗闇の中で行なわねばならない。プシュケは自分が神と愛を交わしているのだと信頼せねばならない。

だが彼女の姉はこれを嫉み、妹を嘲って言う、おまえの相手は美しい童神なんかじゃない、おぞましい大蛇だよ。ある夜、遂にプシュケは我慢できなくなり、クピドが射精して寝ている間に、ランプで彼を照らす。それが輝くばかりに美しい若い神であったのを見て彼女は喜ぶが、この時ランプの油が落ちて、彼は目を覚

クピドとプシュケの物語を含む『黄金の驢馬』は美しい書物であり、秘儀参入者の手によって、ラブレーを先取りする軽妙な調子で書かれている。だがそれはまた、文学作品たることを意図したものでもある。そこには古代の秘儀の学院の、厳めしい一枚岩的な忠節はもはや無い。

ます。以後、プシュケは二度と彼と会うことは無くなる。

　この物語に含まれた二重の意味とは、次の通りである――この神は実際におぞましい大蛇なのだ。これはネフィリムの歴史であり、人間の中に獣欲という蛇が入り込んだ歴史である――ただそれを人間の視点から見ているのだ！

　秘儀の学院は堕落しつつあった。既に見たように、南イタリアのバイアで発掘された秘密の地下道と落とし戸は、それが超自然的な体験であると参入者に思い込ませるための仕掛けである。麻薬の煙の立ちこめた暗闇の中で、薬物による幻覚状態の参入者の前に、神々に扮装した神官たちが姿を現すのだ。ロバート・テンプルは、このような後期の、頽廃した時代の参入儀礼を再現している。それらは主として不気味な特殊効果によるものである。中には現在のお化け列車のような人形仕掛けまである。お化け列車との違いは、儀礼の最後に再び日光の下に出て来た時、神官から質問を受けたことだ。この時、彼らの幻覚を寸毫の疑いもなく信じていない限り、志願者は本当に殺されたのである。

ローマの真摯な人々、真の参入者は、公式の宗教から独立した、さらなる闇の学院へと隠棲した。ストア学派は当時の秘教的衝動の外的表現となり、知的・霊的進化の成長点となった。共にストア学派と深く関係していたキケロとセネカは、政治的指導者たちの病的な利己心を和らげようとした。人類はみな兄弟であり、奴隷は解放されるべきである、と彼らは説いた。

キケロは上品で洗練された人物で、ローマ帝国における有力な改革派だった。彼はエレウシスにおける秘儀伝授を、自分自身の人生を変えた重要な体験と見做していた。それによって彼は、「喜びに満ちて生き、希望に満ちて死ぬ」ことを教えられた。

キケロはカネで買える神に対する平民の虚しく迷信的な信仰を疑いの目で見ていたのかもしれないが、少なくともそれにには寛容だった。彼は神話の中のこれ以上もないほど馬鹿げた話ですら、隠喩として解釈しうると述べている。『神々の本性について』において彼は、宇宙の主導者に関するストア学派の観念を情熱的に開陳している。それは地上で植物を繁茂させ、動物に感覚と運動を与え、自らにとって良きものを求める理性に近い本能を与えた力である。この宇宙の主導者こそ、人間に「理性それ自体と、他ならぬその神々に向かおうとする高次の知性」を与えたものである。これらの神々は、われわれ自身のような肉体を持つと考える必要はない。「この上もなく玄妙な、美しい形態を纏っている」。さらにまた、「彼らのいと高き、内なる目的は、星々の運行に読み取ることができる」。

ローマの政治的陰謀に巻き込まれたキケロは、ストア学派らしく、潔くその首を百卒長の剣の前に差し出した。

セネカもまた、ストア学派の宇宙的親和力を信じていた――そして達人は自らの目的のためにこの親和力を操作することができるということも。彼の戯曲『メデア』はおそらく、当時の黒魔術師が行なっていた本物の魔術儀式をそのまま引用している。主人公メデアは、その強烈な憎しみの力を向けることによって、星々の位置さえ変えることができた。

この〈脱魔法の時代〉において初めて、神々など存在しないのではないかと考えることが可能となった。知的エリートの中ではエピクロス派が、最初の唯物論的・無神論的哲学を形成しつつあった。残されたのは最下位の精霊、すなわち死霊やデーモンに対する信仰のみである。当時の文献、例えば新約聖書の福音書などを見れば、世界にはデーモンが満ち満ちていたと記録していることが判る。

知的エリートが無神論を弄んでいる一方で、人々は先祖返りのような隠秘学に手を出していた。それはデーモンなどの低次の霊が、血の供儀の臭いに惹き付けられるという性質を利用したものである。

エルサレム神殿の大祭司の法衣には小さな鈴が付けられていた。闇に潜むゴブリンがその音を聞いて身を隠すようにである。神殿には巨大で複雑な排水機構が備え付けられていた。毎日何千ガロンも流される犠牲の血に対処するためである。

世界中で、人々はますます自暴自棄の手段に頼るようになっていった。プルタルコスが人身御供に反対しているのは、ある意味では、それが一般的に行なわれていたことを示している。

南アメリカでは、奇怪なパロディにおいて、一人の黒魔術師が十字架に架けられた。

15

太陽神の帰還

二人の幼児イエス／宇宙的使命／南アメリカの磔刑／マグダラのマリアの神秘の結婚

パレスティナは、歴史上の極めて重要な転換点に達していた。神々はもはや、物質界の「その辺に」存在するものとして体験することは無くなっていたので、太陽神、すなわち〈言〉が地上に降臨することが必要となった。間もなく述べるが、彼の使命は人間の頭蓋骨の中に、内なる生の種子を植え付ける事であった。それは霊的体験の新たな劇場となろう。この播種によって、われわれは今日の誰もが心の内に持つ、「内なる空間」の感覚を得ることになる。

宇宙的計画によれば、人間の霊は個別性を獲得し、自由に思考し、愛する相手を自ら選択せねばならない。その条件を整えるため、物質は濃密化し、各個人の霊は最終的にその頭蓋骨の中に孤立した。人間の思考と意志はもはや、千年前のトロイア攻城の際のように、神々や天使や精霊に支配されることが無くなった。

だが、この進化は危険も伴っていた。人類全体が霊的世界から切り離されるのみならず、人間が互い同士で完全に切り離されてしまう危険もあったのだ。

これは重大な危機である。人々はもはや、自分を霊的存在であると感じない。なぜなら人間の霊性は完全な消滅の危機に瀕していたからである。部族や家族を結びつける愛、狼の群を結びつけているような本能的で心的な血への愛は、新しく硬化した頭蓋骨の中で、そして新しい街や都の中で、弱まっていた。

各個人の自己同一性の感覚の発展を追う過程で、われわれは既にモーセの律法に触れた。共同生活に厳密に適用される掟、眼には眼を、歯には歯をである。また、仏陀が説いた生きとし生けるものの全てに慈悲を持てという教えも見た。いずれの伝統も、個人の修業と成長の道としての道徳的義務の始まりである。そして今、ローマのストア派は、権利と義務という形で各個人に法的・政治的立場を与えた。

だが皮肉にも、各個人の自己同一性が形成されたがゆえに、人生は生きるに値するという感覚は大きく損なわれたのである。コロッセウムの血の池はそのような価値観を何一つ示さない。ましてや、各個人の人生の聖性をや。

エッセネ派の指導者イエズス・ベン・パンディラは清浄と普遍的な共感を説いたが、それはこの世からの完全な隠遁を目指す運動の視点からである。ストア派は責任を教えたが、彼らにとってそれは喜び無き義務だった。「未来に心煩わすこと勿れ」とストア派の哲人皇帝マルクス・アウレリウスは言う、「その時が来れば、現在に対処する理性という武器で、粛々と対処すればよい」。倦怠に満ち満ちた言葉である。

人類は苦しみの潮流に引きずられていると感じていた。誰かが「我と共に来たるべし、汝ら重荷を負える者よ、汝に休息を与えん」と言ってくれるのを切望していたのだ。

エレウシスの至聖所において志願者は緑の麦の穂を示され、「播種」を待てと教えられた。エジプトの大神殿の至聖所では、志願者は幼子ホルスに授乳するイシス像を見せられた。この第二のホルス、すなわち未来のホルスは、神々の新たな王となり、新たな摂理をもたらすだろう。彼は〈善き牧者〉〈神の小羊〉〈生命の書〉〈真理〉〈命〉と呼ばれる。イザヤは主に到る道を整えよと民に説いた。メシアの到来を予言し、民の罪は清められると約束した。『詩選』第四篇において、ローマの参入者にして詩人ウェルギリウスは神の人、救い主の到来を預言している。「いと高きところよりひとり子が来たる時、黄金時代は甦り……われらの過去の悪徳の汚れは雪がる」

実際、今に伝えられたイエス・キリストの生涯は、彼以前の人々の生涯の継ぎ接ぎのように見えるかもしれない——クリシュナと同様、大工と処女の間に生まれ、誕生日はミトラと同じ一二月二五日、ホルスと同じく東方の星がその誕生を告げ、仏陀と同様に水上を歩いて五千人を養い、ピュタゴラスのように人を癒し、エリシャのように死から復活し、アドニスのように木の上で死に、ヘラクレス、エノク、エリヤのように天に昇った。

福音書のイエスの言葉や行為の中で、何らかの先行者が見つけられないものはほとんど無い。皮肉な考えをする人なら、これを以て彼の生涯が虚構であることの証拠とするだろう。だが秘史においては、これは新たな太陽神の誕生のために全宇宙が緊縮する宇宙的な収斂運動なのだ。

絵画史上の最高傑作であるキリスト降誕図の素晴らしいイメージを見、秘教教義によってそれを読み解けば、世界の秘史の全てがこの瞬間に結実するためにあったことが判るのである。

聖母マリアの中には、イシスの存在を感じ取ることができる。太陽はイエスの星座である双魚宮から昇ろうとしている。この時、反対側の地平線にあるのは処女宮である。曲がった杖を持つ家長ヨセフの中にわれわれが見て取るのはオシリスである——その杖は〈第三の目〉を象徴している。しばしばイエス・キリストが生まれる場として示される洞窟は、今まさに新たな意識という奇蹟が点火されようとしている頭蓋骨である。飼い葉桶の中の赤ん坊は、光り輝くクリシュナの植物体を持っている。雌牛と驢馬は、新たなる双魚宮の時代の前の二つの時代——金牛宮と白羊宮の時代である。マギを導く星は、ザラスシュトラ（「黄金の星」）の霊である。マギの一人は転生したピュタゴラスであり、彼らに秘儀を伝授したのは預言者ダニエルである。牧人たちに誕生を告げる天使は、仏陀の霊である。

秘密伝統は時に、事象が子供のような単純さを持つことを示す傾向がある。

キリストの幼児期の話を収録した二つの福音書、すなわち『ルカ』と『マタイ』の内容は全く異なる、というか矛盾している。そもそもイエスの家系図から誕生の時と場所まで違うし、『ルカ』では聖誕の時に現れたのは牧人、『マタイ』ではマギとなっている。この区別は中世の美術においては厳密に守られていたが、以後は失われた。それは教会では糊塗されても、学問的な神学者の認めるところでは、このように話の矛盾する箇所では、少なくともどちらか一方が虚偽である——おそらく、聖典は神の霊感によるものと信ずる人々にとっては居心地の悪い結論であろう。

一方、秘教伝承によれば、何の問題もない。というのも、この二つの話は、二人の幼児イエスを示しているからである。この少年たちの間には神秘的な繋がりがある。双子ではないが、ほとんどそっくりに見える。グノーシス文書『ピスティス・ソフィア』は、新約聖書の正典とほぼ同時代のものであり——一部の学者は同等の正統性を持つと考えているが、ここにはこの二人の子供に関する奇妙な物語がある。

マリアは自分の息子にそっくりな子供を見て、これを自分の子だと思い込む。だがその子は、あなたの子であるイエスに会いたい、と言ってマリアを仰天させる。これはデーモンの一種に違いないと思い込んだ彼女はその子供をベッドに縛り付け、ヨセフとイエスを探しに行く。二人は蔓の支柱を立てていた。三人が戻ると、少年たちは互いに相手を見て驚き、そして抱擁する。

人間の形態と人間の意識とが一つになった精妙で複雑な過程を語る秘密伝統は、〈言〉が受肉する極めて複雑な過程を語る伝統に対応している。この話においては、二人の幼児イエスの内の一人、すなわちクリシュナの霊を持つ方が、とある神秘的な形で、もう一人の方に自らの個人的自己同一性を捧げたのである。宇宙の霊的経綸によれば、こうすることによって、生き残った方の子供が洗礼の際に首尾良くキリスト霊を受けることができるようになる。『ピスティス・ソフィア』曰く、「汝らは同じ一つのものと成れり」。

この二人の幼児イエスの伝承は秘密結社に伝えられ、シャルトルの北門やフィレンツェ城外のサン・ミニ

レオナルドの下絵。ロンドン、ナショナル・ギャラリー蔵。この作品の秘教的次元は、渦巻くような、星を鏤めたような光によって醸し出される。この光は、この画面がこの世と別の世の境界の領域を描いていることを示している。ここには二人の幼児イエスが示されている。近くにあるロンドン版『岩窟の聖母』も同様であるが、こちらは後世、柄の長い十字架が描き込まれた。これはキリスト教美術においては聖ヨハネの持物である。

アートの後陣のモザイク画、あるいは多くの参入者の画家の作品に見ることができる。たとえばボルゴノーネ、レオナルド、ラファエロ、そしてヴェロネーゼ。

「初めに言があった。言は神と共にあった。言は神であった。……万物は言によって成った。……光は暗闇の中で輝いている。暗闇は光を理解しなかった。……言は世にあった。世は言によって成ったが、世は言を認めなかった」

『ヨハネによる福音書』の著者はここで、〈言〉による宇宙の創造と、受肉した〈言〉であるイエス・キリストの使命とを対照させている。ヨハネはこの第二の使命を、いわば第二の天地創造として示しているのだ。

物質宇宙が極度に濃密となり、神々にとって地表に姿を現すことがほとんど不可能となった時、太陽神が降臨した。

彼の使命は播種である。この霊化の種子は成長し、やがて神々の新たな舞台となる空間を作るだろう……ここで最も重要な点は、通常は秘密伝統の外では見過ごされてしまうことだが――イエス・キリストが内なる生を創造したということだ。

既に見たように、エリヤは静かな、か細い声で、暗示的な内なる生を聞いた。同様に『エレミヤ書』の中で主は「私の律法を彼らの胸の中に授け、彼らの心にそれを記す」とも言っている。だが二千年前の太陽の種子の播種はこの過程における決定的な出来事であり、それによってわれわれ全員が、自己の内に無限の大きさと多様性を持つ宇宙を体験することができるようになったのである。

ロムルスとレムス。二人の幼児イエスの物語は、事実上、ロムルスとレムスの物語の神聖版である。後者では、兄弟の一人が永遠の都のための人柱としてもう一人を殺す。古代においては、大建築や都は人柱の上に建てられた。殺害後に埋められるレムスの神話は、明らかにこの事実と対応している。二人の幼児イエスの場合、一人はいわば、自ら新エルサレムのための人柱となったのである。

同様に、他者の内にもまた無限があるという感覚がある。何百年もの間に条件が次第に整い、個人の自己同一性の感覚が可能となった。今日のわれわれはそれを自我と呼ぶ。だが太陽神の介入がなければ、自我は小さく固い自己中心的な点に過ぎない。それは常に孤立して働き、自分自身の目先の喜びにのみ汲々とし、外界に関しては最低限の事柄にしか関心を持たなかっただろう。すべての人間は、他の人間と戦争状態にあっただろう。誰一人として、他の人間もまた意識の独立した中心であるとする感覚など持たなかっただろう。

もう一人のイエスが姿を消した頃、両親は彼を神殿へと連れて行ったが、そこで彼は自らの賢さを披露した。もう一人のイエスから彼に移乗したものとは、心を読み、他者の魂の奥底を見抜き、霊的世界との関わりを見抜き、相手のために何を言い、何をすれば良いのかを知る能力であった。彼は他者の苦痛を自らのもののように感じた。彼が体験していたもの――共感の才能――は、彼以前の誰一人として感じたことのないものであった。

一度、個人もしくは小集団が新しい能力、新しい意識の様態を発達させると、それはしばしば驚くべき速さで全世界に伝播する。イエス・キリストは新しい種類の愛を導入した。それは共感の能力に基づく〈恩寵〉の愛である。個人は自らの孤立した存在の束縛を自由に越え、別の人の心の奥底で起こっていることを共有することができるようになるのだ。

紀元前の愛は部族的・家族的なものであった。今や個人は血の紐帯を越え、誰を愛するかを自由に選ぶことができるようになった。『マルコ』三章三二でイエスは自分自身の母親の重要性を否定しているように見えるし、『マタイ』一〇章三七では、「私よりも父や母を愛する者は、私に相応しくない」と述べているが、これらはそういう意味なのである。

秘教教義は、とりわけ正しい愛し方を重視する。宇宙からの恩寵の力と共同すれば、その力の流れに気づくようになる。この過程は聖魔術《タウマトゥルギア》と呼ばれる。

このレベルにせよ、あるいは聖テレーズ・ド・リジューの言う「小さな、名もない、記憶もされない親切と愛の行為」、すなわち「小さき道」と呼ばれる些細な事柄における慈善と自己否定の道のレベルにせよ、この新しいキリスト教的視座は、内なる生に焦点を当てている。それ以前の道徳律、例えばモーセの律法や、あるいはさらに古いハンムラビ法典などと、山上の垂訓を比較すれば、前者は外的世界における規定に過ぎないことは明らかである——偶像崇拝、窃盗、殺人、姦淫等々の禁止。一方福音書の道徳的教義は、内面に向けられている。「心の貧しい人々……悲しむ人々……柔和な人々……心の清い人々は、幸いである……」

イエス・キリストの言う「しかし、私は言っておく。淫らな思いで他人の妻を見る者はだれでも、既に心の中でその女を犯したのである」という言葉は、彼以前の誰一人として述べたことのない言葉である。心の奥底の思考が、物理的実体と同様に現実だというのだ。私が「心の中で」考えたことが、全宇宙の歴史に直接影響を及ぼすのである。

観念論の宇宙においては、意図は言うまでもなく、唯物論の宇宙におけるそれよりも遙かに重要である。観念論の宇宙では、もしも二人の人間が全く同じ状況において全く同じ行動を採っても、一方が善意で、一方が悪意でそうしたなら、その結果は全く異なったものとなる。何らかの神秘的な手段で、われわれの魂の状況は行為の結果を特徴付けるのだ。偉大な芸術家の高揚した魂が、その作品に充満するように。

ギリシア神話の秘教的解釈によれば、神々の食糧であるアンブロシアは人間の愛である。それが無ければ彼らは消え失せ、彼らがわれわれを助ける力も消滅する。秘教的キリスト教、キリスト教神秘主義においては、われわれが助けを求めれば天使を呼び寄せられるが、もしもわれわれが彼らに助けを求めないなら、彼らはぼんやりした無力な状態になり、それに代わってわれわれの低次存在の周囲を取り巻いている亡霊やデーモンを引き寄せることになるという。

当然ながら、デーモンを拒み、われわれの卑俗な動物的自己をしつけることもできる。犬をしつけるのと同じ方法——すなわち反復である。秘教教義では、われわれの習慣を完全に変えるには、瞑想の修業を毎日、二十一日間続ける必要がある。

だが動物的自己の中には、さらに深い部分がある。それは完全に意識の境界の下にあり、接触することはできない。自由意志の修業によってこの部分を変えることは、どれほど頑張ってもできない。なぜならわれわれの動物的自己の腐敗は、植物的・鉱物的自己の中に浸透しきっているからである。

この部分を浄化し、変容させるためには、超自然的存在の助力が必要である。

すなわち太陽神の使命は、物質の最深奥にまで入り込み、その変容の霊的影響力を導入することである。太陽神は、人間の最も物質的な部分の奥底にまで到達する力がある。それゆえに、「その骨は一つも砕かれない」と書かれているのである。

心臓の領域から十二弁の蓮が放射状に光を放ち、愛する相手を包む。これはまた、知覚の器官でもある。私が真に愛するものは、私に対して自らを開き、その秘密を顕示するだろう。

愛するものをこのように包むことは、想像力の修業である。無論、ここでいう想像力は単なる空想ではない。それは高次の現実を正しく知覚することである――そして東洋でも西洋でも、そのための器官は心臓チャクラである。これこそ、エマオへの道の話で説かれていることである。そこでは、今まで会っていた人物の正体を悟った弟子たちが言う、「道で話しておられるとき、また聖書を説明してくださったとき、私たちの心は燃えていたではないか」。

心臓チャクラが開花し、輝くと、われわれは外界を超自然的に知覚する。愛情深い心は宇宙の心を、外界を超越しそれを支配する愛に満ちた知性の心を体験させてくれる。「心の清い人々は、幸いである、その人たちは神を見る」

愛は知覚の力のみならず、意志の力にも影響を及ぼす。われわれが本当に誰かを愛した時、われわれはその相手のために何でもしようと意志する。

それゆえに、愛によって良心に従う行動に駆り立てられる時、心臓チャクラが開花するのである。その時

「人の子」という言葉は、顕教の神学者にとっては問題を孕んでいる。というのも、それは心の状態とイエス・キリスト自身の両方を表すように見えるからである。秘教思想では、この問題は解決されている。というのも、イエス・キリストによって可能となった啓明の段階に到達した者は、その結果、自らの高次の自己、すなわち聖なる自己を認識するからである。キリスト教図像学では、この進化は通常、肩に乗った子供で象徴される。例えば幼児キリストを肩に乗せて運んだ聖クリストフォロスの物語である。カバラでは、この二つの意味の次元は、三つ叉の文字シンに含まれている。

の行動は、マルクス・アウレリウスのように諦めきったものではない。それは冷たい、情熱のない、本物でない気持ちによる行動ではない。嫌々ながら義務としてやっているのではない。愛と献身からそれを行なっているのだ。

秘儀伝授は、新しい意識形態を創り出す。それは過去において一般的であった霊的世界の意識を甦らせるが、今やそこには新たな要素が付け加えられている。例えば、ギリシアとローマの支配が全盛を極める時代を特徴付けたピュタゴラスの秘儀伝授は、霊的世界との自由な交流を含む、変性意識状態の達成に主眼が置かれていた。それは例えば、ギルガメシュやアキレウスにとっては日常茶飯事だったことである。だがそこには決定的な違いがある。ピュタゴラス学派の参入者たちは、自らの霊的体験について、概念的に熟慮して思考することができた。それはアキレウスやギルガメシュには不可能だった芸当である。

それから四百年後のイエス・キリストによる秘儀伝授は、さらなる新たな要素を導入した。それは愛における目も眩むような新次元を開いたのである。

福音書に記述された重大な出来事をより深く理解するためには、イエスと秘儀の学院との関わりを見る必要がある。

ここでわれわれは、極めて守りの堅い正統学界の領分を侵犯しようとしている。今や、議論を呼ぶような諸発見が聖書学者の間では広く受け容れられているが、まだまだ一般信徒まで浸透しているとは言い難い。それによれば、一九五〇年代にパレスティナで発見された初期キリスト教の文書には、イエスの言葉の中でも、四つの福音書よりもオリジナルに近いと思われるものが含まれている。

そしてまた、中には福音書には全く登場しない言葉が含まれている文書も存在する。

さらにまた、『トマスによる福音書』のような文書に、正典の言葉の「真正」なバージョンが含まれているという事実は、これらの文書にある、聖書に登場しない言葉もまた本物であると信ずるに足る理由となる。これは本書の歴史にとって極めて重要である。なぜなら、その中には秘教教義に関するものが含まれているからだ。

福音書には、イエスが気に入った弟子にだけ、一般大衆向けとは異なる教えを授けていたことを匂わせる箇所がある。「真珠を豚に投げてはならない」というイエスの警告は、聖なる真実を大衆に渡すなと言っているようである。さらにイエスは、『マルコ』四章一一ではさらに露骨に「あなたがたには神の国の秘密が打ち明けられているが、外の人々には、すべてがたとえで示される」と述べている。
イエスが秘密教義に関わっていたことを示す、さらに明瞭な証言は、二世紀のアレクサンドリアの司教クレメンスが書いた書簡にある。この文書は一九五九年、エルサレム近郊のマル・サバ修道院の書庫の束の中から発見されたものだ。発見者はコロンビア大学古代史学教授モートン・スミス博士。

さてマルコでありますが、ペテロのローマ滞在中に主の御業の物語を書きつけましたが、その全てを述べたのでもなく、また秘密のものの存在を仄めかしているわけでもなく、ただ教えを受けている人たちの信仰を強めるのに役立つと思ったものを選択したにすぎません。しかし、ペテロが殉教すると、マルコは自分自身とペテロの備忘録を携えてアレクサンドリアに来て、その中から先の書物に、知識を深めるに適したものを書き写しました。このようにして、彼は完成を間近にした人々のために、より霊的な福音書を創ったのです。……そして死に際して、アレクサンドリアの教会にその書物を残し、そこでは今も厳重に保管されています。

次にアレクサンドリアの司教は、この『マルコによる福音書』の「より霊的な」ヴァージョンを引用する。

それから彼らがベタニアにやって来ると、兄弟が死んだ女がいた。そこで女は近寄ってイエスにひれ伏して拝み、「ダビデの子よ、私を憐れんでください」と言った。しかし弟子たちは女を叱った。するとイエスは、憤って、墓のあった園に女と共に行き、若者のいるところに行き、手を伸ばし、若者の手を取って引き起こした。
しかし若者はイエスを見ると彼を愛し、共にいてくれと懇願した。

レオナルド・ダ・ヴィンチ『最後の晩餐』。この絵には、キリスト教における女性の役割に関する、隠された教義が暗示されているという話は昔からある。間もなくこれが真実であることを見るが、それは『ダ・ヴィンチ・コード』に示されたような形ではない。

そして六日後、イエスは若者になすべきことを語り、夜に若者は裸の体に亜麻布を纏って彼の許に来た。そしてその夜、若者は彼の許に留まった。イエスは彼に神の王国の秘儀を教えたのである。そしてその後、彼は起き上がり、ヨルダン川の向こう側に帰った。……

現代人の感覚からすると、この話は――これは『ヨハネによる福音書』にあるラザロの復活の詳細版のようにも見えるが――同性愛的な密通を描いたものに見えるかも知れない。だが、後に見るように、秘儀伝授の儀礼の性質をより明瞭に検討すると、マルコがここで描いているのは明らかに秘儀の学院の参入儀礼であることが判るのである。

ラザロの復活は伝統的に、秘儀参入儀礼の暗示であると考えられてきた。手掛かりは話自体の中にある。ラザロは「三日間」死んでおり、それからイエス・キリストが彼を甦らせる時、「ラザロ、出て来なさい」という表現を使う。これは大ピラミッドにおいて、志願者が王の間の柩に三日間眠った後、神官が手を伸ばして引き起こす時の台詞である。

ラザロの眼から見れば、その秘儀参入はどのように見えただろうか？　それがもたらした変性意識状態とはどのようなものだったのだろうか？　これらの問いに対する答えは既に判っていると言うと、読者は驚かれるかも知れない。だが実は秘史においては、『ヨハネによる福音書』の中でラザロと呼ばれる人物は後に、『ヨハネの黙示録』を書くことになっているのである。秘密教義によれば、『黙示録』に描かれる七つの封印の解除と、それに続く幻視の中の大事件は、七つのチャクラの活性化を表しているのだ。

一部の読者にとっては不愉快なことかも知れないが、実際、イエス・キリストの教えは古代の秘密哲学にどっぷり浸かっている。そしてこれは、新たに発見された彼の言葉のみならず、聖書に記された彼の言葉にもまた当て嵌まるのだ。

私はゆっくりと段階を踏みながらここまで論点を持って来た。キリスト教徒として育てられた人は、これらのことを異文化の中に見出す方が容易だろう。それは一つには、言うまでもなく、離れたものの方が客観的に見えるからである。だがもう一つには、異文化を見る時の方が、聖なるものを蹂躙するのに無神経になるからである。キリスト教の最も聖なる文書は、骨の髄まで隠秘学に染まっている——

柔和な人々は、地を受け継ぐ。
信仰は山をも動かす。
求めよ、さらば与えられん。

教会権力は、これらのキリスト教信仰の鍵となる教義に関しては、意図的にそれを曖昧化する。現代のリベラルなキリスト教は、自らの隠秘学的次元を抹消することで、科学に擦り寄ろうとしているが、ここに書き並べた山上の垂訓は、宇宙における超自然の働きを説明しているのだ。それらはただ単に逆説的で神秘的であるだけではない。単に不合理なだけではない。確率の法則からみてあり得ないだけではない。それらはこの宇宙が、その全てを科学で記述することは完全に不可能であるような振る舞いをするという事実を述べているのである。

なぜなら、柔和な人々が確実に地を受け継ぐということはないし、祈りは科学が記述する力によって叶えられるわけではないからだ。美徳も信仰も報いられることはない——そこに何らかの超自然的な力が介在していない限り。

テュアナのアポロニウス。イエス・キリストと同時代の放浪の魔術師・治療師は数あれど、当時の歴史家に最大の印象を与えたのはアポロニウスであった。カッパドキア出身のピュタゴラス主義者である彼は、髪を長く伸ばし、亜麻布の衣と樹皮の靴を身につけていた。デーモンを祓い、多くの奇蹟的治療を行なった。だが、イエス・キリストとの最も興味深い共通点は、血の犠牲の時代は終わったという主張である。「われわれは、われわれに許された最も高貴なる能力を以て神に近づかねばならない——すなわち、知性である」

新約聖書は、隠秘学的・秘教的教義で満ち満ちている。その一部は明瞭に言明されている。問題は、われわれがそれに対して盲目になるように教育されているということだ。だが聖書本文は、洗礼者ヨハネがエリヤの再来であるということを——すなわち転生であるということをはっきり述べている。聖書にはまた、魔術の記述もある。故ヒュー・ショーンフィールド、モートン・スミスら一流の専門家の示す所によれば、イエスの奇蹟、特に彼が使う言葉による奇蹟は、彼以前から存在していたギリシア語、エジプト語、アラム語の魔術パピルスに基づいているという。『ヨハネによる福音書』では、イエス・キリストは唾液を使って練り土を作り、盲人の眼に塗っている。これは直接霊を送り込んでいるのではなく、霊に影響を与えたり支配したりするために物質を操作している。その意味で純粋な神の行為とは言えない。

繰り返すが、そのように述べるからと言って、何もイエス・キリストを侮辱しているのではない。これらのことを時代錯誤的に見てはならないのである。当時の哲学や神学の視点から言えば、このような類の聖魔術《タウマトゥルギア》は単に尊敬されるものであったのみならず、人に望まれる最高の行為でもあったのだ。

イエス・キリストやキリスト教の興隆に関する物語の中の超自然的な要素について礼儀正しく眼を閉じるとしても、説明を要するような並外れたことが起こっているという事実は認めねばならない。なぜなら、一世紀の初頭に、中東の片田舎の一角で何やら奇蹟的なことが起こったにせよ起こらなかったにせよ、そのことが世界の歴史に与えた影響の広さと深さは、文字通り比肩するものが無いのである。それは現在のわれわれの文明を生み出したのだ。歴史上の如何なる文明をも凌ぐ自由、万人の繁栄、豊

マティアス・グリューネヴァルト『イーゼンハイム祭壇画』より、「復活」。太陽神としてのイエス・キリストの宇宙的ヴィジョン。ここでグリューネヴァルトが描いているのは、教会教父テルトゥリアヌスがギリシア秘儀の伝統から引いた光の種子《アウゴエイデス》である。それは大地に植えられ、そして今、輝かしい星のような身体、光線の身体となって出現する。エマオへ向かう途上の弟子たちがキリストの正体に気づかなかったのは、そのキリストがアウゴエイデスの身体を持っていたからである。

四大元素を司る４つの智天使の間にある十字。既に見たように、四大元素は宇宙の四隅の各星座から作用し、共同して物質界を固定している。イエス・キリストはここでは第五元素としての宇宙的役割を示されている。すなわち、地上に降臨して四大元素を霊化し、物質を消滅させる太陽神である。

潤な文化、科学的進歩の文明である。イエス・キリスト以前の時代には、個人の重要性、個人の生の尊厳、人が自らの自由意志で選んだ相手に対する愛の並外れた力といったような観念はほとんど存在していなかった。無論、こうした観念のいくつかはクリシュナやイザヤ、仏陀、ピュタゴラス、老子らによって先取りされている。だがキリスト教という、イエス・キリストが植えた「辛子種」の独自な点は、内なる生という観念なのである。イエス・キリストによって各個人は、現在のわれわれの誰もが持っている、外界にある無限の宇宙と並んで、それと同様に豊饒かつ無限の内なる宇宙を持つようになった。だがそれだけではない。イエス・キリストはまた、我々全員が、全体的な歴史を織りなす個人の歴史の物語を持つという感覚を導入したのである。人類全体が堕落したように、われわれの誰もが人間として堕落するかも知れない。われわれの誰もが、疑念の危機を体験し、個人的な贖罪を見出す——それはそれ以前の世代のユダヤ人の部族的意識や、ギリシア人の都市国家意識とは全く異なるものなのだ。

イエス・キリストの宣教はちょうど三年間続いた。洗礼に始まって、紀元三年四月三日の聖金曜日までである。この日、髑髏の地、すなわちゴルゴタで、太陽神は物質の十字架に架けられた。そして復活の秘儀に

キリストの地獄降り。アルブレヒト・デューラー画。『ペトロの手紙1』3章19「そして、霊においてキリストは、捕われていた霊たちのところへ行って宣教されました……死んだ者にも福音が告げ知らされ」るように。聖パウロの言う、イエス・キリストが「地下の低い底に降りてこられた」という出来事に続いて、イエス・キリストは霊たちの道を照らす導き手となったのである。

において、太陽神はその物質の変容を開始する。霊化の始まりである。

われわれは既に、ザラスシュトラからラザロまでの秘儀の学院において、志願者が三日間の「秘儀的死」と再生を体験するのを見た。志願者は三日の間、深い、死のようなトランス状態に置かれ、その間、彼の霊は霊的世界を旅して、知識と力を物質界に持ち帰る。つまりその「死」は実際の出来事であるが、霊的次元において生じていた。イエス・キリストの磔刑と復活で起こったこととは、史上初めて、この秘儀参入の過程が、物質界における歴史的事象として起こったということなのだ。

この大いなる出来事の影の面は、キリストの地獄降りの物語の中に含まれている。これは彼の磔刑死の直後に起こった。この話は廃れてしまったが、それはわれわれが宇宙の霊的次元に関する感覚を喪失した過程の一つである。秘儀伝授は常に、今生の旅程と共に、死後の旅程を照らし出すことに主眼が置かれている。イエス・キリスト以前の数世紀間には死後観はすっかり衰退し、死後は月球天下の領域である黄泉《シェオール》で影のように過ごすという感覚になっていた。そして死後、諸天球への上昇を開始する頃には人間の霊は意識を失っている。その結果、次の転生ではこれらの霊はその旅のことはすっかり忘れているのである。

地獄に降ることで、イエス・キリストはオシリスの足跡を辿る。彼は死者を導くために、地下世界の道を照らしていたのである。大いなる宇宙的使命、すなわち〈大作業〉を完了するためには、生者と死者は共に歩まねばならないのだ。

秘教教義によれば、世界の全歴史は以下のように要約できる——

〈黄金時代〉には、大地と太陽は一体化しており、太陽が大地を形成した。

その後、太陽は大地から離れたので、大地は物質化し、寒冷化した。

太陽神が帰還し、その霊を大地に吹き込んだ。それによって全宇宙は最終的には非物質化し、再び霊化する。

これがイエス・キリストの使命、すなわち〈大作業〉の宇宙的ヴィジョンである。それは初期キリスト教徒に霊感を与え、中世の大教会やルネサンス芸術の形成を助けたが、既に現代の顕教的キリスト教には失われている。

もしもイエス・キリストの死が宇宙論的なレベルにおいて起こることが意図されていたのなら、ではそれを歴史的レベルで引き起こしたのは何なのか？　磔刑の直接の原因とは何だったのか？

イエス・キリストによるラザロへの秘儀伝授は内密の内に行なわれたが、ラザロの復活と新たな命への召命は公衆の面前で行なわれた。それは、それ以前のあらゆる秘儀伝授のように、厳重に守られた秘儀の学院の内部で行なわれた訳ではなかったのだ。またイエス・キリストは、国家の支援を受けた秘儀の学院の神官でもない。その結果、イエス・キリストはサドカイ派という恐るべき敵を作ることとなった。彼らは支配階級のために秘教知識の普及を統制していた連中である。公の場でラザロに秘儀を授けるという行為は革命的なものであり、参入者と支配階級との繋がりを破壊する危険を持っていた。それは秘儀の学院の終わりの始まりであり、秘密結社の登場への道を拓くものであった。

イエス・キリストはまた、ローマの支配階級にとっても脅威であった。彼に紫の衣を着せ、荊の冠を被せた兵士たちにとっての王、そして神とは、皇帝に他ならなかった。彼らがイエス・キリストを嘲弄するために着せた紫の衣は、アドニスの秘儀への参入の印として着用されたものであった。荊の冠はエレウシス密儀へ参入した者に与えられる花冠のもじりである。皇帝は、イエス・キリストの隠秘学的な強敵であった。

あまり知られていないが、もう一人の敵が、世界の別の場所で活動していた。そこにはローマ皇帝よりもさらに黒く、さらに強力な魔術を駆使した参入者がいた。

この魔術師は、ルドルフ・シュタイナーによれば、その超自然の力を得るために既に何度も転生を重ねており、今や世界の歴史を捻じ曲げようとしていたのだ。

彼は大量の人間を犠牲に捧げることによってこの力を獲得した。スペインの哲学者ホセ・オルテガ・イ・ガセットは、流血が霊を解放すると述べている。血は恐るべき秘儀である、と彼は言う。それは生命を担い、流血して地を染めると、辺り一帯が狂い、興奮する。隠秘学者は、人間をある特定の方法で殺せば、その霊を捕えることができるということを知っている。既に見たように、エリヤのような偉大な参入者は自らの植物的自己と動物的自己を造り替え、霊的諸世界を旅する戦車にしていた。隠秘学結社では、黒魔術師は犠牲にした他者の霊魂を戦車として用いることができることが知られているのだ。

そのようなわけで、この大敵、すなわち魔術師は、死者を支配することができたのである。大量の犠牲を捧げることで、彼は霊的世界に自らの軍隊を造り上げたのだ。

千年紀の変わり目に、これに対抗するために太陽英雄が送り込まれた。コンキスタドールによる破壊を免れた断片であるサアグンの『フィレンツェ絵文書』によれば、彼の名はウイツィロポチトリである。これまでの太陽英雄たちと同様、彼の誕生もまた予言されていた。処女を母として生まれ、誕生後には悪の諸力が彼を殺そうと企んだ。

マグダラのマリア。秘教思想は基本的に輪廻転生に基づいている。遺伝子を介して伝えられるものにはさほど関心がない。イエス・キリストは霊視力と叡智の伝達の方法として血統を用いることを止めた。愛は生まれながらの部族的なものではなく、自由に選択されるべきものである。ゆえに、イエスがマグダラのマリアと結婚して子供を儲けたか否かは、彼の使命にとってはどうでも良いことになる。秘教文書や秘儀の学院の教義は、むしろ太陽と月の〈聖婚《ヒエロス・ガモス》〉に言及する。これに関しては後の章で再び述べる。

だがウイツィロポチトリは何度かの危難を生き延び、この黒魔術師と三年に及ぶ魔術戦争を戦い抜いた末、遂に彼を磔刑に処すことに成功した。

イエス・キリストが十字架に架けられた時、大地を霊化する巨大な力が解放された。それと同時に、南アメリカの大いなる黒魔術師が磔にされ、一つの渦が出来上がった。それは世界史の大きな流れを、善悪の両極を自らの中に引きずり込むことになる。

『フィリポによる福音書』には、イエス・キリストとマグダラのマリアの関係が仄めかされている。「イエスは他のどの弟子よりも彼女を愛し、しばしば彼女の○○に口づけした」。焦れったいことに、肝心なところで写本が破損している。だがこれは、『雅歌』にある「どうかあの方が、その口の口づけをもって、私に口づけしてくださるように」、あるいは「愛は死のように強い」に基づく文言であるようにも見える。

中世における最も有名な聖人伝集であるヤコブス・デ・ウォラギネの『黄金伝説』によれば、イエス・キリストの死後、エルサレムで特定のキリスト教集団が迫害を受け始めた。その内の七人が小さな舟で地中海へ逃れた。最後に彼らは今日マルセイユとして知られる小さな街の東に漂着した。

その海岸の上に聳える大きな崖の只中に、その舟から降りたマグダラのマリアが、死ぬまでの三十年間を過ごした洞窟を見ることができる。

彼女は通常、その長い髪以外は何も身につけぬまま、悔悟している姿で描かれる。フィレンツェ近郊の小さな礼拝堂にあるフラ・バルトロメオの絵では、彼女はイエス・キリストの足を洗った香油の壺と共に描かれている。それが置かれた石の上には、次の文字が記されている。

我が魂の愛する者を見出したり

16
教父の暴虐

グノーシスと新プラトン主義／ヒュパティア虐殺／アッティラとシャマニズム／禅の風味

秘儀の学院の教義によれば、太陽神の生と死は秘史の折り返し点である。

当時の年代記者たちは気づいていなかったが、世の終わりになれば、この出来事こそが歴史を折りたたむ巨大な蝶番であったと見做されるようになるだろう。

当時生きていた多くの人々にとって、この出来事はあまりにも巨大すぎて、その全貌を見通すことはほとんど不可能だった。長い霊的不毛の時代の後に、ようやく多くの人は先祖返りをしたように鮮明に霊的諸世界を体験し始めた。中には、霊的世界で起きた大革命が実際には何であったのかを感じ取った者もいたかも知れないが、秘儀の学院の神官たちが管理していたような統一的な制度的権威を欠く情況では、これらの新たな体験はさまざまな形で解釈されることとなった。イエス・キリストの死後の数十年間に花開いたさまざまなセクトの中にそれを見て取ることができる。

グノーシス文書の多くは新約聖書の文書と同様に古く、中には明瞭な正統性を持つものもある。イエスの真正な言葉を含む『トマスによる福音書』や、『ピスティス・ソフィア』の二人の幼児イエスの話については既に触れた。断片的ではあるが、『聖ヨハネ言行録』には、イエス・キリストの内陣で行なわれていたことを垣間見る魅惑的な記述がある。

そこでは円舞が描かれる。弟子たちは手を取り合って輪になり、イエス・キリストの周りで踊る。この踊りに付随する式文では、イエス・キリストが問いかけ、参入志願者がこれに応える。

志願者：私は救われる。
キリスト：そして私は救う。
志願者：私は解かれる。
キリスト：そして私は解く。
志願者：私は貫かれる。
キリスト：そして私は貫く。
志願者：私は食う。
キリスト：そして私は食われる。

『ヨハネ言行録』は、逆説的な、時には馬鹿馬鹿しく聞こえるような言葉を使う。先に進めば、それを理解するのはより容易になるだろう。

志願者：私には家が無く、多くの家がある。
　居場所が無く、多くの居場所がある。
　神殿が無く、多くの神殿がある。

次の掛け合いは断片的にしか残っていないが、何らかのオシリス／キリスト的な死と復活の秘儀を語っているようである。その後、キリストは言う、「今私がそう見られているところのもの、それは私ではない。だが私であるところのものは、おまえが来た時に見えるであろう。もし苦しみ方を知っているのなら、苦しまぬ力を持つだろう。苦しみを知れ、そうすれば苦しまぬ力を持つだろう」。

クリシュナを讃えるヒンドゥの舞踏は、同様に「太陽方向の円舞」と呼ばれる。舞踏者はくるくる回りながら太陽神の周囲を巡る。それは惑星の運動の模倣である。このことから、『聖ヨハネ言行録』はイエス・キリストが帰還した太陽神であるという宇宙的ヴィジョンから霊感を得たものであることが判る。

『フィリポによる福音書』には五つの儀式が言及されるが、その最後で最大のものは婚礼の小部屋の儀式である。これはエジプトやギリシア、バビロンの神殿で行なわれていたような、儀礼的性交なのだろうか？

後にキリスト教会はキリスト教の啓示の独自性を強調するために、イエス・キリストとその教義をかつての宗教から引き離そうとする。だが初期のキリスト教徒にとっては、キリスト教が過去の教えから発展したものであり、古えの予言の実現であると考えるのは当然のことだった。多くの初期キリスト教徒が、エジプト、ギリシア、ローマの秘儀の学院の教えに基づいてキリスト教を理解していた。

初期教会教父アレクサンドリアのクレメンスは、使徒を直接知っていた人々を知っていたかも知れない。例えばクレメンスとその弟子オリゲネスは転生を信じていた。彼らは修業の進んだ生徒に奥義《ディスキプリナ・アルカニ》と呼ばれる献身的な修業を課した。それは今日ならば魔術に分類されるようなものだった。

オリゲネスやクレメンスのような初期キリスト教の指導者たちは、当時の知的エリートに属する博識家だった。中でも最も注目すべき思想は、「新プラトン主義」と呼ばれるものである。

プラトンは既に精神先行型の世界体験をかなり包括的に概念化していた。そして二世紀の新プラトン主義者と呼ばれる人々は、プラトンの観念を生きた哲学、人生哲学、霊的修業を伴う宗教へと発展させ始めた。われわれはプラトンを無味乾燥な学問として捉えるが、彼の死後数世紀の時点での信奉者たちにとって、彼の文書は聖典に他ならなかったのだ。新プラトン主義者たちには自分たちが思想を生み出しているという自覚はなく、ただプラトンが本当に言いたかったことを明らかにするための注釈を施しているという意識だった。今日なら、単に抽象的な理論をあれこれ捏ねくり回しているだけにしか見えないような一文に、新プラトン主義者は全身全霊を打ち込んだのである。

彼らの関心は、真の霊的体験の記述にあった。新プラトン主義の影響を色濃く受けたプルタルコスは、『神の義の遅延について』の中で、さまざまな霊が死後の旅を開始した時にどのように見えるかを記述している。死者は炎のようなものに包まれていると言われるが、「あるものはさやけき満月の光のようであり、穏やかで平坦、滑らかな色を発している。またあるものは斑があり――驚くべき光景である――蛇のような青黒い斑点がある。またあるものは、微かな掻き傷がある」。

アレクサンドリア学派最大の新プラトン主義者プロティノスは、実践的な神秘家だった。彼の弟子ポルフュリオスは、この師が何度か、法悦の歓喜の中で「一者」と合一したところを見たと述べている。一方、プロティノスはこの弟子が一度もそれに達していないことを嘆いている！　彼らの後に続いた新プラトン主義者イアンブリコスとヤンブリコスは、降神術《テウルギア》の重要性を強調した。それはいわば神的魔術であり、イアンブリコスは自らのヴィジョンの詳細な記述を残している。

プロティノスは第1章で見たような、極めて複雑な流出論を詳述した。新プラトン主義はまた、特にその体系的な方法論によって、カバラやヘルメス学などに影響を及ぼした。

ヘルメス学とカバラは、それぞれエジプト風・ヘブライ風の新プラトン主義に過ぎないと見做す説もある。だが秘史では、この時代に現れ始めたヘルメス学やカバラの文書は、古代の口伝が初めて体系化され、文字化されたものと理解されている。

『ヘルメス文書』は古代エジプトの賢者ヘルメス・トリスメギストゥスの著とされている。ギリシア語で書かれており、この時代に四十二巻に纏められた。ウォーバーグ研究所の気鋭の研究者ユーリ・ストヤノフから聞いたところによると、現在ではほとんどの学者が、それが純粋にエジプト起源のものであることを認めているという。『ヘルメス文書』は他の伝統にも寛容だが、おそらくその理由の一つは、全ての伝統は同じ惑星神を指向するものであり、同じ霊的世界に対して開かれているという基本観念のためだろう。

実際、プロティノスの段階的流出論、ヘルメス文書の神々、『ピスティス・ソフィア』に記述される諸天球の間に共通点を見出すことは可能である。

カバラにおいては、宇宙精神からの流出――セフィロト――は時に、下降に従って一種の樹を形成すると考えられる――セフィロトの樹である。ユダヤの学者アレクサンドリアのフィロンと共に登場した聖典の隠喩的解釈は、あらゆる宗教の共通構造への道を拓いた。聖パウロは、天使と大天使以外の聖秩の存在を仄めかしている――熾天使、智天使、座天使、主天使、力天使、能天使、そして権天使の全九階級である。彼は明らかに、読者がそれを理解することを前提としている。この階級はパウロの弟子であるディオニシウス・アレオパギタにって明瞭に呈示された。彼が記述した九階級は、セフィロトの樹の枝や――また、古代の多神的・天文学的宗教におけるさまざまな神々や精霊の階級と同一視される。例えば、聖パウロの言う能天使は、ギリシア・ローマの太陽系の神々に当たる。光の能天使は太陽の精霊であり、闇の能天使は月と諸惑星の神である。

ユダヤの学者レベカ・ケンタは、カバラの〈生命の樹〉の上の叡智の門の上昇をスーフィの教えと比較し、セフィロトとヒンドゥ教の伝統であるチャクラを関連づけている。

全ての観念論、全ての文化の宗教体系は、宇宙の創造を宇宙精神からの一連の下降する流出と見做している。だが中でも、これらの流出を星々の精霊に当て嵌める教えと、隠秘生理学に当て嵌める教えは特に秘教的である。これらを基にして、占星学、錬金術、魔術、そして変性意識に到達する実際的な技法が導き出されるのだ。

念頭に置かねばならないのは、われわれがここで語っているのは単なる抽象観念の山ではなく、生きた経験だということだ。天使の九階級は時に三つに分けられる。聖パウロが第三天に上げられたというのは、彼が熾天使、智天使、座天使という最高位の霊的存在を直接体験できるほど高次の秘儀伝授を受けたということなのだ。

キリスト教は、このような秘教的体験や信仰から生み出された。最大の教会教父である聖アウグスティヌスは、ペルシアの遅咲きの秘儀の学院であるマニ教の参入者であった。

マニは二一五年、今日のイラクに生まれた。僅か十二歳の時、ある存在が彼の前に現れた。マニが〈双子〉と名付けたこの神秘的存在が、彼に秘められた大いなる秘儀を告げた——人類史における悪の役割である。彼は宇宙の創造の中に、悪の諸力が絡み合っていることを知った。さらにまた、善と悪との壮大な宇宙的闘争において、悪の諸力が事実上、勝利を収めていることを。

マニのヴィジョンの宇宙的性質は、その混淆主義にも見ることができる。それに基づいて彼は世界史における重要事件を解き明かし、ザラスシュトラ、仏陀、ヘブライの預言者たち、そしてイエス・キリストの果たした役割を称揚した。

『彼女の独身者たちによって裸に剝かれた花嫁、さえも』。マルセル・デュシャン。裸に剝かれることにより、独身者たちの正体が各惑星であることが明らかとなる。

参入者たちの普遍主義は、土地の暴君を悩ませることになる。悪の諸力に対する参入者たちの鋭敏な感覚は、常に誤解を受けやすい。マニは二代の王に保護されたが、その次の王は彼を迫害し、拷問し、ついには磔刑に処した。

「私は魂の蘊奥に入り、眼と魂の彼方に光を見た」。アウグスティヌスの知的業績という巨峰は、キリスト教会の教義をプラトン主義の観点から説明し尽くす。因習的なキリスト教会史において覆い隠されてしまいがちなのは、この説明が参入者の直接的・個人的体験に基づいているということである。アウグスティヌス自身、知性の光よりもさらに明るい「魂の神秘の眼」を持っていた。彼は果てしない思弁にのみ没頭していたのではない。『告白録』を見れば、彼が常に時間が過ぎ去る感覚に苛まれていたことが判る。しばしば引用される彼の言葉「おお主よ、私を貞潔にしてください――但し今ではありません」。また、別のヴィジョンの瞬間における痛切な叫び「おお美よ、古くかつ新しきものよ、汝を知り初むるは遅きに失す」。聖アウグスティヌスの時間の感覚は、その秘教的な歴史観にも持ち込まれている。後に見るように、彼は世界史の継続的な段階を理解していた。これは神の都の到来に関する彼の予言を検討する際に解き明かす。

当時はまた、キリスト教の大規模宣教の時代でもあった。捕えられ、奴隷として売られた聖パトリキウスは後に、イエス・キリストが世界史の流れの中に導入した人間の生の聖性に対する感覚を広めるために宣教に出る。彼は奴隷制と人身御供の廃絶のために戦った。だが彼はザラスシュトラとマーリンの伝統に属する魔術師でもあり、杖の力で全ての蛇をアイルランドから追い出し、デーモンを祓い、死者を蘇らせた恐るべき人物でもある。

ケルト人にはキリスト教を受け容れる用意があった。聖パトリキウスは、太陽神の帰還に関するケルトの宇宙的予言に、イエス・キリストの生涯と業績に関する歴史的知識を重ね合わせた。ケルト教会は、キリスト教と異教の要素を渾然一体と絡み合わせることとなる。ケルト美術に見られる絡み合いのモティーフは、絡み合う光の波を表している。それはあらゆる伝統における神秘体験の第一段階である。

苛烈で自主独立の気風に富むケルト人は、その後も依然として霊的世界の直接的・個人的体験を第一とし、ローマから独立した秘教伝統を発達させる。これらの初期キリスト教の信仰や勤行の一部を、やがてローマ教会は異端と宣言することになる。

人々が同じ一つのことに深く専心し、実存主義神学者パウル・ティリヒの言う「究極の関心」を共有している時、彼らは時に、些細な意見の相違に甚だしく敏感になる。意見の相違は最終的には殺意を伴う憎悪となる。最大の敵は、血の涙を頬に刻んで地平線の彼方から襲来する異国の侵略者ではなく、教会の中で肩を擦り合う兄弟姉妹なのだ。

時にはまた、会衆たちは信仰を――皇帝アウグストゥスのように――禁ずることがある。それは彼らがその信仰が誤りであると信じているからではない。それが真実であると信じているからこそなのだ。

ローマ教会の設立、及び滅びゆくローマ帝国の周旋によるその普及の歴史は、キリスト教会側とその敵側の双方が記録している。皇帝コンスタンティヌスは、叛乱軍の鎮圧に向かう前夜、イエス・キリストが夢枕に立ち、戦旗に十字と「この印の下汝は勝つ」と書くように命じた、と主張した。コンスタンティヌスはそれに従い、その通り叛乱軍は鎮圧された。

彼はキリスト教こそ帝国の公教であると宣言し、ラテラノ宮殿をローマ司教に寄進した。これには当然ながら政治的利益が伴っていた。エルサレムで始まった新たな意識は、大きな勢力を以て帝国全土に流布した。それに乗じたコンスタンティヌスはキリスト教に改宗した奴隷を解放し、自由人のキリスト教徒に対しては金二十枚を与えた。

既に見たように、ローマ人は残虐なカルトを作った。一人の人間が他の人間を力によって極端なまでに圧迫することが称揚された。ローマ人は無慈悲であり、無慈悲であることが人間の美徳なのであった。ゆえにキリスト教徒が柔和さと謙遜を称揚したことは、あらゆるものを逆しまに、裏表にしてしまった。キリスト教徒は明らかに新たな喜びと満足を、世の中における新たなあり方を知っていた。

キリスト教徒の参入者との出逢いは、ローマ人にとって如何に奇妙なことだったであろうか。ここには新たな形の意識がある。ここには自分の頭の中に住んでいる人間がいる。彼らは霊的体験への熱狂と確信によって内から照明されている。それは数百年後、パプア・ニューギニアのピグミーが初めてヨーロッパの探検家と出会った時と同様に不可解で興味深いものだっただろう。彼らの眼の奥には、全く新しい世界があったのだ。

コンスタンティヌスは、この厳格な新宗教がローマ帝国の衰亡を遅らせてくれることを期待したのかも知れない。だが彼は依然として、ローマは再び狼と狐のうろつく地となるというシビュラの予言を懸念していた。

彼はこの予言を回避するため、ローマの中枢を他に移し、新たな都を築くことを決めた。そこで彼は斑岩の柱の下からパラディオンを掘り出す。これは神が自ら彫った古代の彫像であり、既に見たように、ローマ建国のためにトロイアから運ばれて来たものだ。そして彼はそれを後にコンスタンティノープルと呼ばれることとなる都に埋め直した。それは同じ柱の下に埋められたが、今回はその上に太陽神の像が置かれ、その頭部に磔刑の十字架の釘が後光のように並べられた。

太陽神の秘教教義を組み込んだこのシンボリズムは、あらゆる宗教の秘儀参入者に理解されただろう。従って、コンスタンティヌスの庇護の下でキリスト教会が秘教教義を弾圧し、顕教教義をドグマに定めたことは些か皮肉である。三二五年、ニカイア公会議は当時流布していた多くの福音書の中でどれが真正なものかを決定した。勅令によって異教の礼拝も禁じられた。コンスタンティヌスの息子たちの命令によって女子供は木製の拷問具で口を無理矢理に開かされ、その喉に聖餅を捻じ込まれた。

　コンスタンティヌスの甥のユリアヌスが三六一年に帝位に就くと、彼は宗教的不寛容の流れを逆転させた。新プラトン主義の哲学者イアンブリコスの弟子として育てられた彼は、「七色の光の神」と彼が呼ぶ存在の使命をよく理解していた。彼はその宗教信条にかかわらず全ての臣下に平等の権利を与え、異教の神殿の再開を許可した。

　ユリアヌスは、コンスタンティヌスの時代に成長した狭量かつドグマ的なキリスト教に対する有名な反論を書いた。ゆえに後のキリスト教著述家は、彼を「背教者」と呼ぶに到る。だが彼は、キリスト教は彼が秘儀参入を通じて遭遇した神々の実在を否定していると信じていた。

　ユリアヌスはペルシアに侵攻した。ギリシア人がトロイアに隠された秘教知識を我がものとするためにこれを攻城したように、ユリアヌスはペルシアを基盤とするマニ教の秘められた知識を理解したいと欲したのである。今や太陽神の使命が危機に瀕していること、マニ教の秘儀は太陽神とアフリマン——すなわちサタ

ドイツ、エクステルンシュタイネ。この古い彫刻は、古代北欧の神が樹に架けられている彫刻から数歩のところにあり、キリスト教が異教の伝統から育まれたという事実を如実に示している。秘教において各個人がさまざまな身体を持つことが理解されていた証拠に、イエス・キリストの肉体が十字架から下ろされる一方、彼の霊体は父の許にある。

ン、唯物主義の精霊――との戦いの秘密に関係していることを彼はよく理解していた。

だが彼がこの使命を成し遂げる前に、ユリアヌスはコンスタンティヌスの信奉者に殺される。斯くして新たな土星の時代が始まった。真の秘教的霊性の知識が最終的に地下に追いやられることになる時代である。皇帝テオドシウスは、キリスト教の教義に対する帝国の公式解釈以外のものは全て弾圧する仮借無き政策を断行した。「異端者」の財産は没収、その神殿は接収された。イシス像はマリア像とされた。ローマのパンテオンは、キリスト教専用の教会らしからぬ、崇高かつ宇宙的な美を持っている。万神に捧げられたこの神殿は、テオドシウスによって一神教の神殿に変えられたのだ。

テオドシウスは秘儀の学院を閉鎖し、三九一年にはアレクサンドリアのセラペイオンを包囲した。セラピスに奉献された天に聳える神殿を持つこの神殿複合体は、古代世界の驚異の一つである。内部では、神像が磁石によって天井から吊され、また世界最大の蔵書数を誇る図書館もあった。幸いなことに、多くの本はセラペイオンが灰燼に帰し、聖像が路上に引きずり出される前に持ち出されていた。

最後にテオドシウスは、秘儀の学院の知的遺産の最大の保管庫である、新プラトン主義の哲学院に眼を向けた。当時の新プラトン主義者の代表はヒュパティアと呼ばれる若い女性だった。彼女は当時の第一級の哲学者兼数学者の娘で、哲学、数学、幾何学、天文学などの教育を受けていた。彼女の父は、その肉体を素晴らしい精神の器

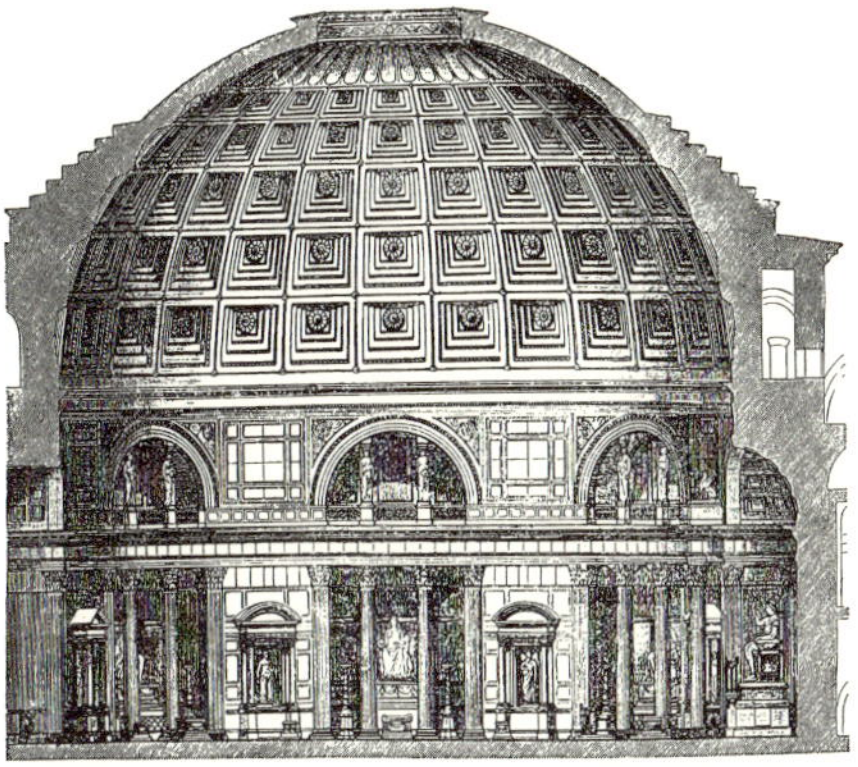

ローマのパンテオン。オウィディウスによれば、この神殿の球形は全宇宙を象徴する。パンテオンの円形大広間は直径143フィート、屋根には日光を入れる開口部がある。地上からこの開口部のある上端までの高さは直径と等しく、すなわち内部に巨大な空気の球体が含まれることになる。床の周囲の壁龕には、元来は惑星神の像が安置されていた。

に相応しいものとすべく、一連の運動をさせていた。彼女は水泳、乗馬、登山を愛した。明晰な頭脳と無類の美貌を持つ彼女は、さまざまな科学機器の発明者としても有名だった。例えば特定の液体の重量を量る器具などである。彼女の著述は断片的にしか残っていないが、当時の世界最高の人物の一人として広く知られていた。

彼女の講義には多くの人が参集した。プロティノスとイアンブリコスの叡智に熟達した彼女は、秘儀の学院の教義からキリスト教が発達してきた次第を講義し、父と同様、一つの伝統や教義だけが真実を独占して主張しうるものではないと説いた。

四一四年のある日の午後、ヒュパティアが学堂を出ようとしていた時、黒衣の僧の一団が馬車の中から彼女を拉致し、裸に剝き、近くの教会へ引きずって行った。そして冷たく揺らめく影の中を祭壇まで連れて行った。香の立ちこめる中、彼らは彼女の全身に群がり、裸の身体に黒い布を掛け、その身体をばらばらに引き裂いた。それから牡蠣の殻を使って骨から肉を刮げ取り、屍体を焼き尽くした。

教会はヒュパティアの事件を歴史から抹消しようとした。アムンの神官たちがイクナートンを抹消しようとしたのと同様である。

キリスト教会を自由な思想の邪悪な弾圧者と見做し、新プラトン主義者やグノーシス者などの非合法集団や反律法主義学派を理想化するのは容易い。その歴史の初期から、キリスト教会の中には利己的な目的のために超自然の力を乱用する黒魔術師や秘儀参入者がいた。とは言うものの、聖パウロや聖アウグスティヌスの時代から、偉大なキリスト教指導者たちが最高位の秘儀参入者であり、本書で記述する神の計画に従って人類を指導してきたということもまた同様に事実であって――そしてたぶん、より重要な事実なのだ。彼らは、西洋においては転生に関する理解は抑圧される必要があるということを認識していた。宇宙的計画によれば、西洋は人間個人の人生の価値観を発達させるための揺籃となるべきものだったからである。

一方、新プラトン主義者は依然としてピュタゴラスやプラトンに取り組み、霊的世界の直接体験を概念化するという作業を続けていたが、そこで起こった巨大な革命には全く気づいていなかったようである。彼らの著述には、イエス・キリストが導入した普遍的な愛の福音の痕跡はない。同様に、グノーシス主義は抽象的なドグマをただ受け容れるのではなく霊的世界を直接個人的に体験することに重きを置いていた。そしてそのこと自体はイエス・キリストが導入した衝動に合致していたのだが、グノーシス者の多くはあまりにも激烈にこの世を憎むあまり、物質界を変容させるというイエス・キリストの使命の真逆を行くこととなった。グノーシス主義セクトが霊的世界の探求から持ち帰った信仰の多くは、全く空想的なものである。一部のグノーシス者は、イエス・キリストは肉体を備えるほど低次にまで落ちたわけではない、ゆえに彼が地上にいたのは一種の幻であると信じた。また彼らは極度の禁欲や放蕩の両極端に耽っていた。唾棄すべき肉体感覚を狂わせ、霊的世界と接触するためである。素肌に蛇を這わせる者、「これはキリストの血である」と言って経血を飲む者、性魔術によって神を産もうとする者、自ら去勢し、「私はおまえたちよりもさらに死んでいる」と嘯く者。

ローマは教義の違いの根絶を欲した。キリスト教の堅信と倫理目標は、野蛮人の群が東方から帝国を脅やかしている現在、帝国を統一し、内側から強化する上で、コンスタンティヌスとテオドシウスにとっては有用だったのだ。

中国の着実な拡大は、中央アジアへ、そしてヨーロッパへとドミノ効果をもたらした。極東からの圧力の下で、ゴート族、西ゴート族、ヴァンダル族らはヨーロッパのあちこちを脅やかし、一時的にはローマにまで到達した。その後、五世紀の第２四半期にはモンゴル系遊牧民の諸部族がフン族の大王アッティラの下に大同団結した。彼はかつてゴート族やヴァンダル族が侵攻した地域を蹂躪し、中央アジアの平原から北ガリアにまで広がる帝国を築いた。さらに北イタリアに侵入、コンスタンティノープルを略奪した。

「神の笞」アッティラの名は野蛮の代名詞となったが、ギリシアの歴史家プリスコスがアッティラの宿営地を訪れた際の記録では、ずいぶん印象が異なる。プリスコスによれば、アッティラは艶のある木板の質素な家に住んでいた。周囲の柵も木製であり、羊毛の筵を絨毯代わりとし、訪問者を迎える際にも質素な亜麻布の服を着て、宝石や黄金などは全く身につけていなかった。木の鉢から適度に酒を嗜み、木の皿で食事した。会見中は何の感情も示さなかったが、末の息子が来ると、その顎の下を擽り、満足そうに眺めていた。

アッティラがキリスト教徒の都コリントを征服した時、街角という街角に娼婦がいるのに激怒したとも言われている。そこで彼は彼女らに対し、自分の部下と結婚するか、追放されるかを迫ったという。

だがもしもアッティラが一般に想像されているような貪欲な怪物などではなかったとしても、よく言われるように、やはり彼がローマ帝国を蹂躪していたら、人間の意識の進化にとって悲惨な結果となっていたはずである。

ローマ人はアッティラをどの敵にもまして恐れた。アッティラは自らの民がローマ領内に住むことも、またローマの物品を買うことも許さなかった。ローマ領に侵入した彼は、ローマ化を逆転させ、ローマの建造物を破壊した――そして賠償金としてローマから何千ポンドもの黄金を得た。四五二年、遂に彼はローマそのものを手中に収め、皇帝はローマ司教レオを彼の許に派遣した。

後に教皇となるレオは、皇帝の娘ホノリアを彼の妻とし、その持参金としてさらなる黄金を差し出すという条件で、アッティラと交渉に当たった。

ついにアッティラは、ローマ帝国を掌握し、世界を支配するという野望を実現したと信じた。

アッティラとその民はシャマニズムを実践していた。あらゆる戦闘において、アッティラはシャーマン神官の——的確な——助言を受けていた。戦いに臨むフン軍の恐ろしい騒音は、犬の鳴き声、武器を打ち付ける音、角笛や鉦の音だった。これらすべては、死者の軍団、すなわち祖霊を召喚して共闘させるためだった。また彼らは巫術によって狼や熊などの肉食獣の群魂を召喚・憑依させ、超自然の力を得ていた。

ここまで、東方からの野蛮人の侵略の話をしてきたので、ここでシャマニズムについて少々検討しておこう。シャーマンという語は、ツングース＝モンゴル系の名詞に由来し、その意味は「知る者」である。

シャーマンは、野蛮人の侵略の時代から今日まで、トランス状態に入るためにさまざまな技法を駆使してきた——ミルチア・エリアーデはそれを「古代の法悦の技法」と呼んでいる。周期的な太鼓と舞踊、過呼吸、熱狂的な自傷、感覚遮断、断眠——さらには向精神性の植物、例えばアヤワスカやペヨーテ、麦角菌などの使用である。カリフォルニア州立大学の生物学教授ウィリアム・エンボーデンらの近年の研究によれば、薬物は秘儀の学院においてもトランス状態の導入に用いられていた——たとえばエレウシスのキュケオン、古代エジプトの青睡蓮・芥子・曼陀羅華の混合物など。

科学者たちはまた、このようなトランス状態を導く脳内の酵素を特定している。研究によれば、われわれの二パーセントは十分な量のジメチルトリプタミンが自然に脳内に分泌され、不随意的にトランス状態に陥る体質であるという。また、われわれは全員、思春期を迎えるまではその分泌量がそれ以後よりも高いようである。思春期には結晶化現象が起こり、松果体が蔽われ、その機能が妨げられる。残りの九八パーセントにはこのような古代の技法やその類似物が必要なのである。

人類学者によれば、さまざまな異なる文化におけるシャーマン体験の叙述は、いずれも同じ段階を辿るという。

まず、感覚の世界が消滅し、暗黒の中を旅する感覚がある。しばしば身体が引きちぎられるような激しい痛みを伴う。

第二に、光の海。しばしば変化する幾何学模様の網——マトリックスを伴う。

第三に、これらのパターンが形を変え、その多くは蛇や半人半獣の怪物となる。その身体はしばしばぐにゃぐにゃで、半透明である。

最後に、トランスから冷めると、シャーマンは超自然の力を使えるような感覚になっている。病を癒し、敵の情報を知り、動物の心に影響を及ぼし、予言の能力を得る。

これはこれまで見てきた秘儀の学院の参入儀礼の記述にも完璧に当て嵌まるように見えるだろう。ハーヴァード・メディカル・スクールのグレッグ・ジェイコブズは言う、「シャーマンの技法を使うことによって、われわれは意識の強力な元型的状態に入ることができる」。

だが、現代の秘教家の眼から見れば、秘儀の学院と秘密結社の理解においてシャマニズムの例が有効なのはここまでである。シャーマンの文化が、そのトランスの記録として生み出した絵画の多くは仰天するほど美しい。だがそれは、例えばエドフやフィラエの神殿の天井画のような、壮麗にして包括的な霊的世界のパノラマを与えてくれるわけではない。さらに、シャーマンが遭遇した存在は低次のものであって、神殿の神官たちが交流していたような高次の惑星神ではないように思われる。

そんなわけで、現代の秘教の導師の眼から見れば、あらゆるシャマニズムは、昔のフンやモンゴルの部族のものであれ、あるいは今日の南アフリカの呪術医《サンゴマ》の行なうものであれ、かつての壮麗な原初のヴィジョンの堕落したものと言わざるを得ない。

ここでもまたわれわれは、秘史において全てが逆しまであり裏表であるということを見る。通常の歴史においては、宗教の初期の段階はアニミズムであり、トーテミズムであり、それから偉大な古代文明の複雑な宇宙論へと進歩したとされている。だが秘史においては、人類の原初のヴィジョンは複雑で洗練された壮麗なものであり、それが後に堕落してアニミズム、トーテミズム、シャマニズムとなったのである。

アッティラの部族はシャマニズムによって霊的世界に接触した。多くのキリスト教聖職者はこれを羨んだかも知れない。だが、それは先祖返り的状況における接触である。それはピュタゴラスやプラトンによって発展され、今やイエス・キリストとパウロによって新たな方向性を与えられた人間の意識進化の衝動の真逆を行くものだ。この進化の目的は美しいものであった――人々が各自の知性の強さと卓越性を楽しみ、物質界のみならず、霊的世界においてもまた、自由に、力強く、そして愛に満ちて活動できるようにすることである。

薬物摂取は、言うまでもなく、現代のシャーマンの活動においても大きな部分を占めている。だが現代のほとんどの秘教の導師は、それを霊的世界に到達する手段とすることを禁じている。これらの導師の目的は、知性と批判力を損なわぬまま、というより実際にはそれを高めた状態で霊的世界の体験に到達することなのだ。一方、薬物によって霊的世界に入ることは、適切な準備無しにそれを行なうということであり、悪魔的次元への扉を開き、二度と閉じられなくなってしまう恐れがある。


四五三年にアッティラが高い身分の柔肌の乙女との華燭の典を準備していた時――既に彼は何百人もの妻を持っていたが――彼は人生の盛りで精力絶倫、そして今まさにローマ帝国の終焉を目撃しようとしていた。

人間の意識の新たな段階は、柔弱な蕾の内に摘み取られようとしていた。

その朝、アッティラは遺体で発見された。彼は夥しい鼻血に塗れていた。


「不合理なるがゆえに、我信ず」。ラテン語を話した最初の教父、テルトゥリアヌスによるこの有名な言葉は、一九世紀後半および二〇世紀前半の多くの思想家に影響を与えた。

ローマ帝国の衰亡の時代、市民にとって人生は何と不合理なものと感じられただろうか。それは魔法の解けた世界である。古代世界の文明の礎であった確かな霊性はもはや疑わしいものとなった。神々はもはや、人の体験に応えてはくれない。パーンは死して久しく、神託は沈黙した。神や神々は虚しい抽象概念でしかなくなった一方で、真に精力的な思考活動は科学とテクノロジーの領域にあった。ルクレティウスの原子論や、驚くべき発明品――送水路、排水システム、何千マイルにも及ぶ道路――が至る所に現れた。確かな霊性は、苛酷な政治的・経済的現実に取って代わられていた。

だがもしも自らの内なる霊の囁きに耳を傾けるなら、この苛烈にして機械的な必然性の輪の軋み、世界の新たなありようは、その正反対の何か、「名も無き道」と呼ばれるものを浮き彫りにしたということに気づくだろう。耳を閉ざすことさえしなければ、思考の底流から流出する指示を聞いていただろう。

この重大な転機に、われわれは秘儀の学院の時代から秘密結社の時代へと移行する。もはや歴史は政治的エリートではなく、下から来る危険分子によって動かされるのだ。参入者たちの魂の活動が新たな傾向に乗っ取られた。それは神の道化師アッシジの聖フランチェスコの生涯に、シェイクスピアの道化たちに、ラブレーの上品にして破壊的な作品に、『ガリヴァー旅行記』に、『不思議の国のアリス』に、そしてクルト・シュヴィッタースのコラージュに見ることができる。

禅の意味について訊ねられたとある禅師が、指を一本立てた。その講会にいた少年の一人がそれを真似、それ以後、誰かがこの禅師の教えについて議論していると、この悪戯な少年はいつもふざけて指を立てるのだった。

だが次に少年が講会に出た時、禅師は彼を捕まえ、その指を切り落とした。泣きながら逃げて行く彼を、師は背後から呼び止めた。少年が振り返ると、禅師は彼を見て、指を立てた。

するとと少年はいっぺんに悟ってしまった

この残酷物語《コント・クリュエル》は史実ではなく、アッティラが鼻血を出していた頃に創られた禅の講話の一つである。

抽象的な思考能力は、ピュタゴラス、孔子、ソクラテス以来、千年足らずの間に発展を遂げていた。仏教は二八代めの祖師である菩提達磨によってインドから中国へ伝えられ、その後二百年以上の間、中国で道教と融合し、自然発生的・直観的な悟りの哲学を生み出した。それは後に日本において禅と呼ばれることになる。

禅は抽象思考の限界に関する新たな教訓をもたらした。

件の少年と仲間たちは、禅師の言うことを理解しようと骨を折ってきた。顔を蹙めて、悟りというものを頭で理解しようとしている様子が目に浮かぶ。

だが突如、少年は世界を変性意識状態の視点から見ることができるようになった。突如、彼は世界を植物意識の視点から見ていたのである。その中枢は頭蓋骨ではなく、太陽神経叢にある。われわれがこの宇宙にいる他の生きとし生けるものと繋がるのは、この植物意識によるのである。この繋がりは巨大な宇宙樹の巻鬚であり、すべての太陽神経叢は樹上の花である。別の見方をすれば、この植物意識とはもう一つの次元であり、諸世界の間の世界であり、霊的諸世界への入口である。悟りを求める者が滑り込まねばならないのは、この意識である。聖アウグスティヌスの言う、「知性の光を越える光」なのだ。

件の少年が悟りを開いたのは、この別の意識形態の観点から見れば、禅師の指は禅師のものであると同様に、また彼のものでもあるからだ。人間が頭で考える通常の範疇では、このことは理解できない。

宇宙が逆転し、逆しまになり、裏表になったら、笑いが起こる。五世紀後半の始まりと共に、新しい不合理の感覚が世界に現れた。以来、秘密結社の偉大な参入者たちは、西洋でも東洋でも、常に少々の禅の風味を持つようになる。

強大な支配者ユスティニアヌスの下でビザンティン帝国は拡大し、野蛮人から領土を取り戻した。ユスティニアヌスは残っていたギリシア哲学の学院を閉鎖したので、導師たちはアリストテレスなどの文書を携えて逃亡した。その中には、現在では失われた錬金術に関する論文も含まれていた。

多くの者はペルシアに辿り着いた。そこでは国王ホスローが、ギリシア文明に霊感を与えたそれのような偉大な学院を創ることを夢見ていた。新プラトン主義、グノーシス主義、ヘルメス学の要素を取り込んだ知的発酵の中で、アリストテレスの方法論が物質界にも霊的世界にも適用された。かくして、アラビア魔術の黄金時代が始まった。

われわれの子供時代は、魔術のヴィジョンに照らされている——ジン、魔法のランプ、アブラカダブラ。これらの物語は、六世紀に世界史の中にその魔術的影響力を織り込み始めたのだ。自動人形、空飛ぶ機械、ひとりでに増える黄金の倉、そして禁書に封印された強力な呪文などの噂が飛び交った。

間もなく、世界はアラビアの魔法に掛かる。呪文の本が世界の津々浦々で出版される。デーモンたちの囁きの載った本が。

17 イスラムの時代

ムハンマドとガブリエル／山の老人／ハルン・アッラシードと千夜一夜物語／カルル大帝と歴史上のパルツィファル／シャルトル大聖堂

この上もなく不気味なものが、霊的世界からこの展開を見下ろしていた。

五七〇年、ムハンマドと呼ばれる少年がメッカに誕生した。六歳の時に両親を亡くした彼は、牧童として雇われる。長じて肩幅の広い、黒い巻き毛と髭、輝く歯をもつ青年となった。駱駝を飼い、メッカの特産品である香辛料や香料をシリアへ運ぶ仕事に就いた。それから、二十五歳の時、メッカの裕福な未亡人と結婚し、この街で最も豊かで令名高い人物の一人となった。

ある意味では両親の死によって奪われたものを全て取り戻したわけだが、ムハンマドは不満だった。メッカの宗教の中心はカアバと呼ばれる巨大な黒い花崗岩で、一説によればシリウス星系から飛んできたと言う。当時のアラビアはシャマニズムを信奉する諸部族が住み、それぞれ各自の神々や精霊を崇拝していた。この渦の中心、カアバの隣に聖なる天幕があり、そこに何百もの偶像が祀られていた。メッカはまた、聖水を売るという悪徳に染まっていた――イシュマエルが砂から湧かせた泉の水である。ムハンマドの眼には、これら全てが放縦に映った。人々の関心はただ金儲けと博打、馬術、酒にしかなかった。

駱駝の隊商をシリアやエジプトのような所に連れて行く内に、彼はユダヤ教のことやイエス・キリストの話などを聞いた。神殿から商人を追い払う話が彼の心の琴線に触れたのだろうか？　ムハンマドはアラビアには預言者が必要だと確信した。イエス・キリストのように、人々の中から迷信と堕落を追放し、一つの宇宙的な目的の下に統合してくれるような存在が。

ムハンマドはメッカを取り巻く山に座っていた。どうしたらそんなことができるだろうと思い悩んでいると、目の前に天使が現れて言った。「我は天使ガブリエル」。その存在は、ムハンマドに黄金の銘板を示し、これを読めと言った。ムハンマドは文盲だからと言って断ったが、ガブリエルは再び同じことを命じた。するとムハンマドは、なぜかそれが読めることが判った。こうして一連の対話が始まり、それが後にコーランとなった。それからムハンマドは街に行き、ガブリエルから聞いたことを真摯に、かつ抗い難い力を以て語った。彼の信仰は次のような日常的な言葉に要約できるだろう——

私の教えは単純である。
アラーは唯一の神である。
ムハンマドは預言者である。
偶像崇拝をやめよ。
盗むな。
嘘をつくな。
中傷するな。
酔うな。
私の教えに従うことは、イスラムに従うことである。

その教えが本当に神の霊感によるものなら奇蹟を起こして見せろと言われても、彼は頑として応じなかっ

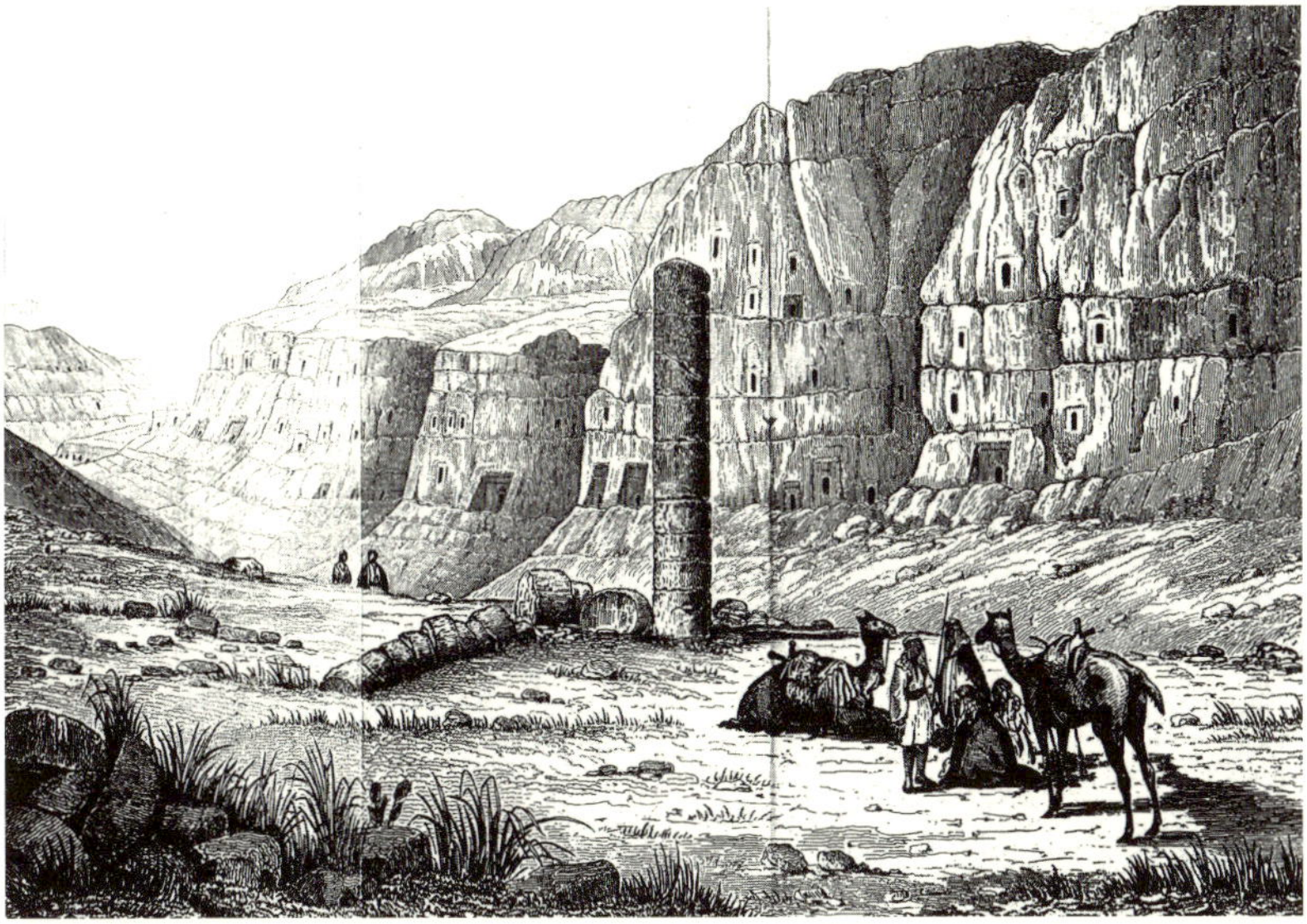

砂漠の教父の洞窟。19 世紀初期の版画。砂漠の教父は、砂漠に隠棲してひたすら霊的世界と接触する厳しい技法の修練に勤んだ。その生き方が修道院の源流となる。砂漠の教父の中でも最も偉大な聖アントニウスは、墓の中に長期間に亘ってトランスのような状態で留まった。ある時、アントニウスはある男に、全身を肉で覆うよう助言した。そのためこの男は野犬にずたずたにされたが、それによって死後にデーモンに襲われるとはどういうことかを身を以て知ることができた。聖アントニウスの誘惑として知られる挿話では、彼自身が月球天、別名をカーマロカすなわち煉獄に入り、悪魔のヴィジョンを見る。これは黒く巨大な男で、頭は雲に届いていた。また彼は、人間の霊を悪魔の手の届かないところまで導く天使を見た。

た。アラーは柱も使わずに諸天を持ち上げ、大地、川、無花果、棗椰子、そして橄欖を創った——これらのものこそが、それ自体既に奇蹟なのである。

　この法悦的な唯物論は、最初の近代の囁きかも知れない。

　会話の途中で、大天使ガブリエルはムハンマドに飲み物を選ばせる。ムハンマドは乳を選ぶ。隠秘学者が月の汁と呼ぶものである。アルコールはイスラムでは禁じられる。

　秘教の観点から見れば、ムハンマドにコーランを授けた天使がガブリエルであったことは極めて重要である。伝統的にガブリエルは月の大天使とされる。アラーはヤハウェのムスリム名であり、月と思考を司る大神である。ガブリエルはここでは、人間の情熱を支配し、空想を鎮める思考の力の到来を告げている。彼の神は汝為す勿れの神であり、ムスリムの図像学では三日月で表される。

思考は死の過程であり、生命エネルギーを消費する。中世――イスラムの最盛期――においては、人間の思考力を成長させるために性的衝動を抑圧する必要があった。そしてグノーシス的空想を鎮めるために、宗教指導者は人々に権威を押しつけたのである。

従来の西洋史の観点から見れば、暗黒時代から中世まで、ヨーロッパは未開のムスリムの攻撃に曝されていた。秘教史の観点から見れば、真実は全くの正反対である。この時代に播種され、後に成長してヨーロッパを、否、全人類を変える衝動は、イスラムから来たのだ。

メッカの市場でのムハンマドの説教は、彼の暗殺計画を引き起こした。彼は支援者を募るため、弟子のアブー＝バクルと共にメディナに逃れる。六二九年にメッカに戻った彼は、死ぬまでの四年間に、アラビア全土を支配するに到った。アブー＝バクルが彼の後継者――カリフ――となり、征服の意志は驚くほどの強さで引き継がれた。

宗教を成功させる要素の一つは現世利益、すなわち物質的利得である。ムハンマドの過激な一神教と、既にアラブ人の考え方に浸透していたアリストテレスの科学的方法論の組み合わせは、スペインから中国国境まで、瞬く間に広まった。

アラブ人はそれを広めながら、新しい考えをどんどん取り込んでいった。ゾロアスター教、仏教、ヒンドゥ教、そして中国の科学、例えば紙である。天文学、医学、物理学、数学は長足の進歩を遂げ、扱いにくいローマ数字に代わって、現在も使われているアラビア数字が登場した。

スーフィズムは極めて古い、開闢までも遡る源を持つと主張している。一説によればその起源は、アトランティス人の最初の大移動の後に中央アジアのカフカスに創られたサラモン結社——蜂の結社——にあると言う。言うまでもなくその後、スーフィズムはグノーシス主義や新プラトン主義の影響を受けることとなった。

イスラムはその最盛期においてドグマ的・家父長制的になる傾向があったが、スーフィズムはそれとは対照的な衝動を表している。時に思いもかけない逆説的な形で、あれやこれやとその精神に悪戯を仕掛ける。秘教的イスラムは霊性の優しく女性的・感覚的な面を唱導する。スーフィ詩人の偉大な作品は、その表現の好例である。

「自分自身」とは何かという問題もまた、スーフィズムの大問題である。その教えによれば、一般にわれわれが自分自身であると考えているものは実際にはわれわれから独立した実体であり、ほとんどの場合、恐怖、偽りの執着、嫌悪、偏見、嫉妬、自尊心、習慣、先入観、強迫観念などで出来ている。スーフィの修業の多くは、この偽りの自己、偽りの意志を破壊することを目的としている。

「神は人間の首の血管よりもさらに近い」とコーランに言う（五〇章一六）。だがほとんどの場合、偽りの自己に惑わされ、われわれはそれに気づかない。

偉大なスーフィの著述家イブン・アラビによれば、スーフィの導師とは自らの真の自己を知る者であるという。

スーフィの導師の下での修業では、呼吸の訓練や音楽によって変性意識状態に到達しようとする。スーフィズムの教える「覚醒」は時には苦痛を伴う過程である。それは自らを、そしてわれわれの中を流れる宇宙的・神秘的な流れを知覚し、より十全に生きることである。

この神秘的な流れに対して完全に自らを開いているので、スーフィは時に荒っぽい、予測し難い、驚くような行動を採ることもある。そして後に見るように、あまり認識されていないが、スーフィズムは西洋の文化に膨大な影響を及ぼしているのである。

ムハンマドと義理の兄弟アリとの関係は、イエス・キリストとヨハネのようなものだった。スーフィはイスラムの法には従うが、それは彼らにとっては秘教教義の外殻に過ぎないものだ。

このアリと、ムハンマドの娘ファティマが創建したのが後のファティマ朝である。この帝国は北アフリカの大部分とカイロを支配していたが、そこに彼らは〈叡智の家〉と呼ばれる秘教哲学の学院を建てた。その中には秘儀参入の七つの位階があり、志願者は千古の叡智を授かって秘密の力を得る。重要なタントラ文書の翻訳者である一九世紀のサー・ジョン・ウッドラフは、スーフィの伝統にもまたタントラと同様の隠秘生理学があることを明らかにした。このスーフィの伝統においては、力の中枢には〈ヒマラヤスギの心〉や〈百合の心〉等の美しい名前がつけられている。

〈叡智の家〉出身の秘儀参入者の一人が「山の老人」と呼ばれるハサン・サバフである。

彼は一〇九〇年、カスピ海の南、現在のイランの山中にあるアラムート城を奪取した。この山の要塞から彼は全世界に密偵を派遣し、命令を実行させた。こうして遠く離れた権力者たちを傀儡として操ったのである。彼のハシシム――すなわち暗殺者《アサシン》――たちは、各国の宮廷や軍隊に侵入した。ハサンに逆らうことを考えた者は誰であれ、翌朝には屍体で見つかるのだった。

西洋世界におけるハサン評は、間違いなくマルコ・ポーロの旅行記の一節によって歪められている。それによれば、山の老人は若い信奉者に薬物を投与し、これによって彼らは三日間眠り続ける。目覚めると、彼らは美しい庭園におり、そこは〈楽園〉であると言われる。彼らを囲む美しい娘たちは、音楽を奏で、望むことは何でもしてくれる。三日後、若者たちは再び眠らされる。目覚めると、再びハサンの前にいる。そこで彼らは、ハサンは思いのままに彼らを〈楽園〉に戻す力を持っていると信じ込んでしまうのである。そこでハサンが誰かを殺したいと望むと、暗殺者たちは自ら進んでそれを行なう。そうすればまた〈楽園〉に行けると信じ込んでいるからである。

実際にはハサンはあらゆる酩酊薬を禁じており、彼自身の息子たちが飲酒したためにこれを処刑しているほどである。また音楽も禁じていた。信奉者たちの間では聖人・錬金術師として知られており、超自然の手段によって世界中の出来事を支配できると信じられていた。アラムートに城を構えて以来、彼が自室を出たのはたったの二度であるという事実にもかかわらずである。

二〇世紀、一見狂人に見えるが、実際には独房に居ながらにして全世界を操る人物の元型は、フリッツ・ラングの深遠かつ秘教的な映画の中に、マブゼ博士として登場する。

ハルン・アッラシードもまた、この時代における凄まじい、圧倒的な人物である。二十代前半でカリフとなり、瞬く間にバグダッドを世界で最も壮麗な都市にしてしまった。何百人という廷臣と奴隷、それに後宮のある比類無く壮麗な宮殿も建てた。それは煌びやかな唯物論の城である。そこでは一人の男が世界のすべての愉悦を楽しみ、飽き足り、常に新奇を求め続けるのである。

われわれの誰もが想像する、ターバンを巻いた東洋の王であり、『千夜一夜物語』に登場するカリフである彼は、その宮廷にありとあらゆる大作家、芸術家、思想家、科学者らを招聘した。『千夜一夜物語』に述べられているように、彼は時に変装して宮殿の秘密の扉から抜け出しては臣下の話を盗み聞きし、その本音を探っていたという。

有名な話によれば、紅海のとある漁師の網に巨大な鉄の壺が掛かった。何とか引き揚げると、その金属の蓋には交差する三角形、ソロモンの玉爾があった。当然ながら興味津々となった漁師は、壺を開けてみた。するとその途端、黒い霧が噴出し、空一面に広がって、何も見えなくなってしまった。次にその霧は再び凝縮し、一匹のジンの姿となった。ジン曰く、自分はソロモン王の手で壺に封印されていたと。それから二百年後、自分を解放してくれる者がいたら大金持ちにしてやると誓った。五百年後、解放してくれた者に絶大な権力をやると誓った。だが千年も経つと、今度は自分を解放した者は誰であれ殺してやると誓ったのさ。ちょうどいい、お前を殺してやる。だが漁師は答えた、おまえさんが本当にこの壺の中にいたなんて信じられないね。もし本当なら、もう一度壺の中に入って見せてくれよ。そこでジンは再び霧となり、ゆっくりと竜巻のように回転しながら壺に戻った——そして言うまでもなく、漁師は再び壺に蓋をした。

これは子供向けの馬鹿げた話のように聞こえるかも知れないが、隠秘学者にとっては、秘教知識の宝庫である。「ジン」とは「隠す」の意味で、廃屋や井戸、橋の下などに棲んでいるとされるこの種の霊体を扱う技術の理論と実際は、アラブ人の間で活発に開発されていた。さらに、ソロモンの玉爾のような魔法の印を使って精霊やデーモンを護符や指輪、石等に封じ込めることもよく知られていた。中世になる頃には、主としてアラビアに起源を持つこのような知識、特に占星術的手段によって護符に力を込める技法は、よく知られた魔術書に纏められる。中でも最大のものは『ピカトリクス』と呼ばれるもので、この書は秘史の上の著名な人々を魅了することになる。トリテミウス、フィチーノ、そしてエリアス・アシュモール。

長じて偉大な宮廷詩人となるルーミーは、幼少の頃から人々を周章させる存在だった。六歳の頃から断食を始め、ヴィジョンを見るようになった。ある時、子供たちの集団に入って屋根から屋根へ猫を追いかけていた時、ルーミーは人間は動物よりももっと大胆でなければならないと言い——そのまま消えてしまった。皆が恐怖に泣き喚いていると、彼は突如、皆の前に再び出現した。目つきがおかしくなっており、緑の外套を着た精霊に異世界に連れ去られたと言う。緑の外套は、緑《エル・キディル》の者を示しているのかも知れない。エル・キディルは極めて強大な力を持ち、自在に物質化したり非物質化したりできるという。そしてスーフィによれば、彼は特別な使命を持つ者の手助けに来るという。

三十七歳の時、今や若き大学教授となっていたルーミーは学生たちの崇敬の的だった。ある日、学生たちを連れて馬に乗っていると、一人の托鉢僧に呼び止められた。この僧、シャムス・タブリージーは、教主《シェイク》や聖人を歯牙にもかけないことで有名だった。自分は神以外の誰にも従わないと称していたのである――そんなわけで、彼は突拍子もない、時に圧倒的な、強烈な存在感を放っていた。

二人の男は抱き合い、それから独居房で同居するようになった。そこで彼らは三カ月の間、瞑想して過ごした。互いに相手の眼の中に、自分がそれまで探し求めていたものを見出したのだった。

だがルーミーの生徒たちは次第に嫉妬心を燃やし、遂にある日、シャムスを待ち伏せし、刺し殺してしまった。

ルーミーは嘆き悲しみ、痩せ衰えた。すっかり絶望していた。そんなある時、街を歩いていて、金細工師の前を通りかかり、金を鎚で打つ律動的な響きを訊いた。ルーミーはアラーの名を繰り返している内に、突如、法悦状態で旋回していた。

これこそ、スーフィの旋舞教団《メウレウィ》誕生の次第である。

アラブの壮大な文明は、中世ヨーロッパを魅了し、かつ畏怖させた。旅行家たちは、宮廷の生活、繋がれた何百頭もの獅子、革のベッドを浮かべた水銀の池などの話を持ち帰った。そのベッドは空気で膨らまされ、四隅を銀の柱に絹の帯で固定されていた。最もよく知られた報告は、貴金属で創られた機械仕掛けの庭園である。そこには囀りながら空を飛ぶ機械仕掛けの鳥がいた。中央に聳える黄金の樹には、惑星を表す巨大な宝石の実が生っていた。

多くの人にとって、このような驚異の数々は魔法のように見えた。それは魔術と科学の境界線上にあるものだった。それを部分的にせよ説明するものが、一九三六年にバグダッドで発見されている。ヴィルヘルム・ケーニヒというドイツの考古学者が宮殿の排水路を発掘していた時、原始的な電池のようなものを発見し

㊧祈りを求める呼び声。逆しま、裏表の思考への強烈な衝動は、スーフィズムを通じてこの世に侵入した。「真理もまた探求者を求める」。　㊨『メアリ・ポピンズ』の作者P・L・トレイヴァーズは 20 世紀の導師G・I・グルジェフの弟子であり、グルジェフはスーフィとチベットのラマから影響を受けた。ポピンズのキャラクターは――感傷的な映画の方ではなく、書物の方では――まさにスーフィの導師のそれであり、世界を逆しまにし、裏表にし、自然法則を曲げる不穏な存在である。

たのである。それは少なくとも中世初期にまで遡るものだった。彼の同僚はそのレプリカを使って電流を起こし、銀の小立像を一時間半で金鍍金することができたという。

八〇二年、ハルン・アッラシードは神聖ローマ皇帝カルル大帝に絹、真鍮の燭台、象牙のチェス駒などを贈った。さらに象一頭、青銅の球を鉢に落として時間を計る水時計、小さな扉から出てくる機械仕掛けの騎士像もあった。それはカルル大帝にアラビアの科学の優越性を見せつけるための贈物だった――そしてその帝国の力の程と。

カルル・マルテル、ピピン、そしてカルル大帝という三代に亘るフランク族の王がいなければ、イスラムはキリスト教を地上から一掃していたかも知れない。

カルル大帝は七四二年に生まれ、ロン

ギヌスの槍を受け継いだ。これは磔刑のイエス・キリストの脇腹を貫くのに用いられた槍である。カルル大帝は寝ても覚めてもその槍を身近に置いていた。それが未来を見通し運命を我がものとする力を与えてくれると信じていたのである。九世紀の最初の十年間、彼はムスリム相手に連戦連勝を続けた。聖剣ジュワユーズを縦横無尽に揮い、北スペインへの侵攻を阻止し、サンチアゴ・デ・コンポステラへの巡礼路を守った。

カルル大帝自身、圧倒的な偉丈夫だった。七フィートの上背に、燃えるような蒼い目、質実剛健を絵に描いたような暮らしぶりだが、自ら歴史を動かそうという野心を抱いていた。そのヨーロッパ要塞のヴィジョンはイスラムの侵攻を前にしてキリスト教徒のアイデンティティを保ったのみならず、腐敗した暴虐な貴族から自らの民を守った。

ルネサンスの偉大なマギの一人、シュポンハイムの修道院長トリテミウスによれば、カルル大帝は七七〇年、〈神聖フェーム〉すなわち〈自由判事による秘密裁判所〉を創った。そこでは秘密の暗号と合図が用いられ、非参入者を排除していた。〈光の秘密戦士〉と呼ばれるこの仮面の男たちは、法を法とも思わぬ城主の城の門に召喚状を打ち付ける。中には、これに従わない貴族もいる。護衛を雇って身を守ろうとするのだが、そういう者は必ず、〈神聖フェーム〉特有の十字架型の短剣で刺し殺された姿で発見されるのである。

この召喚に応じた貴族は、夜遅く一人で指定の場所に赴く。例えば人気のない辻である。そこへ仮面の男たちが現れ、尋問を開始する前に彼の頭に頭巾を掛ける。真夜中になると頭巾が除かれ、そこで件の貴族は自分が巨大な地下納骨堂などにいることに気づく。目の前には仮面と黒衣の〈自由判事〉たち。そして判決が下される。

この秘密結社は秘教的なものとはされていないが、地下納骨堂のモティーフは、カルル大帝が地下で秘儀伝授を受けたという伝説と関連している。

魔術書『教皇レオの手引書』には、毒や火、嵐、野獣などから身を守る魔術が書かれている。これが公の歴史に登場するのは一六世紀初頭だが、カルル大帝は常にこの書を携えていたと言われる。彼は小さな革袋にこれを入れて肌身離さず身につけていた。この話が満更嘘とも思えないのは、『ヨハネによる福音書』第一章が最強の呪文として『手引書』に収録されているからだ。秘教家は今も尚、この一節をそのように用いている。

カルル大帝が秘教思想の持ち主であったという確たる証拠は、アーヘン大聖堂にある。カルル大帝自身の宮殿に増築されたそれはアルプス以北の世界における最大の建物であった。その八角形の形は、新エルサレムを囲む壁たらんとすることを意図したもので、『ヨハネの黙示録』の数秘学に基づいている。入口は〈狼の扉〉と呼ばれるが、これは悪魔からこの大聖堂を守った伝説の狼に因んでいる。二階を見上げると、回廊に白い大理石の厚板で造られた神聖ローマ皇帝の威圧的な玉座がある。この大聖堂の中心には、カルル大帝の遺骨を納めた堅牢な黄金の柩がある。その上に、「光の王冠」すなわち巨大な輪状のシャンデリアが、輝く王冠チャクラのように吊り下げられている。

カルル大帝の業績には、キリスト教世界の一流学者たちを一堂に集め、ハルン・アッラシードの宮廷に対抗しようとしたことがある。中でも最大の学者はおそらく、ヨークのアルクイヌスであろう。

このイギリスとの繋がりは、秘史においては重要である。アーサー王の霊が、カルル大帝の業績の中に息づいているからだ。彼は信仰の擁護者であり、無敵の武器の力で異教徒たちを寄せ付けず、信仰深い騎士たちの一団の中心にいた。後者はカルル大帝においてはパラディンと呼ばれる。

既に見たように、元来のアーサー王は鉄器時代の人物で、闇の侵蝕の時代に太陽神の擁護者であった。カルル大帝の時代にアーサー王物語に追加された聖杯譚は史実に基づいている。

パルツィファルの物語はお伽噺だと思われるかも知れないが、秘史においては彼は血と肉を備えた人間であり、三世紀のマニ教の創始者であるマニの生まれ変わりである。彼は知らなかったが、彼はまたカルル大帝のパラディンの一人であるオランジュのギョームの甥だった。ギョームは七八三年、カルカソンヌでサラセンと戦った。この戦いはムスリムに甚大な被害を与え、ために彼らはフランスからスペインまで退却した。

森の住人として成長したパルツィファルは、母と共に森の奥深くに住んでいた。華美な宮廷生活からも、騎士道の危険からも遥かに遠かった。父親のことも、また有名な叔父のことも何一つ知らなかった。彼はローランのような騎士とは大違いだった。ローランは当時の有名な騎士で、その勲功は天に届き、公式の記録に顕彰されている。だがパルツィファルの誰も知らない勲功、個人的な戦いは、歴史の流れを変えるのである。

ある日、パルツィファルが森の中で一人で遊んでいると、騎士の一団が通りかかった。クレティアン・ド・トロワ描くこの挿話は、想像力を照らし出す――

木々は葉を茂らせ、野も森も牧場も緑に萌え、鳥たちはそれぞれに自分の言葉で、朝毎に優しい歌を歌う。そんな季節、人里離れた荒れ森に住む寡婦の貴婦人の息子は、外へ飛び出した。駆け巡っては槍投げをしている内に、森の中を、あらゆる種類の武具甲冑に身を固めて武装した五人の騎士のやって来るのを聞いた。そして凄まじく大きな音を、やって来る彼らの甲冑は響かせた。鎖帷子が煌めき、兜はきらきらと輝き、そして白銀色や赤が、さらに黄金や藍や銀が、陽に映えて燃え立つのを見た時、彼はこれまでそのようなものを見たことがなかったので、今目の前にいるこの者たちこそ天使に違いないと思い込んだのだった。

パルツィファル自身の想像力に火が付いた。彼は断腸の思いで母の許を去り、冒険を求めて旅に出た。理想に満ち満ちてはいたが、パルツィファルは愚かな騎士で、その使命はしばしば誤解と奇禍に満ちていた。それは孤独と失敗の旅だった。

そんなある日、黄昏が近づいて、彼は川の側の二人の漁師に、この辺りに身を休める所はないかと訊ねた。漁師は彼を高い山の上の大きな城に連れて行った。それは漁夫王アムフォルタスの城だった。彼は負傷して腿から血を流していた。悪の王クリングゾールが、性的誘惑を含む罠をアムフォルタスに仕掛け、この傷を負わせたのだ。

パルツィファルが晩餐に着いていると、壮麗な行列が現れる。小姓が血を流す槍と輝く鉢を運んでいた。晩餐の後、パルツィファルは深い眠りに陥る。別伝では、ここで彼は一連の試練を受ける。野獣――獅子――に襲われ、美しい女デーモンの誘惑を受けるのだ。また、〈危険の橋〉を渡らねばならない。これは濠に渡された巨大な剣である。後に見るように、これらの異同は矛盾なく同居可能である。

目が覚めると、城は荒れ果てている。馬に乗って出ると、作物は枯れ、国土は不毛の地となっている。後にパルツィファルは宮廷に迎えられ、拍車を授かる。だがある日、〈忌まわしき女〉と呼ばれる醜い老婆が彼を呼び止める。この国の艱難は、聖杯のヴィジョンが現れた時、彼が正しい質問をしなかったことに起因しているというのである。彼がその質問を発していれば、漁夫王の傷は癒え、王国は豊かさを取り戻していたのだ。

聖杯城を再訪したパルツィファルは、何がアムフォルタスを苦しめているのか、と問う。こうして彼は聖杯探求に成功するが、それは他のすべての騎士が成し遂げられなかったものだった。例えばサー・ランスロットは、グィネヴィアへの愛ゆえに失敗する。彼は純粋な心を持っていなかったのだ。

探求のクライマックスで、パルツィファルはまずロンギヌスの槍を見る――カルル大帝との繋がりを思い起こさせる――次に、遂に聖杯それ自体を見る。

如何にすればこれを史実として理解できるだろうか？　ヴィジョンを見るというのは間違いなく秘儀伝授

騎士道においては、兜、剣、拍車は秘儀参入の象徴である。肩を剣で叩くことで騎士に任ずる儀式は、古代の参入儀礼において、泉や葡萄酒を生み出すテュルソスの杖で額を叩いたことの名残である。近代の秘儀参入儀礼の中には、額に強い一撃を見舞う所もある。この打撃によって、高次の思考が生まれる。アテナが父の額から生まれたように。

の儀式を意味している。パルツィファルの試練とヴィジョンは深いトランス状態で生じたものだ。

だが言うまでもなく、その出来事が象徴的・隠喩的なものであるという事実は、それを文字通りの事実として理解してはならないということではない。

ならば、聖杯とは何なのか？

この物語の古いドイツ版では、聖杯は石であるとされている。聖杯はまた、錬金術の賢者の石の性質も持っているようだ。それは輝き、再生し、肉と骨を若返らせ、フォン・エッシェンバッハの言葉を借りれば、「この世の甘美と悦楽をもたらし、この世を天の王国の如くする」。無論、ルシファーの額から脱落したこの石が鉢の形になったというなら、それは加工された石であるということになる。

聖杯とは実際には何なのかを理解するためには、その機能を思い起こし、よく知られた物語が告げるものに耳を傾けねばならない。それは体液を受ける杯もしくは器である。より詳しく言うなら、

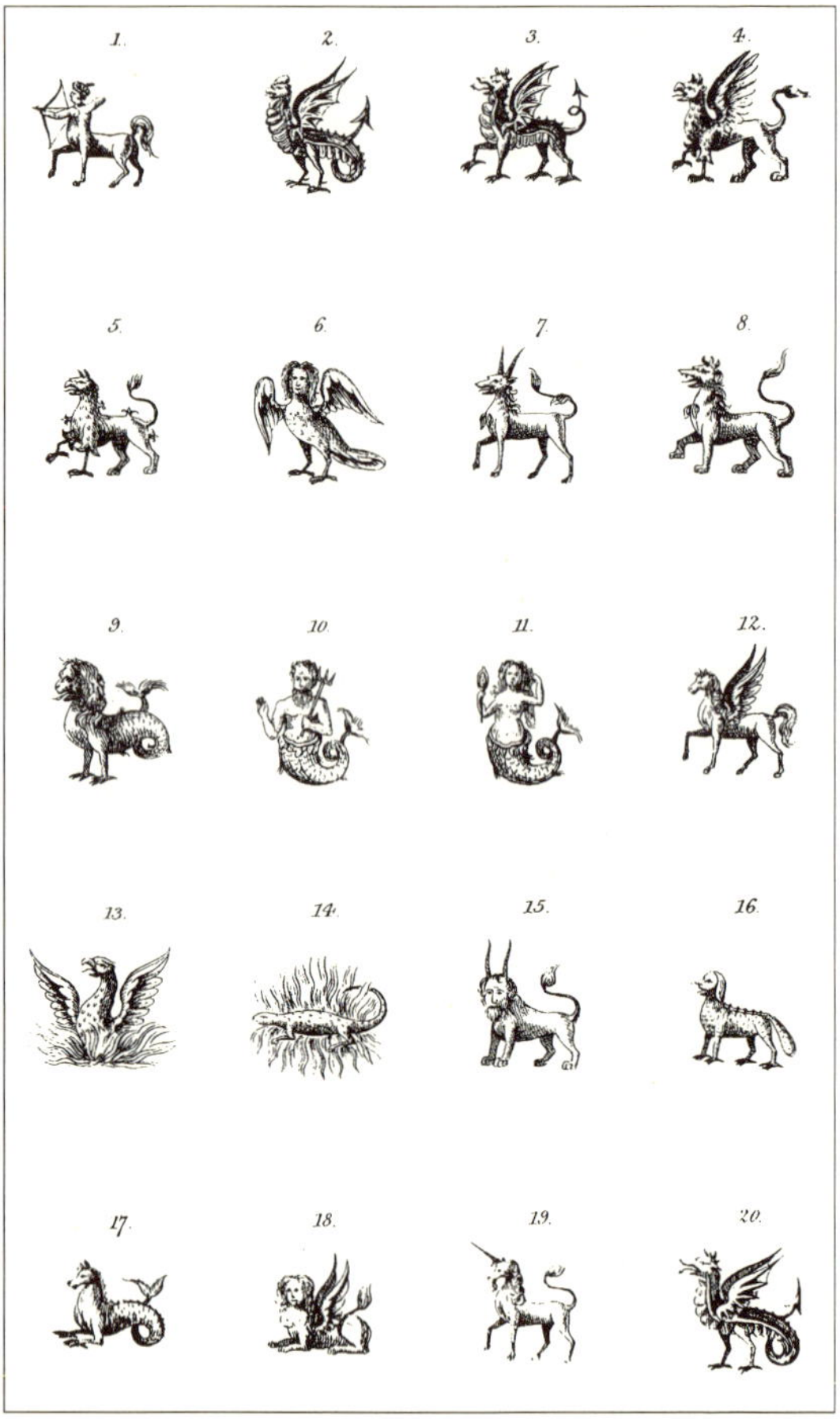

秘教的紋章図案。秘史の怪物や象徴が多く見られる。『英国紋章の文法』（1854）より。

磔刑のキリストの身体から噴き出した血を受けるのに用いられ、また象徴的に最後の晩餐でも用いられた。

既に見たように、血液は動物意識の顕著な特質であり、隠秘生理学によれば、われわれの本質の動物部分は植物部分の中に存する、もしくは——杯のように——容れられる。

つまり聖杯の秘密とは、血統を表すのではない。既に述べたように、血統云々は転生に関する秘教教義に反するからである。寧ろ聖杯とは、霊もしくは意識の器としての植物部分の役割を表すのだ。聖杯の探求は、より高次の形態の霊を収容するに相応しく浄化された器の探求であり、この探求の試練には植物体の浄化のための秘教的技法が含まれている。二〇世紀最高の導師であるルドルフ・シュタイナーによれば、すべての秘教的作業はエーテル体すなわち植物体に対する作業から始まるのだ。

〈堕落〉のゆえにわれわれの動物自己は腐敗し、性的自己の奴隷となっている。実際、動物自己の腐敗は凄まじく、そのために植物体・肉体に浸透し、自力では浄化することはできない。そのために超自然的な援助が必要なのである。秘教的技法はこの援助を取り付けることを意図している。

人間の植物的次元が浄化されれば、われわれは自然に、より植物的になる。聖者は時に、植物のように、日光以外に何も摂取せずに生きることができる。二〇世紀ドイツの神秘家にして奇蹟の人であったテレーゼ・ノイマンは毎日、聖餅以外に何も食べずに四〇年も生きた。

だが、植物体を変容させる技法が古代から存在しているとすれば、聖杯の秘儀に含まれる技法の新しい特徴とは何か？

傷ついた漁夫王との極めて意義深い二度目の遭遇において、パルツィファルはその質問をする。兄弟よ、何があなたを苦しめているのか？

これは無私無欲の共感と——さらに重要なことに——自由な探求心を示している。後者は八世紀において初めて登場したものだ。つまりこれは、思考の自由を求める新たな衝動の始まりであり、それはキリスト教会の権威の時代の、終わりの始まりを示しているのである。

パルツィファルが到達した聖杯のヴィジョンとは、植物体すなわち魂のヴィジョンである。しかもそれは倫理観と知的探求によって変容しており、より高次の形態の霊、すなわちイエス・キリストの霊の器となれる状態にあるのだ。

物語の歴史的次元では、アムフォルタスの傷のために国土は不毛の地となる。これは参入者たちの個人的な献身が国家の運命に影響を及ぼすことを示している。

物語の形式もまた重要である。パルツィファルが聖杯に到達する物語は、パルツィファルの内的な想像のヴィジョンとして提示される。

かつての神殿や秘儀の学院においては、素晴らしい影像が造られ、その中に神々が入れられた。だが中世においては、偉大な参入者たちは素晴らしい絵画に霊感を与えるようになる。そして神々は、このような精神的イメージの中に降臨することとなるのだ。

八一四年のカルル大帝の死と共にその帝国は急速に分裂したが、統一ヨーロッパという彼の観念は今日まで生き残っている。アーサー王と同様、カルル大帝もまた死んだのではなく、いつの日か甦る時を待っているのである。

キリスト教会の権力と富は増大した。それは神の王国への鍵の唯一の所有者たることを欲した。キリスト教会はかつて、転生の教えを弾圧することによって人間にはただ一度きりの人生しかないと強調し、神々の天文学的素性に関する知識を弾圧することによって唯一神を強調した。今やそれは、人間の不可視の部分の統合を強調するようになった。八六九年、第八会公会議においてキリスト教会は、古代以来画然と区別されていた、人間の植物的次元である魂と、動物的次元である霊とを同一視することによって、霊的世界への扉をまんまと閉ざしてしまった。魂と霊は同じものであるとされ、その結果、かつてはミサにおいて接触できていた霊的世界は虚しい抽象となってしまったのだ。

霊的世界の体験は、権威に認められたドグマに取って代わられた。

一方、活気あるイスラムの影響は、知的な面でも霊的な面でも、トレドやシチリアのような学問の中心地を通じてヨーロッパに流入し続けた。アリストテレスの著作のアラビア語訳から霊感を得た数学、幾何学、自然科学の研究、そして天文学や占星術が北へ広まり、イスラムを規範とするヨーロッパ最初の大学が設立された。また、モスク建築の複雑な植物模様の影響を受けた、ゴシック建築のアラベスクも生み出された。

一〇二八年に造られたシャルトル大聖堂の北側の前廊に、聖杯を持つメルキゼデクがいる。数百年前にローマによって駆逐され、イスラムからヨーロッパに逆輸入されつつあった占星術の象徴は、西側の前廊に見られる――双魚宮を示す魚、双児宮を示す二人のテンプル騎士。破風には、典型的な尖卵《ウェシカ・ピスキス》形の作例がある。これは物質界に侵入する霊的世界を見通す〈第三の目〉である。

シャルトルは、イスラム神秘主義、古代ケルトの霊性、そして新プラトン主義的キリスト教を石の上に融合させたものである。古代のトンネルや洞窟で蜂の巣状になった丘の上に建てられているが、その場所は〈母なる女神〉の聖地であったという。イシスすなわち〈太陽神の母〉と、聖母マリアすなわちイエス・キリストの母の近親性を示す黒聖母が今もなおその地下室にある。

身廊の床には、ヨーロッパで最も有名な迷宮がある。一二〇〇年に造られたそれは、直径四〇フィート。フランス革命の際、大砲の鋳造のために供出させられたが、かつてはその中央にテセウス、アリアドネ、ミノタウロスを描いた飾り額があった。

無論、迷宮や迷路は古代異教の遺物であり、クノッソスのみならず、エジプトのハワラにも残されている。また多くの露天の迷宮や迷路が、アイルランド、ブリテン、スカンディナヴィアの草むらに見られる。一八世紀以前には、多くのキリスト教会にもこのような迷宮があったが、異教との関連のためにその多くは破壊されてしまった。

アイルランドはニューグレインジの土塚の一つは、一九五〇年代においても依然として地元住民から「螺旋城」と呼ばれていた。なぜならその入口の側に螺旋が刻まれていたからである。「我らの王は螺旋城に行った」というのは、「死んだ」を意味する慣用句であった。

７度に亘って行きつ戻りつしながら、二度と同じ道を辿ってはならない。二次元で表される螺旋。原図はボッティチェリの素描。

これこそ、シャルトルの迷宮およびシャルトル大聖堂それ自体の秘密のシンボリズムを理解する鍵である。迷宮に足を踏み入れ、その軌道に沿って歩くなら、螺旋状に移動することになる。まずは左へ、次に右に折れて中心を目指す。その道を辿る巡礼は、『聖ヨハネ言行録』に書かれたイエスのような舞踏である。その目的は、すべての秘教活動がそうであるように、変性意識状態に入ることである。その状態で霊は霊的諸世界を上昇し、まだ生きている内に死後の旅を体験する。

テセウスを助けるために取りなしをしたアリアドネは、シャルトルの文脈では、太陽王を産んだマリアであり、彼女の取りなしによってわれわれは自分自身の高次の自己を産むのである。

つまりシャルトルの迷宮は、一種の曼陀羅であり、瞑想の手引きであり、変性意識状態に到達するための手段である。大聖堂の神聖幾何学では、迷宮はもう一つの曼陀羅、すなわち薔薇窓に対応している。

中世のステンドグラスは、一一世紀にイラン／イラクに出現した。シャルトルの光り輝く驚くべきガラスは、アラブ人の秘密を学んだ中世の錬金術の達人によって造られたもので、その技術はもはや現代では再現できない。偉大なエジプト学者シュワレール・ド・リュビクが、彼の伝記を書いたアンドレ・ヴァンダン・ブレックに述べた所によれば、シャルトルのステンドグラスの輝く赤と青には化学染料は全く使われておらず、揮発性の金属のエキスから分離したものが用いられているという。これを彼は著名な錬金術師フルカネルリと共に実験し、またエジプトで彼が発掘したガラスの断片にも同じものが見つかったという。

外周部に黄道十二宮を配した薔薇窓は、遂にわれわれが迷宮の中心に辿り着き、天球の音楽に合わせて踊る時、光り輝くチャクラを表している。シャルトル大聖堂が、人類の変容のための錬金術の坩堝であると言われてきたのは、ゆえ無きことではない。

イスラムは秘教的にも顕教的にも全世界の織物の中に自らを織り込んだ。そして一〇七六年、トルコのムスリムがエルサレムを支配する。

18
テンプル騎士団の賢明なるデーモン

ヨアキムの予言／ライムンドゥス・ルルスの愛／聖フランチェスコと仏陀／ロジャー・ベーコン、トマス・アクィナスを嗤う／テンプル騎士団のバフォメット崇拝

一〇七六年、トルコのムスリムがエルサレムを支配し、キリスト教徒の巡礼を迫害し始めた。十字軍はエルサレムを解放し、その後、再び失った。

一一一九年、五人の騎士がキリスト磔刑の現場で、ユーグ・ド・パイヤンの下に集った。聖杯探求の旅に乗り出した騎士たちと同様、彼らは自らをキリストの血の器に相応しきものとすることを誓った。巡礼を守るため、彼らはソロモン神殿の厩舎跡とされる場所に本部を設けた。

第一回・第二回十字軍の間に結成されたこの騎士団は、キリスト教世界随一の騎士団となった。テンプル騎士団、すなわち〈キリストとソロモン神殿の清貧戦士修道会〉は、常に外套の下に羊皮の乗馬ズボンを穿き、純潔の証としていた。また、髭を剃ることも禁じられた。剣以外の私物は何一つ持たず、すべてを共有としていた。敵に慈悲を乞うことはなく、勝算が三対一以下になれば退却した。このように退却することはあっても、最後には戦いで死ぬという誓いを立てていた。

シトー修道会の創設者で、当時の最有力な聖職者であったクレルヴォーの聖ベルナールが一一二八年にテンプル騎士団の「憲章」を書き、これによって彼らは正式に宗教結社となった。ベルナールによれば、彼らは恐れを知らず、「たった一人でしばしば千人の敵を敗走させる」。小羊よりも温和しく、獅子よりも猛く、

「修道士の穏やかさと騎士の猛々しさ」を兼ね備えている。

考古学的調査によれば、テンプル騎士団には隠された動機があったという――ソロモン神殿の跡地の発掘である。神殿地下深くのトンネルから、テンプル騎士団の遺品が出土しているのだ。これらのトンネルは、堅固な岩盤に、至聖所の真下と思われる場所に向かってまっすぐ掘られている。

テンプル騎士団の参入儀礼は、明らかにさまざまな伝統を纏めたものだ。例えばスーフィズムや、ソロモン神殿の叡智も含まれる。小羊を殺し、その死体で造った紐が志願者の首に巻かれた。彼はこの紐によって秘儀伝授の小部屋へ導かれる。そこで彼は死の苦痛にかけて、自分の意図が完全に純粋であることを誓う。そして彼は、団長は隠秘学的な手段で自分の魂を見ることができるのか、と訝る――自分はこのまま死ぬのか？

彼は、ザラスシュトラの儀礼の志願者と同様の恐るべき試練に耐える。例えば恐ろしいデーモンと対峙し、今後の人生で、あるいは死後に出逢う如何なる恐怖とも対峙する準備をするのだ。

参入儀礼におけるデーモンとの対峙は、テンプル騎士にとってトラウマとなる。だがその後二百年の間、彼らの団結心《エスプリ・ド・コール》および堅固な組織構造のために、彼らは世俗の事象を左右せぬまでも、影響を及ぼすようになる。

多くの貴族がこの騎士団に加入し財産を寄進したため、テンプル騎士団の富は比類なきものとなった。彼らは信用状を発明し、これによって盗賊に盗まれる危険無しに金銭を運べるようになった。パリのテンプルは、フランスの金融の中枢となった。彼らは銀行の先駆者であり、商人階級の擡頭を準備した。テンプル騎士団はまた、キリスト教会や貴族から独立した最初の商人ギルドのパトロンとなった。コンパニョン・ドゥ・ドヴワールと呼ばれるこれらのギルドは、テンプル騎士団の建築を請け負い、倫理規定を守り、騎士の未亡人や孤児を保護した。

一二世紀末、キリスト教会の優越に対する他の挑戦が続々と出現してきた。

一一九〇—九一年、トルバドゥールの始祖ギョーム・ド・ポワティエの孫であるリチャード獅子心王が第三回十字軍から帰還した。途上、彼は予言能力で知られた山の隠者を訪ねる。リチャード曰く、「かの修道頭巾の下に、何たる黒き報せ！」。

一一三五年頃にカラブリアの小村に生れたヨアキムは、長年隠者として生きた後に修道院に入り、遂には山の中に自らのフィオレ修道院を創った。

彼は『ヨハネの黙示録』を理解しようとし、それに取り組み——そして敗北した。それから、ある年の復活祭の朝、目覚めた彼は別人となっていた。新たな理解力が彼に授けられたのだ。こうして、彼の中から迸り出るようになった預言の言葉は、中世を通じてヨーロッパ中の霊的思想や神秘主義集団に、後には薔薇十字団に影響を及ぼすこととなる。

カバラの中枢を為す書物はまだ出版されていなかったが、ヨアキムの著述にはカバラ的次元がある。これはおそらく、スペインの改宗ユダヤ教徒ペトルス・アルフォンシとの友誼の結果であろう。無論、旧約聖書自体、神が歴史に介入するという感覚を強く保持している。だがヨアキム思想の中で特にカバラ的なのは、彼が聖書のテキストを複雑な数の象徴体系と、〈生命の樹〉と呼ばれるヴィジョンに基づいて解釈したことである。彼はこの樹の図を、カバラ主義者が同様の観念を発表するよりも二百年も前に公にしている。おそらくアルフォンシとの交際を通じて遭遇した口伝に基づくのであろう。

だがヨアキムの教説の中で特に中世の想像力を鷲掴みにしたのは、三に関する理論である。彼によれば、もしも旧約聖書が恐怖と服従を要求する〈父の時代〉であり、新約聖書が〈子の時代〉すなわち教会と信仰の時代であるなら、三位一体の教理からして、将来的には第三の時代、すなわち〈聖霊の時代〉が来るはずである。その時には教会はもはや無用のものとなる。なぜならこれは自由と愛の時代だからである。ヨアキムは秘儀参入者であったから、その思想にはまた占星術的次元がある。通常それはキリスト教会の注釈者によって覆い隠されているが、すなわち〈白羊宮の時代〉こそが〈父の時代〉であり、〈双魚宮の時代〉が〈子の時代〉、そして〈宝瓶宮の時代〉が〈聖霊の時代〉なのだ。

ヨアキムは、第二から第三への移行の時期が来ると予言した。その時期には、霊的な人々による新たな結社が人類を教育し、旧約聖書の最後の条である『マラキ書』の予言どおり、エリヤが再び現れる。エリヤはメシアの先触れであり、大いなる更新《イノヴァティオ》の到来を告げ報せる。ヨアキムはまた、第三の時代の前には反キリストが受肉すると予言している。後に見るように、ヨアキムの予言は今日においてもなお、秘密結社を魅了しているのだ。

天啓博士《ドクトル・イルミナトゥス》ライムンドゥス・ルルスはムスリムに対する宣教師であるが、にもかかわらずその思想にはイスラム的観念が浸透していた。

ライムンドゥス・ルルスは一二三五年、マリョルカの首都パルマに生まれ、宮廷の小姓として育てられた。浮薄で悦楽的な生活を送っていたが、ある時、とあるジェノヴァ人の女性に淫欲を催し、どうしても彼女が欲しくなって、彼女が祈っていた聖エウラリア教会に馬で押し入った。彼女は一顧だにしなかったが、ある日、彼が送りつけた恋愛詩に応えて、彼を逢引きに呼び出した。約束の場に行くと、彼女は何も言わずに乳房を曝け出した——それは悪性の疾患によって蚕食されていた。

この衝撃をきっかけに、ルルスは改宗した。世界とは極端から極端へと揺れ動く場であり、皮相な外見の下にはその対極のものが隠されている。彼の最も有名な書物『愛する者と愛される者の書』において彼は問う、「下向きに流れる水がその性質を変え、上向きに昇るようになる時はいつやって来るのであろうか？」。

イスラムを経由してキリスト教ヨーロッパに再導入された占星術の擬人化。16 世紀フランスの写本より。

荊に捕えられた恋人は、それを花の褥と見る。「苦悩とは何か？」と彼は問う。「この世で欲望を叶えようとすることに他ならない……美しい衣に身を包み、飽食して眠る者の中に満ち満ちる断罪と苦痛とを知れ」。花の香りの中に、驕奢と貪婪、老醜、好色、不満、高慢の腐臭を嗅ぎとれ。

ルルスは、人間性の梯子を登り、〈神性〉の栄光に至る、と述べる。この神秘的上昇は、魂の力の修業によって達成される——感覚、想像力、理解、意志である。このようにして彼は個人の精神を深く陶冶する形の錬金術を産み出した。それは後に見るように、秘教的ヨーロッパの原動力となるのだ。

彼の苛烈な言葉に曰く、「汝が真実を語るなら、おお愚者よ、汝は殴られ、苦しめられ、非難され、殺されるであろう」。北アフリカでムスリムに説教していた時、彼は群衆に襲われ、街から叩き出され、石を投げつけられて死んだ。

フランチェスコが生まれたのは、農奴が貧困に喘ぎ、不具者、老人、貧者、癩病人が蔑まれる世界であった。裕福な聖職者は農奴を収奪して面白おかしく暮らし、異を唱える者は誰であれ迫害していた。

一二〇六年、フランチェスコはイタリアのアッシジで、二十代の裕福な若者となっていた。気楽で無慈悲な生活に現を抜かし、あらゆる困難を避け、癩病人を見れば鼻を摘まんだ。

まさに悉達多王子そのままである。

そんなある日、馬を走らせていると、突如その馬が棒立ちになり、見ると、目の前に癩病人がいた。彼は馬を下り、思わずその血塗れの手を取り、化膿する頬や唇に接吻していた。癩病人は手を引いた。見上げると、癩病人の姿は既に無かった。

そこで彼は、ダマスコへの途上の聖パウロのように、自分が復活のキリストと出会ったことを知った。

フランチェスコの生き方と哲学は逆しまとなり裏表となった。福音書の推奨する生活とは清貧と他者への献身であり、「帯の中に金貨も銀貨も銅貨も入れて行ってはならない。旅には袋も二枚の下着も、履物も杖も持って行ってはならない」のだということをはっきり認識した。清貧とは、何も持たぬこと、何も望まぬこと、それでもなお真に自由の精神において万物を所有することであると。彼は体験した事物ではなく、体験そのものが重要なのだと考えるに到った。われわれが所有するものはわれわれを支配し、われわれの死命を制する恐れがある。アッシジ近郊のサン・ドメニコ教会の磔刑図の声が彼に告げた、「行け、フランチェスコよ、我が家を建て直せ。お前も見るとおり、それは今、崩壊の危機に瀕している」。フランチェスコにとって、この体験は言語を絶した、絶対に逆らえぬものであった。

そこで彼の本質は、動物的、植物的、そして後に見るように、物質的次元において変容した。動物たちは彼に対して驚くべき反応を示すようになった。彼の問いかけに対して蟋蟀が答え、鳥たちが彼の説教を聞きに集まった。巨大で獰猛な狼が山中の街グッビオを脅やかしていると聞いて、フランチェスコはその狼に会いに行った。狼はフランチェスコに駆け寄ったが、誰も傷つけてはならないと命ずると、狼は彼の足下に横たわった。それから狼はよく馴れた犬のように彼に付き従った。数年後、グッビオのサン・フランチェスコ・デラ・パチェ教会の床下に、狼の骸骨が発見された。

ライムンドゥス・ルルスと聖フランチェスコの神秘主義を比較すると、極めて短期間の内に深遠な変化が起きたことが判る。フランチェスコの神秘主義は、単純かつ自然な事象の神秘主義であり、戸外の、日常の神秘主義である。

聖フランチェスコの最初の伝記である『聖フランチェスコの小さき花』によれば、彼はその鋭敏な心によって自然の隠された事柄を見出したという。フランチェスコにとって、すべてのものは生きていた。彼のヴィジョンは観念論が思弁する宇宙の法悦的ヴィジョンであり、そこでは万物が天なるヒエラルキーによって創られ、命を吹き込まれている。すべての被造物が挙って、兄弟なる太陽、姉妹なる月の讃歌を歌う――

私の主よ、あなたは称えられますように
すべての、あなたの造られたものと共に
太陽は昼であり、
あなたは太陽で
私たちを照らされます。

私の主よ、あなたは称えられますように
姉妹である月と星のために
あなたは、月と星を
天に明るく、貴く、
美しく創られました。

キリスト教の精神はかつて、仏教の進化を助けた。それは熱狂の精神を導入し、仏陀の万物への慈悲の教えが物質界で成就するのを助けた。今、仏陀が転生したわけでもないのに、彼の精神はここで、生きとし生けるものへの純粋な献身と共感を吹き込むことで、キリスト教の改革を助けたのである。

晩年、フランチェスコがヴェルナ山で瞑想し、庵の外で祈っていた時、突如、空全体が光り輝き、六枚の翼を持つ熾天使が顕れた。フランチェスコは、この偉大な存在は彼に使命を与えたあの磔刑図と同じ顔をしていることに気づいた。そして彼は、イエス・キリストが彼に新たな使命を与えようとしていることを理解した。

聖フランチェスコの死の直後、彼が設立した教団、フランチェスコ修道会に問題が持ち上がった。教皇が同教会に、財産の保有と金銭の取扱を含む、新たな責任を負わせようとしたのだ。兄弟たちの多くはこれを、聖フランチェスコの理想に背くものと見て、フランチェスコ会厳格派、すなわちフラティチェリを結成した。彼ら自身にとっても、また多くの部外者の目にも、彼らはヨアキムがキリスト教会の終焉を看取ると預言した霊的な人々の新たな結社と見えた。

斯くして、聖フランチェスコの信奉者たちは異端として狩り立てられ、殺されたのである。

ジオットの有名なフレスコ画では、聖フランチェスコがキリスト教会を支えている。キリスト教会を完全な腐敗から救ったのがフランチェスコであるならば、磔刑図の声が命じたとおり、彼は教会の改革に成功したと言えるのか？　秘教的キリスト教によれば、フランチェスコに聖痕を授けた熾天使は、彼の新たな使命は死後に成就すると伝えたという。年に一度、彼の命日——一〇月三日——に、彼は死者たちの霊を率いて月球天を去り、より高次の諸天球に入って行くという。

今後も見ていくように、秘儀伝授は今生と共に、死後生にも関心を抱いているのである。

ライムンドゥスとフランチェスコの時代に、宗教の改革と浄化を求める衝動はヨーロッパの多くの場所で成長しつつあった。ユーゴスラヴィアで、ブルガリアで、スイスで、ドイツで、イタリアで、そしてとりわけ、南フランスで。

そこではカタリ派が、教会の腐敗を攻撃した。彼らのグノーシス的な中心教義は、悪の世界から離れ、完璧な清浄を保たねばならないというものであった。テンプル騎士団や聖フランチェスコと同様、彼らは所有を拋棄し、厳格な純潔の誓いを守った。

カタリ派は木や石の教会は持たず、教会を神と人との唯一の仲介者とする秘蹟の制度を拒んだ。ある証言に曰く、「われらは貞節を何よりも重視する。われらは妻と寝ることなく、姉妹のように愛する。われらは肉を喰わず、財産は共有とする」。彼らの祈りはただ一つ、すなわち〈主の祈り〉のみであり、彼らの参入儀礼、すなわちコンソラメントゥムは、悪の世界への訣別であった。彼らは殉教を歓迎した。

教会は彼らの願いを聞き入れた。一二〇八年、教皇インノケンティウス三世はカタリ派に対する十字軍を命じた。ベジエの街に到着した十字軍は、街にいる五百人からのカタリ派を引き渡せと要求した。街の住民がこれを拒絶すると、数千数万に及ぶ住民全員が虐殺された。兵士の一人が教皇特使アルノ＝アモーリに訊ねた、カタリ派と一般住民をどう区別すればよいのか？　特使は世界史上、何度も繰り返される言葉で答え

死者への聖務。16 世紀の石棺彫刻。

た。「全員殺せ。神が自らの民を見分けてくださる」。彼らは百人の人質を取るためにブラムに立ち寄った。そして人質全員の鼻を削ぎ、上唇を切り取り、一人を除く全員の目を抉った。抉られなかった一人が行列を率いて城まで連れて行った。ラヴォールでは、彼らは九十名の騎士を捕えて吊し、なかなか死なない者は突き殺した。ミネルヴでは、捕虜全員が生きたまま焼かれた。

一二四四年、最後まで残った僅かな異端者が、山上の要塞モンセギュールに九カ月の籠城の後、遂に投降した。二百人のカタリ派の僧が山を下り、自ら火に身を投じた。

伝説によれば、その前日、カタリ派の秘宝を携えた四人の僧が山上の要塞を脱出したという。この秘宝が黄金なのか、聖遺物なのか、秘密教義なのかは定かではない。だがおそらくカタリ派の過剰な美化は安易に過ぎるだろう。彼らは世界が悪であると教えていた。それはかつてのグノーシス派がそうであったように、世を憎み死を愛する哲学に毒されている。ローマの教会は、全力でカタリ派を潰した――だが当時の真の秘教思想は、既にローマの首の血管よりもさらに近くに迫っていたのである。

一三世紀末、身体の弱い、病気がちの子供が生まれた。誕生後程なくして、彼は十二人の賢者に引き取られ、育てられた。ルドルフ・シュタイナーによれば、彼らは仏西国境のモンサルヴァートにあるテンプル騎士団の建物に住んでいたという。

この少年は外界から完全に隔絶されていたので、地元住民は彼の奇蹟的な特質を見ることはできなかった。彼は極めて強力かつ輝かしい霊を持っていたので、その小さな身体は透明化していた。

十二人の男たちは、一二五四年に彼を秘儀参入させた。その直後に彼は死んだ――彼のヴィジョンは、既に彼を育てた人々に伝えられていた。十三人は、彼の次の転生の準備をしていた。その時、彼はヨーロッパを変えることになる。

アルベルトゥスは一一九三年に生まれた。頭の鈍い愚かな少年だったが、聖母マリアのヴィジョンを見て以来、熱心に学問に励むようになり、瞬く間にヨーロッパで最も有名な哲学者となった。彼はアリストテレスの科学、物理学、医学、建築、占星術、錬金術を学んだ。ヘルメス学の金言「上なるものは下なるものに相似たり」を含む『ヘルメス・トリスメギストゥスのエメラルド・タブレット』という短い文書が歴史上初めて姿を現すのは、彼の蔵書である。彼が隠秘的な技術を用いて、地中深く埋もれた金属を探知する方法を開発したことはほぼ確実である。また彼は人擬《アンドロイド》と呼ばれる奇妙な自動人形を造った。これは口を利き、思考し、自由意志で行動したという。これは真鍮及び天体との魔術的照応に基づく金属で造られ、アルベルトゥスはそれに呪文の詠唱を吹き込み、祈りを捧げて命を与えたという。

アルベルトゥス・マグヌスがケルン大聖堂を造ったという伝説はおそらく、『アルベルトゥス建築書』を書いた事実に由来している。ここには天文学的な線に沿って大聖堂の基盤を築くといった、実務的フリーメイソンの秘密が書かれている。

アルベルトゥス・マグヌスのような人物が金属を発見するために地下を旅したというような物語は、しばしば地下における秘儀参入儀礼の暗示である。この類の儀礼が中世まで生き延びたことは、アイルランドで行なわれた儀礼の話から判明している。それに関しては三つの典拠が知られている。

イングランド王スティーヴンに仕えるオウェンという兵士が、ドニゴールにある聖パトリキウス修道院に行った。オウェンは九日間の断食、修道院の周回、沐浴を続けた。九日目、彼は「一度入った者は二度と戻らぬ」地下室への入室を許可される。そこで彼は墓に横たわる。唯一の灯りは明かり取りの窓である。その夜、オウェンの所に十五人の白衣の男たちが現れ、これから試練を課すという。それから、突如、デーモンの軍団が現れる。デーモンは彼を火の上に押さえつけ、ウェルギリウスが描いたような拷問の光景を見せる。最後に二人の老人が現れ、オウェンに楽園のヴィジョンを見せる。

アルベルトゥスは、彼よりも三十三も若いトマス・アクィナスの霊的導師であった。トマスは師のアンドロイドを破壊したらしい。一説には、それを悪魔の力によるものと考えたからだという――また一説には、それがいつまでも喋り続けたからだという。

アクィナスは師の下でアリストテレスを学ぶためにパリ大学にやって来た。だが、最大のアリストテレス学者はムスリムだったことが判明する。アヴェロエスは、アリストテレスの論理はキリスト教が馬鹿げたものであることを示したと論じていた。

論理は宗教を、すべての真正なる霊性を喰い尽くすのか？

アクィナスのライフワークは、浩瀚な『神学大全』として結実する。おそらく史上最大の影響力を持った神学書である。同書の目的は、哲学とキリスト教は両立しうるのみならず――お互いを啓明するものであることを示すことであった。アクィナスは霊的世界の考察に、この上なく鋭い分析のメスを適用する。彼は天なるヒエラルキーの存在者、すなわち自然の諸形態を創造し、われわれの主観的経験を創造する大いなる宇宙的諸力を類別することができた。『神学大全』には、例えば、四大元素に対するキリスト教会の決定的な教義が含まれている。これは死んだドグマを寄せ集めて捏ねくり回したものではなく、透徹した生きた知性によって達成されたものだ。

すなわち、アクィナスは秘史における鍵となる人物である。なぜならアヴェロエスに対する彼の知的勝利によって、科学的唯物論によるヨーロッパ征服は数百年遅らされたのである。

またしても念頭に置くべきは、この勝利が霊的世界の直接的・個人的体験の観点から達成されたということである。トマス・アクィナスが、アルベルトゥス・マグヌスと同様に錬金術師であったことは間違いない。彼は不可視の精霊の力を利用し、物質界に影響を及ぼすことは可能であると信じていた。彼に帰せられる多くの錬金術文献の中で、学者たちは少なくとも一点は疑いの余地なく本物であると認めている。これを理解するには、彼とその同時代人であるロジャー・ベーコンを比較するのが有益だろう。

今日では、錬金術と言えば奇妙で下らない所業のように見られかねないが、実際にはそれは教会に通うキリスト教徒にとっては極めて馴染み深いものなのである。なぜなら、ミサのクライマックスで起こるとされている出来事は、まさしく錬金術に他ならないからだ。アクィナスは、初めてパンと葡萄酒の化体という教義を定式化した人物である。彼が記述したのは、パンと葡萄酒の実体が変化するという錬金術的過程であり、同様の化体は人体においても起こる。ミサがもたらすのは単に新たな精神的枠組みや、善行への新たな決意だけではない。それはまた、極めて重要な生理学的変化をもたらすのである。

アクィナスが自らの教義を造り上げていた頃、時を同じくして聖杯の物語が流布し始めたのは偶然でも何でもない。両者は方法こそ異なるが、同じ過程を記述しているのである。

アクィナスとベーコンは敵であったが——ベーコンはアクィナスが翻訳でしかアリストテレスを読めなかったことを嘲笑している——両者は共に、時代の衝動の代表者である。すなわち知性の機能を強化・洗練しようとする衝動だ。彼らは思考の中に魔術を見出した。長時間に亘って抽象的な思考を続ける能力、概念を操作する能力は、かつてソクラテス、プラトン、アリストテレスというアテナイ人の中に短期間だけ存在したが、すぐに消滅してしまった。新たな、生きた、長期に亘って続く伝統は、アクィナスおよびベーコンと共に擡頭したのである。両者とも、伝統の中の黴の生えた古い範疇よりも、経験を重視した。そして両者とも深い信仰を持ち、経験に基づいて自らの信仰を洗練させようとしていた。ベーコンは言う、「経験なくしては、何一つ知り得ない」。

ベーコンはアクィナスよりも実際的であったが、精神の持つ超自然の力を探求する際には、アクィナスが類別したのと同じ霊的ヒエラルキーから霊的存在を召喚していた。両者とも、厳密な分析と論理を駆使していた。彼らの神秘主義はカタリ派の無思考で法悦的な神秘主義とは全く異なっていた。

『クリーマーの証言』扉。トマス・アクィナスを錬金術の実践者として描いている。

一二五〇年代、オクスフォードの若き学者であったロジャー・ベーコンは、かつてのピュタゴラスのように、知るべきことのすべてを知ろうと決意した。ハルン・アッラシードの宮廷の学者たちが知っていたすべてのことを、自らの精神に統合したいと欲したのだ。

ロジャー・ベーコンは魔法使いのイメージとなった。驚異博士《ドクトル・ミラビリス》として知られる彼は、時折イスラム風の長衣を着てオクスフォードの街路を闊歩した。またある時には、昼も夜も休みなくカレッジの自室で研究に没頭したが、時折その部屋は爆発によって揺れ動いた。

ベーコンは、金属や磁力等の実験に明け暮れた。中国のそれとは無関係に独自に火薬を発明するかと思えば、水晶に光を当てて虹を造り、学生たちを恐れさせた――その当時まで、そんなことができるのは神だけだと信じられていたのだ。彼はまた、魔法の眼鏡を用いて五〇マイルも彼方のものを見ることができた。当時においてただ一人、彼はレンズの性質を理解していたのだ。

だが、ベーコンが今日の科学で説明しうる以上の力を持っていたことは間違いない。彼は自分の業績のすべてを教皇クレメンス四世に届けるのに、ジョンという十二歳の少年の頭脳を利用した。たった数日の内に、自分の持つ膨大な蔵書のすべてを少年に暗記させたのだ。そのために彼は祈りや魔術的象徴などの技法を取り入れていた。同様に、彼は実に巧みに学生たちにヘブライ語を教えたので、彼らはものの数週間の内にすべての聖典を読めるようになった。

あらゆる魔術は、物質に作用する精神の力である。既に見ているように、秘教哲学は精神能力を開発し、自然法則を操作する方法に関心を抱いている。

ロジャー・ベーコンにおいては、知性と想像力は共に高度に発達し、両者が共同していた。一二七〇年に彼は書いている。「人の漕ぐことなくして航海し得る機関も可能である。外洋を往く巨船の舵をただ一人の人間が取り、しかもその速度は船員を満載した船よりも速い。また、いかなる動物にも曳かれることなく、信じ難い速度で走る車もできよう。空を飛ぶ機械も造られる。その中に人が座り、仕掛けを動かせば、人工の翼が羽ばたく……」。中世において、この驚くべき人物は、実験科学が創造する現代の技術社会を完璧なまでに見通していたのである。ベーコンはフランチェスコ会士であり、その修道会の設立者と同様、貧者と無産者にとってより良い、清潔で親切な世界を望んでいた。

ウンベルト・エーコの『薔薇の名前』にある印象的な一節で、シャーロック・ホームズ的な主人公バルカヴィルのウィリアムが魔術には二種類あると説明する。悪魔の魔術は不法な方法によって他者を害するものであり、聖なる魔術は自然の秘密、古代人が知っていた失われた科学を再発見するものであると。彼に影響を与えたアラブの錬金術師たちと同様、ベーコンもまた魔術と科学の境目で活動していた――そしてこの境目こそ、後に見るように、錬金術の本質なのである。

ベーコンは『錬金術の鏡』と題する論文を書き、偉大なカバラ学者である聖ヒエロニムスの言葉を好んで口にしていた。「全く信じ難い、あり得ないことでありながら、それ故にこそ真実である所の多くの事象を見出すであろう」

一二七三年、かの膨大なる『神学大全』の完成を間近に控えたトマス・アクィナスは、ナポリの教会でミサを行なっていた時、圧倒的な神秘体験を得た。彼は言う。「ここで啓示されたことに比べれば、私がこれまでに書いたことのすべては藁の一本にも足りない」

ルルスとベーコンの中に、われわれは想像力の訓練を垣間見た。無論、観念論者は唯物論者よりも想像力を重視する。観念論者にとって、想像力は高次の現実を把握する能力である。

想像力の修業は、秘教活動の、秘密結社の参入儀礼の、そして魔術の中心である。

秘教家と隠秘家にとってもまた想像力は重要である。なぜなら想像力は宇宙における大いなる創造の力だからである。宇宙は神の想像力によって創造された――想像力は、第1章で見たように、最初の流出である――そして被造物を解釈し、操作することを可能とするのはわれわれの想像力なのである。

人間の創造性は、魔術的なものであろうとなかろうと、特定の想像力が流れ込んで来たことの結果である。

例えば錬金術文献では、精子は想像力によって造られるとされる。つまり想像力は単に欲望に形を与えるのみならず、われわれ自身の肉体をも変容させる力を持つと言っているのだ。

このような想像力の創造的な力を操作する方法を知る秘儀参入者たちは、身体の外の物質界を魔術的に変容させることができる。インドの導師は若い頃から目の前に蛇を見る修業をする。十分な集中力と高度な想像力があれば、その蛇は他人の目にも見えるという。

無論、このような想像力の強調は、危険な空想に陥る危険もある。想像力の操作は、単なる妄想に終わる危険が付き纏う。魔術は自己欺瞞に過ぎないようにも見える。

秘密結社の体系的な方法は、これに対抗するためのものである。

テンプル騎士団の憲章を書いたクレルヴォーの聖ベルナールは、体系的な想像力の修業を推奨している。イエス・キリストの誕生、幼児期、宣教、死のイメージを思い浮かべることによって、彼の霊を召喚することができるというのだ。イエス・キリストがいる家の光景、壺や鍋、衣服、彼の顔付き、顔の皺、表情、彼がこちらを見た時の自分の感覚などを想像し、そして突然視覚イメージを消す。後に残るものは、まさにキリストの霊そのものである。

一三世紀のスペインで、アブラハム・アブラフィアというカバラ主義者が、神の創造的な言葉に関する記述を行なった。初期のカバラ文献では、ヘブライ語アルファベットの二十二文字は創造の力であるとされていた。「始めに」。そして神はこれらの文字をパターンに組み合わせ、入れ替え、言葉を創る。この過程から、宇宙のあらゆる異なる形態が展開した。アブラハム・アブラフィアによれば、秘儀参入者は同様の遣り方でヘブライ文字を組み合わせ、また組み替えることによって、創造の過程に与ることができる。静かな部屋に籠り、白い長衣を着、儀式の姿勢を取り、神の聖なる名を唱える。このようにして、法悦的・幻視的トランス状態に到達する――そしてこの状態において、秘められた力が発揮できるのだ。

霊的世界に――ゆえに、物質界にも――直接力を揮うことができる「力の言葉」という観念は、極めて古いものである。ソロモンはこの力を持っていたとされ、その神殿ではテトラグラマトン――最も聖なる、力ある神の名前――が至聖所の中で、祭司長ただ一人によって、年に一度の贖罪日《ヨム・キプル》に発音される。その外ではラッパと鉦が鳴らされ、他の者がそれを聞くことのないようにしている。その発音の仕方を知る者は、天使を畏怖させることができるという。それより以前、エジプト人の間では、太陽神ラアが力の言葉を用いて宇宙を創造したと言われた。これらの言葉に関する知識は、参入者にこの世のみならず、死後においても力を与えるという。

アブラハム・アブラフィアはまた、図表化した神の名の使用を推奨している。魔法印や記号を使う魔術作業もまた主としてヘブライの伝統である。そこにエジプトとアラブの要素を混合したものが、中世において大いに広まった。これは主として呪文を記した魔術書《グリモワール》、例えば『ソロモンの遺言』、『ソロモンの鍵』などの流布による。ほとんどの呪文は利己的な願望の成就を歌っており、それは性的欲望から復讐、そして財宝の発見まで、さまざまである。蜜蠟、動物の血、磁鉄鉱の粉末、硫黄、さらに鴉の脳などの材料を準備した後、これを浄化する。次に、杖や棒、剣などを用いて、都合の良い時に不可視の存在を召喚する儀式を執行する。その結果、魔法印や記号などを記した指輪や紙などができる。これを持つ者は、意図的であろうとなかろうと、良きにつけ悪しきにつけ不可視の存在から影響を受けることとなる。一四世紀半ばの『ユダヤ人アブラハムの聖なる魔術』には、嵐を起こし、死者を甦らせ、水の上を歩き、女に愛される方法が書いてある。これら全ては、魔法印とカバラ文字の方陣によって達成できるという。

今日のキリスト教会は、教会のコンテクストの範囲内で生じる霊的な力の召喚を意図した、厳密に規定された儀式と――それ以外の、教会の管轄外の霊的存在を召喚もしくは契約等を行なうための儀式とを明確に区別している。後者には「オカルト」のレッテルが貼られた。この語は、現代のキリスト教の用語では、すなわち黒魔術を意味する。

中世においては、このような区別は実際的ではなかっただろう。例えば豊作や決闘での勝利をもたらすために、教会の管轄内で儀式が行なわれていた。聖別されたパンは病気の薬であり、疫病の予防になると考えられた。雷避けや水難避けの護符が、教会の蠟燭から造られた。魔術記号の書かれた紙を火事避けのために屋根に挟むこともあった。教会の鐘には雷やデーモンを追い祓う力があった。百足を追い払うために、正式な破門の呪句が唱えられた。豊作祈願のために畑に聖水が撒かれ、聖遺物は奇蹟を起こす呪物であった。洗礼は盲目の子供たちの視力を回復させ、聖人の祠での徹夜の行は鮮明な予知夢をもたらし、アスクレピオスの「神殿睡眠」と同様の治癒をもたらした。

後にキリスト教護教家は教会の聖務と魔術の間に一線を画そうとした。前者は高次の霊的存在に懇願するものであり、相手がそれを聞き届けてくれるかどうかは判らない。一方後者はオカルト的な力を操作する機械的な過程であると考えられた。だがここには誤解が含まれている。魔術もまた、精霊を召喚する秘められた過程であり、中には極めて高い次元の霊も含まれているのだ。

中世においては、だれもがこれらの霊的ヒエラルキーを信じていた。全ての教会の聖務、そして民間の霊的行為の下には、祈りのような題目を繰り返したり、儀式を行なったりすることで、良くも悪くも物理次元の事象に影響を及ぼすことができるという信仰があった。これらの活動によって、人々は物質界を支配している不可視の存在の諸位階と交感することができると信じていたのである。

すなわち、祈りには力があること、神の摂理は善に報い悪を罰するということは普遍的な信仰であり、普遍的な体験であったのだ。

何の疑問もなく歴史を摂理の過程と見ることが、即ち宿命論であるというわけではない。神はたしかに、人類のために一つの計画を持っていたのだ。不可視の存在の諸位階、そして肉体を持った存在の諸位階は、それぞれがその計画に参画し展開させている。それは聖書の中に暗号化され、預言者たちによって解き明かされた計画である。

だが、いつ何どき狂いが生じてもおかしくない計画なのだ。

一三日の金曜日は、今なお不吉な日とされている。一三〇七年一〇月一三日金曜日、世の王たちは遂に、彼らの手に負えなくなりつつある秘教的な影響力を根絶するために動いた。

夜明け前、フランスの家令たちは、フィリップ端麗王の命令一下、テンプル騎士団の殿堂や宿営地を急襲し一万五千人に上る人々を逮捕した。フランスの金融の中枢であったパリ殿堂から秘密の小部屋が発見された。中には一つの頭蓋骨、二本の大腿骨、白い屍衣――言うまでもなく、今日のフリーメイソンリーのロッヂに押入ったとしても、同じものが見つかるだろう。

僅かな騎士だけが――大西洋岸のラ・ロシェルから――逃亡に成功した。彼らはスコットランドに逃れ、そこで逆徒の王ロバート・ザ・ブルースの庇護の下で過ごした。

異端審問所は、捕えた騎士たちが参入志願者に十字架を踏ませ、唾棄させていたと告発した。また、男色やバフォメットと呼ばれる山羊頭の偶像を崇拝していた罪も着せられた。彼らは、長い髭と輝く眼を持つ四つ足のこの偶像を見たと自供した。フィリップ端麗王の圧力を受けて、教皇クレメンスは廃絶令を出し、ここにテンプル騎士団は終焉を迎えた。彼らの資産は残らずこの君主のものとなった。

査問会の前に召喚された騎士たちは、自供は拷問によって無理に引き出されたものだと述べた。ベルナール・ド・ヴァルドという騎士は、木製の箱を提出した。中には黒焦げになった彼の骨が入っていた。審問所によって両足を焼かれた時に、焼け落ちたものだという。

彼らの自供の背後にあった真実とは何か？

〈死海文書〉の研究家として名高いヒュー・ションフィールドが他界する前、私は彼の下で働く栄誉に浴した。ションフィールドは、当時見過ごされていた、あるいは誤解されていた新約聖書のユダヤ起源をキリスト教の学者たちに説明するのに大いに功績のあった人物である。ションフィールドはＡＴＢＡＳＨと呼ばれる暗号に親しんでいた。これはアルファベットの最初の文字を最後の文字と、そして二番目の文字を最後から二番目の文字と、という具合に入れ替えて行く暗号である。彼によれば、『エレミヤ書』と〈死海文書〉の一部にメッセージを隠すためにこの暗号が用いられているという。彼は直観に従って、Ｂａｐｈｏｍｅｔという語にこの解読法を試してみた。こうして彼は、バフォメットという語の中に「叡智」という語が暗号化されていることを見出した。

テンプル騎士が交流していたと自供した叡智の擬人化は、山羊の頭をした地上の叡智の神だった。ザラスシュトラの時代以来、参入儀礼は志願者の中に変性意識状態を導入し、その中で彼は恐るべき試練を受け、デーモンに襲われる。それは人生における——そして死後生における——最悪の体験を克服する準備となる。今、異端審問の熟練した拷問吏が彼らにもたらした苦痛は、彼らを再び変性意識状態に引き入れた。そこではデーモンの王バフォメットが再び彼らの前に現れ、そして今度は勝利を収めた。

彼らは実際に、生と死における最悪の体験に直面していたのだ。

19 愛を求める愚者たち

ダンテ、トルバドゥール、最初の恋／ラファエロ、レオナルド、イタリア・ルネサンスのマギ／ジャンヌ・ダルク／ラブレーと愚者の道

一二七四年、フィレンツェ。若きダンテは初めて、麗しのベアトリーチェと出会った。彼は一目で恋に落ちた。

そしてそれはある意味では、人類史上初の「恋愛」だった。

秘密結社の年代記では、これは重大かつ重要な史実である。従来の歴史では、人は開闢以来、常に恋に落ち、ロマン主義的な恋をして来たことになっている。それはわれわれの生物学的構造の一部であるとされる。ピンダロスやサフォーの頌歌は、ロマン主義的な恋の表現である。

だが秘史においては、これら古代ギリシアの頌歌は、専ら性愛のみを歌ったものであるとされる。狂おしい別離の苦痛や、恋人に遇った時の法悦的な喜び、そして現代の恋愛の特徴である互いに見つめ合う眼差しなどはそこにはないのだ。

ダンテは、彼の一目惚れをこう記す。「彼女は紅といふいと気高い、しとやかな、落ち着いた色の衣を着、そのいと稚い齢に相応しいやうな帯をし、飾りをつけてゐた。げにこの刹那、心の最奥の室に住む命の霊は、極めて小さな脈々にさへ恐ろしく顫れるほど強く顫ひはじめ……福祉のあらん限りをその時見極めた」。さらに彼は言う、彼女を初めて見た時、これは何らかの奇蹟によって天使が地上に受肉したのだと思ったと。

これを単なる詩的表現と読むのは誤りであろう。『神曲』では、彼女の双眸に吸い込まれるような感覚が描かれ、そこから得た官能の流れは彼を楽園へと導いた、と言う。これもまた、単なる詩的空想ではない。官能と神秘が、西洋においては初めての形で、ここで絡み合ったのだ。

ダンテとベアトリーチェはそれぞれ別の相手と結婚し、そして彼女は夭逝した。今日のわれわれが、神秘的な憧憬と運命的感覚——これこそが運命の出逢いだという感覚——を伴うロマン主義的な愛と考えているところのものは、すべてイスラムという発酵体に由来する。隣人への愛は惜しげなく与えられるものであるというキリスト教特有の理解が、ヘブライの預言者たちの恩寵という観念から発展したものであるように、聖なるものに対する近代世界の理解は、イブン・アラビのようなスーフィの神秘家が達成した変性意識状態によって照明されたのである。彼の革命的な『憧憬の解明』は、聖なる愛の見地から性愛を表現している。スーフィはそれ以前の人類が感じたことのない感情を表現し、それによって誰もがそれを感じることのできる条件を創り出したのである。

千年以上の間、性本能は抑圧されていた。性エネルギーは、人間の知性の発達の方に回されていた。アクィナスとベーコンの時代には、この発達は完了していた。終夜に及ぶ祭壇前の跪拝と思索から生み出されたアクィナスの『神学大全』には、二百万語以上の濃密かつ細密な議論が充満している。それは現代における最も偉大な哲学者ですら太刀打ちできぬ、確固たる知的集中力の証左である。

今や、アラビアから広まった衝動に突き動かされて、人々は物質界に新たな悦びを見出し始めた。光、色彩、空間、手触りに対する官能の悦びである。人間の意識の進化点は修道僧の僧房を出て、悦楽の園へと移動した。煌びやかな性の光輝が、すべての上に広がった。

イスラムによるヨーロッパ征服が最後まで続いたのがスペインである。その後、ムーア人の煌めく文明が北へ広まるに連れて、この新たな存在様式もまた世界へ広まった。まずは南フランスからである。

一二世紀、プロヴァンスとラングドックはヨーロッパ文明の最先端となった。トルバドゥールと呼ばれるプロヴァンスの詩人はアラブ＝アンダルシアの詩形を採用し、その色情的な輝きから霊感を得た。秘教家ではないが、ヘレン・ウォデルの『放浪学問僧』は現在も、この移行期を描いた古典的な記述である。それによれば、ある修道院長が、初めて外出を許された若い僧を連れて馬で出掛けた時、路上に通りすがりの女たちがいた。

「あれらは悪魔である」と修道院長は言った。

少年僧は応えた、「これまでに私が見た中でもっとも美しいものと思いました」。

公の歴史に登場した最初のトルバドゥールはポワティエ伯兼アキテーヌ公ギョームで、十字軍より帰還して以後、優しい憧憬に満ちた愛の歌を創り始めた。この最初の開花は宮廷であったが、以後はあらゆる階級に展開した。例えばベルナール・ド・ヴァンタドゥールはパン屋の息子で、ペール・ヴィダルは毛皮商人の息子であった。おそらくこのような人々の影響の結果、詩には庶民的な主題が歌われることとなった――蟾蜍、野兎、農業機械、酒場、宙返りする鳩、荊、腕枕。

ダンテが「母国語最高の彫物師」と激賞したアルノー・ダニエルは、「われはアルノー、風をとらえ、牛を使って兎狩りをし、上げ潮に逆らって泳ぐ者なり」と詠んだ。これは秘儀伝授によって得た力を、秘教思想家特有の逆しまな形で述べたものである。

トルバドゥールは階級の壁を越えたのみならず、伝統的な男尊女卑を逆転させた。トルバドゥールの詩では、男性が女性に仕える。婚姻はそれまで社会統制の手段として作用していたが、今やトルバドゥールは新しい愛の形を提唱した。それはお膳立てされたものではなく自発的なものであり、異なる社会階層の個人の間に流れるものなのだ。

『薔薇物語』は、当時最も影響力のあった文学作品。城の周囲を７重に取り巻く城壁——すなわち、７惑星——には、多数の象徴が描かれている。その意味を説明しうる者だけが美しい薔薇の園に入れる。

愛は秘密結社それ自体と同様に反体制的なものとなった。

　このような新しい形の恋愛は、より十全な生の感覚をもたらした。

　それは意識の新しい、強烈な形であった。トルバドゥールの詩において愛は、すなわちこの新たな存在様式は、多くの試練を首尾良く突破して初めて到達することができる――火の中水の中を潜り、迷宮に道を見出し、野獣と戦って屠らねばならない。謎を解き、正しい宝箱を選ばねばならない。

　既に蒼ざめ、疑念に苛まれた恋人は、小刻みに震えながら、遂に愛する者の前に出ることを許される。その究極において彼は、超自然の力をもたらす変性意識状態に到達する。真の愛に目覚めた恋人たちは、お互いの眸を深く覗き込む時、真にお互いの深奥に触れ合っているのだということを知っている。

　言い換えれば、恋に落ちるという体験が秘儀参入者によって人間の意識の流れの中に導入されたのみならず、恋愛という体験に秘儀伝授の過程の深層構造が与えられたのである。

　トルバドゥールの文学には、また秘儀伝授のシンボリズムが満ちている。最もよく知られたトルバドゥールのシンボルである薔薇は、おそらくスーフィズムに由来する。スーフィズムでは、それは霊的世界への入口を表す――そして明らかにチャクラを暗示している。有名な『夜鶯と薔薇』の物語では、この鳥は神に恋い焦がれる人間の精神を表している。また、ここには否定しがたい性的含意があり、それは薔薇の官能的・肉感的な性質と結びついている。トルバドゥールの恋愛詩における薔薇の遍在は、そこに秘教的な、おそらくは――エズラ・パウンドの言うように――性的法悦の錬金術的技法が隠されていることを示している。ギヨーム・ド・ポワティエ曰く、「我が貴婦人をこの手に留めたい、私の心を更新し、老いることがないように。愛の喜びを得た者は、百年に亘って生きる」。

　ルネサンス誕生の背後にあった衝動の根源は性であった。ここでわれわれが述べようとしている途方もないことを再確認しておこう――僅かな人間が新しい形で性行為を行なったことによって、人類の意識の全体が変容され、もう一つの進化のレベルへと移行したのである。

彼らは人類史上初めて、愛の営みをしたのだ。

性的絶頂という変性意識状態に到達した時、われわれは思考できるだろうか？　すなわち、性的絶頂は思考と対立するのだろうか？　われわれは神秘的法悦についても、同じ問いを発することができるし、発するべきである。

秘密結社、そしてカタリ派やテンプル騎士団、トルバドゥールのような異端集団は神秘的法悦の技法を教えていた。大変な苦労をして手に入れた人間の思考力は、これらの法悦に耐え抜くほど強靱なのか？

『神曲』においてダンテは、トルバドゥールの秘教的＝霊的衝動をさらなるレベルへと導く。彼はベアトリーチェへの愛を、全宇宙を包含するものにまで拡大するのだ。

『神曲』の冒頭、中年のダンテは陰鬱な森の中で迷い、古代世界の偉大な秘儀参入者であるウェルギリウスと出会う。

ウェルギリウスはダンテを導いて「この門を潜る者は全ての希望を棄てよ」と書かれた門に入り、『アエネイス』に描かれたような地下世界へ連れて行く――そこには本書でお馴染みの面々が待ち受けている。アケロン川を渡り、黄泉の領域に入り、死者の裁判官ミノスと、番犬ケルベロスに会う。塔高きディスの街に入り、三人の復讐の女神とミノタウロスに会う。暴虐な者、例えばフン族のアッティラが沈められている血の池の畔を歩き、ハルピュイアの森と燃える砂漠を越え、有名なスコットランドの魔術師マイケル・スコットやニムロドに遇い、そして地獄の最下層において、ダンテは風車のようなものを見る。それはルキフェルの翼であった。

ダンテの同時代人なら、『神曲』地獄篇に描かれたものは、実際の地下世界への旅であると理解しただろう——言い換えれば、ダンテは地下での秘儀伝授を受けたのである。彼はおそらく、騎士オウェンがドニゴールで体験したような、一連の試練と儀式を受けたのだ。

「ウェルギリウス」は、おそらく実世界におけるダンテの師である学者ブルネット・ラティーニの仮の名である。大使としてスペインへ赴いたラティーニは、そこでヘブライとアラブの伝統を受け継ぐ碩学たちと遇う。彼の大作『宝の書』には、宝石と惑星との関連に関する隠秘教説が含まれている。非参入者はしばしば、宇宙に関するダンテの記述にある秘教的性質を見落としてしまうが、螺旋状に降下して行く地獄の各層は、各惑星に対応しているのだ。ダンテの作品はいくつかの異なるレベルで読むように書かれている——占星術的、宇宙論的、倫理的、さらに一説によれば錬金術的な解読もできるという。

『メッカ啓示』や古代の『エジプトの死者の書』と同様、『神曲』は、あるレベルにおいては死後生の案内書であり、もう一つのレベルでは秘儀参入の手引書であり、第三のレベルでは物質界における生が——死

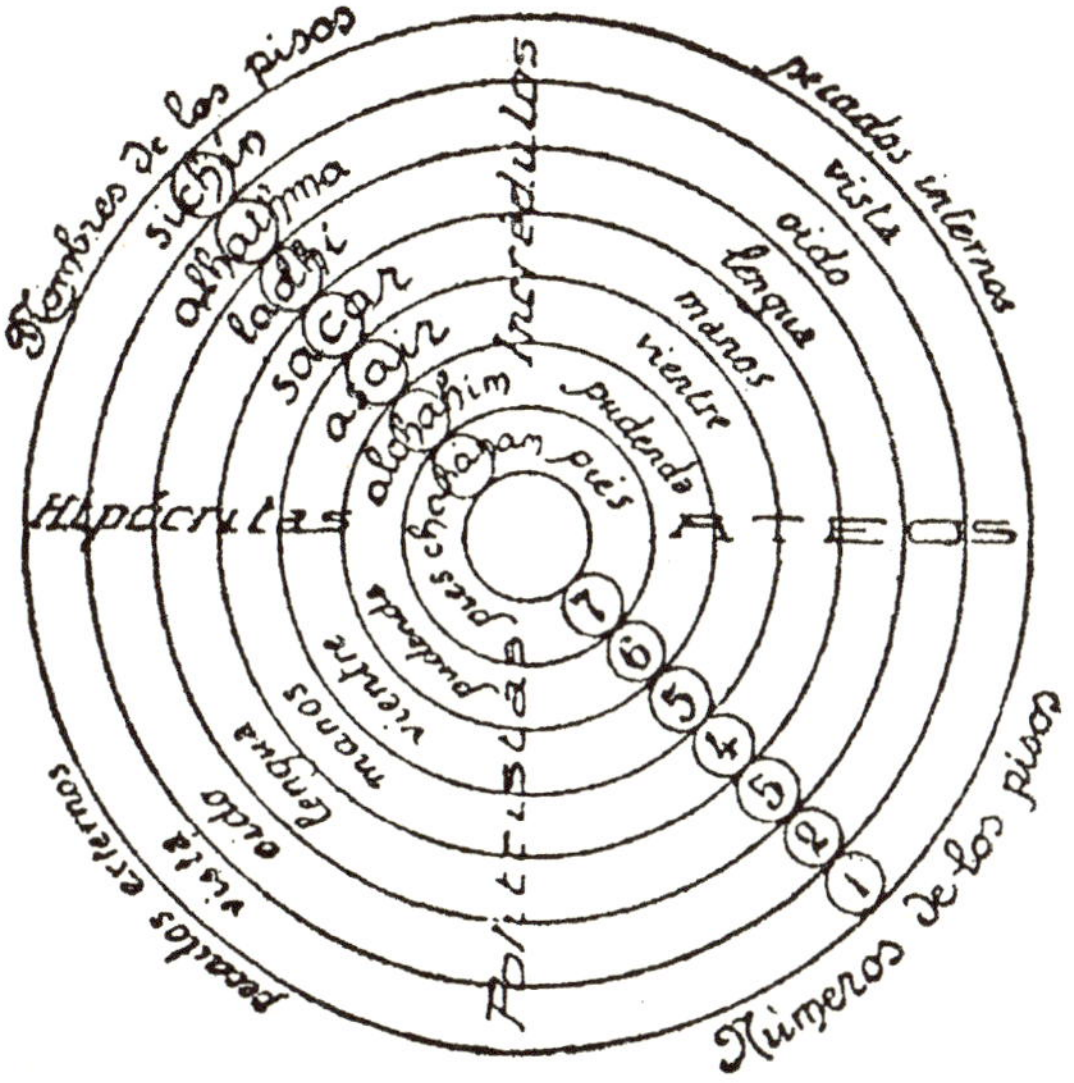

古代世界においては、地下世界は７層構造、もしくは７重の城壁に取り囲まれていると考えられていた。クレタの硬貨に描かれたミノス王の迷宮も同様である。同じ観念は、オリゲネスによるオフィス派に関する記述にも見られる。彼らは地下世界の７つの門を守る７つのデーモンを召喚するという。だが、ダンテの『神曲』にある地下世界の記述に最も近いモデルは、偉大なスーフィの導師イブン・アラビによる、『メッカ啓示』の中にあるムハンマドの異世界への旅の記述である。図は初期の翻訳より。

ジョルダーノ・ブルーノ。ローマのカンポ・デイ・フィオリにて処刑。ブルーノが教会の手で火刑に処せられたのは、地球が太陽の周囲を公転しているという近代科学的観点を擁護したからであるとしばしば言われる。だが実際には、教会が本当に恐れたのは彼の秘教的観点であった。霊的世界を直接体験した彼は、無限に連動する諸宇宙と諸次元の存在を主張した。彼は「ピュタゴラス派の詩人」ウェルギリウスの権威を後ろ盾に、人間の霊はこれらの宇宙を旅することができるが、最終的には転生の法則に従って「肉体への帰還を望む」と主張した。

後生と同様――星々によって形成される次第の記述である。

『神曲』の示す所によれば、われわれがこの生において邪悪に振る舞う時、われわれは既に、われわれの日常生活と交差するもう一つの次元に、煉獄や地獄を造り出しているのである。われわれは既に苦しみ、デーモンたちに苛まれているのだ。天のヒエラルキーの螺旋を上昇したいという大望を抱かないなら、地上の成功や悦楽で「代用」するなら、われわれは既に煉獄にいるのだ。

オスカー・ワイルドの『ドリアン・グレイの肖像』は既に大衆の意識の一部となっている。われわれは誰もが、美しく高慢なドリアンが屋根裏に肖像画を隠し持っていることを知っている。彼が放蕩の生活に浸るほど、その絵は醜く朽ちて行くが、彼自身は皺一つない美青年のままである。小説の最後に、絵の醜さが一度にドリアンに移る。ダンテによれば、われわれは誰もがドリアン・グレイなのであり、怪物のような自己を造り、自分自身に恐ろしい罰を用意しているのだ。ダンテのヴィジョンがワイルドのそれよりも遙かに壮大であるのは、ダンテはわれわれ全員が自らの内に天国と地獄を造り出していることを示していることに加えて、われわれの罪が世界の構造と本質に及ぼしている影響を示しているからである。彼は世界の内と外とを逆転させ、われわれの心の奥底の思考、最も秘したいと願う行為がこの世界に及ぼす恐るべき影響を白日の下に曝したのだ。ダンテによれば、われわれの思考と行動の全ては、物理的に宇宙を変える。ウンベルト・エーコは、彼の詩を「仮想世界の究極形」と呼んだ。

一四三九年、ゲミストス・プレトンと名乗る謎の人物がフィレンツェの支配者コジモ・デ・メディチの宮廷に現れた。プレトンは、かのプラトンによる失われたギリシア語のテキストを携えていた。さらにどうしたわけか、彼はさまざまな新プラトン主義の文献、オルフェウスの聖歌、そして何より興味深いことに、古代エジプトに遡ると称する秘教文書まで持っていた。

プレトンの生地であるビザンティウムは、クレメンスやオリゲネスなどの初期教会教父にまで遡る秘教的・新プラトン主義的伝統が依然として繁茂していた――ローマが弾圧した伝統である。プレトンは、これら初期キリスト教徒からプラトンへ、オルフェウスへ、ヘルメスへ、そしてカルデアの神託へと遡る普遍的かつ秘められた伝統という観念をコジモの頭に吹き込んだ。そしてまた、輪廻転生の永遠の哲学、オルフェウスの聖歌を歌う儀式によってヒエラルキーの神々と個人的に対面するという観念をコジモの耳に囁いた。

この鮮やかな個人的体験への訴えこそ、ルネサンスを導いたのである。コジモ・デ・メディチは学者マルシリオ・フィチーノを雇ってプレトンの文書を翻訳させた。まずはプラトンから着手されたが、エジプトの文献について耳にしたコジモは、プラトンは後回しにしてエジプトの方を先にやるようにフィチーノに命じた。

ヘルメス文書の翻訳によってプレトンがイタリアに導入した精神は、瞬く間に文化的エリートの間に広まった。新たな体験への、そして霊的世界との新鮮かつ生気溢れる関係への渇望が綯い交ぜになって、イタリアのマギ、ジョルダーノ・ブルーノの書物に書き留められている。彼の歌う愛は「極度の汗が、消耗された命が、星々の耳を麻痺させる大声で、地獄の洞窟に谺する嗚咽で、生きる魂を茫然とさせる碑銘で、神々を気絶させ同情させる溜息で、大音響を上げている……それはみな、あの目のため、あの白さのため、あの唇のため、あの髪のため、あの簡素さのため、あの微笑みのため、あのふくれ面のため、あの日蝕のため、あの不快なもののため、あの自然の最悪の害と過ちのためなのです。影と、幻と、夢と、生殖のために用いられるキルケの魔法によって、美の姿のもとでわれわれを欺くのです」。

ラファエロ『聖母子』。

これは、文学における新傾向である。

ルネサンスの文学は、星々に照らし出されている。イタリア・ルネサンスの大作家たちは、想像力の活発かつ知的な使用によってこのエネルギーを呼び起こした。ヘレン・ウォデル同様、フランセス・イェイツもまた秘教家ではない――仮にそうであったとしても、その著述には何の痕跡も残していない――が、彼女の綿密な研究と才気煥発たる分析のお陰で、そして彼女の衣鉢を継いだウォーバーグ研究所の学者たちのお陰で、われわれはルネサンスの秘教的発見と、それが芸術および文学に与えた霊感とを詳細に理解できるのである。マルシリオ・フィチーノによるヘルメス文書の翻訳は、イメージの形成について秘教的な用語で語っている。「想像力を通じて作業に専心し、星々に専心してきた我らが精神及び感情は、世界霊そのものと、そして世界霊の働きである星々の光と一つとなる」。ここでフィチーノが言っているのは、もしも可能な限り鮮明に惑星の精霊と恒星の神々を想像するならば、その結果、精霊の力が本人を通じて流れるということである。

先の章で、中世は偉大な魔術の時代であったことを見た。その後、秘教思想家や隠秘家たちは、心の中にイメージの構築を始めたのである。そのイメージの中にこそ、神々や精霊が住まい、生きる。かつて古代世界の神殿や密儀の中枢を築いた人々は、神像などの物体を造って神々の住まいとした。それと同様、ルネサンスのイタリアでは、秘教的信仰を持つ芸術家たちは絵具と石を用いて心の中の魔術的イメージを再現し始めたのだ。

中世においては、魔術書の流布は完全にアンダーグラウンドな、下位文化的な活動であった。今や、さらに幅広く公開されたルネサンスのヘルメス学文献は、当代の芸術家が手がけるタリズマンの製作方法を記述していた。それは霊的世界からの影響力を地上に引き下ろすためのもので、召喚する霊に合った金属を用いて制作すれば、さらに効果を発揮する——例えば太陽神には黄金、月神には銀である。特定の霊的存在に適合する色彩、形態、神聖文字その他の記号もまた改めて示された。

美術評論家によれば、サンドロ・ボッティチェリは地味な色調と淡い色彩を好む傾向があるという。これはあたかも、未だ完全に物質化していない異世界の存在の描写のような、霊妙な性質を示している。よく知られたボッティチェリの作品『春《プリマヴェーラ》』には、フィチーノの影響が見受けられる。それは物質創造の過程を、宇宙精神からの諸天球の連続的流出という形で表現したものである。この絵を一度でも見た者の心には、春の女神が住み着き、息づくだろう。

ルネサンスの新プラトン主義の画家たちは、古代の秘密を再発見しつつあると信じていた。プラトンに倣って、彼らはあらゆる学びは想起の過程であると信じていた。われわれの心は大いなる中心である宇宙精神の、物質界への突出部分なのである。歴史上のあらゆる体験と思考は、宇宙精神の記憶バンクに蓄えられている――より正確に言うならば、今もある種の永遠を生きている。

もしもプラトンが正しいなら、本書は既にあなたの心の中にあるのだ！

盛期ルネサンスに至って、われわれは聳え立つ天才たちという観念に到達する――ひとりボッティチェリのみならず、レオナルド・ダ・ヴィンチにラファエロ、そしてミケランジェロ。天才はそのヴィジョンの壮大さと明瞭さにおいてその他の凡人とは完全に隔絶しており、この開花がイタリアで起こったことはおそらく適宜であった。なぜならそれはヨアキムや聖フランチェスコの法悦的ヴィジョンの伝統を継ぐ地だからである。

聖人と同様、大芸術家は時に大いなる霊的存在の代弁者となる。秘教伝承によれば、画家ラファエロは大天使ラファエルから直接霊感を受けていた。傑作を描く手は、天使によって動かされていたのだ。

だが、もっと奇怪で神秘的な伝承もある――画家ラファエロとして受肉した存在は、その前は洗礼者ヨハネとして受肉していたというのだ。シュタイナーによれば、それゆえにラファエロには、洗礼者ヨハネの死後に起こった出来事を描いた傑作がないのだという。不気味なまでに唯一無比の魅力を備える聖母子像は、実際には記憶によって描かれたものだというのだ。

盛期ルネサンスのレオナルドの時代、イタリアには多くのマギがいた。彼らはしばしば画家の工房の閉鎖的な結社を創り、そこでは構成員が共に手に手を取って芸術的・霊的成長に勤んでいた。例えば数学者でへ

『ヒュプネロトマキア』挿画。秘史の教える植物体から動物体への移行の残響。

ルメス学者のルカ・パチオリは、金星の五芒星に隠された秘密の公式を初めて公にした人物だが、「黄金分割」に関するレオナルドの師の一人であった。

レオナルドに影響を与えたもう一人のマギは、旧世代の建築家であった（レオナルドはこの人物の書物を何冊か所蔵し、また自らのノートに彼の名を記している）。レオン・バティスタ・アルベルティはイタリア・ルネサンスの最も初期の建築物の一つ、フィレンツェのルチェライ宮や、同じフィレンツェのサンタ・マリア・ノヴェラのファサードの設計建築者である。さらにまた、イタリア語による最も奇妙な書物の著者でもある。『ヒュプネロトマキア・ポリフィリ』はポリフィルスを主人公とするシュールレアリズムの元祖というべき作品である。

主人公は冒険に出掛けるが、夢の世界に入り込んでしまう。龍などの怪物の住む奇妙な風景の中を、恋人を求めて彷徨い、迷宮のような道中、半分石で半分有機体のような多くの驚くべき建造物に入る。例えばとある神殿の内部は、内臓のように見える。アルベルティは自然と自然の形態に取り憑かれており、それを実に奇妙奇天烈な形で作品に取り込んでいる。そして例えばレオナルドの『岩窟の聖母』の二つのヴァージヨンを見れば、その風景の霊的な含蓄に富む形態にこの同じ強迫観念が見て取れる。これはレオナルドに対するアルベルティの影響を示す好例である。

物語は夢の論理に従って展開する。あるレベルでは、『ヒュプネロトマキア』は建築学上の宣言である。アルベルティによれば、彼が手を染めているルネサンスの新建築は、夢の論理を持たねばならない。建築家はこれまでの時代に奴隷的・禁欲的に従うのではなく、新たな、自由な精神状態で作業せねばならない。そこでは何一つ禁じられるものはなく、建築家は変性意識状態が示唆する形態の組み合わせから霊感を受けねばならない。つまりアルベルティは、新しい思考方法として一種の制御された思考実験を推奨しているのだ――それは建築だけに限らない。

そこに性的エネルギーの導引が含まれているという事実は、物語の終盤に明らかになる。そこで主人公は漸く、ウェヌス神殿における一連の密儀儀礼において恋人と合一する。恋人は燃える松明で水槽を掻き回すよう巫女に命じられる。するとポリフィルスはトランス状態に陥る。そこに抹香油、麝香、樟脳油、扁桃油その他を満たした貝殻型の水盤に火を灯し、鳩を生贄に捧げ、祭壇の周囲をニンフが踊る。美しい恋人が祭壇の基部の周囲の地面を擦るよう命じられると、まるで地震のように建物全体が振動し、祭壇の上に樹が生える。ポリフィルスと恋人はその樹の実を食べる。彼らはさらに高次の意識状態に移行する。リビドーの火山のような力が巫女を通じて流れ込み、行動、倫理、創造性を縛るあらゆる規則、さらには自然法則までもがひっくり返る。

おそらく、イタリア・ルネサンスの傑作の中で最も謎に満ちたものは「モナ・リザ」であろう。誰がその力を解き明かせようか？　一九世紀の偉大な美術批評家で秘教家のウォルター・ペイター曰く、「彼女の頭は、全ての『世の終わりにある者』の頭であり、瞼はいささか疲れている。それは、内部から肉体の上に精巧に作られた美であり、妖しい思考や風変わりな夢想や強烈な情熱が、小さな細胞の一つ一つに沈着したものである。……彼女は自分の座を取り囲む岩よりも年老いている。……何度も死んで、墓の秘密を知った。真珠取りの海女となって深海に潜り、その没落の日の雰囲気をいつも漂わせている……」。

ペイターはおそらく、彼が知っていることを仄めかしている。モナ・リザは実際に、神々よりも老いているのだ。

先に見たように、月が大地から分離し、太陽光線を地上に反射《リフレクション》するようになって、人間は省察《リフレクション》することができるようになる条件が調った。また、紀元前一万三〇〇〇年にイシスが大地から月へと隠棲し、この反射／省察の過程を司る女神となった。今、一五世紀の初めに至り、宇宙が永劫の時を費やして今日の意味における省察が可能となる条件を創り上げて以来、ついにそれが起こったのである。レオナルドの傑作は、人類史上のイコンである。なぜならそれは、意識の進化におけるこの一歩が記された瞬間を捉えているからだ。モナ・リザの顔に、われわれは歴史上初めて、内なる生を探求する者の深い喜びを見る。彼女は押しつけられた感覚の世界を自由に離れ、内なる世界を彷徨うことができる。彼女はJ・R・R・トールキン言うところの「妨げのない、自由に動く、独立した内なる眼」を持っているのだ。

美術史上、モナ・リザほど数多く複製されたイメージはない。19世紀の版画。レオナルド『絵画論』によれば、受動的空想の意識状態に入れば、古ぼけた壁のひび割れや染みが、神々や怪物に見える——あるいはそれを召喚する——と述べている。

すなわちモナ・リザは、女神イシスの住む魔術的空間を創っている。無論、今日ではルーヴルの中でモナ・リザと二人きりになることはほとんど不可能である。だが、大英博物館の羅漢像と同様、モナ・リザはこちらから語りかければ、それに応えるように創られているのだ。

イタリア・ルネサンスの光輝と壮大さを遠く離れて、素朴なヨーロッパ北部にも、別の霊が出現していた。フランスの森深いロワール渓谷の質素な小屋に住む十二歳か十三歳の少女が、霊の声を聞き、ヴィジョンを見るようになった。大天使ミカエルがジャンヌの許に現れ、彼女に指導霊が憑くと告げたのだ。彼女はこれを渋り、母の傍で糸を紡いでいる方がいいと答えた。だが霊の声は日に日に強くなり、彼女の使命を語った。イングランドの侵略軍がオルレアンの街に迫った時、彼女は近隣のシノンの街へ行って王太子に会い、ランス大聖堂で戴冠させよと命じられた。

王太子の宮廷に着いた時、ジャンヌはまだほんの子供だった。王太子は彼女をからかうため、廷臣の一人を自分の身代わりとして玉座に座らせた。だがジャンヌはそれを見破り、まっすぐ王太子に話しかけた。ジャンヌを信じた彼は彼女に白馬と白兵装一式を与えた。彼女はそれを着て鞍に跨り、一時も休むことなく、六日六晩に亘って駆け続けた。

ジャンヌは教会に隠された剣のヴィジョンを見た。彼女の言う通りの剣――見紛う事なき三つの十字架が付いている――が、近郊のサン・カトリーヌ・ド・フィエルボワの教会の祭壇の裏から発見された。

歴史上、霊的世界の大いなる存在が特定の人物に力を授ける際に時折起こることだが、誰もジャンヌに逆らえなかった。状況は圧倒的に不利であるのに、何者も彼女を止めることはできなかった。

一四二九年四月二八日、ジャンヌは敵に占領されたオルレアンの城外に到達した。イングランド軍はこの若い少女率いる少数の軍の前に退却を余儀なくされた。僅か五百の彼らが、数千のイングランド軍を破ったのである。それは彼女の側の指揮官すら奇蹟と呼ぶ戦果だった。

ジャンヌの進言を受けて、王太子はランスで戴冠し、フランス王となった。彼女の使命は僅か三カ月足らずで達成された。

霊的世界が世界史に影響を及ぼした実例として、これ以上明白なものはほとんど無い。秘教哲学に深く傾倒していたジョージ・バーナード・ショー曰く、「事象の背後に、われわれの通常の欲求を超越する、進化を司る力がいるのだ。その力は、個人の生存、繁栄、地位、安全、幸福などを遙かに超越する目的のために個人を使役するのである」。

同胞に裏切られたジャンヌはイングランドに売られる。聞こえた声について根掘り葉掘り尋問された彼女は、それが時にヴィジョンや光を伴い、助言や警告、時には詳細な指導を、しばしば一日に何度も与えられたと答える。また、その声に質問をすることもでき、詳細な答えが与えられるのだった。

教会の傘の下以外で、これほど安易に、これほど深くかつ詳細に霊的世界と交感することは魔女の業であるとされ、一四三〇年五月三〇日、ジャンヌはフランス北部のルーアンの市場で火刑台の露と消えた。とあるイングランド兵は、顔を逸らせて呟いた。「われわれは聖女を焼き殺した」

あたかも、彼女を無敵にしていた大いなる霊的諸力が今や彼女を見棄て、突如としてその正反対の諸力が押し寄せて彼女を圧倒したかのようであった。

イングランドは彼女を敵視したが、秘史の観点から見れば、神の霊感を得たジャンヌ・ダルクの行動によって最も利益を得たのはイングランドである。フランスとイングランドは数百年に亘って対立を続け、ジャンヌの時代にはイングランドが軍事的に優位に立っていたが、文化面においては、言語でも文学でもフランスに支配されていた。ジャンヌがフランスとイングランドの間を裂くことがなければ、世界史に対するイングランドの貢献――シェイクスピアの心理的リアリズムと、フランシス・ベーコンの公平かつ寛容な哲学――

──は存在し得なかったであろう。

画家アルブレヒト・デューラーは、イタリアに旅し、画家のギルドの秘教伝統に参入した後、ドイツに帰還した。以後、彼の木版画には黙示録の奇怪なヴィジョンが登場するようになる。彼はまた、秘儀参入者としての自画像を描くことになるが、その手の開花しようとする薊は、夜露の滴、すなわち星々の汗で煌めいている。彼の霊的ヴィジョンの器官が新たな夜明けに向けて開きつつあるのだ。

途上、彼は路傍に休憩して繁みを描いた。この水彩画は世界最初の静物画であり、美術史の上に唐突に前例もなく出現したものである。デューラー以前には、今日のわれわれが当然と考えているような見方で石や草を見る者は誰もいなかったのだ。

デューラーの旅は、人類の意識の進化への衝動がヨーロッパ北部へ移動しつつあった印と見なければなら

デイヴィッド・オーヴァソンの『ゼレーター』には、畏友マーク・ヘゼルによる〈愚者〉の素晴らしい分析が引用されている。〈愚者〉のイメージは1532年の『ガルガンチュワとパンタグリュエル物語』初版扉絵にも、そして当然ながらタロットにも登場する。愚者は「名も無き道」を行く。肩に担いだ棒は彼の存在の植物次元であり、それは霊的部分とその下の動物的部分の間にある。脚に噛みついている犬は、贖われない、腐敗した動物的要素である。植物体の内の贖われない部分は、袋の重荷である。3つの頂点のある帽子は彼がこれから進化する高次の身体──変容した動物体、植物体、鉱物体──を表し、彼が上を向いているのは、そのような向上心があることを示す。その髭が下向きの力を示すなら、上向きの帽子は開きつつある〈第三の目〉を表す。

ない。北方人は、偏狭な南のカトリック諸国に違和感を抱いていた。新たな政治の発達は、北方の新興国家の擡頭を促した。それらは新たな意識形態の器となるであろう。

フランソワ・ラブレーは一五世紀末に生まれ、ジャンヌの足音が消えてから五十年か六十年後のシノンの狭い街路を歩いた。彼の生涯と作品はトルバドゥールの精神によって命を吹き込まれている。南方人ダンテが霊的な高みへの憧憬を抱いて作品を書いたのに対して、ラブレーの喜びのすべては、少なくとも一見、物質界にあるように見える。彼の傑作小説『ガルガンチュアとパンタグリュエル』は、二人の巨人が世界を荒らし回り、その巨人的な欲望によって大騒ぎを巻き起こすという物語である。トルバドゥールの特徴であった日常的な物品の喜びに、ラブレーはユーモラスな新味を加えた。『ガルガンチュア』には、尻を拭くのに使いたくなるような長い物品リストが出て来る。例えば婦人用のビロードの仮面、スイス風に羽根をあしらった小姓の帽子、猫、セージ、茴香、菠薐草、シーツ、カーテン、鶏、鵜、膃肭臍。

ノアと共に始まった、物質界への目覚めを目指す長い苦闘は遂に終わった。その結果は完全な喜びであった。光と笑い、食べ物と飲み物、喧嘩と性交に対する愛が、濃密かつ力強い散文を駆使する。ラブレーの頁の中では、世界はもはや、教会が主張するような恐ろしい場所ではない。教会の厭世哲学は不健康であることが示される。「それが何であれ、笑いながら雄々しく立ち向かえ」とラブレーは言う。笑い、陽気さ、良きユーモアは、心と身体の良薬である。いずれをも変容させるのだ。

ラブレーはこの世界を愛している。その作品では、物品に対する愛と言葉に対する愛とが手に手を携えている。夥しい物品と新語の山が頁からこぼれ落ちてくる。だが、見る者が見れば、そこに秘儀参入者の狡猾な裏の意味が隠されている。ラブレーは神秘家ではあるが、中世のそれのような浮世離れした神秘家ではない。

トルバドゥールは恋に落ちることの狂気を描き、中には自分自身を愚者、狂人として描いた者もいる。これによって彼らは、霊的世界に至る新たな道を見出したこと、そしてそこから戻ってきた時、人生を逆しまに、裏表に見るようになったことを述べているのだ。

すなわちトルバドゥールにとって、日常の現実は全く異なるものに見えていた。そして今ラブレーは、この新しい見方を物語に変え、反体制的なユーモアを創り出したのだ。それは後に秘儀参入者である作家たちに特徴的なものとなるだろう。例えばジョナサン・スウィフトに、ヴォルテールに、ルイス・キャロルに、そしてアンドレ・ブルトンに。ラブレーは新たに発見した自由を以て霊的世界を暴れ回ることができるということを見出しただけではない。物質界に帰還した彼は、物質界についての人々の前提を、約束事を、道徳を、もはや真剣に受け取ることができなくなってしまったのだ。その物語において、主人公たちはテレームの僧院を建立する。その門の上には、「汝の欲するところを為せ」という銘が掲げられている。ラブレーは、意識が変容した結果、善悪を超越するに到った秘儀参入者たちの集団を予見する。

『ガルガンチュアとパンタグリュエル』の末尾、多くの海を越えた冒険の旅路で、多くの驚異を見、猫人間やソーセージ軍や風車を喰う巨人たちと戦った我らが主人公は、遂に神秘の島に到達する。二〇世紀の錬金術師フルカネリは、この島への到達は〈マトリックス〉への参入を意味すると述べている。

彼らは地下の神殿の参入儀礼の間に通される。地下に潜るという物語は常に、そこに隠秘哲学が言及されているという信号である。地下の旅は、身体の内側の旅である。

神殿の中心の最深部に、聖なる生命の泉がある。フルカネリによれば、ここでラブレーはその秘教や錬金術に関する興味をあからさまに描いた。この泉には七惑星に奉献された七本の柱がある。各惑星神は、それぞれ適切な宝石、金属、錬金術の象徴を持つ。サトゥルヌスの像は大鎌を持ち、足下に鶴がいる。最もあからさまなのは、メルクリウスが「不動にして確固たり、可鍛性あり」とされていることである――これは錬金術の変成の過程における半凝固を意味する。

この泉より流れ、そして我らが巡礼――今ようやく、彼らが巡礼であるということが判った――が口にするのは、葡萄酒である。「酒こそ人類のみの特徴である」とラブレーは言う。「冷えた旨い酒、お解りだろう諸君、酒によって我らは聖別される。葡萄酒の中にこそ、精神を真実、学識、哲学で満たす力があるからである」。東洋の隠秘生理学では、酒は意識を法悦状態に導く脳内分泌物の象徴として用いられた。二〇世紀のインドの科学者たちによれば、ヴェーダ文献に書かれた「酒」とは、今日で言うジメチルトリプタミン、すなわち小脳上部から分泌される酵素を指しているという。スワミ・ヨガナンダもまた、「至福のアムリタ」と呼ぶ神経生理学的分泌物に触れている。それは脈動する不死の神酒であり、高次の意識をもたらし、物質世界を織り上げる偉大な観念を直接受け取ることを可能とする。

スーフィの導師であるシェイク・アブドゥッラー・アンサーリー曰く、「おお主よ、あなたの愛の酒で私を酔わせてください」。

ヤーコプ・ヨルダンスによる驚くほど暗いイメージの愚者。秘儀参入者特有のユーモアが見える。同じオランダの画家ルーベンスやレンブラント同様、ヨルダンスはカバラに心酔していた。愚者の帽子はヘブライ文字シンである。シンをテトラグラマトンすなわち神の名に挿入すると、イエスの名ができる。この文字はまた三つ叉の象徴であり、人間の３つの身体――動物体、植物体、鉱物体の霊化を表す。

20
並行世界の背後の〈緑の者〉

コルンブス／ドン・キホーテ／ウィリアム・シェイクスピア、フランシス・ベーコン、そして緑の者

一四九二年、クリストフォルス・コルンブスがオリノコ河口に到達した時、彼はそれをギホン、すなわちエデンから流れる四本の川の一つだと信じた。彼は次のように書き送っている。「ここが地上の楽園に近いことを示す大きな徴候があります。学識深い、聖なる神学者たちの見解と数学的な位置が対応していることの他に、他のあらゆる賢者がそれに同意しているのです」

この世界に関する全てを発見したいという衝動は、後に科学革命を突き動かすのみならず、航海者たちをも鼓舞した。物質界に対する驚異の念が斯くも強くなったことはかつてなかった。

新世界発見の希望は新たな黄金時代への期待と複雑に結びついていた。だがやがて発見される黄金は、もっと即物的なものであった。

コルンブスとテンプル騎士団との繋がりは、ますます明らかになりつつある。彼はキリスト騎士団の元団長の娘と結婚していたが、これはテンプル騎士団が地下に追いやられた後に成長したポルトガルの騎士団である。コルンブスの乗った船の帆には、テンプル騎士団と同じ、先端の広がった赤い十字が描かれていた。だが実際にはキリスト騎士団は、テンプル騎士団の時のような形振り構わぬ手段を教皇に取らせるような、

霊的世界との独自の交感を追究していたわけではない。テンプル騎士団の衣鉢を継ぐ他の秘密結社、例えばマルタ騎士団のように、ローマはここでは元来のテンプル騎士団の強力かつ魅惑的な神秘性を採り入れ、それを自らの目的のために用いたのだ。

コルンブスはイザベラ女王に書簡を認め、「樽一杯の黄金」を見つけ出したいという希望を語っている。そうすればエルサレムを再び占領するための資金となるだろう。彼女とその夫フェルナンドは先頃、グラナダを再び占領し、スペインを教会の手に取り戻すことに成功していた。コルンブスは知らなかったが、その黄金は、より本国に近く、急速に力を蓄えつつある敵との戦争に必要となる——テンプル騎士団の霊統の継承を遥かに強く主張する敵である。

世界を制するための戦線は引かれた。地政学上のみならず、霊的世界においても。それは全人類の精神を賭けた戦いとなる。

セルバンテスとシェイクスピアは、ほとんど同時代を生きた人物である。

老騎士ドン・キホーテは巨人と勘違いして風車小屋に突撃し、大蒜を囓るずんぐりむっくりの百姓女を騎士道物語の美姫ドゥルシネアであると思い込む。そんな彼は一見、どたばた喜劇の登場人物のように見えるかも知れない。だが物語が進展すると、いつの間にか調子が変わり、読者は何か奇妙な魔法が作用しているのを感じ取る。

あるレベルでは、ドン・キホーテは過ぎ去りし中世の、古き騎士道の理想をひたすら追求している。もう一つのレベルでは、彼はすっかり耄碌し、想像したことが現実のように感じられる子供時代に戻っている。そして言うまでもなく、重要なのは秘教哲学においては想像したことは実際に現実的だということだ。スペインの一部の学者によれば、詳細な原文分析の結果、『ドン・キホーテ』はカバラの『光耀篇《ゾハール》』に対する寓意的注釈であるという。

話の中ではドン・キホーテとその従者である現実主義者サンチョ・パンサはマーリンに騙され、美しいドゥルシネアは呪いのためにずんぐりむっくりの百姓女に変えられているのだと信じ込む。彼女を元の姿に戻すには、サンチョ・パンサに三三〇〇回の鞭打ちを受けさせるしかないという。この三三という数字は念頭に置く必要がある。

秘儀伝授の話は、この小説のまさに中心に登場する。無邪気な喜劇が、何やら厄介な、意味不明なものとなる瞬間である。そこでドンはモンテシノスの洞窟を下って行くのだが……

サンチョ・パンサは主人の上着に長さ百尋の縄を付けて洞窟に入れる。ドン・キホーテは荊や無花果を切り開き、鴉を追い立てながら進んでゆく。

洞窟の底に辿り着くと、ドンはどうしたわけか、深い深い眠りに落ち込んでしまう。目覚めると、彼は美しい牧場にいる。だが夢とは違って、彼は合理的にものを考えることができる……

巨大な水晶の宮殿に行くと、緑の繻子の頭巾を着た奇妙な老人がいて、モンテシノスと名乗る。この人物、おそらくこの透明な宮殿の守り神は、長い間おまえを待っていた、と言う。彼はドンを連れて階下の部屋へ行き、大理石の墓に横たわる騎士を見せる。モンテシノスによれば、この騎士はマーリンの呪いを受けたのだという。さらにマーリンは、彼すなわちドン・キホーテが呪いを破り、この騎士を甦らせると予言したという……

ドン・キホーテは入口に戻り、どのくらい下に潜っていたのかとサンチョ・パンサに問う。まだ一時間も経っていませんよと言われたドン・キホーテは、そんなはずがあるか、儂は地下で三日間も過ごしたのじゃと答える。儂の見たものも触れたものも本物じゃ。

そんな馬鹿な話は聞いたこともありませんな、とサンチョ・パンサは言う。

この小説は徹頭徹尾、魔法、幻想、幻滅――そしてさらに深いレベルの魔法に関する芝居である。その意味が語られることのない、明かされることのない一連の寓話のように読める。だがその最も深遠な意味のレベルにおいては、それは世界の形成における想像力の役割と関係している。ドン・キホーテは単なる道化ではない。彼はこの深奥の問いの答えを求める強い願いを持つ存在である。彼は物質的現実は幻想の数多い装いの一つに過ぎず、われわれの深奥の想像力こそがそれを創り出しているのだということを示されている。その意味するところは、もしもこの想像力の秘められた源を探し当てることさえできれば、自然の流れを制禦することができるのだということである。小説の終わりに、ドンはその周囲の環境をそこはかとなく変えている。

先に見たように、恋をしている時、われわれは相手の美点を見ることを選ぶ。善意は相手の美点を引きだし、強化する。逆もまた真なりである。何かを嫌悪すれば、それは唾棄すべきものとなるのだ。

宇宙全体を思う時も、同様の選択が立ちはだかる。セルバンテスはまさに歴史の転換点にいた。人々はもはや、世界は霊的な場であり、本質的に善であり、確たる意味を持つものであるということを確信できなくなっていた。セルバンテスが述べているのは、もしもドン・キホーテのように、この世界の本質的な善性を信じようと善意を以て決意するなら――確かに運命は苛酷であり、この世のことは全て道化芝居のようであり、このような霊的信仰とは正反対で、そんな信仰を馬鹿げたもののように見せるけれども――信じようという決意こそが世界を変えるのだということである。それも、超自然的な手段で。

ドン・キホーテはその善意において向こう見ずである。彼は極限の、苦難の道を選んだ。彼はスペインのキリストと呼ばれてきた。そして彼の旅が世界史に与えた影響は、あたかも彼が実在の人物であるかのように偉大なものとなっている。

セルバンテスは一六一六年四月二三日に死んだ。シェイクスピアと同じ日である。
ウィリアム・シェイクスピアが文書記録の中に残した痕跡はあまりに稀薄であるため、決定的な事実はほとんど判らない。われわれの知る彼は一五六四年にストラトフォード＝アポン＝エイヴォンの村に生まれ、村の学校で教育を受け、肉屋の徒弟となり、密猟して取り押さえられた。ストラトフォードを出てロンドンに行き、そこで端役の役者となった。一座は一時、フランシス・ベーコンの後援を受けていたこともある。多くの芝居で当たりを取り、出版された戯曲には彼の名が書かれた。死んだ時には遺言で二番目に上等のベッドを妻に残した。

同時代人の劇作家ベン・ジョンソンはウィリアム・シェイクスピアを冷笑して曰く、彼は「ラテン語はあまり知らなかった。ギリシア語に至ってはさらに酷かった」。こんな男が、如何にして当時のあらゆる博識を盛り込んだ膨大な作品を書き得たのか？

多くの同時代の偉人が、シェイクスピアの戯曲の真の著者と目されている。例えば彼の後援者であった一七代オクスフォード伯、クリストファー・マーロウ（彼は実際には一五九三年には殺されていなかったという仮説に基づく。ちょうどこの頃からシェイクスピアの戯曲が出現し始める）、また最近の説では詩人ジョン・ダンなどである。アメリカの学者マーガレット・デモレストは、ダンとシェイクスピアの間の奇妙な繋がりに気づいた。両者の肖像画は非常によく似ており、また渾名にも類似点がある。シェイクスピアは「ヨハンネス・ファクトトゥム」、そしてダンは「ヨハンネス・ファクトゥス」。綴りにも奇妙な特徴がある――両者とも cherubim を cherubin と綴るなど――そしてダンの創作は、シェイクスピアが創作を止めた時から始まっている。

だが、最も人気のあるシェイクスピア候補は、言わずと知れたフランシス・ベーコンである。
神童フランシス・ベーコンは一五六一年に廷臣の子として生まれた。十二歳の時に書いた仮面劇『マーリンの誕生』が女王エリザベス一世の天覧に供され、女王は親しみを込めて彼を我が小さき国璽尚書と呼んだ。小さく病弱な彼を、学友たちは「ベーコン」に引っかけて、「ちびハム」すなわち「ハムレット」と呼んだ。オクスフォードに学んだが、女王の覚えが目出度かったにもかかわらず、その政治的野心を何度も何度も挫かれた彼は、自ら「学問の帝国」を築き、人間の知るあらゆる学識を我がものとしようと決意した。その知性の卓越ぶりによって彼は「時代の驚異」と呼ばれた。当時の知的世界を支配する書物、例えば『学問の進歩』、科学的思考に対するラディカルな新手法を提唱する『ノヴム・オルガヌム』などを上梓する。新世界秩序へのヴィジョンである『新アトランティス』は、部分的にプラトンのアトランティスのヴィジョンから霊感を得たもので、近代世界の秘教結社に大きな影響を与えることになる。ジェイムズ一世が玉座に就くと、ベーコンは直ぐさま長年の大望を達成し、国内第二位の地位である大法官となる。ベーコンの仕事の一つは、新世界の無償払い下げ地の分配であった。

ベーコンの博識ぶりは、全世界のあらゆる知識を自家薬籠中のものとするが如くであり、他の全ての条件が同じなら、シェイクスピア自身よりもシェイクスピアの戯曲の作者に相応しい。

ベーコンは〈兜団〉という秘密結社の一員であった。『学問の進歩』には、寓話とその隠された意味を代々継承していく伝統のことが記されている。その意味とは「科学の秘密」に関するものだという。そして彼は自ら秘密の暗号と数字に興味を持っている事を告白する。『学問の進歩』の一六二三年版では、双方向性暗号と呼ばれるものが説明されている――後にモールス信号の元となるものである。

彼の好んだ暗号は古代の「カバラ暗号」で、これによると彼の名前 Bacon は三三の数価を持つ。同じ暗号を使うと、『学問の進歩』の口絵や献辞頁等の重要な頁に Fra Rosi Crosse という句が隠されているのが解る。

そしてまた同じ暗号を使うと、同じ薔薇十字団に関係した句が、シェイクスピア・フォリオの献辞や『テンペスト』の最初の頁、そしてストラトフォード＝アポン＝エイヴォンのシェイクスピア記念碑にも見つかるのだ。またウェストミンスター寺院のシェイクスピア記念碑の巻物にもそれがあり、さらに三三という数字もある。これがベーコンの数字であることは先ほど述べた通りである。

秘史が与えるこの謎への解答を理解するためには、まずはその作品を見ることが必要である。シェイクスピアの戯曲は、変性意識状態を、愛の狂気を扱っている。ハムレットとオフィーリアはトルバドゥールの直系である。賢明な愚者がいる――例えば『十二夜』のフェスティ。リア王の愚者、キリストのような道化師は、敢えて誰も口にしない真実を言う。トルバドゥールの愚者は聖なる領域に到達している。ガルガンチュア、ドン・キホーテ、サンチョ・パンサのような登場人物は、集合的想像力の中に住んでいる。彼らはわれわれが人生に対する態度を形成するのを手助けする。だがイェール大学人文学教授で、『シェイクスピア――人間の発明』の著者であるハロルド・ブルームは、たった一人の作家が、斯くも多くの元型をわれわれの想像力の中に住まわせた例はシェイクスピアを措いて他にはないということを示した――フアルスタッフ、ハムレット、オフィーリア、リア王、プロスペロー、キャリバン、ボトム、オセロウ、イアーゴ、マルヴォリオ、マクベスとその妻、そしてロメオとジュリエット。実際、イエス・キリスト以後、人間の内なる生の感覚をこれほどまでに拡張した個人は他にはいない。イエス・キリストが内なる生の種子を植えたのなら、シェイクスピアはそれを育て、殖し、今日のわれわれのだれもが持つ感覚、すなわち各個人の内に外宇宙に匹敵する大きさの内宇宙があるという感覚を与えたのである。

偉大な作家はわれわれの意識の建築家である。ラブレーに、セルバンテスに、シェイクスピアに、とりわけハムレットの独白に、われわれは今日のわれわれが持つ個人的転換点の感覚、死活的に重要な決断の感覚の種子を見るのである。ルネサンスの大作家以前には、このような事柄に関する暗示は説教の中にしか無かった。

この新たな内なる豊饒には暗黒面もある。これもまた、ハムレットの独白の中に最も明瞭に見ることができる。感覚界から離れて内なる世界を彷徨することを可能とする、この新たな超然の感覚は両刃の剣であり、世界から疎外される感覚に陥る危険がある。「生きるべきか、死すべきか」と迷うハムレットは、まさにこのような疎外の状況にある。これはアキレウスの叫びから遙かに離れた位置にある。彼は万金を支払ってでも、陽光の下で生きることを願ったのだ。

秘儀参入者としてのシェイクスピアは、新たな意識の創出を手助けしていた。だが、シェイクスピアが秘儀参入者であったことはどうやって判るのだろうか？

少なくともアングロ＝サクソンの国においては、シェイクスピアは他の如何なる作家にもまして、霊的世界の住民たちに関する、そして彼らが物質界に侵入する次第に関する観念を形成した人物である。エアリアルを、キャリバンを、パックを、オベロンを、そしてティターニアを見よ。多くの俳優は今なお、『マクベス』には危険な隠秘学の術式が含まれており、これを演ずれば魔術儀式の力を召喚することになると信じている。『テンペスト』のプロスペローはマギの元型であり、そのモデルはエリザベスの宮廷占星術師ディー博士である。一五八三年三月二四日、とある精霊がディーに語りかけ、自然と理性の未来のありようを述べた。「新たなる諸世界がこれらより出づるなり。新たなる様式、新しき人間」。これを次の台詞と比較されたい。「おお、素晴らしきかな！　人間は麗し。おお、素晴らしき新世界、斯様なる人々の住める」

『真夏の夜の夢』等のグリーンウッドに足を踏み入れれば、第2章で歩いた古代の森に再び入ることになる。天地万物が精霊によって命を吹き込まれていた古代の意識に戻るのだ。あらゆる絵画や文学で、捩れた植物は通常、秘教の領域、エーテル的次元を表す。シェイクスピアの作品は、言うまでもなく、花のイメージに満ちている。批評家はしばしば、エドマンド・スペンサーの一五八九年の作品『神仙女王』における薔薇は

頭蓋骨に瞑想する秘儀参入者のイメージは、17、18、19世紀に頻繁に見られる。『ハムレット』、スルバランの陰鬱な修道僧、そしてバイロン。これは単にいつかわれわれは死ぬということを思い起こすだけではない。頭蓋骨の瞑想は、死せる祖霊を召喚するという奥義を暗示している——薔薇十字団やイエズス会などの秘密結社が受け継ぎ、育んだ技法である。

隠秘学的・薔薇十字的象徴であると述べるが、英語の作家で薔薇の象徴を最も頻繁に——そして隠秘学的に——用いているのは、他ならぬシェイクスピアなのだ。ストラトフォード＝アポン＝エイヴォンの聖三位一体教会のシェイクスピア記念碑には、七つの薔薇がある。そして後に見るように、七つの薔薇は薔薇十字団におけるチャクラの象徴なのである。

ここで、近代の実証主義的哲学が創り出した弁別手段が有効かも知れない。論理実証主義によれば、何かを主張したとしても、もしもそれに反証する手段が存在しないのなら、始めから何も言っていないに等しい。この議論は、時に神の存在否定に用いられる。もしも神の存在の反証となり得るような何らかの事象が存在しないのなら、神の存在の主張は実際には何も言っていないに等しいというわけである。

このような観点に立てば「歴史上の人物であるシェイクスピアが、彼の名を冠した戯曲を書いた」という主張には、実際には意味がない。われわれはその人物についてほとんど何も知らないのだから、この主張はこれらの戯曲を理解する上で何の意味も持たないのである。シェイクスピアは謎である。イエス・キリストと同様、彼は人間の意識に革命を起こしながら、当時の歴史にはほとんど何の痕跡も残していない。

この謎を把握し、当時のイングランドを襲った文学的ルネサンスをより良く理解するためには、ほとんど見過ごされている、シェイクスピアの戯曲におけるスーフィズムを考察せねばならない。既に見たようにスーフィズムは、神秘的象徴としての薔薇の源泉なのだ。

『じゃじゃ馬馴し』の基本プロットは『千夜一夜物語』から来ている。『千夜一夜物語』のアラビア語の題名 ALF LAYLA WA LAYLA は、〈記録の母〉を示す暗号である。これはスフィンクスの前脚の下に、あるいは何らかの並行次元に隠された伝承の暗示である。時に秘密の書庫あるいは「記録の殿堂」と呼ばれるそれは、大洪水以前の古代の叡智の貯蔵庫である。すなわち『千夜一夜物語』という表題は、人類の進化の秘密がその中に暗号化されているということを告げているのだ。

『じゃじゃ馬馴し』の筋書きは『眠り人と番人』に由来する。この物語では、ハルン・アッラシードが欺されやすい若者を深い眠りに落とし、王衣を着せ、こ奴

一部の宗教結社では、初参入者は４本の蠟燭の間に置かれた柩に横たわり、『ミゼレーレ』が歌われた後に起き上がり、再生の象徴として新たな名前が与えられる。フランシスコ・スルバラン画。

『真夏の夜の夢』。fairy という語が英語に登場するのは 13 世紀のことで、古い英語の「驚く」に由来しており、元来は精神の状態を表す語であった——feyrie もしくは fayrie は、魔法に掛かった精神の状態を表している。J・R・R・トールキンは faerie を「魅了する美」と定義している。

が目を醒ましたら本物のカリフのように扱うのだぞ、と召使いたちに命ずる。

　つまりこれは、変性意識状態の物語である——そして物語も戯曲も、高次の意識状態に至る方法を記述している。『じゃじゃ馬馴し』の外的な枠組みとなるプロットは、クリストファー・スライを軸にしている。スーフィの伝承では、狡猾《スライ》な人物とは秘儀参入者、もしくは秘密結社の一員である。第一フォリオに登場するクリストファー・スライは乞食であるが、これもまたスーフィを表す暗号語である。スーフィとは「愛の扉を目指す乞食」なのだ。

　戯曲の冒頭、スライは言う。「スライ様を知らねえな。歴史の本にちゃんと書いてあらあ。憚りながらリチャード征服王以来のお家柄だ」。これは十字軍が持ち帰ったスーフィの影響への言及である。

　スライはまた酔漢である。既に述べたように、酩酊はスーフィに共通の象徴で、ヴィジョンを見る意識状態を表す。

　それからスライは領主によって起こされる。これはいわば、霊的導師によって高次の意識状態に目覚める方法を指導されているのだ。

物語は、じゃじゃ馬娘のカタリナをペトルチオが調教する顚末である。これはあるレベルにおいては秘儀伝授の寓意である。ペトルチオはカタリナを変容させるために狡猾な方法を用いる。彼女は仏教用語に言う「心猿」を表している。決して落ち着かず、静かにせず、常に訳の解らないことを喚いて、われわれの目を霊的真理から背けさせている心の部分である。ペトルチオは彼女に全ての先入観、全ての古い考え方を棄てさせるよう試みる。カタリナは逆しまに、裏表に考えることを学ばねばならない。

ここで待っていますから——
来たら腕によりをかけて口説きますよ。
毒づいてみろ、ナイチンゲールの
美しい歌声のようだと言ってやる。
しかめっ面には嗚呼可愛らしい、
朝露に濡れた薔薇の花。
ぷいっとだんまりを決め込んだら、
嗚呼立て板に水のせせらぎ、
ウィットの漣さらさら流れる。

第17章で見たように、スーフィは自らの起源をムハンマド以前にまで遡らせる。一説によれば、その伝授の源は預言者エリヤ、すなわち「緑の者」であったという。〈緑の者〉の謎に満ちた鋭利な精神は、『千夜一夜物語』と『じゃじゃ馬馴し』の双方に浸透しているのだ。

〈緑の者〉のこのような性質を伝える物語がある。

この奇怪な一連の出来事を見ていた目撃者は、オクサス川の土手に立っていた。その時、誰かが川に落ちた。すると一人の托鉢僧が駆け下りて、この溺れる男を助けようとしたが、自分も川に引きずり込まれてしまった。すると突如、どこからとも無く、きらきら光る緑の長衣を着たもう一人の男が現れ、川に身を躍らせた。

ここから、出来事は実に奇怪なものとなる。緑の男が浮き上がって来ると、彼は魔法のように丸太に変わっていたのだ。残る二人は何とかこの丸太にしがみつき、河岸まで泳ぎ着いた。そして無事に岸に上がった。だが目撃者が興味を抱いたのは、丸太の方だった。彼はそれが流れていく様子を見ていた。それは最後に岸に乗り上げた。藪の後ろから見ていると、驚いたことに、それは緑の長衣の男に戻った。岸に這い上がった時、長衣はずぶ濡れになっていたが――一瞬の内に――乾いてしまった。

一部始終を見ていた男は藪の後ろから飛び出し、この謎の人物の前に身を投げ出した。「あなた様はあの〈緑の者〉、聖者の中の聖者ではありませんか。私を祝福して下さい。私の業が成就しますように」。彼は恐ろしくて長衣に触れることができなかった。なぜなら近づいてみると、それは緑の炎だったのである。「おまえはいろいろなものを見すぎた」と〈緑の者〉は答えた。「私はこの世の者ではないのだ。私は誰にも気づかれることなく、使命を持つ者を守るのだ」。

男は地面から目を上げた。だが〈緑の者〉は既に消えており、ただ風が吹いているだけであった。

シェイクスピアよりも年下だが同時代を生きたロバート・バートンの『憂鬱の解剖』に曰く、「全知にして唯一なる薔薇十字結社は、その首領をエリアス・アーティフェクスと呼んでいる。それは彼らのテオフラストス的な導師である」。バートンによれば、このエリアス（エリヤ）は「あらゆる芸術と科学を革新する者であり、世界を改革する者であり、今も生きている者である」(傍点引用者)。

既に見たように、秘教伝承によればエリヤは洗礼者ヨハネとして転生した。彼の帰還は旧約聖書の最後の言葉で予言されているのみならず、薔薇十字団の歴史理解に深い影響を与えた秘儀参入者／予言者ヨアキムもまたそれを予言している。ヨアキムによれば、エリヤは第三時代への道を準備するために来るという。一六世紀と一七世紀の秘密結社は、エリヤが既に彼ら自身の時代に再び転生しており、果たすべき使命のために結社を守り、導いていると信じていたのだろうか?

第13章においてわれわれは、エリヤとその後継者エリシャの不穏な物語を見た。実を言うと秘史においては、旧約聖書におけるこれらの条は二人の個別の人間を描いたものではないのである。実はエリヤは極めて高次の進化を遂げた存在であって、自在に受肉し、肉体を去り、再び転生することができるのみならず、自分の霊――あるいは外被――の一部を分割し、これを数人の異なる人間に分配することができるのである。

鳥の群が一つの統一体として、同じ思考によって移動するように、数人の人間が同時に同じ霊によって動くということもあり得る。エリザベス朝イングランドの表面的な輝きの背後の闇に潜み、マーロウの、シェイクスピアの、ベーコンの、ダンの、セルバンテスの精神を通じて語っていたのは、あの厳しい顔付きの〈緑の者〉、スーフィの霊的導師にして近代という時代を築いた建築家なのだ。

最終章においてわれわれはエリヤの使命の目的を見ることになるが、今ここでは寧ろ、文学のみならず、科学の分野でアラビアが果たした役割を思い起こしておこう。ハルン・アッラシードの宮廷で、そして後のアラブ人の間で、科学、特に数学、医学、天文学は長足の進歩を遂げた。アラブ人とイングランド人の間には深い神秘的繋がりがある。なぜなら、隠秘学においてシェイクスピアと最も密接に関連する人物であるフランシス・ベーコンの中に再び住み着いたのは、偉大なるアラビアの科学探究精神だからである。そして、科学哲学史が告げるように、近代世界の成立に多大の役割を果たした大いなる科学革命に霊感を与えたのは他ならぬベーコンであった。

内なる宇宙が開かれ照明を受けると共に、物質宇宙もまた開かれ照明を受けた。シェイクスピアは、かつての類型的な登場人物の世界に代わって、情熱に沸き立ち、観念に燃える、完全な人格を持つ個別の人々の住む世界を描いた。それと同様に、ベーコンは本質を備えた「もの」に沸き返る世界、無限に多様な、明確かつ個別の物質に煌めく世界を明らかにした。

この並行する二つの世界は急激に膨らみ、互いの鏡像となった。かつては暗く、曖昧に絡み合っていた内的世界と外的世界は、今や明確に分離したのである。

シェイクスピアの世界は、人的価値の世界である。そこでは、何が起ころうとも、問題となるのは人間の幸福であり、人間の生のかたちである。ベーコンの世界はその人的価値が全く欠落した世界である。

人間の体験は、シェイクスピアが劇化したように、摑み所が無く、逆説的で、神秘的で、予測不可能なものである。ベーコンは、体験の内実であるところの物体を見、それが従っている予測可能な法則に注目することを人類に教えた。

彼は体験の内実について考える新しい方法を案出した。可能な限り先入観を排除し、可能な限り多くのデータを集め、それにパターンを押しつけようとするのではなく、より深く豊饒なパターンが浮かび上がるのを辛抱強く待てと教えたのである。それゆえに、科学哲学史において彼は「帰納法の父」と呼ばれているのだ。

簡単に言えばベーコンは、対象を可能な限り客観的に観察することができれば、その構造を主観的に体験した時とは全く異なるパターンが現れるということに気づいたのである。

この認識が、地球全体を変えることとなる。

21 薔薇十字の時代

ドイツの結社／クリスチャン・ローゼンクロイツ／ヒエロニムス・ボス／ディー博士の秘められた使命

一三世紀ドイツの神秘家マイスター・エックハルトに関しては、ほとんど何も判っていない。だが彼と同時代のダンテがルネサンスの源であったのと同様、エックハルトはより広範囲に亘る、そして動きの緩慢な改革の源であった。エックハルトの中には形の源を見ることができる。それはいずれ北部ヨーロッパをして世界を支配せしめることとなる意識である。にはまた、新たな意識の形の源を見ることができる。

一二六〇年、ドイツのゴータに生まれた彼はドミニコ会に入って修道院長となり、トマス・アクィナスの後を襲ってパリ大学で神学を講じた。大著『オプス・トリパルティトゥム』は『神学大全』を見据えた野心作だが、未完に終わっている。彼は異端の罪に問われ、審問を待つ間に没した。

いくつかの説教が現存しているが、その内のいくつかはシュトラスブルクの住民によって筆写されたものである。彼らはそれまで、このような言葉を聞いたことはなかった――

私は神から自由になるために神に祈る。

もし私自身が存在しなければ、神もまた存在しない。

私がいなければ、神は神ではない。

神は内にいる。われわれは外にいる。

私が神を見る目と、神が私を見る目は同じ目である。

神が神であるのは、神ではないからである。これは外なる者には理解できない。内なる者だけが理解できる。

全ての欲望の背後にある唯一の欲望を見出せ。

神は家にいる。外に散歩に出ているのはわれわれの方である。

私は何ものにもよらず、現在の自分となった。

消す手だけが真実を書ける。


これらの言葉は、尋常ならざるほど現代的である。今日ですら、このような言葉が地元の教会の聖職者の口から聞かれたなら、驚くことだろう。

禅師と同様、マイスター・エックハルトはわれわれを揺さぶり、固定的な考えから脱却させようとする。その言葉は一見、全くの戯言に聞こえてしまうこともある。

彼はまた東洋式の瞑想を教えた。例えば物質界から隔絶し心を空にすることなどである。肉体の形態および機能から力が抜け、感覚から離脱した時、人は「事物からも自分自身からも忘れられた存在となる」。

仏教の「空」のように、この忘却は無限の可能性を蔵する真空であり、ゆえに再生と創造の場である。それはまた困難かつ危険な場でもある。エックハルトが示すのは苛酷で抑圧的な生に対する慰めの道ではない。後から与えられる報奨ではない。命がけで突入する奇妙な試練の次元、「誰も行ったことのない神の荒れ野」なのだ。

ムハンマドと同様、ダンテと同様、エックハルトは霊的世界を自ら直接体験した。何度も何度も彼がそこから持ち帰るものは、予想を超えたものであった。

「死を恐れる者は生にしがみつく。デーモンが現れて、無理に引き剝がそうとする。心を平安にすれば、そのデーモンは実は自分を地上から解放してくれる天使であることが判る。われわれの身を焼くのはわれわれが手放さぬものであり、記憶であり、執着である」

エックハルトは「パリの十二人の崇高なマイスターの一人」と呼ばれる。この句は、古代の伝承に言う秘密の導師、〈白色同胞団〉、カバラの〈三十六人の義人〉、〈世界の屋根の友愛団〉、〈導師の内陣〉、〈九未知会〉などを思い起こさせる。古代の伝承によれば、霊的世界を体験する方法は師から弟子への秘儀伝授の鎖によって伝えられた。東洋では時にサットサンガと呼ばれる。これは単に言葉による情報の伝達ではなく、魔術的な心から心への伝達の過程なのである。プラトンの言う「ミメシス」も、これに近いものとして理解せねばならない。「洞窟の比喩」によってプラトンは、偏狭な理性を越えて心に作用するイメージを創造するよう弟子たちに命じたのだ。プラトンによれば、最高の書物――彼によればヘシオドスの詩――は知識を伝達する催眠のような魔法を掛ける。

私の知己である秘儀参入者は、若い頃にニューヨークに住んでいたが、ある時、導師が彼の方に手を伸ばし、テーブルに円を描いて、何が見えるかと訊ねた。

「テーブルです」と彼は答えた。

「宜しい」と導師は言った。「若者の目は外を見るものだ」。それから、それ以上何も言わずに彼は身を屈め、伸ばした指で友人の額、両眼の間に触れた。

すると忽ち世界は霞み、彼はヴィジョンに目が眩んだ。冷たく白い月の女神が、頭蓋骨とロザリオを手にしていた。彼女には六つの顔があり、それぞれに三つの目があった。

女神は踊り、友人は時間の感覚を失った。しばらくするとヴィジョンは褪せ、縮んで点のようになり、そして消えた。

だが彼は、それは彼の内のどこかに、燃える種子のようにあり、決して無くなることはないと理解していた。

導師は言った。「見えたか？」

この話を聞いた時、私は慄えた。自分がこの神秘的な伝授の鎖のすぐ近くにいることが判ったからだ。

マイスター・エックハルトがその説教の中で斯くも自信満々に語った直接的な霊的体験は、もはや組織宗教が人々に与えることのできなくなった体験だった。教会はもはや、神学的にも儀礼においても死せる律法の文字に衒学的に拘泥しているだけだった。

霊的な不満と不安の空気が高まり、同じような志を持つ人々の間に、緩やかで曖昧な繋がりができつつあった。霊的体験を求める平信徒のグループ、時に「彷徨う星」と呼ばれる集団が、秘密の集会を開くようになった――〈自由心霊兄弟団〉〈共同生活兄弟団〉〈愛の家族団〉〈神の友愛団〉。ドイツ、オランダ、スイスのあらゆる社会階層において、社会的に疎外された貧困者の間にすら、同様の話が広く流布した。ある日突然、謎の人物の接近を受け、秘密の集会に誘われたり、奇妙な異世界に連れて行かれたりするというのである。

秘密結社に関するさらに興味深い話は、こちらから彼らを突き止めることはできないというものだ。彼らの方が何らかのオカルト的・慈善的調査によって、適格者を探し出す。時宜を得た時、こちらの準備が整った時、秘密の学院の一員がやってきて、霊的な導師となるのである。

同じ秘儀参入者によれば、ある時、秘教に関心を持つ学界のトップの集まりがあった――彼自身も美術史家だった――のだが、最後に彼らの前に姿を現した偉大な導師は博士でも教授でもなく、議場の後ろにモップとバケツを持って立っていた掃除のおばさんだったという。このような話は如何にもいかがわしいが、同時に如何にもありそうな話である。二〇世紀最大の秘教導師であるルドルフ・シュタイナーの霊的導師は、樵夫兼薬草取りだったという。

初期の神智学者カルル・フォン・エッカルツハウゼン曰く、「これらの極少数の賢者は光の子らである。彼らの仕事は、力の限り人類に善を為すこと、そして永遠なる真実の泉から叡智を飲むことである。一部はヨーロッパに、一部はアフリカにいるが、その魂の調和によって繋がっており、ゆえに一つなのである。お互いに何千マイルも離れていても繋がっているのである。異なる言語を話していても、お互いに理解し合っている。なぜなら賢者の言語は霊的な知覚だからである。彼らの中に悪人はいない。なぜなら悪人はすぐにそれと判るからである」。

今日の人は、マザー・ミーラのようなインドの神秘家との出逢いを自由かつ開放的に語る。彼女は人生を変えるような神秘体験を授けるという。一方、われわれは今日の傑出したキリスト教徒が超自然の力を持つということを認めたがらない。だが実際には、サイキックな力の証拠は偉大なキリスト教神秘家の生涯にはありふれているのである。フォン・エッカルツハウゼンを読むと、彼はヒンドゥ教の聖者についての観念に影響を受けたのではないかと疑われるかもしれない。その通りかも知れないが、だからといって、偉大なキリスト教神秘家とヒンドゥ教の導師にさまざまな共通点があるという事実は変わらない。

例えば神秘家ヨハネス・タウラーはマイスター・エックハルトの弟子であった。といっても、エックハルトはわれわれがたった今述べたような意味でタウラーの霊的導師であったわけではないと思われる。一三三九年にタウラーが説教していた時、オーバーラントから来た謎の一般人が近づいて来て、タウラーの教えには真の霊性がないと言った。タウラーは生活を棄て、この男に付いていくことにした。薔薇十字の伝承によれば、この人物はザラスシュトラの生まれ変わりだったという。

タウラーは二年に亘る失踪の後、再び姿を現したが、人々に説教しようとして、そこに立ち尽くしたまま泣き出してしまう。そして二度目の試みの際に彼は霊感を受けた。聖霊がリュートを弾くように彼を弾いた、と当時の人は言う。タウラーは自らの秘儀参入体験を語って曰く、「我が祈りは聞き届けられた。神は私に、神学者たちの決して知らない叡智を教えて下さる人物をお送り下さったのだ」。

タウラーの神秘主義は、日常生活の神秘主義だった。ある貧困者が、自分は仕事を辞めてでも教会に通うべきかと訊ねると、タウラーは答えた、「ある者は紡ぎ、ある者は靴を造る。いずれも聖霊の恩寵である」。タウラーの中には、ドイツ人の真摯さと廉直さが見出せるかもしれない。マルティン・ルターは言う、「ラテン語でもドイツ語でも、私は彼の説教以上に完全で、力強く、福音書に一致するものを聞いたことがない」。


無論、全ての秘儀参入者が神秘家であるというわけではないし、だれもが霊的世界と本当に交流しているわけでもない。特定の傑出した人々、例えばメルキゼデクなどは偉大な霊的存在の化身《アヴァタール》であり、常に霊的世界と交流した状態で生きることができた。また他の人々、例えばイザヤなどは、前世において秘儀参入者であり、新たな転生身にもかつての参入者の力を持ち込んだ。宇宙はまた、別の形で人々を準備することもある。モーツァルトは短期間の転生を繰り返したという。これによって霊的世界にいる期間を短期で切り上げ、その結果、モーツァルトとして地上に生まれた時、まだ〈天球の音楽〉を聞くことができたというのだ。また別の者、例えばジャンヌ・ダルクは、極めて繊細で感受性豊かな肉体に生まれたがゆえに、高次元の精霊の導管となることができたが、彼女自身がその精霊の受肉であったわけではない。現代の霊媒はしばしば、幼い頃にトラウマを受け、物質界と霊的世界との間の膜に裂け目が生じた人々である。

霊媒や心霊能力者と一定期間を共に過した人なら誰でも、彼らがしばしば、場合によっては定期的に、超自然の方法で情報を受け取るという事実を認めるだろう――誰でも、というか、少なくとも何が何でも頭から信じないと決めてかかっている人以外は。だが同様に明らかなのは、ほとんどの霊媒が自分が交感する霊を制御できないということだ。それどころか、彼らを認識すらできないこともよくある。これらの霊はしばしば悪戯好きで、些細な事柄については信頼しうる情報をもたらすが、重要な問題については嘘をついたりするのである。

霊媒とは違って、秘儀参入者は変性意識状態を伝えることに専心している。ニューヨークの私の知己の場合のように、直接的にそれに導くこともあれば、それへの到達法を伝授する場合もある。

クリスチャン・ローゼンクロイツの生涯は、通常は寓意であると――あるいは空想であると考えられている。秘密の伝統によれば、一三世紀に短期間だけ受肉した大いなる存在、あの輝く肌の少年が、一三七八年に再び受肉した。彼はヘッセンとチューリンゲンの境界に住む貧しいドイツ人の家庭に生まれた。五歳の時に両親を亡くし、修道院に入れられてギリシア語とラテン語を学んだが、成績は芳しくなかった。

一六歳の時、彼は巡礼の旅に出る。エルサレムの聖墳墓を訪れたいと熱望していたが、エジプト、リビア、フェズを訪れ、さらにキュプロスまで行った時、同行していた友人が死んだ。それからダマスコとエルサレムに行き、最後にダムカルという所に辿り着くと、そこで三年間学び、一人のスーフィの手で〈清浄兄弟団《イフワーン・アッサファー》〉と呼ばれる結社に参入した。この間、彼は『リベルM（世界の書）』をラテン語訳した。この書には世界の過去と未来の歴史が書かれていたという。

ヨーロッパに戻ると、自らの学んだものを伝えたいと決意し、まずスペインに行ったが、嘲笑されて終わった。何度か屈辱を受けた後に、彼はドイツに戻り、隠棲した。五年後、彼は修道院時代の三人の友人を集めた。

これが薔薇十字団の始まりである。

彼は友人たちに、旅の途上で学んだ秘儀の学を教えた。そして共同で「人が望み、欲し、求めうる全て」を記した書物を書いた。彼らはまた、六つの誓いを立てた——無料で病人を癒すこと。目立たぬよう、訪れた国の衣服と習慣に従うこと。年に一度、現在は「聖霊の家」と呼ばれているクリスチャン・ローゼンクロイツの家に集まるか、もしくは欠席の理由を書いた手紙を送ること。死ぬ前に各自の後継者を選び、自らの手で秘儀を授けること。そして彼らは、この友愛団については百年間秘密にすることに合意した。

さらに四人の仲間を加え、計八人は世界を建て替え、改革するために世界の隅々にまで散って行った。

薔薇十字団は、その並外れた超常能力のゆえに、ヨーロッパ史のロマン主義的な伝説の一つとなった。彼らは非常に長命だった——ローゼンクロイツは一四八五年、百七歳で死んだ。「自然の秘密」を心得、不可視の存在に命令を下すことができた彼らは、魔術によって自らの意志を行使することができた。そしてその力はほとんどの場合、奇蹟によって病を癒すことに使われた。他者の心を読み、あらゆる言語を駆使し、遥かな距離を超えて自らの生きた幻像を投影したり、遥かな距離を超えて交信したりすることができた。また自らを不可視化することもできた。

秘密の伝統によれば、偉大なカバラ主義者ロバート・フラッドはジェイムズ一世の下で欽定訳聖書の制作に従事した学者たちの一人である。しばしば彼自身が薔薇十字団員であったと考えられているが、少なくとも薔薇十字団の事情に通じ、また共感を抱いていたことは事実である。さらに彼は文書において薔薇十字団を弁護し、黒魔術の非難に反論している。彼によれば、薔薇十字団の霊能力は聖霊の力であり、聖パウロが『コリントの信徒への手紙』で述べているものと同じであるという——予言、奇蹟、多言語、ヴィジョン、治癒、悪霊祓い。教会の聖職者にはもはやそのようなことができなくなっていたという事実を見れば、ヨーロッパの人々が謎の薔薇十字団に魅了されたのも頷ける。

話を総合すると、古代の神官たちは神殿内陣の至聖所に神々を召喚することができたのだが、八六九年に教会が霊と魂の区別を撤廃して以後、霊的世界に達する方法に関する知識は徐々に失われていった。一一世紀になる頃には、聖職者たちはもはやミサの際に霊的世界のヴィジョンを出すことすらできなくなっていた。そして一五世紀、霊的世界は薔薇十字団を通じてこの世界に逆流し始めたのである。

だが、それだけではない。エックハルトとタウラーは、霊的修業によって肉体そのものが変容すると述べている。エックハルトは錬金術に関する興味深い仄めかしを残している——「銅は水銀になるまで落ち着かない」。だが、さらに纏まった話が出始めるのは、薔薇十字団以後のことである。


錬金術的観念を作品世界の前面に打ち出した一流画家の筆頭が、ヒエロニムス・ボスである。

このオランダのマギについては、既婚者であったことと馬を一頭飼っていたこと、それに生地アーヘンの大聖堂の祭壇とステンドグラスを設計したことくらいしか判っていない。彼が世を去ったのは一五一六年なので、クリスチャン・ローゼンクロイツの存命中には既に絵を描いていたに違いない。

一九六〇年代、ヴィルヘルム・フレンガー教授は、ボスの時代の秘教思想の観点から考察した記念碑的なボス論を刊行した。フレンガーは、全く不可解で奇怪にしか見えない絵の真の意味を発見したのである。

ボスの絵の多くは、天国や地獄や黙示録といった名前で呼ばれている。だが実際にはボスの絵は極めて秘教的であり——教会のドグマに反している。例えばボスは、悔い改めない悪人は地獄に堕ちて——それで終わり、後は未来永劫に亘って苦しむだけ、等というようなことを考えていたわけではない。死後の霊は月球天に昇り、さらに各天球を通過して、最高天まで行き——次の転生のために降りて来る、と彼は信じていた。

次頁に示す「快楽の園」の部分は、通常は地獄と呼ばれているが、実際には一つの天球から次の天球へ下降する霊を描いている。

　フレンガーによれば、ボスの絵画、例えば同じくマドリッドのプラドにある「七つの大罪」は、彼が世界中のさまざまな秘教学院で行なわれている、変性意識状態に達するための技法を知っていたということを示している。インドの秘教教義によれば、黄金なる宇宙の諸力の王――プルシャ――は、太陽と瞳孔の両方で働くという。『ウパニシャッド』には、「プルシャは鏡である。私は彼に瞑想する」とある。右目に映った自分自身を見詰めることで意識を拡張していくと、当初は限定的な個我を見詰めていたのが、次第に太陽のような、万物の中心に位置する真我を見詰めることになるのである。この方法は、オランダの神秘家ヤン・ファン・ロイスブルークも実践していた。彼によれば、自己を忘れ、世界を忘れることによって、まずは空と混沌を感じ、次に視界が宇宙的エネルギーに満たされるという。イメージはまず夢のような混沌とした状態で現れ、突如として意味を帯びて迫ってくるという。

　目と目を見詰め合う瞑想法は、性的コンテクストにおいても用いられる。

　時代は遡るが、神秘家メヒティルト・フォン・マクデブルクは、官能の生活が事物の霊的秩序に完全に統合される時代のヴィジョンを見た。彼女によればこの衝動はヨーロッパ北部に根を張り、成長するという。その地域は、ライムンドゥス・ルルスの禁欲主義とは全く異なるものが生じた場である。ボスの時代に影響

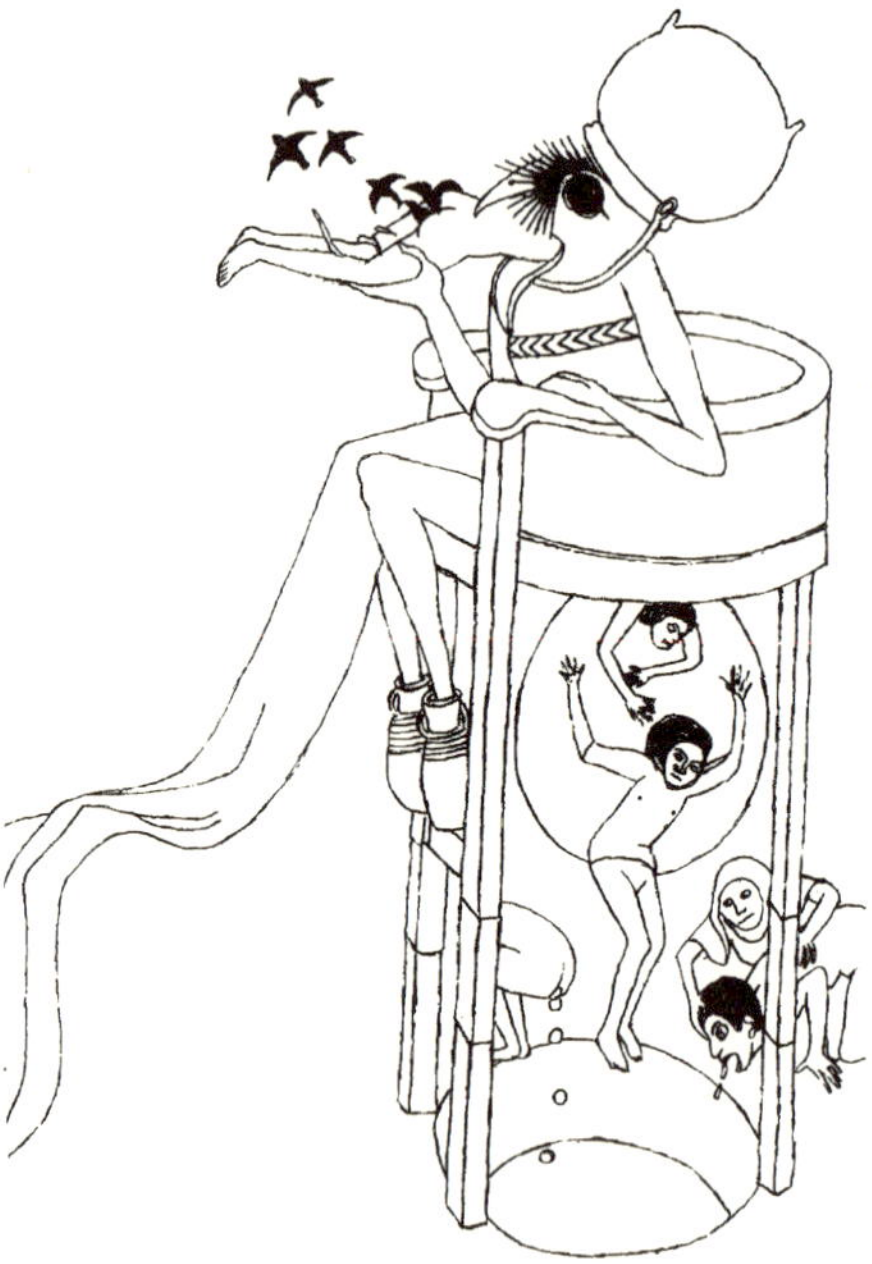
『地上の快楽の園』部分。

力を持った〈自由心霊兄弟団〉のような秘教的集団は、法ではなく愛によって結びついた共同体のヴィジョンに導かれていた。賢明に制禦するなら、愛こそは神的完成への道となるのだ。

フレンガーによれば、性はナイフの刃である。

薔薇十字団と最も密接に結びついた著述家はパラケルススである。彼の著作は、薔薇十字団の創設者の墓に埋められたという。

「私は粗野な田舎に生まれた粗野な男である」とパラケルススは言う。詳しく言えば、彼は一四九三年にチューリヒ近郊の村に生まれた。変わり者で戦闘的な性格である彼には髭も生えず、老年に至っても外見は若いままだった。

彼は当時のヴュルツブルクの聖ヤコブ教会の修道院長であったトリテミウスに師事した。トリテミウスは当代随一の導師で、コルネリウス・アグリッパの師でもあった。彼は思考を天使の翼に乗せて数百マイル彼方まで送り届けることができたという。また、時の皇帝マクシミリアン一世から、亡き妻の霊を召喚するよう命じられ、その通りにすると、皇帝はその亡霊の首の後の痣を見て、確かに自分の妻であると断言した。

パラケルススの兄弟弟子であるコルネリウス・アグリッパは放浪の知識人となり、常に魔術の噂に囲まれていた。彼の大きな黒犬ムシューは悪魔の化身であり、半径百マイル以内の出来事を主人に報告していると言われた。彼の『隠秘哲学』は実践的なキリスト教カバラの百科全書を目指したもので、そこに含まれる膨大な魔術の術式は、現代の隠秘学徒にも今なお用いられている。

だが、パラケルススはトリテミウスにはさほど感銘を受けなかったらしい。どうやら彼は書斎で学ぶのではなく、経験から学びたかったようである。彼は鉱物について独力で学ぶために鉱夫と起居を共にし、またアイルランドから鰐の棲むアフリカの沼地まで広く旅して、民間療法を学んだ。ある意味では彼はグリム兄弟の先触れであり、古代の秘教知識が消滅する前に、それを収集したのである。彼は意識が常に変化しているということを知り、知性の発達によっていずれ人間は薬草に関する直観的な知識――当時はまだ高等動物が共有していた知識――を失うということを知っていた。その変化の境界にあって、彼は可能な限り体系的にこれらのことを書き記したのだ。

一五二七年、彼はスイスのバーゼルで医師として開業し、忽ちその奇蹟的な治療で有名になった。当然、彼は既にその地域で働いていた医者たちを敵に回すこととなった。パラケルススは当時の一般的な医療を軽蔑していた。例えば彼は、当時の標準的な医学教科書の著者ガレノスについて、こんなことを言っている。「医者どもが神と崇めるガレノスの奴が――並ぶ者無き存在と言われているが――地獄に堕ちて厄介なことになっていることを知ったなら、いや、奴はそこから私に手紙を寄越したんだが、医者どもは猫じゃらしで胸に十字を描くだろうよ」。

彼の奇蹟的な治療ぶりは、死霊術《ネクロマンシー》の噂を立てられた。彼は常に仕込み杖を持ち歩いていたが、その柄頭には最高の効き目を誇る錬金術の薬が入っているという噂だった。彼は他の医者たちが匙を投げた裕福な司祭を治療したが、この男が治療費の支払いを拒み、地元の執政官もその肩を持ったので、友人たちはパラケルススに逃亡を奨めた。

彼は放浪の内に年月を過ごした。自然が師であったと彼は言う。「私は快適な生活もしたくなければ、金持ちになりたいわけでもない。金よりも大事なのは幸福であり、常に彷徨い歩き、心を煩わすものを何一つ持たぬ者こそが幸福なのだ。自然の書物を学ばんと欲する者は、自らの足で、木の葉の上を歩まねばならぬ」

この著しく理性的な哲学、現実的で実際的な方法論は、まさしく近代医学に近いものだと思われるかも知れない。だがパラケルススの文書の中には、突飛で奇妙なものもまた登場するのだ……

例えば「モンストラ」は、腐敗した精液から生じる不可視の存在である。「マンゴナリア」は、重いものを空中に持ち上げる魔法の力である。彼はまた、非常に多くの元素霊《エレメンタル》が集まり、人間の衣服や習慣を真似て暮らしている場所を知っているとも述べている。

パラケルススはまた、睡眠と夢についても奇妙で驚くべき考えを持っていた。彼によれば、睡眠中は星幽体——動物的霊——が自由に動けるようになる。そして祖先の住む天球まで昇り、星々と語るという。人間を操りたいと企む精霊はしばしば睡眠中に働きかけるし、また眠っている人は夢の中で他の人に会いに行くこともできる。また、夢精を糧とするインクブスやスクブスなどの存在もいる。

パラケルススと仕込み杖。パラケルススに関する有名な伝説によれば、彼はこの仕込み杖の柄頭に「万能薬《アゾート》」を入れていたという。フィリップ・ボールによる近年の優れたパラケルスス伝『悪魔の医師』にも書かれていないが、これに絡んだ巧妙な冗談がある。アゾートは錬金術師の秘密の火の名称であり、それは魂を肉体から解き放つ火であるという。それは精液の中に含まれる。インドの錬金術では、水銀はしばしばシヴァの精液と呼ばれた。とすると、パラケルススの剣は性欲の熱で鍛造されたことになる。それは肉の剣であり、その先端から出るアゾートは哲学的水銀である。元来精液には網のような性質があり、そこに霊が着地して受肉する。またパラケルススは、寝る前に秘密の性的技法を実践していたという。これによって動物体から植物体を外し、また他の精霊を夢の中に呼び寄せることができたという。

パラケルススはまた予言者でもあり、晩年にはエリヤの帰還を予言している。再臨のエリヤは「万物を立て直す」。

だが、これらの魔術行為と共に、パラケルススは実際にさまざまな発見をし、医学の進歩に寄与している。「近代実験医学の父」という尊称は伊達ではないのである。

この逆理の中にこそ、われわれの時代の秘密を理解する鍵があるのだ。

偉大なるイングランドのマギ、ディー博士は、自らは何も語っていないが、時に薔薇十字団員と呼ばれることがある。彼を突き動かしていたのは、霊的世界を直接体験したいという圧倒的な願望だった。

ディー博士はおそらく、ザラスシュトラ以来、最も偉大なマギの元型である。ディーのイメージは既に主流の大衆文化に入り込んでいる。彼は黒いガウンを着て、頭蓋帽を被り、白く長い髭を蓄え、錬金術の道具に囲まれた研究室で実験に没頭する魔術師である。稲妻が煌めく中、床にチョークで描いた五芒星を駆使し、不可視の精霊を召喚するのだ。

〈モナス・ヒエログリュフィカ〉。畏友で秘教学者のフレッド・ゲッティングスはこの記号を分解し、これがある意味の層において、二つの並行する宇宙の進化を意味していることを示した。前章で論じた、ベーコン的宇宙とシェイクスピア的宇宙である。

ジョン・ディーはロンドン在住のウェールズ人の家庭に生まれた。才気煥発たる若き学者となった彼は二十代にしてパリ大学でエウクレイデスを講じ、ティコ・ブラーエと友誼を結んだ。一五七〇年代後半、彼はサー・フィリップ・シドニーやエドマンド・スペンサーらと〈ディオニシイ・アレオパギテス〉という結社を造った。スペンサーの詩『神仙女王』には、薔薇十字団を始めとする秘教的イメージが満載されていることはよく知られている。シドニーの回想録によれば、彼は「ディーに導かれ、化学の秘儀を追求していた」。

ディーは壮大な蔵書を持ち、質量共にこれを凌ぐのは有名なフランスの歴史家ド・トゥーの蔵書のみと言われた。彼の研究の中心にあったのはカバラであり、万物の数学的基盤や統一原理は古代の教義の中に見出しうると彼は信じた。彼はこれらの原理を、その極めて複雑な神聖文字〈モナス・ヒエログリュフィカ〉に込めた。

ディーの名声は、若き王女が彼を招き、自らがエリザベス一世として戴冠する日取りを彼の占星術で決めさせるほどであった。ディーはまた、ヨーロッパ外交やアメリカ植民に関してエリザベスの政策に助言を与えた。ほとんど知られていないが、その最盛期において、ディー博士はカナダと呼ばれる広大な土地の所有者たる勅許を得ていたことが記録に残されている。そして彼の「大英帝国《ブリティッシュ・エンパイア》」――彼の造語である――というヴィジョンこそが、この国の大航海時代を鼓舞し、導いたのである。

一五八〇年、より直接的な霊的体験を求めて、彼は一人の霊媒と組むことを決めた。

ディーの夢は妨げられていた。家の中には奇怪なノックの音が続くようになった。彼はバーナバス・ソールという霊媒を雇った。ソールは水晶球の中に天使を見ることができると称していたが、六カ月後にディーは彼を解雇した。次に一五八二年、彼はエドワード・ケリーに遇う。奇怪な人物で、常に頭蓋帽を被っていたが、それは偽金造りの罰として耳を切り落とされたのを隠すためだった。ケリーはディーの魔法の石の中に大天使ウリエルが見えると称し、斯くして数百回に及ぶ交霊会が始まった。これによってディーは、天使の言語の解読法を学んだ。彼はこの言語を「エノク語」と呼んだ。

偉大なるマギの没落は、このケリーとの交際から始まる。地球全体を変え得る帝国の夢を持つ男は、その信用を台無しにしかねない、秘教的思弁と実践の脇道に逸れようとしていた。

プラハへの旅の途上、ディーは神聖ローマ帝国皇帝ルドルフ二世に言った、自分は四十年に亘って探求を続けて参りましたが、如何なる書物にもそれは書かれていませんでした。そこで私は天使を召喚し、神との執り成しを依頼することにしたのです。創造の秘密を神にお伺いするためです。そのために私は魔法の石を使っていますが、常に善なる霊のみを相手にしており、悪霊は近づけないようにしております。

ケリーは常にそれほど実直だったのか？　同じ旅の途上で、二人はルドルフに、自分たちは卑金属を黄金に変えることができます、と吹聴した。だがそれに失敗し、逃亡を余儀なくされる。どうやらケリーはこの頃には既にこの老人に対して屈辱的な夫婦交換を命じていた。ケリーは詐欺師であり、エノク語の召喚儀礼と称するものは単なる捏造に過ぎないと見る者は多い。

一五九〇年、ケリーはエノク語による恐ろしいメッセージを受け取ったらしい。慄え上がった彼は、交霊会から足を洗い、ディーとの関係も断ち切ってしまう。この時の天使語のメッセージを翻訳すると――「獅子は我が歩む処を知らず、野の獣もまた我を知らぬ。我は花散らされし者、されど処女なり。我は聖別す、されど聖ならざる者なり。我を抱く者は幸いなり。夜の我は甘く……我が唇は癒しよりも甘く、我は我を犯す者には娼婦なり、我を知らぬ者には処女なり。街路を浄めよ。おお、汝ら人の子よ、その家を浄めよ……」。ケリーはこの言葉に、黙示録の「緋の女」を見て、世の終わりは近いと信じたのか？

イングランドに戻ったディーは、リア王の如き赤貧に陥った。家族を養えず、喚き、荒れ狂い、妄想に怯えた。至る所に陰謀と、それに対抗する別の陰謀が見えた。死後、ディー博士は崇拝の対象に祭り上げられ、日記作家ジョン・オーブリや高位のフリーメイソンであるエリアス・アシュモールなど数多くの人が彼を薔薇十字団員と見なすようになった。

以上が、ディーに関する「大衆的」な物語である。だが、その意味の深層――そしてこれら全てにおけるディーの真の動機――は、人類と霊的世界の関係の歴史に関わるものだ。

既に述べたように、キリスト教は霊的世界から撤退していた。教会は直接的な霊的体験や、霊的リアリティとの個人的な接触を提供することはできなくなっていた。人々は驚異を求め、それを提供する方法を知っているのは秘密結社だけだった。

ディー博士は神聖ローマ帝国皇帝に語った、私の儀式魔術の技法を採用すれば、キリスト教世界の全ての教会には、毎日のように霊的存在が出現するであろうと。そうなれば、初期教会の霊的熱狂が復活する。カバラとヘルメス学の要素が閉め出されていなかった、クレメンスとオリゲネスの教会である。この世の教会が、再び魔術の教会となると。

これこそ、ディー博士の偉大なる福音のヴィジョンであった。

現代人の感覚からすれば途方もないことのように見えるかも知れないが、重要なのは、当時の教会の聖務という コンテクストからこれを見ることである。既に見たように、聖職者の業と魔術師の業の間に明確な線を引くのは不可能だった。だがディー博士にとっては、教区教会の聖職者が行なう魔術、聖霊召喚の聖務は単なる迷信にしか見えなかったのだ。そこには知的な厳密さ、洗練、体系的な手法が欠けていたからだ。

霊的体験と霊的世界を体系的に捉えようという新プラトン主義の衝動はヨーロッパ南部から広がり、トリテミウス、アグリッパ、そしてディーのような学者たちに影響を与えていた。ドイツ人ヨハンネス・ロイヒリンはキリスト教カバラを定式化した。彼はカバラの手法を用いてイエス・キリストの聖性を証明し、聖なる神の名テトラグラマトンの中にイエスの名が暗号化されていることを示した。

ディーがこれらの理論の全てに興味を抱いていたことは間違いない。だが、既に見たように、彼が熱望していたのは体験だった。彼の手法は体系的であると共に実験室的なものであった。ディーは技法を理性的に適用することによって、統制された、規則的な、予測可能な基盤の上に霊的現象を引き起こそうとしていたのである。ディーの中には、ベーコン同様、科学精神の最初の芽生えがある。近代科学に必要な精神能力は、隠秘学のコンテクストにおいて発達したのだ。

ディーが神聖ローマ帝国皇帝の耳に囁いたのは、もしも一定期間の断食を行ない、決められた回数で決められた間隔を開けてこの呼吸訓練を行ない、占星術で決められた時にこの性的修業を実践してこの呪文を唱えれば、変性意識状態に入ることができる、それによって自由かつ理性を保ったまま、霊的世界の住人たちと交流できる、ということである。これら全ては、反復可能な実験と、前例となる数千年に及ぶ実践によって確立され、予測可能な結果に導かれたのである。

すなわちディーの使命とは、歴史の流れに全く新しい何かを導入することであった。薔薇十字団のような秘教結社の目的は、時代の変革に有用な、新たに発達しつつある意識の形態を広めることにある。当時の著述家で、薔薇十字団内部の知識を書き残しているミヒャエル・マイヤーは言う、「薔薇十字の活動は、歴史を知り、そして人類の進化の法則を知ることによって規定される」。

この「進化の法則」は、歴史にも、人間個人の生活にも作用している。それは人生というものの逆説的な性質を記述する法則であり、先にわれわれが深層の法則と呼んだものである。パラマハンサ・ヨガナンダの『あるヨギの自叙伝』に曰く、それは「隠された霊的次元、意識の内なる領域を支配する精妙な法であり……ヨーガの科学を通じて知ることができる」。この法則の公式は、薔薇十字文書の至る所に記されている——

　天はわれわれが信じているような場所ではない。
　あるものを自らの内に限定することを止めれば、すなわちそれを欲せず、かつ執着しなければ、それは汝の許に来る。
　殺すものが生命を産む。死をもたらすものが復活へと導く。

これらの法則に関する薔薇十字団の観念は、間もなく歴史の主流に現れ、西洋の文化を変革することになる。

おそらく、ディーの経歴で最も驚くべきことは、彼が公の歴史の表面のすぐ近くで活動していたことだ。

彼はエリザベス一世専用の住み込みマーリンとして公然とその宮廷にいたのみならず、また神聖ローマ帝国の庇護の下で教会に儀式魔術を導入しようとしたのみならず、彼の著名ぶりのゆえに、劇作家たちは挙って彼を描き、観衆は即座にそれが彼であると認識したのだ――ベン・ジョンソンの『錬金術師』しかり、ウィリアム・シェイクスピアの『テンペスト』しかり。

後に見るように、ディーこそは秘教教義を大衆の生活に導入しようとした、奇妙で悲劇的な人物の草分けなのだ。

22

隠秘カトリシズム

ヤーコプ・ベーメ／コンキスタドールと対抗宗教改革／テレサ、サン・ファン・デ・ラ・クルースとイグナティウス／薔薇十字宣言／ヴァイセンベルクの戦い

一五一七年、教皇はローマの聖ピエトロ寺院の新聖堂の建造費用を賄うため、贖宥状の販売再開を決定した。それは世界で最も壮麗、かつ豪奢な建物となるものである。

ウィッテンベルク大学の聖書教授マルティン・ルターは、贖宥状の販売に反対する論題を、掲示板として用いられている教会の扉に打ち付けた。

これが原因となって、ルター破門の教皇勅書が出されると、彼は感服する群衆の前でこの文書を焼き、「我ここに立つ」と宣言した。北部ヨーロッパ、特にドイツでは既に、無条件の服従に対する不満、霊的自由を求める渇望のうねりが起こっていた。時代の英雄となったルターは火刑台を逃れ、地元の領主に匿われた。ドイツの指導層の中に教皇権の優越に対する彼の抗議に賛同する者が増えて行き、斯くしてプロテスタンティズムは産声を上げた。

中には、ルターこそがマラキやヨアキムが予言した、新時代をもたらすために再来するエリヤであると信じた者もいた。

ルターは神秘思想、ことにエックハルトとタウラーの教義に傾倒していた。彼の親友で、共同執筆者でもあったのは隠秘学者フィーリップ・メランヒトンである。メランヒトンは著名なカバラ主義者ロイヒリンの甥

で、占星術の擁護者であり、ファウストの伝記も執筆していた。ルター自身、霊的世界に親しみ、彼を導く精霊の声を聞くなどしており、また彼を嘲ったデーモンにインク壺を投げつけた話はあまりにも有名である。

だが、彼は秘密結社の参入者だったのだろうか？　それらしい仄めかしもある。彼はかつて自らを「達人《パストマスター》」と自称していた。これはフリーメイソンリーの特定の階級の者が使う自称である。また彼は錬金術を肯定し、その「寓意と秘密の意味」を讃え、それが人間性の復活に何らかの役割を果たしていることを認めていた。

また、ルターは自らのシンボルとして薔薇を使用していた。とはいうものの、ルターのそれは中央に小さな十字を配した白い五弁の薔薇であり、一方薔薇十字団の神秘の紅薔薇は大十字に打ち付けられている。それは十字に象徴される物質を変容させる薔薇を意味する。ルターが自らの薔薇に、隠秘哲学と関連する意味の層を見出していたと信ずるに足る理由もない。

パラケルススは早くからルターの支持者だったが、このスイス人マギは、ルターが予定説を発表すると次第に彼に幻滅するようになった。それはパラケルススにとっては、古いローマのエリート主義に新たな名前を与えたものに過ぎなかったのである。さらに、パラケルススは平和主義者であった。ルターが政治権力を握って以後に勃発したカトリック教徒の虐殺については、確かにルターに直接の責任はない。だが少なくとも彼はそれを止めることができたはずである。ルターは神秘主義に対する熱狂の潮流に乗って権力を奪取したにもかかわらず、一度力を得た彼はそれを自らの権力に対する脅威として恐れるようになった。陰鬱と被害妄想に取り憑かれた彼は、彼の名において行なわれる迫害を止める気が無かったらしい。

薔薇十字団は宗教改革においては極左過激派であり、彼らに対するルター教会態度は、ヤーコプ・ベーメの話に見ることができる。

ベーメの『創世記』への註解書『ミュステリウム・マグヌム』は、大規模かつ目も眩むような秘教的・カバラ的意味を開示する書である。それはプロテスタンティズムの最盛期の大衆の想像力を照らし出し、特にジョン・ミルトンの『失楽園』には多大な影響を与えた。彼は人間の肉体の隠秘的生理学について詳細に記している。これは一八世紀に東洋の教義が流入する以前から、西洋にもチャクラに関する独立した教えが存在したことの明白な証拠である。彼はまた、天体と鉱物及び植物の照応に関してもかなり包括的に記述している。彼以前にもアグリッパやパラケルススらがそれを書いていたが、より概略的な形に過ぎなかった。

これらすべては、ベーメがほとんど完全に無学であったことを考えれば、さらに驚くべきこととなる。ある意味では、天地創造の物語を一連の錬金術的分離の過程と見なす彼の聖書解釈には、フラッドという先例がある。だが、彼がフラッドを読んだという証拠は何もない。

一五七五年、文盲の両親の下に生まれたヤーコプ・ベーメは、長じて靴屋の徒弟となった。ある日、見知らぬ男が店に現れ、一足の長靴を買い、帰り際にヤーコプの名を呼んで、付いて来るように言った。ヤーコプはこの見たこともない男が自分の名を知っていたことに驚いたが、さらに驚いたことに、男の目線に射すくめられたヤーコプは微動だにできなくなってしまった。男は言った、「ヤーコプよ、お前はまだ小さき者だが、いずれお前は偉大な人間となる。世界を動かす人間となる。聖書を読め。そこに慰めと指導がある。お前は今後、窮状と貧困に耐え、迫害を受ける。だが勇気を持って耐えよ。神はお前を愛しておられる」。男は踵を返し、そのまま消えてしまった。ベーメが彼に会うことは二度と無かった。だがこの出逢いは彼の心の奥底に強い印象を残した。

彼はそれまでよりも遥かに謹厳実直となり、周囲を訝しがらせた。店主に追い出されると、職人として独立し、勤勉に働き、遂には自分の店を構えるに至った。

ある日、台所に座っていると、白目の織機に陽光が反射して目が眩んだ。しばらくの間、何もかもぼやけてしまった。すると徐々に、テーブルも、自分の手も、壁も、すべてが透明になった。彼は気づいた、われわれは通常、空気は透明だと思っているが、実際には曇っている。今、彼はあたかも雲が晴れたように、空気が本当に透明になったのを見て、突如、全く新しい霊的世界が目の前で、あらゆる方向に開けていくのが判った。自分の全身も透明になっている。彼は自分を見下ろしていた。彼の意識の中枢は身体から離れて自由に漂い、自由に霊的世界に入っていくことができるのだ。

斯くしてヤーコプ・ベーメは初めて、生きたまま霊的ヒエラルキーの中を旅した。かつての聖パウロ、ムハンマド、ダンテのように。

ベーメは外見的にはあまり印象的ではなく、短躯で額も狭かったが、その蒼い目は今、特別の輝きを放ち始めた。彼に会った人は、過去や未来を見通すその能力に仰天した。彼はまた、異なる時代、異なる場所の、異なる言語を話すこともあった。

彼の二度目の啓明体験は、野原を歩いている時だった。彼は突然、創造の秘儀を直接体験できるような気がした。後に彼は言う、「その十五分の間に、私は長年大学に通うよりも多くのことを知った」。ベーメが体験したことは、聖書に基づく彼のルター派の信仰と矛盾するものではなく、むしろその信仰を明確化し、啓明し、新たな意味の次元を開くものであった。

だが、ベーメの著書が他と違うのは、彼がこれらの教義を、切迫した個人的体験に基づいて書いていることである。彼はもともと処女作である『アウロラ』を自分の神秘体験の備忘録として書いたのだったが、地元の貴族がそれを見て、その写本を何部か造った。その内の一部がゲルリッツの牧師の手に渡る。自分よりも遙かに霊的世界のことを知っている人間に嫉妬したのだろうが、この牧師は靴屋を迫害し始めた。彼はベーメを異端者と呼び、投獄すると脅し、生きたまま火刑にされたくなければ街から出て行けと言って追放してしまう。

追放されてまもなくの頃、彼は息子トビアスを枕元に呼び、この美しい音楽が聞こえるかと訊ねた。そしてもっとよく聞こえるように窓を開けてくれ、と頼んだ。

しばらく後に、彼は言った。「では、天国へ行こう」。深い溜息と共に彼は死んだ。

死後、霊はどこへ行くのか、という問いに対して、ベーメはかつて、エックハルトのゲルマン禅を思わせる言葉で答えた。「どこへも行く必要はない。霊は自らの内に天国と地獄を持っている。天国と地獄はお互いにお互いの中にあり、そしてお互いにとって無である」

ベーメとゲルリッツの牧師は、村の広場を挟んで、互いに理解し合うことなく睨み合っていた。両者はいわば全く異なる二つの意識形態である。一方世界の反対側では、二つの全く異なる意識形態が出逢った時、遙かに大きくかつ悲劇的なスケールで、嫌悪と不寛容が生じたのだった。

クリストフォルス・コルンブスの航跡を、彼ほどの高邁な理想を持たない人々が追った。一五一九年、エルナン・コルテスはユカタン湾沿岸を航行し、基地を設けてベラクルスと名付けた。彼と仲間のスペイン人はかねてよりアステカ王国の途方もない富の噂を耳にしてはいたが、この帝国の王モンテスマの使者が贈物を持って基地にやって来るのを見て仰天した。

贈物の中には、荷車の車輪ほどもある巨大な黄金の太陽、そしてさらに大きな銀の月があった。黄金で飾り立てた兜、「ケツァル」の羽根で造った素晴らしい頭飾りもあった。

使者によれば、これらは王モンテスマが大神ケツァルコアトルに捧げるものであるという。この神は遙か昔に地上を去り、月に住まいを移したのだ。

そこでコンキスタドールは気づいた。髭を生やし、兜を被り、色白のコルテスは、再来を予言されたケツァルコアトルに似ているに違いない。全くの偶然ながら、と彼らは思ったのだが、彼らはアステカの占星術師がこの神の帰還の日と予言していたまさにその日に、そこに到着したのだ。

17世紀のカトリックでは、秘教の教義が表面のごく近くまで浮上した。マリ・デ・ヴァレおよびマリ・アラコクのヴィジョンは、聖心の秘儀に関する教会の教義となった。21世紀において、私の働くロンドンでは、オカルト書店のほとんどは——ここで言う「オカルト」とは、空中浮揚、聖霊の出現、肉体の変容などの超自然現象の強調を指す——あからさまにそのようなものを売りにはしていないが、ウェストミンスター寺院近傍のパードレ・ピオ書店はその限りではない。

素晴らしく複雑繊細なアステカの物品のいくつかはヨーロッパに送られ、アルブレヒト・デューラーの目に触れることとなる。そのあまりの精妙さ、精巧さに私の心は歌う、と彼は述べている。だがコルテスの仲間たちが心に抱いていたのは、そんな高邁な考えではなかった。アステカの都テノチティトラン（現在のメキシコシティ）に辿り着いた彼らが見たものは、巨大な湖の真ん中に築かれた都市であり、到達手段は細い人工の橋のみという、攻めるに難く守るに易しい要害であった。だがモンテスマは自ら外に出て彼らを歓待し、神コルテスの前に跪き、中に招き入れた。コルテスの当初の計画は、このままモンテスマを誘拐して身代金をせしめようというものであったが、宮殿に敷き詰められた黄金を目の当たりにした部下たちは、堪らず王を殺してしまう。この馬鹿げた行動は両者の間に戦端を開く結果となった。これこそ、歴史上最も血腥い挿話の端緒である。

コンキスタドールは、これら全ての黄金の源であるエル・ドラドの噂を聞いた。その国の王は毎朝、液体の黄金で沐浴するという。後にこの伝説の国の探索に加わるウォルター・ローリーは、「エル・ドラド帝国、黄金で屋根を葺く国」と記している。

コルテスのライバルであるフランシスコ・ピサロは、数十万の兵士が守るペルーを僅か二百人の軍で略奪すべく船を出した。

彼は王に丸腰で謁見したいと申し出て、コルテス同様に王を誘拐した。身代金として、彼は一部屋の天井まで届く黄金を要求した。何週間もの間、皿や酒杯を始めとする素晴らしい工芸品を運び込む先住民の列が続いたが、部屋が一杯になる直前、スペイン人は突如、約束は部屋一杯の黄金のインゴットだと言い始めた。彼らは工芸品を融かし、さらに黄金を入れる空間を空けた。

結局、コルテス同様、ピサロの部下たちもまた堪えきれずに王を殺す。先住民は敵意を剥き出しにした。ピサロの小さな軍隊は何とか都に到達した。そこには黄金の壁、黄金の家具、黄金の神像や動物像、そして黄金の鎧で満たされた宮殿があった。また、樹々や花、動物までもが黄金で造られた人工の庭、銀の茎に黄金の穂を持つ玉蜀黍が植えられた、縦三〇〇フィート横六〇〇フィートの畑もあった。

テノチティトランの戦いでは、十万人に及ぶアステカ人が殺されたと目されている。一方、コンキスタドール側の被害はほんの一握りだった。この南米征服全体で二百万人に及ぶ先住民が死んだとされる。

先住民は必ずしもこれほどお人好し揃いだったわけではない。しばらくすると、彼らはヨーロッパ人の卑怯な戦い方を覚え、そこでコンキスタドールの側も甚大な被害を出すようになった。

コンキスタドールは、都周辺にこれだけ豊富にある黄金の源とされるエル・ドラドも、金の鉱床も何も発見できなかった。だが、南アメリカからもたらされる黄金は、対抗宗教改革のための十分な資金となった。スペインに本拠を置き、スペイン異端審問所の後押しを受けて、対抗宗教改革はミサへの出席を強制した。この対抗宗教改革にも、やはり隠秘学の諸勢力や秘密結社が絡んでいた。

世界最大の隠秘学文献の書庫は、ヴァティカンである。教会は、隠秘科学が無効であるという訳ではない。ただそれを独占しようとしただけである。社会学者によれば、宗教が大衆に及ぼす力は人生の未知なる不可解な次元を説明し、不安を払拭することにあると考えている。宗教は、時折物質界に噴火する黒い火山のような精霊の力を手なづけることが必要なのだ。

聖テレサの法悦。ローマ、コルナーロ礼拝堂。

ヨーロッパ北部では、多くの者がローマ・カトリックの枠外に霊的探求をしていた。スペインもまた同様に暗く危険な神秘主義に駆り立てられていたが、それは教会の内部で行なわれていた。

テレサは一五一五年、マドリード近郊のアビラで、おそらくユダヤ人改宗者の家に生まれた。家を出奔して尼僧院に入り、そこで病に伏せっていた時に、日常意識から彷徨い出て神秘状態に入る。その状態が繰り返される時、彼女は中世の神秘家の手引書やライムンドゥス・ルルスの文献などを手引きとして、神秘体験の実際的な知識に到達した。

熾天使と遇ったテレサの神秘的法悦は、対抗宗教改革の秘儀参入者にして大芸術家ベルニーニの手で彫刻化されている。「彼は長身ではなく、短軀で、驚くほど美しく、手には長い黄金の槍を持ち、その戦端には小さな火があった……彼はそれで何度も私の心臓を貫いた。……彼が槍を抜いた時、私はただ驚くべき神の愛に燃えていた……この上なき痛みの、この上なき甘さ」。この、隠しようもない性的法悦の

その他の浮揚する聖人には、トマス・アクィナス、シエナのカテリナ、アッシジのフランチェスコ、コペルティーノのジュゼッペ、そして20世紀のパードレ・ピオとゲマ・ガルガーニなどがいる。

暗示は、同時代に秘密結社内で行なわれていた性魔術儀式との比較する必要である。これらの実践は秘教教義の中でも最も厳重に守られた秘密であり、これについては第25章で検討する。

テレサの霊的な記録はまた、魂の上昇の様子を書き記している。これはカバラに言うセフィロトの樹の登攀と関連する。また体外離脱体験や、霊的ヴィジョンをもたらす魂の器官——チャクラに関する記述もある。彼女はこれを「魂の目」と呼ぶ。だが、彼女の記述にカバラの知識が盛り込まれているとしても、最も強く感じられるのは個人的な直接体験の話であり、霊的世界の働きに関する理解である。これはインド以外ではほとんど見られないものだ。そこには嘘や誇張などの要素は何も無い。

聖テレサが極度の霊的状態に陥ると、時に超常現象が起こることもあった。例えば頻繁な空中浮揚である。多くの人がこれを目撃している。尼僧たちは彼女を下ろすために苦労したのだった。

空中浮揚は必ずしも至福を伴う訳ではない。テレサ曰く、「天と地の間に釣り上げられ、そのいずれからも安心が得られなかった」。ここには一種の孤独感、霊的不毛感がある。これについてはエックハルトが予言していたが、これを最も見事に、決定的に表現したのは、テレサの弟子サン・フアン・デ・ラ・クルースである。

われわれは霊的世界の体験が極めて稀な時代に生きているので、聖テレサやその弟子サン・フアン・デ・ラ・クルースを読んでも、それを単なる寓意、精妙な感覚の理想化表現、あるいは些細な気分の変化を願望的思考によって大袈裟に書いたものとしか思わない危険がある。だが、サン・フアン・デ・ラ・クルースが独房に投獄された後に書かれた魂の暗い夜に関する記述は、気分の変化ではなく、意識の変容の記述である。そこでは幻覚剤の服用に匹敵するラディカルな精神機能の変容が生じているのだ。

スペイン人は死と対峙する。スペイン人の神秘家、著述家、芸術家の作品は、常に彼らが心の中に死を抱いていたことを示している。それも理論上ではなく、切迫した実存的意味においてである。彼らは自らの周

ベルニーニの有名なサンタ・マリア・ソプラ・ミネルヴァのオベリスクは、アルベルティの『ヒュプネロトマキア』に由来する――既に見たように、同書はレオナルドにも重要な影響を与えた。

囲に、そして自らの中に死が織り込まれているのを見る。いつでも死に立ち向かう用意ができている。人生で最も貴重なものを死の顎から奪うために、生命を賭すことも厭わない。『魂の暗い夜』には、このスペイン的精神が満ち満ちている。既に見たように、秘儀参入儀礼において、志願者は〈秘儀的死〉と呼ばれる段階を通過せねばならない。まず始めに、霊が出現して志願者を励まし、啓明した後、彼は極度の窮状に投げ込まれる。自分は間違いなくもう死ぬ、神は間違いなく自分を見捨てた、全宇宙が自分を軽蔑していると確信するのである。今示されている、半分生きて半分死んでいる影のような存在に留まることが唯一の望みとなる。

フアンはこの体験について、現代のわれわれにも解る言葉で書き記している。彼こそ、煉獄すなわち月球天に始まる霊の旅を記述するのに、現代のわれわれが用いる言語そのものを造った本人なのだ。

フアンの記述には、また予言的な意味のレベルがある。彼は、受肉した人間全体が〈魂の暗い夜〉を通過せねばならない時代の到来を予言しているのだ。

だがおそらく、対抗宗教改革における最も特徴的な形の隠秘学は、イエズス会である。

イグナティウス・デ・ロヨラは職業軍人だった。パンプロナの戦いで右脚を失った彼は、軍を一歩出ると何もできない障害者になっていた。養生の間、彼は聖人伝を読み耽り、自らの宗教的使命を知った。斯くして一五三四年、パリ大学在学中に彼は七人の同級生を集めて結社を造った。教会のための鍛え抜かれた軍隊である。一五四〇年、教皇はこの結社を〈イエズス会〉として認定した。イエズス会は教会の知的エリートであり、軍事情報部であり、死を恐れぬ従僕であり、異端者や、霊的世界と不法に接触する者を狩り立てる。イエズス会は教皇の教育係となり、宣教師となり、若者をローマに向かわせ、服従を叩き込む厳格な体系を創り上げた。彼らはまた、中南米やインドへの宣教でも大きな成功を収めた。

イグナティウス・デ・ロヨラは変性意識状態に到達するための行法を考案した。例えば呼吸訓練、断眠、頭蓋骨への瞑想、明晰夢と動的想像の訓練。この最後のものは例えば、不可視の精霊の住処となるような精巧かつ感覚的なイメージを造る修業で、薔薇十字団はこれを「叡智の宮殿の傍に小屋を建てる」と称していた。

とは言うものの、ロヨラの行法には微妙な、それでいて重要な違いがある。薔薇十字団の技法は、高次のヒエラルキーと自由意志・自由思考によって交感することを目的としている。一方イグナティウス・デ・ロヨラの霊操の目的は、意志を鎮め、兵士のような絶対服従の状態を作り出すことである。「主よ、我が記憶、我が理解、我が意志の全て、私の持つあらゆるものをお受け下さい」

西洋では、秘教的な書店にはヒンドゥや仏教を始めとする東洋の秘教文書が溢れかえっているが、イグナティウス・デ・ロヨラの『霊操』こそは、今なお西洋の伝統における最も入手容易で最も広く行き渡った秘教的技法である。

一九八五年、『タロットの瞑想』と題する匿名の書物が出版され、秘教学界に大反響を巻き起こした。というのも、それは極めて該博な学識によって、タロット・カードのシンボリズムが、ヘルメス学・カバラ・東洋哲学そしてカトリックに通底する統一的な信仰体系を示しているということを明らかにしたからである。

エル・グレコの引き延ばされた人物は、目を半分閉じ、何らかの内的秘儀に瞑想している。彼らは嵐のような激動的な光景の中に立っている。エル・グレコは単に変性的・神秘的意識状態にいる人物を描いたのみならず、そのような状態の何たるかまで描いたのである。フランスの美術批評家ルネ・ユイグは、エル・グレコのトレド全景図の光を分析している。現実のトレドは地中海性の、激しく明るい陽射しを浴びているが、エル・グレコのヴィジョンにおいては、通常の日光は幻想的・超自然的な光に飲み込まれてしまう。秘儀参入者であったエル・グレコは、サン・フアン・デ・ラ・クルースが「愛の火の暗き夜……我が心の火以外、導きの明りとて無し」と述べたものを描いている。

同書は秘教伝統と叡智の素晴らしい宝物庫であった。

後に、その著者はヴァランタン・トンベールであるということが判明した。彼はルドルフ・シュタイナーから秘儀伝授を受けたが、後にシュタイナーの人智学教会を去り、カトリックに改宗している。このことが解れば、『タロットの瞑想』の基盤となる目的――秘教に興味を持つ者を教会に引き戻すこと――は明らかである。では、それを知的不誠実と言えるのか？　トンベールは、かつてのロヨラと同様、秘教関係の事項における主導権はローマにあるべきであると考え、そのために活動していたのだ。

われわれは、北部ヨーロッパで活動した何人かの生涯を見てきた。それは大なり小なり孤立した活動であったように見える――エックハルト、パラケルスス、ディー、ベーメ。

そこに何らかのネットワーク、すなわち噂される薔薇十字団のような秘密結社があったという証拠はあるのだろうか？　秘密結社に関する噂を裏付ける文書はあるのだろうか？

月の女神イシスとしてのマリア。ムリーリョ画。

一五九六年、ボーモンなる人物が、フランスはアングレームの裁判所で、魔術使用の廉で有罪判決を受けた。有名なフランスの歴史家ド・トゥーの記録によれば、ボーモンは「空中および天界の精霊と交感した」と自供した。さらにまた、「この高貴なる術の学院および教授は世界中の至る所に遍在しており、そして現在も尚、スペインのトレド、コルドバ、グラナダその他にある。かつてはドイツでもよく知られていたが、ルターがその異端の種を蒔き、多くの信奉者を得るようになって以後は、その限りではない。フランスとイングランドでは今も秘密の内に存続しており、特定の貴族の家に伝統として伝えられている。だが、秘密の儀式に参加できるのは秘儀伝授を受けた者だけである。それは俗悪の徒を排除するためである」。

それから三十年もしない内に、内幕を暴露すると称する一連の小冊子が現れ始めた。

それらは一六一四年から一六一六年の間にドイツのケッセルで匿名で出版されたもので、一冊目である『薔薇十字の名声《ファーマ・フラテルニタティス》』は、霊的革命を標榜していた。

二冊目『薔薇十字の信条告白』は、薔薇十字団の創設者CRC（クリスチャン・ローゼンクロイツ）の物語で、彼が定めた団則を明らかにし、また彼の墓が一六〇四年に発見されたと述べている。

その祭壇の下には扉があり、地下納骨堂に通じていた。その扉には次のような銘があった――百年と二十年の後に我は開かるべし。その下には七角形の霊廟があり、各壁は高さ八フィート、中央の円卓の上に人工の太陽が吊り下げられていた。この円卓の下に、腐敗していないCRCの身体があり、聖書やパラケルススなどの本に囲まれ、巻物を手にしていた。曰く、「我ら神より生じ、イエスにおいて死に、聖霊によって復活する」。

目敏い読書家なら、この第二小冊子の第一フォリオの扉に、紛うことなきディー博士の意識進化の標章、〈モナス・ヒエログリュフィカ〉があるのに気づいただろう。

第三の小冊子、『クリスチャン・ローゼンクロイツの化学の結婚』は、秘儀伝授、ヒュプネロトマキアの伝統における性魔術的な〈化学の結婚〉の寓意譚である。

これらの出版は、ヨーロッパ中にセンセーションを巻き起こした。

誰が薔薇十字団の団員であり、誰が著者なのか？

その内に、著者はヨーハン・ヴァレンティン・アンドレーエという若いルター派牧師であるということが判明した。彼の霊的導師は有名な神秘家ヨーハン・アルントで、彼の師はヨーハン・タウラー、さらにその師はマイスター・エックハルトであった。

秘教の歴史の主張を考察する者は誰であれ、証拠が貧弱であることに不満を抱く。秘密結社というからには、当然その活動にはほとんど痕跡が残らない。成功した秘密結社ほど、その追跡は至難の業となる。一方で彼らの主張は気宇壮大なものである――これらの結社は、古代の、普遍的な哲学の代表者であり、これは他のいずれにもましてこの宇宙を説明し尽くす、首尾一貫した不変の哲学であり、歴史上の偉大な人々は、全てとは言わぬまでも、その多くがこの結社に導かれて来たのである、と。

この両極端を察する者は誰であれ、当然のように問う。これらの結社は実際に最高の天才たちの集団なのか？ それとも、ただの少数の、孤独な、周縁的で頭のおかしい連中の空想に過ぎないのか？

ここでこれらの問題に対応しておくのは時宜を得たことであろう。なぜならここまで、われわれは二つの、極めて近くを並行して走る二つの伝統を取り扱っているからである。一つは主として偉大な神秘家たちの顕教的な伝統であり、一つの世代から次の世代へと伝えられて来たものである。もう一つは主として秘教的な伝統、魔術師や隠秘学者たちの一見緩やかな合同であり、宗教改革の背後にあった神秘的な力であり、エックハルト、タウラー、アルントと、ローゼンクロイツやパラケルスス、そしてディーらマギのネットワークを繋いでいる秘儀参入者の鎖である。

われわれはたった今、一六一四年に、この二つの伝統が遂にヴァレンティン・アンドレーエという人物の中で絡み合った次第を目撃したのだ。

秘密結社の隠れた手は、頻繁にその姿を見せることは無い。そしてディー博士のリア王的な屈辱に見たように、その手が姿を現す時、それは自らを危険に曝す。それは自らの本質を変え、陽の光の下に出るや否や、自らの力を失ってしまうのである。

『名声』の出版以後、薔薇十字団は闇の中から、大砲とマスケット銃の轟音の中へ姿を現す。彼らはヨーロッパ精神の覇権を巡り、イエズス会を相手に血みどろの、希望のない戦いに身を投ずることとなる。因習的な歴史家は『薔薇十字の宣言』に懐疑的であり、薔薇十字団を単なる空想上の存在と見做す。そこではあの小冊子の出版こそが薔薇十字運動の始まりである。一方秘史においては、あの宣言は薔薇十字団の終わり――少なくとも、終わりの始まりであった。

一七世紀の初めにこれらの宣言が出版されたことは、この時、今日に至るまで世界の出来事を支配しているもう一つの秘密結社が設立されたことを意味しているのだ。

八〇〇年のカルル大帝に始まる神聖ローマ帝国皇帝の叙任は、世界の指導者が教皇の祝福を受け、共にキリスト教国を支え、信仰を守るという理想の上に立脚している。この理想は、一七世紀の始まりと共に曇り始めた。一五三〇年以後、ルドルフ二世が一五七六年に戴冠するまで、神聖ローマ帝国皇帝の座は空位となっていた。ドイツの小国の多くはプロテスタントとなり、それは当然ながら、ローマ皇帝の下に統合されるヨーロッパという観念を転覆させた。

寛大で知的で、隠秘学に興味を持ち、ディーが売り込みに失敗した皇帝ルドルフの死の後、その後継者を巡る争いは薔薇十字団を陰謀に引き込んだ。もしもラインラントの君主にして薔薇十字団の支持者であるフリードリヒ五世がボヘミア王となれば、ヨーロッパはプロテスタントの手に落ちるかもしれない。

薔薇十字団はイングランドのジェイムズ一世を薫陶していた。史上最高に明瞭な錬金術の図像を残したミヒャエル・マイヤーは、彼に薔薇十字団の挨拶状を送っている。一六一七年、ロバート・フラッドは秘教的宇宙論『両宇宙史』を彼に献呈し、彼にヘルメス・トリスメギストゥスの名を贈った。一六一二年、ジェイムズの娘エリザベスがフリードリヒと結婚すると、この婚礼を祝うため、仮面舞踏会の場面を追加した『テンペスト』の特別編が宮廷で上演された。そこにはディーの霊もいた、という少々文学的な表現も許されるやも知れぬ。

計画では、一六一九年にフリードリヒが戴冠のためにハイデルベルクからプラハへ向かう時、まだ十代のロマン主義的な娘婿と、その年若い花嫁をカトリックの攻撃から守るために、ジェイムズが動くことになっていた。

だが結局、フリードリヒの軍がヴァイセンベルクの戦いで大敗を喫した時、ジェイムズは何もしなかった。フリードリヒとエリザベスはプラハから逐電し、かような短期間の統治ゆえに以後、「冬王」の名を奉られた。

三十年戦争を戦ったのは大カトリック王朝であるハプスブルク家のフェルディナント、その知的指導者はイエズス会だった。ハプスブルク家の目的はヨーロッパに再びカトリックの支配を確立することである。この間、ドイツの街や村は六つの内の五つが壊滅し、人口は九百万から四百万に減った。薔薇十字団の夢は、頑迷と拷問と大虐殺の祝祭によって破壊された。中央ヨーロッパは荒野と化した。

だが、教会の勝利はあまりにも犠牲が多すぎた。もしも教会自身が、それが秘密結社相手の戦争であり、敵は黒魔術であると本当に信じていたのなら、教会は自分自身のプロパガンダを信じ込むという過ちを犯していたのだ。

真の敵は、新たな装いを纏った、最古の敵だったのである。

23

科学の隠秘学的起源

アイザック・ニュートン／フリーメイソンリーの秘められた使命／エリアス・アシュモールと伝達の鎖／錬金術の真実

一五四三年、ニコラス・コペルニクスは『天体の回転について』を発表した。彼の主張は、地球が太陽の周囲を回っているというものであった。

一五九〇年、ガリレオ・ガリレイは、物体の落下速度はその密度に比例するのであって、重量ではないということを実験によって示した。

一六〇九年、ヨハンネス・ケプラーは、ティコ・ブラーエの星図を用いて、惑星運動の三法則を計算した。

一六七〇年代には、アイザック・ニュートンはこれら全ての発見を結びつけ、機械的な宇宙の振る舞いを単純な三つの公式で記述する統一理論を案出した。

これは近代に向かって驀進する人類の輝かしい勝利であり、人類はようやく数千年に亘る迷信と無知の時代を脱して、理性という明晰な光の中に突入しようとしているのだというような見方は、言うまでもなく安易にすぎる。シリウスが三重星系であることを知っていた古代エジプトの秘儀の神官たちは、当然ながら、何千年も前から地球が太陽の周囲を回転していることを知っていたのだ。

さらに、これから見ていくように、近代科学の英雄たち——いわば古代の叡智などからは最も遠い所にいるはずの人々——は、実は古代の叡智にどっぷり浸っていたのである。

コペルニクスはその着想を古代世界の文書から得たことを認めているし、ケプラーがその理論を組み立てている時、彼は古代の叡智が自分を通じて働いていることを意識していた。『宇宙の調和』五巻（一六一九）の序文に曰く、「そう、私は我が神の神殿を建てるためにエジプト人から黄金の器を盗んだ……」。

ケプラーの終生の友人リヒャルト・ベスホルトはまたヴァレンティン・アンドレーエと密接な関係を持つ人物で、『薔薇十字の宣言』の共同執筆者と目されている。

リンカンシャー州ウールスソープに生まれたアイザック・ニュートンは、身長五フィート足らずにしかならなかった。偏屈で奇矯、変態で孤独だった。学生時代、下宿していた薬屋が、実は錬金術の達人であると判明し――ニュートンの前に突如として道が開けた。ニュートンは、コルネリウス・アグリッパと同様に、世界の完全なシステムを発見しようとした。

ニュートンは、生命の秘密は自然の構造の中に数という形で暗号化されていると信じた。そしてまた、この暗号を解読する鍵は古代の叡智の書に、そして大ピラミッドやソロモン神殿のような古代の建造物に、数字と言語の暗号の形で隠されていると信じた。それはまるで、神が人類に試験を課しているかのようなものである。人類が十分に知性を発達させた時に初めて、これらの暗号の存在に気づき、解読することができるようになっているのだ。そしてその時は来た、とニュートンは考えた。

ニュートンの見方では、宇宙の如何なる部分にも知性が働いている。石ころ一つでさえ知的である。それは明らかに意図や意匠に基づいてそこにあるというだけではない。ニュートンが同意する古代の考え方では、動物、植物、鉱物は完全に別個の範疇ではない。それらはもともと重なり合い、混ざり合っているのであり、特殊な環境下では一つの範疇から別の範疇に変化することもあり得る。ニュートンと同時代のカバラ主義者コンウェイ夫人曰く、「ある種から他の種への変容が存在する。石が土となり、土が草となり、草が羊となり、羊が人肉となり、人肉が最も下等な人種となり、そしてそこから最も高貴な精神が生まれる」。ニュートンの見方では、宇宙にある全てのものは知性に向かうよう仕向けられている。生命無き物体は植物生命に向かい、そして植物生命はその原始的な感受性によって動物生命を志向する。高等動物はほとんど人間の能力に等しい合理性を持ち、そして人間は超越的な知的生命に進化する時を待っている。

　そしてこの超越知性を目指す普遍的な志向は、ストア学派が暗示した諸天球を見上げている。一六世紀のカバラ主義者イツハク・ルリア曰く、「この世の中には、塵や石のような物言わぬものの間にすら、独自の生命を、霊的本質を、独自の惑星を、諸天球における完璧な形態を持たぬものなど存在しない」。ルリアによれば、種子の中の知性は陽光の中の知的な意図に反応するという。古代の秘教伝統は、種子が生長して植物となるのに必要な全ての情報が種子の中に含まれていると述べているわけではない。成長は種子の中の知性と、それを取り巻く大宇宙の知性との交流の結果なのだ。

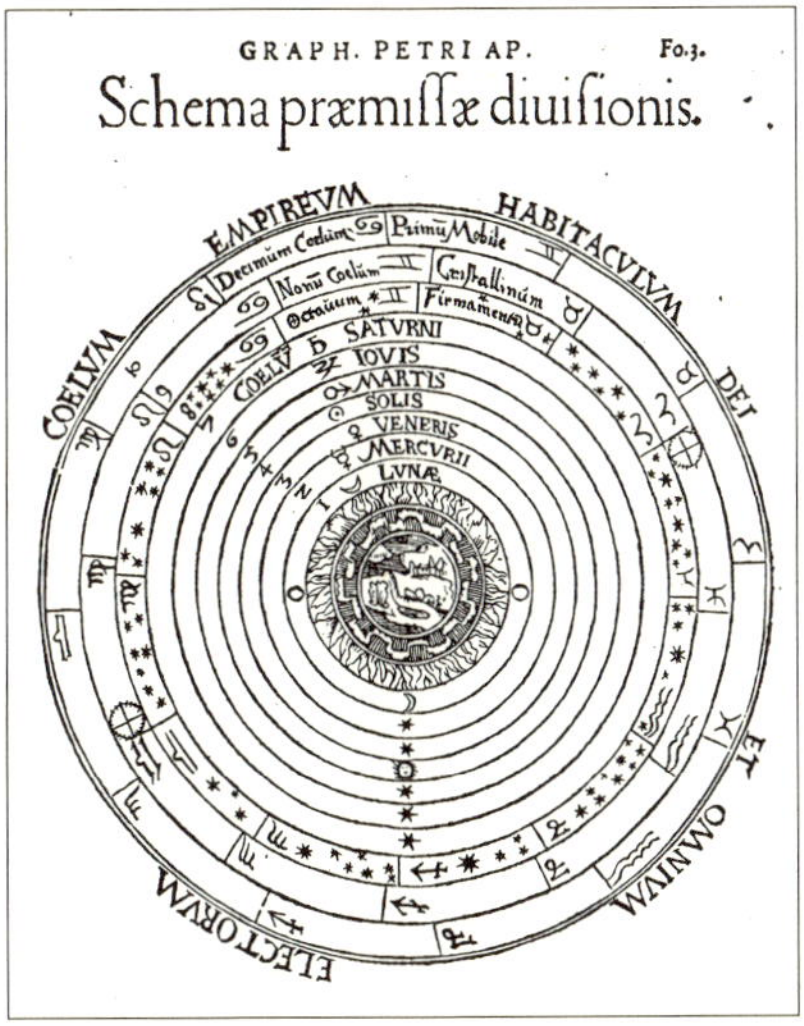

プトレマイオスの天球図。一般的には、コペルニクスやガリレオなどの思想に取って代わられたとされているが、実際にはそれは宇宙のそれは霊的次元の正確な図であったし、現在もなおそうである。その次元は古代人にとっては物質宇宙よりも現実的なものと見えた。

　ニュートンの世界観の隠秘学的次元に関するジョン・メイナード・ケインズの研究は、彼がこれらの思想学派に魅了されていたことを教えてくれる。ニュートンは、人間とは異なる知性を、そして恐らくは事物の物理的表面の背後にある、個別の意識中枢を持つ諸原理を識別することは可能だろうかと考えた。だからといって、彼は何もこれらの原理を雲に乗った天使であると考えたり、それに人間のような姿を与えたりしたということではない――だが同時に、彼はそれを完全に非人格的なもの、ましてや純粋抽象と見なしていたわけでもない。彼はそれが意志を持つことを暗示するように、「知性体《インテリジェンサー》」と呼んでいる。

既に見たように、あらゆる秘教家は、一方では動物と植物の、他方では植物と鉱物の境界にとりわけ関心を抱く。秘教的観点によれば、これは自然の秘密を知り、これを操作する鍵である。植物は思考と物質の媒介である。諸世界の間の通路と呼んでもよい。

なぜ誰もがこれを信じているのかを理解するためには、本書の最初の方で述べた精神先行型の創造説を思い起こすと良い。この世界は知性によって、精神によって創造されたと信ずるためには、非物質が如何にして物質を生み出したのかを説明せねばならない。これは伝統的に――世界の全ての古代文化において――精神からの一連の流出として説明される。その流出の初めは、感覚によっては捉え得ないほど精妙なものである――光よりも精妙なのだ。この精妙な流出から、最終的には物質が生じたのである。

すなわち、この精妙な次元は、今もなお精神――動物次元――と物質の間に存在している。斯くして伝統的な三階層が生ずる――動物、植物、鉱物。

精神は物質を直接創造したり、操作したりすることはできなかった――し、今もできない。ゆえに植物次元を媒介としてそれを行なうのである。宇宙の鉱物次元とは、いわば、この植物次元から生じた。実践的な隠秘学者にとって死活的に重要なものがここから生じる。パラケルススの言う「エンス・ウェゲタリス」は、精神によって影響を与えることができる。そして鉱物次元はこの植物次元から生じたがゆえに、この媒介を通じて精神の力を物質の上に行使することが可能となるのである。

ニュートンがこの精妙な媒介に与えた名称は、「サル・ニトゥルム」である。おそらくこれは精神が宇宙を再構成するために用いるものであり、彼はこのサル・ニトゥルムを金属の活性化のために使用する実験過程を記している。これらの記述は、正真正銘の錬金術師の記録である。ニュートンによれば、サル・ニトゥルムは星々から地中深くまで循環しており、生命力を付与する。通常は植物に生命を与えるが、特定の条件下では、金属にも生命を与える。彼は硝酸塩水溶液の中で、金属化合物が生命を得て、植物のように成長していく様子を綴っている。この「金属の植物化」実験によって、彼は宇宙が生きているということを確信した。その手記の中で彼は、重力の効果を説明するのにサル・ニトゥルムの概念を用いている。

科学の英雄たちは、機械的な世界観を生み出し、テクノロジーに多大な飛躍をもたらし、そのためにわれわれの生活は安全で、簡便で、楽しいものとなった。だが彼らの秘められた生活を詳しく調べると、しばしば彼らは秘教思想に——とりわけ、錬金術に——どっぷり浸っていたということが解るのである。

これと関連したもう一つの逆説がある。あまり知られていないが、世界で最も悪名高い隠秘学者や変人の幻視者が、それなりに重要で実用的な発明をしているということである。

この両方のグループをひとまとめにして見ると、そもそも科学者と隠秘学者を明確に区別するのは困難であるということが解る。たとえ近代においてもである。寧ろ、各個人はそれぞれに度合いこそ異なるものの、その両方のスペクトルを持っているのだ。

最も崇敬されている隠秘学者であるパラケルススは、実験的な手法の導入によって医学に革命を起こした。彼はまた、初めて亜鉛を単離して名付け、衛生学を一気に進歩させ、ホメオパシーの基盤となる原理を初めて確立した。

ジョルダーノ・ブルーノもまた、科学における偉大な英雄である。なぜなら彼は太陽系は太陽が中心であると主張したことによって、一六〇〇年に火刑台で焼かれたからだ。だが既に見たように、これは彼が古代エジプトの叡智を熱心に信じていたからである。彼は地球が太陽の周囲を回っていると信じていた。なぜなら、何よりもまず、古代世界の秘儀の神官たちもまたそう信じていたからである。

ロバート・フラッドは隠秘学の著述家にして薔薇十字団の擁護者だが、気圧計の発明者でもある。

フランドルの錬金術師ヤン・パティスタ・ファン・ヘルモントは、西洋の秘教に転生という観念を——彼はそれを「人間の魂の循環」と呼んだ——再び導入したという点で秘密結社にとって重要な人物だが、彼はまた錬金術の実験の過程で気体を分離し、気体《ガス》という語を造った。さらにまた、磁石の治療効果の実験の過程で、電気《エレクトリシティ》という語を造った。

ドイツの数学者ゴットフリート・ヴィルヘルム・ライプニッツは、計算法の考案でニュートンと競った。ライプニッツの場合、彼の発見はカバラの数秘術への興味から生じた。彼の親友であるイエズス会士アタナシウス・キルヒャーもまた同じ興味を共有していた。一六八七年、錬金術学徒として植物次元の研究をしていたキルヒャーは、スウェーデンの女王の前で、薔薇を焼いた灰から元の薔薇を復活させて見せた。ライプニッツ自身もまた、錬金術によって卑金属を黄金に変性した詳細かつ信頼に足る事例を報告している。

王立協会は、近代科学と技術革命における巨大な知的機関であった。ニュートンと同時代のサー・ロバート・マリは世界初の科学雑誌「哲学会報」を発刊した——そして薔薇十字団の教義の熱心な研究家であった。内燃機関の基となった熱力学の法則を創り上げた、奇妙な学僧的人物であるロバート・ボイルは、実践的錬金術師であった。彼は若い頃に「不可視の学院」に参入したと書き残している。同じく実践的錬金術ロバート・フックは顕微鏡の発明者であり、ウィリアム・ハーヴィは血液循環の発見者である。

一七世紀中葉の合理主義の父であるデカルトは、長年の間、薔薇十字団の正体の追求とその哲学の研究に打ち込んだ。彼は松果体こそ意識の門であり内なる目であるという古代の秘教的観念を再発見し、また哲学における彼の飛躍的な業績の全ては、ヴィジョンの状態において到来した。彼の最も有名な金言は、独立した知的能力の発達を促すことを意図した薔薇十字団の教義の焼き直しのようにも見える——我思う、ゆえに我あり。

当時最高の数学者の一人であり、傑出した哲学者であったブレーズ・パスカルは死後、その外套に一枚の紙を縫い込んでいたのを発見された。そこにはこう書かれていた。「恩寵の年一六五四年一一月二三日月曜日、教皇にして殉教者なる聖クレメンスの日、夕刻一〇時三〇分頃より、真夜中一二時三〇分頃まで、**火**」。パスカルは、アトス山の僧たちが探し求めた啓明に到達したのだ。

一七二六年、ジョナサン・スウィフトは『ガリヴァー旅行記』の中で、火星の二つの月の存在と、その軌道周期を予言した。天文学者が望遠鏡を使ってそれを発見するのは一八七七年のことである。天文学者は、スウィフトの記述があまりにも正しかったことを見て、この二つの月を恐慌《フォボス》と恐怖《ダイモス》と名付けた。スウィフトの超自然の力はまさに恐るべきものであった。

一八世紀スウェーデンの偉大な幻視者エマヌエル・スウェデンボリは、自らの霊的世界への旅について詳述している。彼がそこで出逢った霊的存在についての報告は、一八世紀後半から一九世紀の秘教的フリーメイソンリーに影響を与えた。彼はまた、大脳皮質や内分泌腺の発見者でもあり、現在もなお世界最大を誇る乾ドッ

『王立協会史』（一六六七年）扉。ジョン・イーヴリン原画。同協会の父としてフランシス・ベーコンが描かれている。彼は天使の翼の下、『薔薇十字の名声』の結語のように座っている。

クの設計者でもある。

既に見たように、チャールズ・ダーウィンは交霊会に参加していた。サンスクリット経典の初期の翻訳者であるマックス・ミュラーとも親しかった彼は、魚から両棲類、そして陸上動物、人間へと至る秘教的進化論を聞く機会があっただろう。

近年、とある科学史家に「究極の幻視変人」と書かれたニコラ・テスラはセルボ・クロアチア人で、後にアメリカに帰化した。蛍光灯や、交流電流を発生させるテスラ・コイルなど、七〇〇あまりの発明で特許を取っている。ニュートンの最も重要な業績と同様、このテスラ・コイルは精神界と物質界の間にあるエーテル的次元から着想を得たものである。

一九世紀末と二〇世紀初頭には、多くの一流科学者たちが、オカルト現象に科学的アプローチを試みることに価値を見出した。エーテル流などのオカルト的な力は、電磁気や音波、Ｘ線よりも若干捕え難いというだけのものであり、最終的には計測し予測することが可能であると信じられたからである。蓄音機の発明者であり、ゆえにあらゆる録音の創始者であるトーマス・エディスンと電話の発明者であるアレクサンダー・グレイアム・ベルは共に、心霊現象は科学研究に値する領域であると信じ、自ら秘教的フリーメイソンリーと神智学に関わっていた。エディスンは霊的世界と交信するためのラジオの発明を試みた。彼らの偉大な科学的発見は、このような超常現象の探求から生まれたのである。ＴＶもまた、陰極線管の前で流動する気体に与える心霊的影響を捕えようとした結果の産物なのだ。

互いに背き合うオカルトと科学が実は腰の部分で一体化していたかのような、この奇怪なヴィジョンを理解するために、科学革命の背後にいた天才、フランシス・ベーコンに戻ろう。

先に見たように、フランシス・ベーコンの偉大な発見は、感覚体験の対象を可能な限り客観的に、すべての先入観や意味の概念を剥ぎ取って観察することによって、神官等の霊的指導者が追求したものを越える、新たなパターンが現れるというものであった。そしてこの新たなパターンを使えば、事象を予測し、操作することができるのである。

科学哲学史家はこれを重要な始まり、人間の世界理解に帰納的推理が加わった瞬間と見なす。この瞬間から科学革命が、そして全世界の産業・技術の変革が始まったのである。

だが、科学的発見の過程に関するベーコンの記述を深く読むならば、ことはそれほど単純ではなく、少なくとも当初はかなり謎に満ちたものであることが判るのである。

彼は言う、「自然は迷宮であり、急げば急ぐほど迷うことになる」。ベーコンは、あたかも科学者は自然を相手にチェスのゲームをしているかのように言う。答えを得るためには、まずは自然に王手を掛ける必要がある。あたかも、自然の秘密を明らかにするには自然を欺かねばならないかのように。自然はそれ自体が狡猾であるかのように。自然は欺くものであるかのように。

今日の科学史家は、ベーコンを根っからの唯物論者のように描きたがるが、それは都合の良い思い込みに過ぎない。確かに彼は、興味深い新たな結果を得るためには、あたかも感覚所与には何の意味もないかのように見る必要があると信じていたが、だからといって、実際に感覚所与に何の意味もないと信じていたわけではないのだ。例えば彼は「アストロロギカ・サナ」というものを信じていた。これは言わば、ルネサンスのマギであるピコ・デラ・ミランドラが推奨していた方法で、霊に星の魔術的影響を受けることを言う。ベーコンはまた、ニュートン同様、物質と霊の間にあるエーテル的媒介物の存在も信じていたし、この同じ媒介物が人間にもあると信じていた——彼はそれを「エーテル体」と呼んでいる。

ベーコンは言う、「この人間の知識の王国にも、また天なる神の王国にも、それに入るためにはまず人は『幼子の如く』ならねばならない」。つまり、より高次の知識に到達するためには、まずその前に通常とは

エディンバラ近郊、ロスリン礼拝堂。フリーメイソンリーのスコットランド起源は、18 世紀に意図的に隠蔽された。それは彼らがステュワート朝と関わりを持ち、その王位就任を手助けしたからである。15 世紀に初代ケイスネス伯ウィリアム・シンクレアの手で建てられたロスリン礼拝堂には、ソロモン神殿の柱——ヤキンとボアズ——の複製がある。それは世界の全てのメイソンリーのロッジに先行する。礼拝堂の南西隅の下部窓枠の彫刻は、フリーメイソンリーの第一階級のように見える。スコットランドの記録上のロッジは、少なくともイングランドのものより百年前から存在した。

異なる、子供のような心の状態に到達せねばならないということのようだ。パラケルススもまた同様のことを述べている。実験の過程について、同様に聖書の語句を用いて——「心の底から望む者だけが見出すことができる。そして熱心に扉を叩く者だけが、それを開かれる」。

つまり、この世界に関する高次の知識は、変性意識から来るというのだ。ベーコンやニュートンらと同じ学界にいたヤン・バティスタ・ファン・ヘルモント曰く、「われわれの中には一冊の本がある。神の手によって書かれ、万象の記された本が」。薔薇十字団の内幕話を書き、またこの上なく美しい錬金術文書を出版したミヒャエル・マイヤーは言う、「内なる生命をゆっくり飲み干すと、高次の生命が見える。内なるものを見出す者は、宇宙にあるものを見出す」。これらすべての言葉は、科学的発見の鍵は人間の内部にあるということをはっきり述べている。

既に見たように、歴史上、変性意識状態に到達した少数者の集団は常にいた。ベーコンらの助言は、科学者はエーテル的・植物的次元に自らを同調させることが必要であると述べているのか？　絡み合う形態の次元に到達することができれば、自然の秘密を理解することができるのか？

近代という時代を造った偉大な科学的天才たちは、古代の叡智や変性意識状態などの観念に魅了される傾向があった。このことはつまり、天才は狂人と紙一重であるというよりも、天才は秘教修業によってもたらされる変性意識状態と紙一重であるということなのか？

薔薇十字団の英雄たち——ディーとパラケルスス——が粗野な変人であったとするなら、次世代のマギたちは、令名高い実業家の顔をしていた。

フリーメイソンリーは常に謹厳実直な顔を世間に向けている。特にアングロ＝サクソンのロッジは、その秘教的起源を認めたがらない。然るべき高位のフリーメイソンは本書で述べてきたような秘密教義や秘史を教えられているという話は、多くのメイソンにとってすら、疑わしく聞こえるかもしれない。

フリーメイソンリーの伝承によれば、この結社の本源はヒラム・アビフによるソロモン神殿の建築、テンプル騎士団の弾圧、及び〈コンパニョン・ドゥ・ドヴワール〉や〈チルドレン・オヴ・ファーザー・スービーズ〉〈チルドレン・オヴ・ファーザー・ジャック〉といった職人の秘密ギルドに遡るという。

秘密結社、特にフリーメイソンリーの形成において、しばしば見過ごされてしまう影響は、協同組合の存在である。一五世紀に成立したそれは、元来は修道院と結びついた平信徒の結社であった。結社員は社会生活を送りながら霊的生活を探求し、慈善活動を行ない、芸術作品を委託し、祭日には行列を先導する。彼らの匿名性は、元来は匿名で慈善を行なうためだったが、その秘密性のために法衣や秘密の参入儀礼などの噂が生まれた。一五世紀のフランスでは、このような協同組合はヨアキムやカタリ派などの思想を吸収し、遂に地下に追いやられつつあった。

だが近代の「思弁的」フリーメイソンリーの発祥は、公式の歴史では一七世紀ということになっている。記録に残る最初のフリーメイソンリーへの参入儀礼は一六四六年のもので、この時の参入者は有名な古物研究・蒐集家にして王立協会の創立会員エリアス・アシュモールであった。確かに彼は初期のイングランド・フリーメイソンリーの一人であり、非常な影響力を持っていた。

エリアス・アシュモール編纂による選集『英国化学劇場』挿画。

一六一七年に馬具商の息子として生まれたエリアス・アシュモールは長じて法律家の資格を取得し、軍人、そして役人となった。彼は常に珍しい物品を蒐集していた。彼のコレクションを基に造られたオクスフォードのアシュモール博物館は、最古の公共博物館である。また彼は飽くなき知的好奇心の持ち主だった。一六五一年に彼が出逢ったウィリアム・バックハウスは、スワロウフィールドと呼ばれる領主館の主だった。この館には驚くほど長い回廊と「創作物と珍品」の宝物庫があり、珍しい錬金術文献もあった。アシュモールはまさにバックハウスのお眼鏡に適う人物であり、彼の日記によれ

1649 年、処刑を待つイングランド王チャールズ 1 世。この出来事は、フランスの予言者にして占星術師ミシェル・ド・ノストラダムスによって 1555 年に驚くほど精確に予言されていた。ノストラダムス研究家の中でも最も学識深いデイヴィッド・オーヴァソンによれば、彼の詩にある「CHera pAR LorS, Le ROY」という行は、カバラ式暗号で Charls Le Roy を表す。すなわちこの一節には当事者が名指しで示されており、彼は同じ詩の中で「テムズ川近くの砦に監禁され」「下着姿を見られる」ことになると予言されている。チャールズは下着を二枚着ることにしていた。外へ出て処刑台へ向かう時、寒さで慄えてしまい、まるで恐怖で慄えているように見えるのを防ぐためである。

ば、バックハウスは頻りに彼を養子にしようとしたらしい。

つまりバックハウスは彼を後継者、相続人にしようとしていたのである。彼は自分が死ぬ前にアシュモールに錬金術の究極の秘密、〈賢者の石〉の真正物質を譲ると約束した。ヘルメス・トリスメギストゥスの時代に遡る秘密の伝統である。その後の二年以上、熱心なアシュモールに対してバックハウスの教えは遅く、あまり積極的ではなかった。だが一六五三年五月のアシュモールの日記には——「我が父バックハウス、フリート街聖ダンスタンズ教会前にて昏倒す、その容態予断を許さざれば、一一時頃、途切れ途切れに〈賢者の石〉の真正物質を明かせり。其を遺言とす」。

アシュモールの言葉は、この上もないほど明白に、秘密の知識の伝授を語っている。だが、知的エリートの間での隠秘学活動を示す証拠はこれだけではない。ロンドン・ロッジの二代目の首領であるテオフィルス・デザギュリエはアイザック・ニュートンの弟子で、彼同様、長い年月を錬金術文献の研究に費やした。

この時代に創られたフリーメイソンリーのシンボリズムには錬金術のモティーフが一貫している。中心概念である〈大作業〉、至る所にある隅石および賢者の石――〈切石〉――、そして定規とコンパス。

遂に、この問いを発する時が来た。

錬金術とは何か？

錬金術は極めて古い。古代エジプト人は、蒸溜や冶金の技術を神秘的過程として語っている。ギリシア神話の金羊毛の探求は、錬金術的な意味の層があると思われる。そしてフラッド、ベーメらは『創世記』を同じ錬金術用語によって解釈した。

古代と近代の錬金術文献を瞥見すると、錬金術はカバラと同様、極めて幅広い観点からの解釈を許すものであることが判る。一つの大いなる秘儀としての〈大作業〉が存在するとしても、そこには極めて多種多様な暗号や象徴を通じて到達しうるのだ。ある場合には、〈大作業〉には硫黄、水銀、塩を用いる。また別の場合には、薔薇、星、賢者の石、山椒魚、蟾蜍、鴉、網、夫婦の褥、そして魚や獅子などの占星術のシンボルを用いる。

地理的な変異もある。中国の錬金術は、黄金の探求よりも生命の秘薬、不老不死を目指している。錬金術はまた、時代によっても変わる。三世紀の錬金術師ゾシモスは「錬金の業の象徴――すなわち黄金――は元素に繋がれたる聖なる魂を解き放ち、浄化する者のために創世より来たる」と述べている。古いアラブの文献にも、〈大作業〉では同じ次第元素を操作する。だが中世に源泉を持ち、一七世紀に花開いたヨーロッパの錬金術では、神秘的な第五元素が前面に出ている。

ミルトン『失楽園』挿画。ミルトンはしばしば、詩神に命じられるままに言葉を綴っていたと述べている。近代人の感覚では、単なる隠喩と解釈したいところだが、ミルトンの日記を見れば、楽園の描写においてベーメ、宇宙論においてフラッドの影響を強く受けていたことが解る。ミルトンの作品を見れば、彼がしばしば不可視の存在と遭遇していたことも明らかである。「ただしそれも、それに相応しい文体を、私を守護してくれている天の詩神から恵まれるならばの話だ。彼女は、私が頼まないのに夜ごとに私を訪れ、……霊感を注ぎ込み、自然に流露する詩句を思いつかせてくれる」

統一原理を探し始めれば、直ちにさまざまな作業に定められた期間や反復回数があるのが判る。蒸溜や低温加熱などだ。

つまりここには、瞑想の行法と明らかな共通点がある。ということはこれらの錬金術用語は、実験室で行なう化学実験というよりも、むしろ意識の主観的状態を表しているのかも知れない。

これと関連して、特に薔薇十字団の文書では、これらの作業は睡眠中および睡眠と覚醒の境界線上で効果を発揮することを意図している、という記述が繰り返される。つまりこれは白日夢や明晰夢と関連するのか？　それとも、夢の要素を覚醒意識に持ち込むことに関係しているのか？

また、性的要素に関する示唆も多くある。繰り返し登場する化学の結婚のイメージ、そしてパラケルススが意味ありげに示唆する「万能薬《アゾート》」などである。『コーデクス・ウェリタティス』の『雅歌』への註解に曰く、「赤き男を白き女と共に赤き部屋に入れ、定温に熱すべし」。同様に、タントラ文献は錬金術の水銀を精液と同一視している。

ある学派は、錬金術文献はクンダリニの蛇を尾骨から各チャクラを経由して登攀させ、〈第三の目〉を灯す技法を書いたものと解釈している。

また別の、ユングの影響を受けた学派は、錬金術を心理学の先駆者と見なしている。ユングは錬金術師ゲラルド・ドルンに関する研究の中でそのように主張している。そしてドルン自身、間違いなくこの解釈に寄与している。というのも彼は明らかに心理学者寄りの錬金術師だったからだ。曰く、「まず、肉体の土を水に変性せしめよ。これは石の如く硬く、物欲的にして怠惰なる汝の心を、精妙かつ用心深くせよということである」。ドルンには、ライムンドゥス・ルルスに見たような個々の人間の能力に関する作業の実践と、秘教的仏教やカバラにあった、秘教修業と道徳的陶冶の結合の双方の側面がある。

錬金術的＝性的行法は確かに存在する――これについては第25章で考察する。そして確かにクンダリニの上昇を扱った錬金術文献もあるのかもしれない。だが私見ではこれは、薔薇十字団及びフリーメイソンリーと共に絶頂期に達した錬金術の黄金時代の中心課題ではない。

ユングの純然たる心理学的錬金術もそれはそれで興味深いものだが、秘教という観点から見る限り、全く面白いものではない。なぜならそれは霊的世界への旅や不可視の存在との交流に関する記録を全く等閑視しているからである。

錬金術を理解する鍵は間違いなく、これまでこの章で追ってきた驚くべき現象にある。ベーコン、ニュートンら、薔薇十字団およびフリーメイソンリーの導師たちは、直接的個人的体験と科学的実験の双方に等しく興味を抱いていた。観念論者としての彼らは、物質と精神を結びつけているものに興味を抱いた。そして全ての秘教家同様、彼らもまたこの精妙な繋がりを、パラケルススの言う「エンス・ウェゲタリス」、すなわち植物次元として理解した。

この植物次元を科学的な機器によって測定したり、存在を捉えたりすることすら不可能に見えることが、かえって彼らを駆り立てたのだろうか？　そうかもしれない。だがそうだとしたらそんな、彼らを支え、さらなる探求に向かわせたものとは何であろうか？　それは、この植物次元はいつでもどこでも体験されてきたのだという信念であり、それを操作する方法についての古代の伝承が存在しており、そして歴史上の偉大な天才たちの多くがそれを支持しているという事実に他ならない。

ロジャー・ベーコン、フランシス・ベーコン、アイザック・ニュートンらは、科学的・実験的手法を発達させた。彼らは可能な限り客観的に見た世界を理解する普遍的法則の発見に努めた。そして彼らは、同じ方法論を、可能な限り主観的に見た生にも当て嵌めたのである。その結果が霊的体験の科学であり、それこそが錬金術の実体に他ならない。彼らが実験の果てに到達した黄金とは霊的黄金であり、進化した意識の形態である。すなわち、地上の富をもたらす単なる金属としての黄金など、もはや彼らの興味を惹くには到らな

ウィリアム・ホガース画『錬金術師』。

いのである。

錬金術の絶頂期には、硫黄とは動物次元であり、水銀は植物次元、そして塩は物質次元を意味していた。これらの諸次元は肉体の異なる位置に中枢を持つ。動物は生殖器、植物は太陽神経叢、そして塩は頭である。意志と性は秘教哲学においては深く絡み合っているとされる。これは硫黄の部分である。水銀すなわち植物的部分は、感情の領域である。塩は思考の凝結物である。

あらゆる錬金術文書において、水銀は硫黄と塩の媒介物とされる。

この過程の第一段階においては、植物次元に対する作業によって神秘体験の第一段階に到達する。すなわち諸世界の間にある世界である光の海、〈マトリックス〉への参入である。

第二段階は、〈化学の結婚〉と呼ばれる。柔らかく女性的な水銀が、硬く強張った赤い硫黄と性交する。

実験者は、愛情深い感情を歓喜するイメージに反復的かつ長期間に亘って瞑想することで——人間の生理に物理的変化を引き起こすには、二十一日が必要である——変容の過程を引き起こし、これを下にある頑固な〈意志〉に及ぼす。

利己的な性的欲望を強烈な霊的欲望に変えることに成功すれば、復活の鳥、すなわちフェニックスが目覚める。この変容されたエネルギーが心臓を乗っ取ると、心臓は力の中枢となる。本物の聖人に出逢った人は誰であれ、変容した心臓が放つ偉大な力を感じることができるだろう。

愛は黄金時代の錬金術師たちを魅了した。彼らは、心臓が知覚の器官であることを知っていた。愛する相手を見る時、われわれは他人が見落としてしまう事柄に気づく。錬金術の変容を経た秘儀参入者は、意識的に、意のままに、世界全体をこのように見ることができる。導師は、それ以外の者の目には見えないような形で世界が動いているのを見る。

ゆえに、われわれ自身が錬金術の霊的修業を続け、自分自身と霊的世界の間にある断片的な物理障壁を浄化することに成功すれば、フランスの神秘家サン・マルタンが言うように、われわれ自身の知覚が向上する。まず始めに、霊的世界が夢の中に入り込んでくるようになり、通常のような混沌としたものではなくなって、意味あるものとなって行く。精霊の囁きは、最初は予感や直観のようなものだが、われわれの目覚めている生活の中に侵入してくるようになる。物事の日常的な表層の下の、深層法則の流れと作用を感じ取れるようになる。

例えばライムンドゥス・ルルスやサン・マルタンのキリスト教的錬金術では、人間の肉体を輝く光体に変える太陽霊は、歴史上の人物であるイエス・キリストと同一視されている。他の伝統では、この歴史上の人物との同一視は行なわれないが、同じ過程が記述される。インドの聖者ラーマリンガ・スワミガル曰く、「おお神よ！　あなたは私に永遠の愛を示され、黄金の肉体を授けて下さいました。私の心臓に溶け込み、肉体を錬成されたのです」。

異なる文化圏で記録されているこの現象は、〈第三の目〉が開けつつあることを示している。

これら全てを、支離滅裂な神秘家の戯れ言と見做すのは容易い。だがピュタゴラスやニュートンらの科学者に関する逸話から明らかなように、この独自の変性意識状態によって彼らは世界に対する新知識を獲得し、その内的な働きを見、人間の通常の常識的な意識では把握し難いほど複雑な、あるいは巨大なパターンを理解したのである。錬金術は、それを実践する者に超自然の知性を授けるのだ。

錬金術文献に共通する言葉が、ＶＩＴＲＩＯＬである。これは地中を訪れ《ウィシタ・インテリオラ・テラエ》、秘められし《レクティフィカンド》石を見出《インウェニエス・オクルト》すべし《ルトウム・ラピデム》の頭字語である。

錬金術文献にある「地中を訪れる」とは、自分自身の肉体の中に沈潜することを意味する。つまり錬金術は隠秘生理学と関係している。錬金術師は、自分自身の肉体の生理に関する生きた知識を得ることで、これを操作することができるようになった。サン・ジェルマンのような偉大な錬金術師は、望むままに長生きすることができたという。

だがより卑近なレベルでは、錬金術師たちは実際的な方法で科学を発達させることができた。既に見たように、多くの錬金術師が、近代医学の進歩に貢献している。パラケルススやファン・ヘルモントのような人物は、変性意識状態において医学的問題を解決し、当時の医師たちの理解を超えた治療法を考案することができた。自分自身の中へ行くことで、彼ら秘儀参入者たちは超自然的な明晰さを以て外界を見たのである。カバラの用語で言うなら、人間はすべての〈聖名〉の総合である。すなわち、あらゆる知識がわれわれの中にある。われわれはそれを読む方法を学べばよい。パタンジャリの『ヨーガ・スートラ』には、諸天を巡り、最小の微粒子大に縮むという話がある。それは天なる存在が、このような秘奥の技術を学ぶ者に授ける力の一つである。インドの導師は、宇宙の深遠にまで到達し、またその知覚の力を集中させて、原子レベルまで見ることができるという。

これは偉大なる悉地《シッディ》、すなわち「不可思議力」である。古代の秘儀の神官がシリウス星系の第三の星を知覚し、種の進化を理解し、松果体の形と機能を知ったのも、また悉地によってであった。

だが、今日のわれわれが、かような変性意識状態の験力を信ずるなど可能なのだろうか？　それは知性の拋棄ではないのか？　結局は騙されるのが落ちではないのか？

ここで、そうした常識的な見方に対する反証を一つ挙げておこう。これを最初に指摘してくれたのは、シャマニズムに関する画期的な書物『スーパーナチュラル』〔邦訳『異次元の刻印』〕を執筆中だったグラハム・ハンコックである。

人間の細胞のすべてに含まれる二重螺旋は、幅は僅か分子一〇個分であるが、長さは六フィートもあり、当人を構成するすべての遺伝情報が書き込まれている。地球上のすべての細胞が、これと同様のDNAを持っているが、人間の細胞のものが最も複雑であり、文字にして三〇億字分の情報を担っている。これらの文字の中に、細胞が各個人を作り上げるパターンを構成する。遺伝情報が含まれている。

科学者たちは、これら何十億もの文字が極めて複雑な関係性のパターン、人間の言語を思い起こさせるような深層構造を持っていることに気づいた。この直観は統計分析によって確認されたが、その暗号を解読し、二重螺旋構造を発見したのはケンブリッジの才気煥発な生物学者フランシス・クリックであった。彼と同僚のジェイムズ・ワトソンは、この功績によってノーベル賞を受け、現代の遺伝子医療が開始された。

これが秘史と関係してくるのは、少なくとも私が知る限りではクリックは秘密結社とは何の関係も無いのだが、彼がこの霊感を得てDNAの構造を解明したのはLSDによる変性意識状態の時だったということだ。既に見たように、秘儀の学院の時代以来、幻覚剤は高次の意識状態に到達し高次の現実を把握する技法の一部として用いられてきた。

だがさらに興味深いのは、クリックが後に出版した『生命自体――その起源と本質』〔邦訳『生命――この宇宙なるもの』〕において、ＤＮＡの複雑な構造を思いついたのは偶然ではないと述べていることだ。同じケンブリッジの先輩であるアイザック・ニュートンと同様、彼もまた宇宙はその深奥にわれわれの——そして宇宙自体の——起源に関するメッセージを秘めていると信じているのだ。それはわれわれが然るべき知性を発達させたときに解き明かされる仕組みになっているのだと。

この話に含まれる教訓とは何か？　『不思議の国のアリス』の公爵夫人は常にそう問うていた。

通常の世界の外には、デーモンの領域、神々と天使たちの領域がある——だがこの領域はまた革新と改革の領域であり、限りなきものを求めるわれわれの深奥の、癒しがたい欲求に語りかけている。歴史の示す所によれば、人間の知性のまさに境界に働きかけた人々こそが、変性意識状態においてこの場所に到達したのである。

24 フリーメイソンリーの時代

クリストファー・レン／ジョン・イーヴリンと欲望のアルファベット／唯物論の勝利／ジョージ・ワシントンと〈新アトランティス〉

薔薇十字

団と初期フリーメイソンリーが錬金術を核として繋がっていたとしても、この二つの結社の表向きの形は全く異なっていた。

元来の薔薇十字団の団員は僅か八名であり、多くの者は彼らの「聖霊の家」は異次元にあると考えていた。後の団員はさらに少なかったと思われる。

対照的に、フリーメイソンリーは瞬く間に世界中に広まり、何万、何十万という結社員を集めた。今日でも、フリーメイソンリーはその存在を広告している訳でもないのに、実質的にほとんどの大都市にはフリーメイソンリーのロッジがある。部外者ですらその場所を知っている。中で何が行なわれているかは知らないにしても。

薔薇十字団は直接的政治行動という無謀な賭けに出て、ヴァイセンベルクの戦いで終焉を迎えたが、フリーメイソンリーは舞台裏に回ることを選んだ。上から改革を押しつけるよりも、秘密結社の元来の目的に立ち返り、下から影響を及ぼそうとしたのだ。

フリーメイソンリーの場合、その目的とは社会的な状況を整備し、人々を秘儀伝授に値する段階にまで進歩させることである。フリーメイソンは、社会的・経済的自由のある寛容で繁栄した社会を目指した。それ

469.—A Parallel of some of the Principal Towers and Steeples built by Sir Christopher Wren.

1. St. Dunstan in the East. 2. St. Magnus. 3. St. Benet, Gracechurch-street. 4 St. Edmund the King, Lombard Street. 5. St. Margaret Pattens. 6. Allhallows the Great. 7. St. Mary Abchurch. 8. St. Michael, Cornhill. 9. St. Lawrence, Jewry. 10. St. Benet Fink. 11. St. Bartholomew. 12. St. Michael, Queenhithe. 13. St. Michael Royal. 14. St. Antholin, Watling-street. 15. St. Stephen, Walbrook. 16. St. Swithin, Cannon-street. 17. St. Mary-le-Bow. 18. Christ Church, Newgate-street. 19. St. Nicholas Cole Abbey. 20. St. Mildred, Bread-street. 21. St. Augustin, Watling-street. 22. St. Mary Somerset. 23. St. Martin, Ludgate. 24. St. Andrew by the Wardrobe. 25. St. Bride, Fleet-street.

The Scale is expressed by St. Paul's in the background.

ロンドン、聖ポール大聖堂。著名な日記作家ジョン・イーヴリンは、同じフリーメイソンであるクリストファー・レンと共に、1666 年のロンドン大火で消失した聖ポール大聖堂及び市街の再建計画を立てた。イーヴリンとレンは、古い乱雑な街路を廃した新たなロンドンの市街計画をチャールズ二世に提出した。新たな市街計画は、カバラの〈生命の樹〉の形に配置されていた。この計画では、聖ポールは〈生命の樹〉の「中心」である「ティフェレト」に当たる。キリスト教カバラでは、これはイエス・キリストに関連づけられる。

によって人々に外なる宇宙と内なる宇宙の双方を探求する、より良い機会を提供しようとしたのである。自由意志の発達は、フランシス・ベーコンの完璧なる薔薇十字団の理想国家である『新アトランティス』で予見されていた大きな変化をもたらすであろう。

フランシス・ベーコンに触発され、今や人は外なる宇宙と内なる宇宙を別個のものと見做し始めていた。これによって、従来までは不可能であった、物質世界とその働きを理解する道が開けたのである。そして僅か数十年の内に、この理解は鉄の抱擁で世界を覆った。鉄道と大量生産の機械が、世界の光景を一変させたのである。

科学の偉大な点は、それが有効だったということだ。それは追試可能な、信頼しうる結果と、目に見える、生活を変える利益をもたらす。

ブレイクの絵には時折、ヘブライ語アルファベットの文字の形をした裸体が登場する。ウィリアム・ブレイクは、毛並みの良いクリストファー・レンやジョン・イーヴリンと同様にフリーメイソンであった。王立協会の会員であり、社会的地位と業績で知られるこれらの令名高いフリーメイソンは、秘教に対する興味を隠すことを知っていた。だが、ジョン・イーヴリンが出版を睨んで書いた日記に決して書かなかったのは、彼が自分より30歳も年下の「智天使的」あるいはカバラ的恋人を持ち、秘密の瞑想法を教えていたことだ。ジョン・イーヴリンはマーガレット・ブラッジに、アブラハム・アブラフィアのヘブライ語アルファベットに関する著作に基づくカバラの行法を手ほどきした。マーガレットは法悦的トランスを体験するようになった。ある意味でイーヴリンは20世紀の画家オースティン・オスマン・スペアを先取りしている。スペアの「欲望のアルファベット」は、性衝動の内的運動と、その外的形態、すなわちエロティックかつ魔術的な力を込められた記号、物神の間の照応に基づいている。

このことは宗教とは比べものにならない。教会はもはや、霊的体験の信頼しうる源泉ではない。スコットランドの哲学者デイヴィッド・ヒュームは皮肉に問う、なぜ奇蹟というものは常に遠い昔の遠い場所でしか起こらないのか？

これら全ての結果、物質的なものこそが現実の指標となった。内なる世界は外界の単なる曖昧模糊とした写像、もしくは影のようなものと考えられるようになった。哲学の中心的な議論、すなわち観念論と唯物論の論争では、哲学の濫觴からずっと観念論が優勢だった。既に見たように、これはおそらく、多くの人が双方の主張を比較考量した末に観念論に軍配を上げたのではなく、彼らが観念論的な意識によって世界を体験していたからである。

それが今、唯物論の方へ決定的な変化が起こったのだ。

最初の英語辞書の著者であるジョンソン博

士は、この過渡的な人物と見做せるだろう。彼は毎週教会に通うキリスト教徒であり、幽霊の存在を信じ、数百マイル彼方から彼に向かって叫ぶ母親の声を聞いたこともある。だが彼は、今日において支配的な常識的人生観の使徒の一人であった。ある時、ロンドンの街中を歩いていた彼は、哲学者バークリ司教の観念論を論破してみろと言われた。彼は路傍の石を蹴飛ばして言った。「これでどうだ！」

この新しい見方は、宗教にとっては迷惑なものであった。もしも自然が、特定の予測可能な道を辿る普遍

書斎でカバラ的ヴィジョンを見るマギ。レンブラントはあからさまに秘教的内容を持ついくつかの作品を残しているが、意識の進化への彼の最大の貢献は、一連の自画像である。これらの作品は、他の何にもまして、老いていく肉体の中に囚われていることを自覚する人間の霊を示している。

的法則に従うなら、自然は人間の運命には無関心であるということになる。生は、トマス・ホッブズが言うように、万人の万人に対する戦いとなる。

三十年戦争以後の中央ヨーロッパの荒野は、西洋世界の霊的荒野となった。お望みなら、この宗教の没落を見てほくそえむこともできよう。だがほとんどの人にとって、霊的世界からの段階的な後退は疎外感の増大だった。神々や天使などの高次のヒエラルキーの存在を活き活きと感じ取ることができなければ、人はただひとり、いわば自分自身のデーモンと――そして本物のデーモンと――対峙せねばならなくなるのだ。

人類は新たな暗黒時代に突入した。新たなソロモン神殿が、世界中に林立した。フリーメイソンリーの秘教的使命は、まさに次のことである――真の霊性の火を絶やすことなく、唯物論の時代の人類を導いていくこと。

無論、フリーメイソンリーはしばしば、特に教会内部の敵からは、無神論の結社であると決めつけられている。だがフリーメイソンは伝統的に、「創造主をより良く知るために、自然と科学の隠された秘密を探求する」ことを誓うのである。

設立当初より、フリーメイソンは無分別な宗教、偽りの信心、そして何世紀もの間に教会に染みついたドグマ、特に懲罰的な父なる神という粗野な観念を棄て去ろうとして来た。高位のメイソンは常に、霊的世界の直接的・個人的体験を求めていた。彼らは哲学者として常に、生の霊的側面について理性的に言いうることを定義しようとしていた。

間もなく見るように、一八世紀の多くの著名なフリーメイソンは、あからさまな無神論者とは言わぬまでも、一般には懐疑主義者であると考えられているが、実際には実践的な錬金術師だったのである――中には儀式魔術を行なっていた者もいる。さらに、この時代の偉大なフリーメイソンの中には、遠い過去の偉人の転生者がいた。彼らは天界での最初の戦以来、悪の諸力との最大の戦闘を戦うために戻って来たのである。

スコットランドとイングランドのフリーメイソンは民主的な議会を持つ立憲君主制を支持していたが、アメリカ植民地では事情は大いに異なっていた。

ジョージ・ワシントンがメイソンリーに参入したのは一七五二年である。

一七七三年一二月一六日、先住民の扮装をした集団が、アメリカ独立革命に大きな影響を及ぼした。英国の茶をボストン湾に叩き込んだ彼らは、直ぐさまセント・アンドリューズ・メソニック・ロッジに逃げ込んだ……

一七七四年、ベンジャミン・フランクリンはロンドンのロッジでトマス・ペインと出逢い、アメリカへの渡航を奨めた。『イザヤ書』の言葉を引用するのが好きなペインは、独立革命の偉大な預言者となり、連邦制を提唱し、「アメリカ合衆国」という言葉を創り出し、奴隷制の廃止、国費による貧民教育を論じた。

一七七五年、植民地議会の議員らはマサチューセッツ州ケンブリッジのとある家に招かれていた。彼らの目的は、アメリカ国旗の意匠の制作である。ジョージ・ワシントンとベンジャミン・フランクリンもそこにいた。それに、たまたまそこに紛れ込んでいたかのような、とある老教授。だが一同が驚いたことに、ワシントンとフランクリンはこの教授に決定を委ねたのである。直ちに彼らはこの教授こそが彼らの上に立つ者であると認め、国旗の意匠に対する彼の意見は即座に採用された。それきり彼は姿を消し、二度と彼を見た者はいない。この謎の人物は、世界の歴史を動かす〈秘密の大師〉の一人なのか？

この旗の五芒星の形と配置は、エジプトのウナス王のピラミッドの天井に描かれた象徴と同じものであった。エジプトでは、それは人間の歴史を支え、導く霊的な力の象徴であった。

あらゆる証拠に反して、フリーメイソンリーは単なる無神論の結社だと言うなら、彼らの指導者たちが神秘的な力の後押しを受けていると感じていたことが理解できなくなる。その力は、あの老教授のように肉体を持って現れることもあれば、不可視の星の霊として現れることもあった。

フリーメイソンリーの建造物は、古代エジプトにまで遡る、不可視の精霊を召喚するための隠秘学的・魔術的伝統から生まれたものである。曰く、「材料が全て調えられ準備されれば、建築家が現れる」。

ワシントンDCの連邦議会議事堂の扉には、一七九三年に行なわれたメイソン儀礼の記述がある。この時、定礎式を行なったのはジョージ・ワシントンであった。この議事堂を心臓として、彼の名を戴くこの首都の都市計画を考察することが、フリーメイソンリーの秘密計画を理解する第一歩である。これを理解するための鍵は――おそらく、ワシントンを模範的なキリスト教篤信者と見なす者にとっては衝撃かもしれないが――占星術である。

占星術に対するフリーメイソンリーの興味の淵源は王立協会にある。占星術に対する疑義を突きつけられたニュートンは答えた、「閣下、私はこれを学びました。あなたは学んでおられません」。エリアス・アシュモールはロンドンの王立取引所の建設に当たって天宮図を作成し、それは間もなく世界の金融の中枢となった。聖ポール大聖堂も同様である。ジョージ・ワシントンもまた、議事堂の建設に当たって天宮図を作成した。この時彼は、人類史を星々の運行に従って計画するメイソンリーの荘厳な伝統に則っていた。

レンやワシントンのような秘教的フリーメイソンにとって、占星術的に適切な瞬間に礎石を聖別することは、天なる存在のヒエラルキーを儀式に召喚することを意味していた。

そしてジョージ・ワシントンが議事堂の定礎を行なったまさにその瞬間、木星が東に上昇しつつあった。一ドル札のピラミッドの上に書かれた Annuit Coeptis（神は我らが企てを嘉し給えり）の句は、ウェルギリウスの『アエネーイス』の一節――「木星《ユピテル》よ、我らが企てを嘉し給え」からの引用である。

同じく一ドル札にある Novus Ordo Seclorum（世紀の新秩序）の句は、陰謀論者を悩ませてきたものだが、これも同じくウェルギリウスの引用である。その『詩選』の中で彼は、来るべき新時代を予見する。その時人は神々と再び合一し、もはや宗教は無用の長物となる。すなわち一ドル札は、カトリック教会の世界支配の終焉と、新たな霊的時代の始まりを待望しているのである。秘教の象徴に満ち溢れたこの札は第三三階級のフリーメイソンであったローズヴェルト大統領の肝煎りで造られたもので、その隠秘学的シンボリズムについて助言したのは副大統領のヘンリー・ウォレスであった。このウォレスもまたフリーメイソンであり、また神智学者・画家ニコライ・レーリヒの弟子であった。

我が畏友デイヴィッド・オーヴァソンは、長年に亘る独自の研究を重ね、メイソンリーの書庫への入場を許された結果、極めて重大な書物を書き上げた。その中で彼は平易な言葉で、アメリカの指導者たちの原動力となった秘教的計画を明らかにしている。

彼によれば、ペンシルヴェイニア通りを斜辺とする大三角形は、処女宮の写しとなるべく、ワシントンとラトローブによって設計されたものだという。さらにまた、ワシントンDCには古代エジプトに匹敵する光の仕掛けが施されている。毎年八月三日、太陽光線はペンシルヴェイニア通りを直進し、ポストオフィスタワー頂上の小ピラミッドを照らすのだ。これらの全てを説明するには、一冊の書物が――デイヴィッドの本がまさにそれなのだが――必要である。だが本書にとって重要であり、その主題を纏める助けとなるのは、ワシントンDCとは処女宮の女神であるイシスを来迎するために造られたということである。すなわちワシントンは、自らの名を冠した都を処女宮の下に築き、合衆国の運命を〈母なる女神〉に照覧させようとしたのである。

もう一人の畏友ロバート・ロマスは、さらに明瞭な事実を指摘した。金星の八年周期の始まりの日にホワイトハウスから望むと、輝く明けの明星が議事堂のドームの真上に昇るところが見える。次にその日の夕刻、大統領は黄道十二宮、すなわちフリーメイソンリーの〈ホーリー・ロイヤル・アーチ〉が、ソロモン神殿の

ロンドンに移される直前の「クレオパトラの針」。

聖別の時と全く同じ位置にあるのを見るのである。

既に見たように、秘密結社内部では、変性意識状態に到達する秘密の技法が教授されていた。異なる位階の参入儀礼は、異なるレベルの変性意識に導くのである。高次のレベルに達すると、予言の力が得られる。偉大な参入者は、全てを包含する高次の精霊の知識、及び人類に対する彼らの計画を知り、その計画の成就の一助となることができる。

さまざまな異なる秘教伝統、世界の異なる地域の参入者たちが、新時代の夜明けを予言してきた。ヨアキム、ディー、パラケルススらは、再臨のエリヤが、歴史の背後で人類を助け、いずれ来る試練に直面しうる強さをもたらそうとしていると告げている。〈母なる女神〉を召喚し合衆国の運命を照覧させることで、ワシントンはまた新たな時代、新たな摂理を予見していた。合衆国は世界を支配する――もしもワシントンが礎石に込めた大いなる祈りが叶えられ、古代の予言が成就したならば。

アルバート・パイク。グランド・マスターにして秘儀参入者。33本の光線を放つメイソンリーの星は、世界中の都市の中心にある公共記念物に見られる。既に見たように、ベーコン、シェイクスピア、そして薔薇十字団の文書に、数字33が埋め込まれていた。またシェイクスピアや、欽定訳聖書の翻訳者フラッドの墓にもそれは隠されている。イエス・キリストは33年生きた。この数字の意味は秘教哲学の中でも最も古く、また厳密に守られてきたものである。33は宇宙の植物領域のリズムであり、これは霊的世界と物質界の間の交流を支配する次元である。これについての最も明らかな言及は、オウィディウスの『変身譚』である。そこでは殺された皇帝の霊が33の傷によってその身を離れる。33は、人間の霊が物質界と霊的世界を行き来する際の門の数でもある。これらの道についての実際的な知識は、最高レベルの参入者にしか知られていない。その知識は、物質界から自在に消えたり現れたりすることを可能とする。

ヨアキムの影響を受け、自らコルネリウス・アグリッパやパラケルススに影響を及ぼすことになる修道院長トリテミウスは、月の大天使ガブリエルの時代の次に太陽の大天使ミカエルの時代が来ると予言した。予言によれば、この偉大な出来事は一八八一年に起こるという。

第3章で見たように、大天使ミカエルは善の天使の軍団を率い、悪の勢力と戦った。一八世紀と一九世紀のフリーメイソンは、太陽の大天使ミカエルの再臨を予見していた。

ミカエルは、一九世紀末から二〇世紀初頭に掛けて地上を襲うと予言されていた堕天使及びデーモンと戦うために到来しつつあった。

これらの勢力に対するミカエルの——人間の援助による——勝利は、カリ・ユガの終焉に繋がると言われていた。それはヒンドゥにいう暗黒時代で、紀元前三一〇二年のクリシュナの殺害と共に始まった。ユガは天文学によって決定されるもので、大年を八つに分ける。

実際、フリーメイソンリーの秘儀参入者である占星術師たちは、トリテミウスが些細な計算の間違いを犯していたことに気づいていた。すなわちミカエルの時代の始まりは一八七八年だったのである。この年が近づくと、世界中のフリーメイソンは記念碑の建立を計画した。特に彼らが計画したのはオベリスクの建立であった。

エジプト人はオベリスクを、一つの文明の終わり、次の文明の始まりの時に、その頂に不死鳥が留まる聖なる建造物と見なした。オベリスクは新時代の誕生の象徴であった。巨大な避雷針のように、それは太陽の霊的影響力を引寄せるのである。

コンスタンティヌス大帝はアレクサンドリアの神殿を教会に変え、トトすなわちヘルメスに奉献されていたオベリスクを、大天使ミカエルに奉献した。一八七七年、大西洋の両岸のフリーメイソンはこの二本のオベリスクを運び出し、一本をロンドンに持って来て、テムズ川を見下ろすヴィクトリア河岸公園に据えた――これは「クレオパトラの針」として親しまれている。建てられたのは一八七八年九月一三日、太陽が天頂にある時だった。これと対を成すもう一本のオベリスクは、ニューヨークのセントラルパークに建てられた。一切を取り仕切ったのはヴァンダービルト家が率いるフリーメイソンのグループだった。

ミカエルは既に見たように天軍の長であり、一つの秩序から次の秩序への移行は常に戦争を伴う。そして地上で生ずる事象は常に、それ以前に霊的世界で起こったことの残響である。ゆえに天界で大戦争が起こった後、それは地上界でも起こるのだ。ニューヨークのセントラルパークにオベリスクを建立したフリーメイソンは、ミカエルとその軍団を召喚していた。間もなく始まる戦争の時代に、合衆国の覇権を確立する助力を懇請するために。

既にお気づきの読者もあろうが、オベリスクはキリスト教会の手によって建てられることもある。例えば秘儀参入者である芸術家であるジャン・ロレンツォ・ベルニーニがローマのサン・ピエトロ寺院前の広場に建てたオベリスクである。

教会上層部は、彼らの教えの源泉が天体崇拝にあることを、信者たちに意識的に理解させないようにすることを望んでいる。

だが、これらの祈念碑は別のレベルで機能している。それは霊的ヒエラルキーの不可視の存在を引き寄せるのだ。それは意識の下のレベルで人々に作用する。それは大いなる霊的存在と人間の精神とが絡み合うレベルである。教会内外の秘儀参入者たちは、人類の未来の進化のための条件を整えるために、偉大な芸術作品や建築を創った。

それらは、その暗号を解こうとする者にとっては、十分な手がかりを含んでいるのだ。

25

神秘的＝性的革命

リシュリュー枢機卿／カリオストロ／サン・ジェルマン伯爵の正体／スウェデンボリ、ブレイク、そしてロマン派の性的起源

……だが一八世紀半ばにおいては、合衆国の覇権は神秘家の夢に過ぎなかった。一七世紀後半から一八世紀にかけて最強・最有力であった国家は、フランスである。善と悪の両極端、レイピアと毒舌が、ルーヴルの回廊で、さらにヴェルサイユで、世界の命運を決していた。

デカルトは長年を費やして薔薇十字団を研究し、その足跡を追うためにドイツにまで出掛けたが、果たせなかった。このことは重要である。彼はヴィジョンの虜ではあったが、ニュートンのように錬金術の技法の達人ではなかった。その技法があれば、反復的に、恐らくは自由に、霊的世界を探訪することができたのだ。

デカルトはリシュリューの庇護を受けた数学者兼神学者マラン・メルセンヌと共同で、合理主義哲学を発展させた。それは感覚の領域に言及することなく推論を行なう、閉じた体系である。

デカルトとメルセンヌの哲学は、新たなシニシズムを発展させた。それによってフランスの外交官や政治家たちは、他国の同業者を簡単に出し抜くことができるようになったのだ。彼らはドイツやイタリア、オランダ、スペイン、イングランドの同業者と同じような、寧ろ彼らよりさらにお洒落な服装をしていたが、彼我の間の意識の懸隔は劇的であり、コンキスタドールとアステカ人のそれに匹敵したのである。

『我アルカディアにあり』。ニコラ・プッサン画。プッサンとレンヌ＝ル＝シャトーの繋がりは、彼の秘教への関心についてさまざまな憶測を呼んだ。彼が薔薇十字団に興味を持っていたと考える者もいるが、これは見当外れである。プッサンの霊的導師はイエズス会士アタナシウス・キルヒャーである。彼はおそらく17世紀における最大の秘教学者である。当時の学識深いエジプト学者のほとんどがそうであったように、キルヒャーもまたエジプトの文書や聖書、ギリシア・ローマの伝承などに秘められた永遠の哲学と普遍的秘史の立証に興味を抱いていた。ここではそれがウェルギリウスの挿話の形で描かれている。近年破壊されたが、プッサンの時代には現存していた墓の表面に、中腰の牧人が指しているのは、本書の秘史を裏付ける銘文である。「我アルカディアにあり」は本書の第5章に記した歴史の転換点を指している。すなわち牧歌的な植物状態であった人間の生に、獣欲と死が入り込んだ時である。これは〈母なる女神〉の〈堕落〉である。秘教的キリスト教においては、マグダラのマリアはこの女神の受肉であり、その恋人によって贖われる。既に見たように、教会の伝統によれば、マグダラのマリアは晩年を南フランスで過ごした。すなわちここでプッサンが示しているのは、マグダラのマリアの墓なのである。

フランス宮廷は、物質的な面のみならず、その文化の洗練においても人類史上最も壮麗なものである。美しくかつ残酷に、それは人間の行動の全ての動機は虚栄であると解釈した。ラ・ロシュフーコー曰く、「他者の美点について長々と語る時、われわれは自分自身の優れた感覚に対する評価を表明している」。これは人間性に対する彼の狡猾で痛烈な批判の一つである。「どれほど上手く説明されようとも、われわれが学ぶのは既に知っている事柄だけである」。誠実さが去った後の裂け目から、暴虐な嗜好と様式が現れ出た。

性から霊性が切り離されると、『危険な関係』の著者にして、巨大な性的・政治的悪巧みの中心にいる蜘蛛と呼ばれたショデルロ・ド・ラクロや、放蕩小説の傑作『心の迷い、気の迷い』の著者小クレビヨン、それにカサノヴァやド・サドのような放蕩者たちが男の代表となり、その攻撃的な策略の巧みさ、狡猾さが称讃された。

あらゆる性には、競争の要素がある。今や、この競争こそが目的となった。感受性の鋭い知的な人物にとってすら、性は単なる力の行使と成り果てた。

ルイ一三世時代における、枢機卿リシュリューによる国益追求の破廉恥な策動に続いて、ルイ一四世は自ら太陽王を名乗った――だが言うまでもなく、そこには暗黒面もあった。貴族たちを宮廷に惹き付けるためのフランス料理《オート・キュイジン》が工夫される一方、農民は餓死するほどの重税を課され、リシュリューはプロテスタントを虐殺した。後にマリ・アントワネットは病人、老人、貧民から目を逸らされ、ルイ一六世はものに取り憑かれたかのように英王チャールズ一世の断頭の話に読み耽り、最も恐れる運命を我が身に引き寄せた。

強力な秘教の噂が宮廷を駆け巡った。枢機卿リシュリューは黄金と象牙でできた杖を持っていたが、敵はその魔法の力を恐れた。彼の師ペール・ジョゼフは、「黒幕《エミナンス・グリーズ》」という言葉の元祖で、心霊力を増強する霊的修業を彼に教えた。また彼はガファレルというカバラ主義者を雇い、隠秘学の秘密を学んだ。ニコラ

・フラメルの子孫と噂されるデュボワなる人物が、意味不明な内容の書かれた魔術の入門書を持って彼に会いに行った。だがデュボワはその内容を解釈できず、成果を出せなかったために絞首刑となった。リシュリューはあちら側の世界に行こうと躍気になり、次々に極端な手段を試すようになっていった。悪魔崇拝者とされるユルバン・グランディエはリシュリューの命令によって緩慢な拷問を受け、その際、「おまえは有能な人間だ、自ら命を絶つことは許されない」と命じられた。

ルイ一四世の愛人モンテスパン夫人は、黒ミサによって若いライヴァルを呪い殺した。

ルイ一四世の侍医の一人レスブランの友人は、不老長寿の秘薬と称するものを調合した。彼は毎朝、日の出と共にそれを数滴、一杯の葡萄酒で服用していたが、十四日後、髪と爪が抜け落ち始め、すっかり怖じ気づいてしまった。そこで彼は老いた召使いの女にその薬を飲ませたが、彼女もまた同じ結果になって怖じ気づき、服用を拒否した。そこで彼は遂に、老鶏の餌をこれに浸して与えることにした。六日後、その羽毛が抜け落ち始め、遂には完全に丸裸となった。それから二週間後、新しい羽毛が生え始めた。それは以前のものよりも艶が良く、美しく、さらにこの雌鶏は再び卵を産むようになった。

極端なシニシズムと、イカサマや詐欺の横行する軽信に囲まれて、本物の秘儀参入者たちは自ら世に出る方策を探っていた。秘教の導師たちは、自らの叡智が非参入者からは愚かしく見えることを知っていた。彼らは常に、宇宙の狡猾で逆説的な性質に関心を寄せている。今、参入者たちはトリックスター、ならず者として世に出始めた。

シチリアの裏町出身の貧しい少年が、カリオストロ伯爵を名乗った。彼自身の抗しがたい魅力に、若く美しい妻セラフィータを餌として使う手法、そして何よりも、〈賢者の石〉を所有しているという噂によって、彼はヨーロッパ社交界の頂点に登り詰めた。

社会の底辺にいる者にとっては、彼は聖人だった。医者に掛かることのできないパリの貧民の病を奇蹟によって癒す彼は人気者の英雄であり、バスティーユに短期間投獄されてすぐに釈放された時には、八千人からの人が歓呼して彼を迎えた。ベンジャミン・フランクリンの友人で秘教哲学の専門家として有名であった論敵クール・ド・ジェブランは、並み入る知識人を前に彼に論戦を挑み、この男が自分よりも遥かに学識深い人間相手に互角に戦えることに舌を巻いた。

カリオストロはまた、驚くべき予言能力を持っていた。一七八六年六月二〇日の有名な手紙ではバスティーユが灰燼に帰すことを予言している。そして彼が獄死した独房の壁には、その正確な日付――七月一四日――まで書かれていたという。

超自然の力を持つ者は、誘惑を受けることになっている。おそらく、二〇世紀においてもっともカリスマ的かつ突拍子もない秘儀参入者はG・I・グルジェフである。彼は意図的に、自らの思想を馬鹿げた形で表明した。彼は脊椎の下に付いている器官について書いている。その器官は、誰もが物事の上下、裏表を逆に見ることを可能にするという。彼はこの器官を「クンダバッファ」と呼んでいる。つまり彼は、クンダリニの蛇の力、脊椎の下にある蜷局を巻いたエネルギーの貯蔵庫、タントラ行法の中心である部分に、故意に珍妙な名を与えたのである。同様に、彼はまた神々は巨大な宇宙船に乗っているとか、太陽の表面は涼しいとか述べている。それを否定する者は誰であれ、彼の話を聞く資格はないのである。それでも彼に従い、同調できる者は、グルジェフの霊的行法が確かに有効であることを見出すのだ。

彼の死後、彼はそのマインドコントロールの力を使って、誘惑を受けやすい若い女たちを餌食にしていたことが明らかとなった。

私の友人はインドへ行って、有名な導師であり奇蹟の人であるサイ・ババに会った。この友人は若く美しい恋人を連れていた。素晴らしいディナーの後、召使いたちは退出し、サイ・ババは客人たちを書庫へ連れて行った。友人が本を見ている間に、その恋人はサイ・ババと話していた。見ると、サイ・ババは異常に彼女に近づき、ヒンドゥ神話の性的側面について話している。突然、サイ・ババは魔術記号の書かれた銅の鐘に手を伸ばし、同時に空中から何かを掴み出した。手を開くと、十字架の付いた金の鎖があった。これは本物の魔法だ、と彼は言いながら手を出し、それを彼女に与えた。友人の目には、それが黒いオーラに包まれているように見えた。

彼によれば、鐘に書かれた記号はタントラのもので、女性に魔法を掛けて誘惑するものだという。彼はその鎖はどこから来たのかと訊ねた。

「それはまさにおまえの目の前に現れたのだ」とサイ・ババは言った。

友人は彼女に触らせないように、その鎖を手に取った。それを掌に載せたまま、彼はサイコメトリの技法を使ってその素性を調べた。すると不気味な墓泥棒の映像が見え、この十字架と鎖はイエズス会宣教師の墓から盗み出されたものだということが判った。

彼はサイ・ババにこの事実を突きつけた。彼の魔術パワーを見せつけられたサイ・ババは退いた。

何年も後にこのことを私に話した友人は言った、『テンペスト』の最後でプロスペローが魔法の杖を折って以来、秘儀参入者はこのような場合以外、魔術パワーを他者に見せることは禁じられている。白魔術師がオカルト・パワーを使うと、それと同量のパワーを黒魔術師も使えるようになるのだ。

魔術が今日も行なわれていることを示す証拠は他にはないのか？　ターンブリッジ・ウェルズの古書店で私は先頃、小さな手紙の束を見つけた。それはとあるオカルティストが、魔術を使って目的を達する方法を指導したものであった。中には、経血を密かに食べ物に混ぜることで、性欲を刺戟することができるなどと書いてある。嘘のような話だが、二〇〇六年、英国政府は「バイオダイナミック」農法に莫大な補助金を出す計画を発表した。この方法はルドルフ・シュタイナーが考案したもので、パラケルススやベーメが書いているような、植物と星霊との照応に基づいている。シュタイナーによれば、野鼠の侵入を防ぐためには、金星が天蠍宮にある時に用意した野鼠の灰を畑に埋めると良いという。

カリオストロが今も謎の人物なら、彼が尊敬していた人物はさらに謎の人物である。

カリオストロは一七八五年にとあるドイツの城でサン・ジェルマン伯爵と会った。彼と妻は、約束の午前二時にその場所に着いた。釣り上げ橋が下げられ、それを渡ると、いつの間にか小さな暗い部屋にいた。突如、魔法のように、大きな扉が開き、何千もの蝋燭に眩しく輝く巨大な神殿が現れた。その神殿の中央に、サン・ジェルマン伯爵がいた。信じられないほど巨大なダイヤモンドの指輪をいくつも嵌め、胸には宝石を鏤めた何かをぶら下げていた。それは全ての蝋燭の光を反射し、カリオストロとセラフィータに向けて放射しているようだった。サン・ジェルマンの両側に二人の侍者がいて、香を焚いた鉢を支えていた。カリオストロが中に入ると、神殿中に声が響いた。サン・ジェルマンの唇は微動だにしなかったが、カリオストロはそれをサン・ジェルマンの声だと思った。

「お前は何者か？　どこから来たのか？　何を望むのか？」

当然ながら、少なくとも一つの意味では、サン・ジェルマンはカリオストロが何者であるかを知っていた――そもそも、予め約束した上で訪ねて行ったのである――だがこの問いは、彼の前世、彼のダイモーン、彼の深奥の動機に関するものなのだ。

カリオストロはサン・ジェルマンの前に身を投げ出した。そして暫くして彼は言った。「私は〈篤信者の神〉〈自然の息子〉〈真実の父〉に祈るために参りました。その胸にある一万四千と七つの秘密の一つを訊ねるために。私を彼の奴隷として、使徒として、殉教者として捧げるために参りました」

明らかにカリオストロは、自分はサン・ジェルマンの正体を知っていると思っていた。だが実のところ、彼は何者なのか？

手掛かりは、この時サン・ジェルマンがカリオストロをテンプル騎士団の秘儀に参入させたという事実にある。彼を体外の旅に連れ出し、青銅の海を越えて、天なるヒエラルキーに連れて行ったのである。

サン・ジェルマンは、一七一〇年、全く唐突にヨーロッパの社交界に出現した。ハンガリー出身らしく、見た目は五十歳ほどだった。短軀で浅黒く、常に黒衣、そして驚くほど大きなダイヤモンドをいくつも身につけていた。最も際立っていたのは、その磁力のような眼差しだった。そして彼は、その幅広い学識、語学力、ヴァイオリンや絵画の腕前などによって、直ぐさま社交界の花形となった。さらに彼は、人の心を読む卓越した能力を持っていた。

『いとも尊き三重の叡智』はしばしばサン・ジェルマンの手になるものとされるが、同じ隠秘的フリーメイソンリーの一派に由来するものであることは間違いない。これは公然と秘儀参入を語るもので、志願者は火山の洞窟に降り、そこで一夜を過ごす。明け方、彼は星に導かれて地下の小部屋から抜け出す。彼は肉体から解放され、惑星天に昇る。そこで彼は「宮殿の老人」と出逢う。その宮殿で彼は7日間眠り、目覚めると彼の長衣は美しい、目映いばかりの緑色になっている。次に、奇妙な一節が続く。彼は蝶の羽根を持つ鳥を見て、これを捕えねばならないと理解する。彼は鋼の釘をその羽根に突き刺し、動けなくする。だがその目が妖しく光る。最後に、美しい裸女のいる広間で、彼は自らの剣を太陽に突き刺す。太陽は塵となり、その塵の原子の一つ一つが太陽そのものとなる。〈大作業〉は完了する。この入口の図はパオロ・ヴェロネーゼによる。神智学者によれば、彼は〈見えざる大師〉の一人が受肉した存在であるという。

彼はヒンドゥの苦行僧直伝の呼吸法を修し、瞑想を深めるため、当時の西洋では知られていなかったヨーガの体勢を採用していた。宴に出ても、人前では決して食べ物を摂らず、自分で調合した奇妙な薬草茶だけを飲んでいた。

だが、サン・ジェルマンにまつわる最大の謎は、何と言っても彼の長命である。一七一〇年に、明らかに初老の姿で社交界に現れ、ヴェネチアで作曲家ラモーと会ったが、その後少なくとも一七八二年まで、全く年を取ることなく社交界に留まっていた。その後も著名人による彼の目撃例は一八二二年まで続いている。

このような話は全部アレクサンドル・デュマ的なロマンスだとして一蹴してしまいたい誘惑に駆られる。だが、これほど長い期間に亘って彼に会ったと証言している人物はいずれも多士済々なのである。それはラモーに始まり、ヴォルテール、ホレイス・ウォルポール、クライヴ将軍、カサノヴァにまで及ぶ。彼はルイ一五世の宮廷の著名人であり、ポンパドゥール夫人とも国王とも親しく、外交上の使命を帯びてモスクワ、コンスタンティノープル、ロンドンを訪れている。一七六一年には「家族協定」と呼ばれる協定の交渉に当たったが、この協定は後に、フランス対イギリスの植民地戦争を終結させたパリ条約に繋がることになる。サン・ジェルマンの働きは常に平和のためであり、しばしばカリオストロと同類に見做されるが、彼は不正な行為に手を染めたことはない。彼の資金がどこから来るのか、誰も知らなかったが――錬金術との説もある――彼は明らかに裕福であり、捨て鉢な冒険者ではなかった。

では、サン・ジェルマン伯爵とは何者か？　彼の正体を知る鍵は、フリーメイソンリーの歴史にある。フリーメイソンリーの標語である「自由、平等、博愛」を創ったのは彼であるという。それが正しいか否かによらず、彼こそは秘教的フリーメイソンリーの精神そのものと見做せるのである。

さらに言うならサン・ジェルマン伯爵は、彼と同じく謎と噂に包まれたもう一人の人物と同一人物であると考えられる。秘史においては、サン・ジェルマンはクリスチャン・ローゼンクロイツの転生身なのだ。彼はこの啓蒙思想と帝国主義、国際外交の時代に甦ったのである。

著名なＳＦ作家で秘教家であるフィリップ・Ｋ・ディックの言葉を借りれば、彼は死後に肉体を再構成する方法を知っていたのだ。

このことは、さらに深い秘儀を告げている。ローゼンクロイツ／サン・ジェルマンは、さらなる前世においてはソロモン神殿の建築者であるヒラム・アビフであった。ヒラム・アビフの殺害によって、〈言〉が失われる。あるレベルでは、失われた〈言〉とは、人類が物質への〈堕落〉以前に持っていた超自然的な生殖力である。サン・ジェルマンの使命の一つは、秘教的フリーメイソンリーを通じて、〈言〉の知識を歴史の流れに再導入することであった。

だが、この人物の最奥の秘儀は、さらなる前世、まだ人間の肉体が肉化の境界線にあった時代にまで遡る。すなわち太陽神の最初の預言者、太陽のように輝く顔を持つ男、エノクである。

サン・ジェルマンがカリオストロを連れて行った諸天の旅とは、『エノク書』に書かれた旅である。〈自由・平等・博愛〉という言葉には、思考と意志の自由によって人類が太陽神に到達しうる時代へのサン・ジェルマンの期待が込められている。最初に彼が来た時には、人類はそれに失敗したのだ。

一六世紀後半から一九世紀までの秘史においては、歴史の背後でこれを支配していたのは西洋の伝統における偉大な導師、昇天者エノクとエリヤであり、そして太陽の大天使の降臨であった――そしてそれを越えて、さらに偉大な存在が降臨しつつあった。

参入者たちは、キリストの〈再臨〉に備えていたのである。

一八世紀も後半になると、謎の伯爵の出現の機会は減る。だが、秘密結社のロッジには楽観的な期待のムードが溢れていた。フランスでは、「未知なる哲学者」サン・マルタンが「全ての人間は王である」と教えていた。スコットランドの大地主で、一七三〇年にパリにグランド・ロッジを創設したシュヴァリエ・ラムジは、一七三七年、パリの初参入者たちに演説して曰く、「全世界は、まさに巨大なる共和国なのであります。われわれは啓明された精神の下で全ての諸国民を再統合するために邁進しております……芸術に対する愛のみならず、美徳、科学、宗教の高尚なる諸原理を通じて、我らが友愛団と全人類という家族の利益が一致し……それによって全ての諸国の臣民はお互いに愛し合うことを学ぶのであります」。

フリーメイソンリーは、寛容な論争、自由な科学研究、そして霊的世界探求のための安全な場を提供した。スコットランド、ロンドン、パリの総本部の設立に続いて、一八世紀におけるフリーメイソンリーにとっての重要な出来事は一七六〇年代に起こった。ポルトガルのマギ、マルティネス・ド・パスカリによる〈選ばれた神官たち《エリュ・コーエン》〉の設立である。ド・パスカリが考案した〈エリュ・コーエン〉の儀式は、時には六時間に亘って続くもので、幻覚剤やベニテングタケの胞子を混合した香を用いる。ド・パスカリの影響を受けたスタニスラス・ド・ガイタの儀式では、志願者の目隠しが外されると、そこにエジプトの仮面と頭飾りの男たちがいて、黙って彼の胸に剣を向ける。

ディー博士は儀式魔術によって教会に真の霊的体験を取り戻そうとしたが、ド・パスカリやカリオストロのような人々は、同じことをフリーメイソンリーにおいてやろうとした。一七八二年、カリオストロはフリーメイソンリーの〈エジプシャン・ライト〉を創設した。これはフランスでもアメリカでも大きな影響力を持つようになる。

ド・パスカリの弟子であり後継者であるサン・マルタンは、儀式よりも内的な秘教修業を重視した。ベーメの影響を受けたマルタン主義哲学は、今日においてもなおフランスのフリーメイソンリー内部で大きな影響力を持っている。恐怖政治の時代をパリで過ごしたサン・マルタンは自らのアパルトマンに人々を集め、神秘的な按手によって秘儀を授けた。常に危険と背中合わせであった彼らは、集会の際には仮面を着用し、他のメンバーに自分の正体を隠していた。

宗教に対する厳しい批判で知られるヴォルテールは、しばしば神を憎む者と見なされる。だが実際には、彼が憎んでいたのは神ではなく組織宗教であった。ベンジャミン・フランクリンの手でメイソンリーに参入した彼は、エルヴェシウスの前掛けに接吻を求められた。エルヴェシウスはスイスの有名な科学者で、錬金術による物質変性に関する彼の証言は、ライプニッツの証言に続く信頼性を持つものである。

フリーメイソンリーの歴史や神秘体験に関する著述を残したA・E・ウェイトによれば、メイソンリーは「古代の科学を夢見ており、夢の背後の現実は夢の精霊に求めねばならぬと主張している」。彼によればヴォルテールは「鍵を持ち――鍵を創った人物であり、その鍵はこの現実への扉を開き、可能性の驚くべき光景を示した……非難される行為、禁断の業が、秘儀の雲を抜けて知識の光へと導くのだ」。彼の言わんとすることは次章でもう少しはっきり述べるが、ここではただ、秘密結社に参入した者はこの新たな光景に驚いたということを指摘しておこう。

彼らの胸は信念と楽観に満ちていた。彼らは間違いなく、ワーズワースの言う「生きて迎える曙光の至福」という言葉に同意していただろう。

秘密結社の画家、作家、作曲家たちの間で、この偉大な情熱の富、新時代の夜明けへの期待が、ロマン主義運動を引き起こした。想像力溢れる芸術や文学が花開く所ではどこでも、例えばルネサンスにせよロマン主義にせよ、生の哲学としての秘教的観念論、そしてその哲学を開拓した秘密結社の影があるのだ。

ここまで本書は、観念論《アイデアリズム》による世界史を述べてきた――ここで言う観念論とは、観念こそ物質よりも現実的であるという哲学的感覚である。より一般的な、口語的な意味における理想主義《アイデアリズム》は――つまり、高い理想に従って生きるという意味は、ジョージ・スタイナーが指摘したように、一九世紀の発明である。

その前の世紀に、イングランド、アメリカ、フランスのロッジは、社会の残酷さ、迷信、無知を減らし、抑圧と偏見を減らし、より寛容な社会を創ることに取り組んできた。世界はその全てを実現したが——さらに偽善的となり軽佻となった。

恐怖政治の時代以前にも不安や動揺はあった。社会はまっすぐに進歩していくかも知れないが、この企ては人間の本性にとっても、また別の、自然の法則の外で働いている闇の勢力にとっても、十分ではないのではないかという懸念があった。ロマン主義はある意味では、下から昇ってくる強烈な電気のような感覚、そして今日のわれわれが無意識と呼ぶものと折り合いを付けようとする試みである。それは強烈な音楽や詩を呼び起こし、因習に苛立ち、自発性と自暴自棄を奨励する。

エックハルトの国では、さまざまな作家が、とりわけフランスのことを「人間の内なる生を解さない、魂を持たない踊りの教師」の国と見做していた。レッシング、シュレーゲル及びシラーにおいては、哲学的観念論は再び生の哲学となった。とりわけ、この観念論は想像力を称揚し、想像力は感覚よりも高次の知覚の様態であるという神秘的・秘教的信条を保持する。想像力を修練すれば、常識の使徒たちが売り歩く唯物論よりも高次の現実を把握することができるのだ。

一般的な歴史では、ロマン主義は礼儀正しく秩序立った一八世紀に対する反抗であった。秘史においては、この反抗を引き起こしたのは、単なる潜在意識の力ではなく、デーモン的な勢力である。

この反抗の根源にあったのは、性である。

一七四四年七月、ロンドンの時計商ジョン・ポール・ブロックマーは、彼の下宿人に何が起こったのかと心配していた。スウェーデンの技師エマヌエル・スウェデンボリは、物静かで立派な人に見えたし、日曜日毎に地元のモラヴィア教会に通っていた。

その彼が、今は髪を逆立てている。口から泡を吹きながらブロックマーを追いかけ回し、訳の解らないことを口叫びながら、メシアを自称しているようだ。ブロックマーは医者に行くように彼を説得したが、スウェデンボリは医者ではなくスウェーデン大使館に駆け込もうとした。だがどうしても入れて貰えない彼は、近くの排水溝へ走っていき、服を脱いで泥の中を転げ回り、群衆に金銭を投げた。

近年出版された、長年に亘る綿密な研究の成果である重要な書物の中で、マーシャ・キース・シュハードはスウェデンボリが極度の変性意識状態に到達するためにある種の性的技法を実践していたことを明らかにしている。その技法は、表向きはきちんとしたモラヴィア教会で教えられていたものであった。さらにマーシャ・キース・シュハードは、ウィリアム・ブレイクもまたこの教会で育てられ、この性的技法が彼の詩に霊感を与えたと述べている。

既に変性意識状態を導くさまざまな技法を見てきた。例えば呼吸法や舞踏、瞑想などである。だがこの性的技法はとりわけ強烈なものであり、秘密結社の中でも最も厳重に守られてきたものだ。そこでここではマーシャ・キース・シュハードに依拠して、スウェデンボリの修法のさまざまな段階を、彼の日記の記録、及び出版物に暗示されている記述から拾っていこう。

スウェデンボリは少年時代から呼吸の制禦を学んでいた。長時間呼吸を止めれば、一種のトランスに入ることができる。また、呼吸を脈拍と同調させれば、トランスを深めることができる。「時に私は肉体の感覚に無感覚の状態となり、つまりほとんど死に行く人のような状態となり、それでも内なる生命は損なわれることなく、思考力もあれば、生命維持に最低限必要な呼吸は続いていた」。この訓練を辛抱強く続けると、素晴らしいことが起こる……「精神の領域の周囲で、喜ばしい光、確かな輝きが踊っている。そしてある種の神秘的な放射が……脳の中の神殿から放射されている……魂はより深奥の聖餐に与り、その瞬間、知的完成の黄金時代に回帰する。精神の……愛の炎は比べるものとてない。これに比べれば、全ては単なる肉体的な喜びに過ぎないのだから」。スウェデンボリは、本書でこれまで見てきた秘儀伝授の過程におけるものとは別種の変性意識状態を記述している。マーシャ・キースが指摘するように、現代の神経学は、瞑想によってDHEAS及びメラトニン、すなわち松果体と脳下垂体の分泌物が増加することを明らかにした。この両者は、〈第三の目〉を構成するとされる。

十五歳の時、スウェデンボリは伯父の許に送られる。その後七年に亘って伯父は彼の師となり、ここでスウェデンボリの研究はカバラに転ずる。

既に見たようにカバラにおいては、あらゆる秘教伝統と同様、創造は宇宙精神からの一連の流出（セフィロト）であると考えられている。カバラでは、ギリシアやローマの神話と同様、この流出は男性と女性であるとされる。エンゾーフ、すなわち言葉にし得ぬ宇宙精神は、男性と女性の精霊を生み出す。この両者は、創造の衝動が螺旋形に下降する時、性的な意味で絡み合う。精神の中のエロティックなイメージが精液を創るように、エンゾーフの愛の想像行為が、物理的効果を生む。想像力――特に、性的に燃え立つ想像力――こそが創造の基本原理なのだ。

このカバラ的記述では、〈堕落〉は男女のセフィロトの均衡の崩れから生じた。セフィロトの間の均衡と調和の取れた性交を想い描くことで、導師はこの原初宇宙の均衡の破れを正す。

カバラの伝承によれば、エルサレム神殿の至聖所の聖櫃の上に翼を懸ける智天使は、男女のセフィロトの調和の取れた性交のイメージであるという。その後、紀元前一六八年に第二神殿がアンティオコスによって略奪されたとき、ユダヤ人たちを愚弄するために、これらのエロティックなイメージが街路を練り歩いた。紀元後七〇年に神殿が破壊されると、人々の心にこれを再建したいという大きな欲求が生じた。男女のセフィロトが性交する聖なるイメージは、歴史上の不正を正すプログラムの中心なのだ。

スウェデンボリはまた、生殖器の脈動に関連する律動的な呼吸法について述べている。伯父との生活中、彼は次のような修業を開始したらしい。すなわち、呼吸の修練に合せて、人間の裸体のイメージを描き、これをエロティックに歪ませて、既に暗示されたヘブライ文字の形にする。これらの文字は、強力な魔術的記号と考えられた。性エネルギーを喚起し、これを霊的な善のために用いる技法は、今日のハシドにも用いられている。ある意味でブレイクの詩的伝統の後継者というべきボブ・ディランも、このような修練を行なっている。

この種の技法では、制禦ということが何よりも重要である。このことは、性力を霊的に用いるもう一つの秘教伝統においても強調される。ヨーロッパ帝国の東への拡大によって、タントラ行法の噂が流入した。スウェデンボリは、性的タントラを詳細に研究した。性的興奮を引き延ばすのには、心理的修行が必要である。次に、この引き延ばされた性的興奮を用いて、性的エネルギーを脳に向け、それによって霊的世界に到達する。それは狭隘な性的法悦ではなく、幻視的法悦である。スウェデンボリは、インドの導師たちに知られていた極めて難しい筋肉制御の技法を習得していた。これは射精の瞬間に精液を膀胱に逸らせ、外に射出しないという技法である。

18世紀後期のヨーロッパにおけるタントラ的修法の図。

明らかに、これらの技法は危険である——秘密にされた理由の一つがそれだ。スウェデンボリの大家が目撃した神経衰弱もそうであるし、また発狂や死の危険もある。

もう一つ、スウェデンボリがニュー・フェター・レインのモラヴィア教会に通っている時に発見したのは、キリスト教版の性愛奥義である。当時、ロンドンのモラヴィア教会を牛耳っていたのは、カリスマ的な指導者ツィンツェンドルフ伯爵であった。彼は会衆に対して、キリストの脇腹の傷を視覚化し、その臭いや感触までもありありと思い描くよう指導した。ツィンツェンドルフ伯爵によれば、その傷は甘美で官能的な女陰であり、魔法の液を滴らせる。そこへロンギヌスの槍を反復的かつ法悦的に突き刺すのである。

ツィンツェンドルフは聖なる行為としての性交を推奨し、絶頂の瞬間に、お互いの中に聖なる霊的流出を見るように指導した。この瞬間に共同で祈ると、特別な魔術的力が得られる。スウェデンボリは言う、「お互いが相手を心の内に見る……各人が相手を自らの内に持つ」。ゆえに「その深奥に共住する」。幻視的法悦において、各人は肉体を離れた霊体によって相手に会い、交流し、性交すら可能となる。

マーシャ・キース・シュハードによれば、ブレイクの両親はこの教会員であり、ブレイクはスウェデンボリを幅広く読んでこれらの観念を身につけた。彼女によれば、上品ぶったヴィクトリア朝人は、ブレイクの絵からあからさまな性的イメージを削除したという——例えば、性器の上に下着を書き加えたりである。ブレイクがスウェデンボリらの秘教哲学に影響されているということは広く知られているが、これまで、彼の想像力豊かなヴィジョンの根源にある性魔術の技法についてはずっと見過ごされてきたのである。

ブレイクは幼い頃から幻視を体験していた。四歳の時には神が窓から覗き込んでいるのを見、四歳か五歳の時、田舎道を歩いていて、一本の樹に天使たちが「枝という枝に、星のように輝いている」のを見た。だが、この現象を体系的かつカバラ的に探求する方法を与えたのは、ツィンツェンドルフとスウェデンボリの秘密の技法だった。

ブレイクの『ロス』に曰く、「ベウラにて、女はその麗しき幕屋を下ろし、男は堂々とその智天使の間に入り、一つに溶け合う……対立物が等しく真実なる場、この場をベウラと呼ぶ」。

ロマン主義において、個人の内なる生は遂に、無限の多様性を備える広大な宇宙へと拡大した。愛とは、一つの宇宙が別の宇宙を愛することなのである。深遠は深遠に呼ばわる。ロマン主義と共に愛は新たな様態となり、交響するものとなった。

このことの持つ歴史的な重要性は、一握りの秘儀参入者たちの秘密の瞑想、敬虔な行為が、唯物論に対する人々の嫌悪感のうねりを引き出したことである。新たな形の性交、宇宙創造の再演は、正義とは単なる力の問題ではないこと、利己主義よりも高い理想があること、正しい心構えを持てば世界を意味あるものとして体験できることの宣言なのである。

人が性交によって啓明されるなら、世界は幻となる。再び目覚めた時、意味は世界の上に朝露のように留まっている。

すなわち、ロマン主義の本源は性と秘教の双方にある。ドイツの詩人ノヴァーリスは、「魔術的観念論」を語っている。この魔術、この観念論、この猛烈な精神こそが、ベートーヴェンやシューベルトの音楽を生み出したのである。ベートーヴェンは、自分が新たな音楽言語を聴き、過去に誰も感じたこともなく表現したこともない事柄を感じ、表現しているのに気づいた。アレクサンドロス大王と同様、彼もまたこの聖なる流入の正体、止めどない才能の根源を知ることに取り憑かれ、エジプトとインドの秘教文書えを読み耽った。彼にとって、ニ短調ソナタと『熱情』はシェイクスピアにとっての『テンペスト』であり、彼の隠秘学的観念の最も明らかな表明なのだ。

フランスでは、マルタン主義者のシャルル・ノディエが、ナポレオン軍の中にいた秘密結社の陰謀によってこの偉人が打倒された顛末を書いていた。後にノディエは、フランスの若いロマン主義者たち、例えばヴィクトル・ユゴー、オノレ・ド・バルザック、小デュマ、ドラクロワ、ジェラール・ド・ネルヴァルらを秘教哲学に引き込んだ。

オウェン・バーフィールドによれば、プラトン的なイデアの巨大な流れは常に存在している。それは活き活きとした意味の流れであり、シェイクスピアやキーツのような優れた知性はそれを識別する。キーツはこの能力を「消極的能力」と呼ぶ。それは人が「性急に事実や理由を追い求めるのではなく、不確実、謎、疑いの中に留まることの出来る能力である」という。言い換えれば彼は、フランシス・ベーコンが科学において唱道したように、性急にパターンを押しつけることを意図的に控え、より豊かなパターンが自然に現れるのを待つという行為を詩にも当て嵌めようとしたのだ。

「彼の周りに三重の輪を書き付けよ……／彼は甘露を糧として生きながらえ／楽園の乳を飲んだのだから」。サミュエル・テイラー・コールリッジは超自然のオーラを纏っている。彼はベーメとスウェデンボリの思想に深く染まっていた。だが、生の哲学としての観念論の中心にある感情を、最も純粋で単純、かつ直接的に表したのは、彼の友人であるウィリアム・ワーズワースである。曰く、彼は「高遠な思想のもたらす喜びで／私を揺すぶる存在を感じてきた／それははるかに深く混じり合った崇高な感じで／その棲処は沈みゆく太陽の光や／おおらかな大洋や新鮮な大気や／青空や人間の精神の中なのだ／すべて思索するものや思索の対象を押し進める霊的な動きで／万象をめぐり流れているのだ」。これは観念論者の感覚そのものである。そしてそれは今なお、極めて現代的な感情である。

意識のレベルにおいてはワーズワースがここで暗示する高次存在を否定する人も、この詩、『ティンタン・アベイの上数マイルの所でできた詩』には何かを観ずる。自分の中のどこかにある何かが自らの存在を叫ぶのだ。さもなくば、そもそもこの詩は初めから彼らにとっては全く何の意味も持たないものだっただろう。ワーズワースがこれを書いていた頃、人々はこのような感情を識別するのに苦労する必要は無かった。ゲーテ、バイロン、ベートーヴェンが、人々を導いていたのだ。

では、なぜそのすべてが失敗したのか？　自由を求めるこの衝動は、何ゆえに力の濫用に至ったのか？

この破局の本源を理解するためには、秘密結社の中に唯物論が侵入していった跡を辿る必要がある。シュヴァリエ・ラムジは、彼が一七三〇年に創設したロッジ内部での政治論議を禁じていた。だがフリーメイソンリーは、ヨーロッパの政治指導者たちに影響力を持っていた。政治権力を揮いたい人間にとっては、それは抗い難い誘惑であった。

26

啓明結社と非合理の擡頭

啓明結社とフリーメイソンリーの魂の戦い／フランス革命の隠秘学的本源／ナポレオンの星／隠秘学と小説の擡頭

啓明結社の物語は秘史の中でも最も暗い挿話であり、以来、秘密結社の世評は暗いものとなった。

一七七六年、バイエルンの法学教授アダム・ヴァイスハウプトは啓明結社と呼ばれる結社を組織し、学生たちの中からその最初の団員を選んだ。

イエズス会と同様、啓明結社もまた軍隊的な組織であり、団員は個人の判断や意志を奪われた。それ以前の秘密結社と同様、ヴァイスハウプトの啓明結社もまた、古代の叡智を明かすことを約束していた。組織内での階級が上がれば、さらに高次の強力な秘密が手に入るのである。参入者たちは少人数の細胞で活動していた。知識は、現代のセキュリティ・サーヴィスの言う「必知事項」として各班で共有された――この新たに再発見された知識はそれほど危険なものだった。

ヴァイスハウプトは一七七七年にフリーメイソンとなり、間もなく多くの啓明結社員もそれに続いて、ロッジに侵入した。そして彼らはすぐさま高位のメイソンとなった。

そして一七八五年、ヤーコプ・ランツという人物がシュレージエンへ行き、稲妻に撃たれた。彼は近くの礼拝堂に収容されたが、そこでバイエルン当局は、彼の屍体から啓明結社の秘密計画の書かれた書類を押収した。そこにはヴァイスハウプト自身の手になるものも多くあり、また国内各地でも他の書類が押収され、ようやくその全体像が浮かび上がった。

押収された書類から、啓明結社内部で喧伝されていた古代の秘密の叡智や超自然の力は捏造に過ぎないことが判明した。階級の上がった者は、教義の中の霊的要素は単なる煙幕に過ぎないことを知るのである。霊性は嘲笑され、唾棄されていた。イエス・キリストの教えは実際には純然たる政治的主張であり、私有財産、結婚制度、家族制度、すべての宗教の廃止を求めるものだったというのである。ヴァイスハウプトと共犯者らの目的は、純然たる唯物論に基づいた革命的な新社会を創ることにあり――その理論をフランスで試行しようとしていた。

最後に志願者の耳に囁かれる言葉は――究極の秘密とは、秘密など何もないということである。

このようにして志願者は虚無的・無政府主義的な哲学に誘われる。それは志願者の最悪の本能に訴える。ヴァイスハウプトは嬉々として文明の倒壊、破壊を語る。それは人々を解放するためではなく、自らの意志を他者に課す喜びのためである。

ヴァイスハウプトの文書には、彼の冷笑主義の程が窺える――

「……われわれの力の多くの部分は、隠匿にある。そのためにわれわれは他の結社の名を用いるのだ。フリーメイソンリーのロッジは、我らの崇高なる目的のための隠れ蓑として最適である」

共犯者の一人には「若者たちを探せ。彼らを見張り、その中にこちらの意に適う者がいれば、その者に手を置け」。

「支配すること――秘密結社において支配することの真の意味を本当に理解しているのか？　民衆の中の主立った者たちだけではない、最上の人間を、あらゆる人種、国籍、宗教の人間を、外的な力無しに支配するのだ……我らが結社の最終目標とは、権力と富だけではない……世界を支配することだ」

これらの文書の発見の後、結社は弾圧された——だが、遅すぎた。一七八九年には、フランスには三百ほどのロッジがあり、パリだけではも六十五もあった。今日のフランスのフリーメイソンによれば、フランスには七万人以上のメイソンがいたという。彼らの元来の計画は、人々に変革への希望と意志を吹き込むことであったが、ロッジ内部への侵入は既に、「一七八九年に憲法制定会議が実行に移したプログラムは、一七七六年にドイツの啓明結社が計画したものであった」と言われるほどに進んでいた。ダントン、デムーラン、ミラボー、マラー、ロベスピエール、ギヨタンらフランス革命の指導者たちは、既に「啓明」を受けていたのだ。

国王が更なる改革に難渋している間に、デムーランは武装決起を呼びかけた。そして一七八九年六月、ルイ一六世は憲法制定会議の解散を図り、軍をヴェルサイユに集めた。その後、軍から大量に脱走者が出て、七月一四日には怒れる民衆がバスティーユを襲撃した。ルイ一六世は一七九三年に一月に断頭台に送られた。大衆に語りかけようとした彼は、太鼓の轟きに水を差された。彼はこう言った。「フランス人民諸君、私は無実である。私は私に死をもたらす者たちを許そう。私は神に祈る、ここで流される血が、フランスの上に、諸君らの上に、注がれることのないように。我が不運なる人民諸君……」。これが地球上で最も文明化した国の中心で起こったという事実が、想像もできない出来事への扉を開いたのだ。

この騒ぎの中、一人の男が断頭台に飛

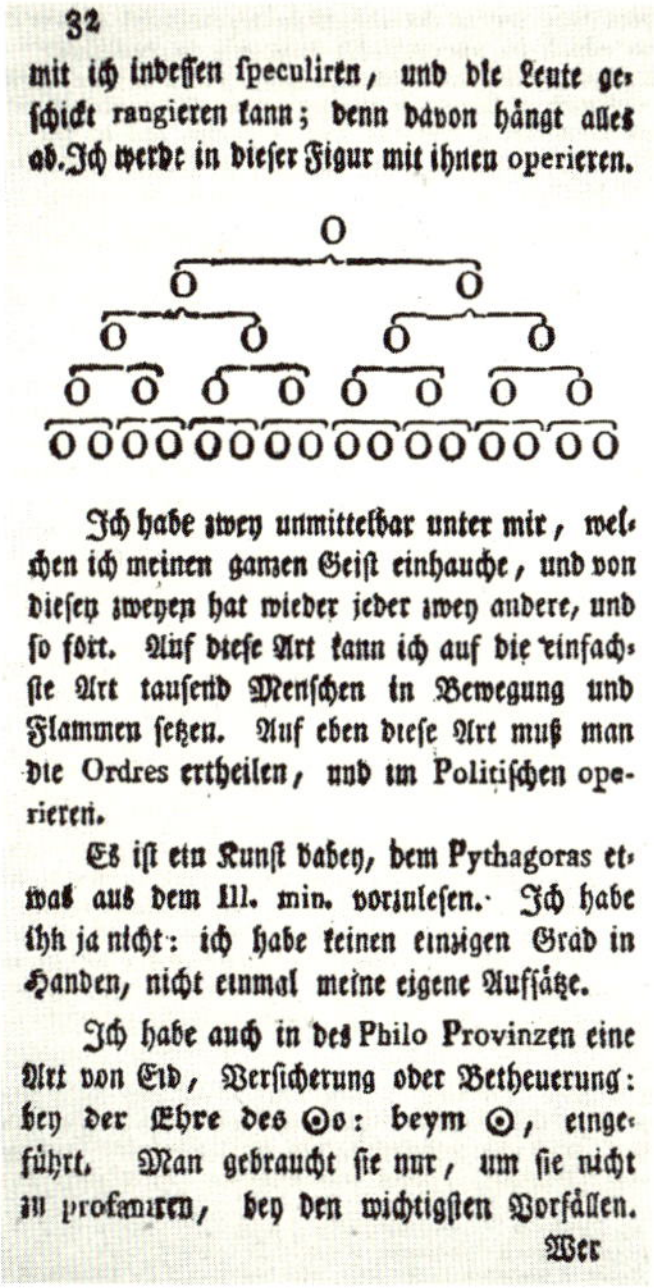
32

mit ich indessen speculiren, und die Leute geschickt rangieren kann; denn davon hängt alles ab. Ich werde in dieser Figur mit ihnen operieren.

Ich habe zwey unmittelbar unter mir, welchen ich meinen ganzen Geist einhauche, und von diesen zweyen hat wieder jeder zwey andere, und so fort. Auf diese Art kann ich auf die einfachste Art tausend Menschen in Bewegung und Flammen setzen. Auf eben diese Art muß man die Ordres ertheilen, und im Politischen operieren.

Es ist ein Kunst dabey, dem Pythagoras etwas aus dem Ill. min. vorzulesen. Ich habe ihn ja nicht: ich habe keinen einzigen Grad in Handen, nicht einmal meine eigene Aufsätze.

Ich habe auch in des Philo Provinzen eine Art von Eid, Versicherung oder Betheuerung: bey der Ehre des ⊙o: beym ⊙, eingeführt. Man gebraucht sie nur, um sie nicht zu profaniren, bey den wichtigsten Vorfällen.

Wer

ヴァイスハウプトによる図。「一人の明晰なる精神の持ち主にとっては、何百、何千の人間を管理することは如何に容易であるかを示さねばならぬ」

び乗り、喚いたという。「ジャック・ド・モレー、お前の復讐は成し遂げられたぞ！」。もしこれが事実なら、その信条は国王の気品や慈悲とは全く正反対と言わねばなるまい。

これに続く無政府状態の中で、フランスは内外からの敵の脅威に曝された。フリーメイソンリーのロッジの指導者たちが主導権を握った。間もなく、結社員たちの多くが反革命主義者と見做され——恐怖政治が始まった。

ここで処刑された人々の数については、さまざまな推測が為されている。その立役者は、フリーメイソンの中でも最も高潔なる、厳粛かつ清廉潔白なる弁護士、マクシミリヤン・ロベスピエールであった。国家公安委員会の頭目であり、警察を掌握する立場にいた彼は、一日百人を断頭台に送り、合計二千七百五十人を処刑した。この中で貴族は僅か六百五十名で、残りすべてが一般の労働者だった。さらにロベスピエールはダントンまでをも処刑する。サトゥルヌスは、我が子を喰らうのだ。

どうしてこのようなことが起こったのか？　最も啓明的で理性的な人々が、どうやってこの流血を正当化したのか？　観念論の哲学では、目的は決して手段を正当化することはない。なぜなら、既に見たように、動機は結果に影響を与えるからである。それが如何に心の奥底に隠れたものであったとしても。ロベスピエールは、市民の権利と財産を守るための厳格な義務として人々の血を流した。理性的な観点から見れば、公益のために為すべきことを為したのだ。

だがロベスピエールの場合、完璧に理性的たらんとする切望こそ、彼を狂気へ追いやったと思われる。

一七九四年七月八日、ルーヴルの前で奇妙な儀式が執り行なわれた。国民公会のメンバーたちが巨大な、間に合わせの円形劇場に集い、各自が女神イシスの象徴である麦の穂を手にしたのだ。目の前には祭壇があり、その横にロベスピエールが立つ。淡青色の外套に身を包み、髪を粉で白くして。曰く、「全宇宙がここに集った！」。そして至上者に呼びかけながら、彼は演説を始めた。数時間に及んだそれは、次の言葉で締

ナポレオンの星。彼は数度に亘って次のようなことを述べている。「他の者にこの星が見えぬ限り、何ぴとたりとも私の運命を変えることはできない」

めくくられた。「明日、仕事に戻ったわれわれは、またしても悪と暴虐に立ち向かうだろう」

もしも国民公会のメンバーが、流血の終止宣言を期待していたのなら、彼らは裏切られた。

それから彼は壇上のヴェールをかけた彫像に近づき、その布に火を放った。女神の石像が現れた。これは啓明結社派のフリーメイソンであるジャン＝ジャック・ダヴィドが考案した演出で、これによって女神ソフィアが不死鳥のように炎の中から現れるように見えるというものである。

詩人ジェラール・ド・ネルヴァルは後に、ソフィアはイシスを表していたと述べる。だがこの時代を支配していた精霊は、ヴェールを脱ぐことで霊的世界へ導くイシスではなく、また〈母なる自然〉すなわち宇宙の植物次元を表す穏やかで慈愛に満ちた女神でもなかった。これは、歯と爪を血に染めた〈母なる自然〉であった。

ロベスピエールは年配の女預言者カトリーヌ・テオから、自らを神であると宣言しようとしたと告発される。情け容赦のない流血沙汰への嫌悪は最高潮に達し、群衆が市庁舎を取り囲んだ。ロベスピエールは遂に追い詰められた。彼は銃による自殺を図ったが、顎の半分を吹き飛ばしただけに留まった。断頭台に向かう時、まだあの淡青色の外套を着て、集まった群衆に熱弁を揮おうとしたが、絞め殺されるような叫び声を上げただけだった。

ナポレオンが星に導かれていたことはよく知られている。これは、彼の英雄的な業績を示す詩的表現であると考えられてきた。

ゲーテは言う。「ダイモーンが毎日、われわれを引き回して、絶えずあれをしろこれをしろと命令したり、尻を叩いたりしてくれれば苦労はないさ。ところが、善き霊に見離されると、われわれは忽ちだらけてしまって、暗中を模索することになる。だが、ナポレオンは大した男だった！　いつも啓明され、いつも明晰で、決断力があった。どんな時でも、有利だと認めたこと、必要だと認めたことなら、即刻実行に移すだけの力を備えていた。彼の生涯は、戦いから戦いへ、勝利から勝利へと歩む半神の歩みだった。間違いなく彼は絶えず啓明を受けた状態にあった……しかし晩年は、あの啓明も、幸運の星も、彼を見離してしまった」

ナポレオンは如何にして、運命の感覚を手放してしまったのか？　彼はあらゆることを思いのままにしてきた。全世界をすら彼の意志で曲げることができるかと見えるほどだった。彼自身にとっても、また当時の多くの人々にとっても、彼は現代のアレクサンドロス大王であり、その征服によって東西を統合すると見做された。

フランス軍はエジプトに侵攻した。それは特に輝かしい戦果というわけではない――だがナポレオンにとっては、個人的な観点から、重要なものであった。フランス秘密警察の長であったフーシェによれば、ナポレオンはサン・ジェルマンと称する人物と大ピラミッドの中で会見したという。またナポレオンは秘教学者で占星術師のファーブル・ドリヴェを顧問としており、大ピラミッドの中で一人きりで一夜を過ごしたことも間違いない。ナポレオンが会ったというサン・ジェルマンは肉体を持っていたのか、それとも霊だったのか？

ナポレオンはエジプトの古物目録『エジプト誌』を創らせた。同書は「ナポレオン大王《ナポレオン・ル・グラン》」に献呈されている。アレクサンドロス大王を意識していると言わざるを得ない。その目録の扉には、太陽神《ソル・インウィクトゥス》に扮した彼の肖像。彼の帝国は拡大し、イタリアとエジプトのみならず、ドイツ、オーストリー、スペインまでも包含するものとなった。カルル大帝以来、教皇に戴冠された皇帝はいない。だが一八〇四年、ナポレオンはカルル大帝の王冠と王笏を取り寄せ、教皇ピウス七世を戴冠式に呼びつけた。ナポレオンは象徴的に彼の手から王冠を奪い、自ら皇帝として戴冠した。

ナポレオンのお抱え学者集団は、イシスは古代のパリの女神であったという結論に達し、これを受けて彼はパリの市章にこの女神とその星を加えるよう命じた。凱旋門の上には、彼の足下に跪くジョゼフィーヌが、イシスの月桂樹を手にしている。

このことから、ナポレオンはシリウスを自分自身と同一視していたのではないということが判る。彼はシリウスに導かれていたのだ。天のオリオンがシリウスに導かれるように。フリーメイソンリーの参入儀礼では――オシリスと同様に――復活した志願者は、イシスを象徴する五芒星を見上げる。オシリス／狩人オリオンは力、行動、射精を求める男性的衝動であり、生の秘儀への門番であるイシスを追うのだ。

ナポレオンはまさにジョゼフィーヌをそう考えていた。彼女は秘教的フリーメイソンリーに深く染まった家に生まれ、彼と出会った時には彼女もまた既にフリーメイソンとなっていた。ナポレオンはヨーロッパ大陸を征服したかも知れないが、この崇高なまでに美しいジョゼフィーヌを完全に征服することは無かった。彼はダンテがベアトリーチェを求めたように彼女を求め、その切望が彼にさらなる大志を掻き立てた。

オシリスとイシスは、言うまでもなく、太陽と月でもある。そして既に見たように、ある意味ではこれは人間の思考を可能とした天体配置そのものと関係している。古代エジプトでは、六月半ばのシリウスのヘリアカル上昇は、ナイルの増水の予報であった。ある秘教伝統では、シリウスは宇宙の中心太陽であり、その周囲をわれわれの太陽が公転している。

この複雑な秘教思想の繋がりと、ジョゼフィーヌへの愛が一体化して、ナポレオンはそこに運命を見たのだ。

だが一八一三年、ナポレオンを導き、力を与えていた諸力は彼を棄てた。彼らは、いつ、誰の許であろうと、このように突然去るのである。ゲーテが述べたように、それに対する反作用があらゆる方向から、彼を滅ぼさんとして殺到した。

これと同じ過程は、芸術家の人生にも見ることができる。彼らは諸力の声を聞こうと苦闘し、そして霊感を吹き込まれたある一定の期間、ほんの一筆の誤りさえできなくなり、芸術を新時代へと導く。それから精霊は突如として去り、どれほど努力しようとも、二度と摑まえられなくなるのである。

本書の歴史を通じて、志願者が秘儀参入に到達するために経ねばならぬ一連の体験に何度も触れた。そこでは彼は煉獄《カーマ・ロカ》を体験し、未だ結びついている霊と魂がデーモンの攻撃を受ける。ここでは、秘儀の学院で教えられている、全人類がこの秘儀参入のようなことを体験することになるという観念に触れよう。

秘密結社はこの出来事に備えて来た。自己の感覚、そしてそれ以外に、この試練の際に必要となる他の資質を、人類が発達させるのを手助けしてきたのである。

一八世紀中葉、フリーメイソンリーは世界に伝播した――オーストリー、スペイン、インド、イタリア、スウェーデン、ドイツ、ポーランド、ロシア、デンマーク、ノルウェイ、そして中国。アメリカとフランスの結社員の足跡に続いて、フリーメイソンリーは全世界に共和革命の精神を鼓舞した。

ブラヴァツキー夫人によれば、カルボナリ党――ガリバルディの先駆者――の間には、隠秘科学と薔薇十字思想に精通したフリーメイソンが複数潜入していたという。ガリバルディ自身、第三三階級のメイソンであり、イタリアのフリーメイソンの総長であった。

ハンガリーではラヨシュ・コシュートが、南アメリカではシモン・ボリヴァル、フランシスコ・デ・ミランダ、ベヌシャノ・カランサ、ベニト・ファアレス、そしてフィデル・カストロが、自由のために戦った。

今日の合衆国には一万三千のロッジがあり、二〇〇一年現在で全世界に七百万人のフリーメイソンがいると推定されている。

既に見たように、イエス・キリストが植えた内なる生の種子は、シェイクスピアとセルバンテスによって拡大し、大衆化した。一八世紀、そして特に一九世紀において、秘儀参入者である大作家たちが、この内なる世界にはそれ自体の歴史があり、意味のある物語があり、最低と最高があり、運命の逆転とディレンマがあり、人生を変える決断をする転換期があるという、今日のわれわれが親しんでいる感覚を創り出した。

当時の大作家たち――ブロンテ然り、ディケンズ然り――もまた、秘教思想において人間の意識が時代を通じて発展してきたと理解されているように、意識はまた個人の生活史の中でも発展進歩するということを熟知していた。

ヨハン・コメニウスはルドルフ二世のプラハで育ち、冬王の戴冠を見た。ハイデルベルクではヨハン・ヴァレンティン・アンドレーエと会い、その後、友人の隠秘学者サミュエル・ハートリブに誘われ、ロンドンで「〈大作業〉の完成の手伝い」に携わる。コメニウスの教育改革は、子供の頃の意識状態は大人のそれとは全く異なるという観念を歴史の主流に導入した。

コメニウスの影響は、例えば、『ジェイン・エア』や『デイヴィッド・コパーフィールド』に見出すこと

コメニウスの教科書の挿絵。

ができる――そして当時は、それが極めて新しいものとして理解されたということを忘れてはならない。

だが、小説に最大の影響を及ぼす秘教思想の領域は、深層法則の領域である。小説は秘教哲学に染まった作家たちに、これらの法則が個人の人生においてどのように作用するのかを描き出す場を与えたのだ。

いよいよ、秘教的な宇宙観、歴史観のまさに中枢にある、捉えがたい概念を把握する時が来た。

既に見たように、歴史の背後で活動していたエリヤは、人間の意識を二つに分裂させた。客観的なベーコン的意識と、主観的なシェイクスピア的意識である。また、可能な限り世界を客観的に見ることによって、物理法則に焦点を当てることができるようになった。

では、主観的体験の方はどうなのか？　経験それ自体の構造については？

いずれ、心理学というものが擡頭してくるだろう。だが心理学は、物質が精神に影響を及ぼすのであり、その逆では無いという唯物論的な前提を持つ。つまり心理学は、人間の体験の普遍的な側面――意味の体験

――には目を瞑っている。

既に触れたように、薔薇十字団は東洋秘教思想に合致する、「名も無き道」の法を作り始めた。それは人間の幸福という観念と分かちがたく結びついている。東洋では、対立する原理である陰陽の作用を辿る荘厳な伝統がある。だが西洋ではこれは当時勃興しつつあった物理学と心理学の間に挟まれた曖昧な要素に留まっていた。

これらの曖昧な要素を支配する法則について抽象的な用語で考えることは困難だが、実際にその働きを見ることは遙かに容易である。一九世紀の大作家たちは、あからさまな隠秘学小説を書いている。ディケンズの『クリスマス・キャロル』の他、エミリー・ブロンテの『嵐が丘』には、霊があの世からでも愛する者を追い求める様子が描かれている。ジョージ・エリオットの情熱的な隠秘学研究の精華である『剥がれたヴェール』は、出版社から禁圧された。それから、間もなく見るが、真打ちであるドストエフスキー。

だが、これらのあからさまな隠秘主義に対して、さらに遙かに多くの、一見隠秘学とは無関係の小説の中に、遙かに広い影響力が潜んでいる。個人の生における深層法則の作用、もしも科学が宇宙の全てを説明し尽していたならば起こりえないはずの、複雑で非合理なパターンに関する大いなるヴィジョンは、およそ傑作と呼ばれるあらゆる小説の中に見出せるのだ。

『ジェイン・エア』『荒涼館』『白鯨』『ミドルマーチ』『戦争と平和』などはわれわれの生を映す鏡であり、われわれが普遍的に体験する秩序と意味の重要なパターンを指し示している。たとえ科学が、われわれの目に、心に、精神にとって明らかなものを信ずるなと告げているとしても。

ある意味では、小説の主題は自己中心性である。小説を読む者は常に、他者の観点から世界を見る。ゆえに小説を読むことは、自己中心性を軽減させる。また、小説内で登場人物が犯す失敗は、多くの場合、自己

18 世紀の『マザー・グース』の版画。ここでマザー・グースは自らの正体が月の女神にして秘教哲学の女祭司であるイシスであることを明かしている。このことは、彼女の名前――古代エジプトでは、鵞鳥はイシスの使いとされた――にも、またその三日月型の横顔にも明らかである。民間伝承のお伽噺には、古代の秘教哲学特有の不可思議で逆説的な性質が満ち満ちている。

中心性と関係している。利己主義や、共感力の欠如である。

だが、人間の自己感覚に対する小説の更なる貢献は、先ほど述べたように、内なる物語の感覚、内側から見た個人の生には意味のある形や物語があるという感覚を教えていることである。

このような形と意味の観念の下には、人の生の辿る道はその人が受ける試練によって形造られるという信仰がある――それは常に変わり続ける迷宮なのだ。

小説の中で生を形造るのは、生の逆説的な性質である。生は予測可能な直線上を辿るのではない。外見はあてにはならず運命は逆転するものである。人生の意味と、深層法則の認識は、ここで一つとなる。

もしもこのような深層法則が実際に存在しており、普遍的で、重要で、強力であるならば、もしも歴史が本当にそれに依存するものであるのならば、われわれがそれについてよく知らないというのは驚くべきことではないか？　実際、西洋人たるわれわれが、それに名称すら与えていないのは実に奇妙ではないか？

もしもその法則が人間の幸福が危機に瀕した時に作用するものであるのなら、幸福な生を生きたいという願いにとっては、何より重要なものであるはずなのに。

無論、幸福な生を得るための最も一般的な法則集とは、諺や子供に言い聞かせる教訓のような、現実的な知恵である。

だが一つの違いは、諺や教訓は基本的なこと——物理的な害を避け、必要最小限のものを手に入れるための方法——しか述べていないのに対して、深層法則は運命や善悪に関する高邁な概念を扱っているということである。後に見るように、それは最高の、最も得も言われぬレベルの幸福への渇望、意味と充足を求める最深奥の欲求を満たす方法をわれわれに示しているのだ。

諺に言う「石橋を叩いて渡れ」という忠告と、クリストファー・ローグが元祖シュールレアリストのギョーム・アポリネールの顰みに倣って書いた次の寓話を比較していただきたい。

端に来い、と彼は言った。
彼らは答えた、怖いです。
端に来い、と彼は言った。
彼らは来た。彼は彼らを突き飛ばした。
彼らは飛んだ。

秘密結社の教義から霊感を得たシュールレアリストたちは、決まり切った思考方法を破壊し、科学的唯物論を粉砕しようとした。そのために彼らが取った方法の一つが、非合理な行動の奨励である。ここでローグが述べているのは、非合理な行動を採れば、宇宙の非合理な諸力から報酬を受けるということだ。

もしもこの言葉が正しいなら、これこそ宇宙の深層法則の一つである。すなわち、蓋然性の外にある因果律である。

シュールレアリストは、その非合理な哲学について、そしてその源泉が秘密結社にあることについて公にしているが、この同じ非合理な哲学は遙かに本流の文化においても顕著に見られる。例えば、古い映画だが、

パラケルスス同様、グリム兄弟もまた、秘教伝承が消え去る前にこれを蒐集した。七人の小人の名前であるドーピー、ハッピー、バッシュフル、スリーピー、グランピー、スニーズィー、ドックは、子供向けにでっち上げられたユーモラスな名前と見えるかも知れないが、実際にはこれはスカンディナヴィアの秘教伝承における７つの地の精の名の直訳なのである——トキ、スカヴァエル、ヴァル、ドゥン、オリン、グレル、ラズヴィド。ディズニーの優しい世界にすら、秘教は想像以上に表面近くに存在しているのだ。

『素晴らしき哉、人生！』は、一見単なる地味でほのぼのとした話である。この点ではその文学的先駆者である『クリスマス・キャロル』も同様であるが、チャールズ・ディケンズは、自ら参入した秘密結社の哲学をそこに盛り込んでいる。

スクルージの前に亡霊たちが現れ、ヴィジョンの中で、彼の行動が如何なる悲惨を引き起こしているか、さらに今後どのような結果が待ち構えているかを示す。ジェームズ・スチュワート演ずる『素晴らしき哉、人生！』の主人公ジョージ・ベイリーは人生に絶望し、自殺を試みるが、そこに天使が現れ、もし彼とその自己犠牲的な精神が存在しなかったら、家族や友人や街全体がどれほど不幸なものとなっていたかを見せる。

つまりジョージ・ベイリーもスクルージも、自分の生き方が変わっていれば世界はどう変わるかを自問させられるのだ。この自問の過程の最後に、両者とも、物語の冒頭で潜ろうとしていた同じ扉を潜ることを求められる――だが今回は正しい行動を採るのである。ジョージ・ベイリーは自殺せず、債権者と対峙することを決断する。スクルージは贖いのために、ボブ・クラチットの家を訪れ、彼らを援助する。

つまりある意味で『素晴らしき哉、人生！』も『クリスマス・キャロル』も、生とは一種の循環的な性質を持ち、一種の試練であるということを描いている。人生はわれわれに極めて重要な決断を迫る。もしそれに失敗すれば、再び同じような状況が巡り来て、同じく重要な決断に迫られるのだ。

思うに、われわれのほとんどは、『素晴らしき哉、人生！』も『クリスマス・キャロル』も共にある意味で真実であると感じているのではなかろうか。人生とは、このように試練を課すようなパターンを持っている。そのことを科学や自然の何かで説明することは困難である。だがわれわれのほとんどは、これらの人気作品が、単なる娯楽ではなく、人生の深層についての何かを語っていると感じるはずである。

少し考えれば、同じような神秘的かつ非合理的パターンが、古典と言われる文学の傑作の構造にも満ち満ちていることが解る――『オイディプス王』、『ハムレット』、『ドン・キホーテ』、『フォースタス博士』

そして『戦争と平和』。

オイディプスは彼が最も恐れている運命を引き寄せてしまい、最終的には父を殺し、母と結ばれる。

ハムレットは彼の人生の試練――父の復讐――から何度も逃げるが、この試練は次第に悲惨さを増して彼の人生にまとわりつく。

ドン・キホーテは世界を高貴な場と見る善意のヴィジョンを持っている。このヴィジョンの強さゆえに、小説の終わりでは何らかの神秘的な方法によって物理的環境までが変容している。

心の深奥では、ファウストは自分の為すべきことを知っている。だがそれをしないために、宇宙の摂理は彼を罰する。

トルストイの主人公ピエールは、ナターシャへの愛に苦悩する。彼女への想いを手放した時、初めて彼は彼女を得る。

もしもこれらの傑作文学を――というか、す､べ､て､の文学を――巨大なコンピュータに掛け、次のように質問したらどうだろう。「人生が最終的に幸福で満ち足りたものであったかどうかを決める法則とは何か？」。おそらく、以下のような規定を含む法典となるだろう。

試練から逃げるなら、その試練は形を変えてまた別の所からやって来る。
われわれは常に最も恐れているものを引き寄せる。
非道徳な道を選べば、いずれその償いをせねばならない。
善意で信じれば、信じたものは変容する。
愛するものを手にするためには、それを手放さねばならない。

すなわちこれは、偉大な説話文学にその構造を付与する法則である。『オイディプス王』、『リア王』、『フォースタス博士』そして『ミドルマーチ』を読むなら、そしてそれらが深遠かつ重要な意味において真実であるという感覚を持つなら、それは間違いなく、それらが描く法則の作用が、われわれ自身の経験と共鳴するからに他ならない。それらはまさに、われわれの生の形を描いているのである。

では、世界にあるあらゆる科学的データを別の巨大コンピュータに掛け、同じ質問をしてみよう。その結果はたぶん、全く異なるものとなるだろう。

　何かを維持する最良の方法は、最大の労力を注ぎ込み、決して諦めないことである。
　願望的思考で世界を変えることはできない——何か行動を起こす必要がある。
　悪事が露見せず、人間によって罰せられることもなければ、神罰など心配する必要はない。

等々。その意味する所は明らかで、先に示したことを追認している。全く異なる結果、全く異なる法則が得られるのだ。この世の構造を決定しようとした時と、経験の構造を決定しようとした時とでは。

これがトルストイの『人生論』に書かれた区別である。外なる現象界と、意味と充足を求める内なる生においては同じ法則が作用しているにもかかわらず、それらを個別に見れば、全く違うものであるように見えるのだ。二〇世紀の偉大なカバリストで、パレスティナの初代首席ラビであるアブラハム・イツハク・クック曰く、「神は鋭敏な魂の深い感覚において示される」。

深層法則は、芸術家や神秘家のように、外界の事象を最深奥の主観で見る時にのみ識別しうる。これらの法則の主観性、すなわちそれらが意識の中心に極めて近い所で作用するという事実こそ、われわれがそれを意識し難い理由なのか？

中央ヨーロッパの詩人ライナー・マリーア・リルケは、若い詩人への手紙の中で、これらの法則についてかなり明瞭に書いている。「ただ孤独な、個々の人間だけが、一つの事物のように、深い法則の下に置かれているのです。そして一人の人間が明け始める朝の中へ出て行く時、あるいは出来事に満ちた夕暮れを眺めやる時、そして彼がそこに何が起こっているかを感じる時、その時全ての身分は彼から辷り落ちるのです、死者の肩から辷り落ちるように――彼はまだ生の只中に立っているのですけれども」。リルケは研ぎ澄まされた詩的言語で語っているが、これらの深層法則を識別するには、それ以外の全てを遮断し、それに対して、長時間に亘って、われわれの最も精妙かつ強烈な認識力を持って集中せねばならないということを述べているようである。

本書の執筆中、私は若いアイルランド人神秘家ローナ・バーンと出逢った。彼女は本書の基盤となっている文献などひとつも読んでいないし、その種の観念を語る人に会ったことすらない。霊的世界に関する彼女の非凡な知識は、個人的・直接的体験によるものであった。彼女は太陽の大天使ミカエルに会い、月の形を採る大天使ガブリエルにも会った。彼女によればその月は二つに分れ、本の頁を捲るように動いていた。彼女はまた、自宅近くの野原で狐の群霊を見た。それは狐の形だったが、人間のような要素も持っていた。また彼女はエリヤにも会った。彼はかつては天使の霊を持つ人間だった。そして彼女は、彼がスーフィ伝承の〈緑の者〉のように、水の上を歩くのを見た。つまり彼女は通常とは異なる方法によって、われわれ自身の次元の物事を動かしている並行次元を知覚したのだ。

一九世紀末、古代の怪物が地の底で蠢動を始めた。定められた場所に向かうために。天における最初の戦争以来、幽閉されていた意識を喰らうものが、再び動こうとしていたのだ。

27 人類の秘儀的死

スウェデンボリとドストエフスキー／ヴァグナー／フロイト、ユング、秘教思想の唯物化／モダニズムの隠秘学的本源／オカルト・ボルシェヴィズム／ガンディ

初期ロマン主義の自己表現の喜び、自然界に生きる動物のような喜びは、騒乱に道を譲った。ドイツ最大の観念論哲学者ヘーゲルは歴史の中のこの力を認識した。「霊は我らを欺き、焦らし、偽り、勝利する」。

人類の内なる生の記述として見れば、一九世紀後半の文学は恐るべき憂鬱、霊的危機を示している。唯物論的歴史がこの危機を「疎外」と言うなら、秘教的歴史はこれを霊的危機と見る。言い換えれば、霊によって引き起こされた危機である――正確に言えば、デーモンによって。

このような観点の主唱者はヘーゲルのような崇敬される学者ではなく、また隠秘学者ショーペンハウアーでもなく、泥の中で転げ回っていた男だった。スウェデンボリは、悪魔的な諸力が深淵から昇ってくるのを見た。人類はこの世において、そして自らの内で悪魔と対峙せねばならない、と彼は予言した。

今日、スウェーデンのキリスト教会全国協議会に認められた秘教運動はスウェデンボリ教会が唯一であり、スウェデンボリの教えは今なお、集団生活の唱道者、例えばシェイカーのようなアメリカのグループの間で影響力を持っている。だが生前の彼は寧ろ危険人物だった。スウェデンボリはその異常なまでに詳細で正確な透視力によって世界的に有名となった。心霊主義者は挙ってスウェデンボリを自らの陣営に引き入れよう

とした。スウェデンボリはこれを退け、自分の超自然的な能力は自分だけのものであり、新時代の夜明けを告げるものだと述べた。

スウェデンボリの『天界と地獄』を読んだゲーテは、ファウストを苦しめた超自然的な悪の力の侵入を知った。スウェデンボリを読んだボードレールは万物照応の観念を得、バルザックは彼の超自然の観念を『セラフィータ』に採り入れた。だがスウェデンボリの最も重要な、そして最も遠い影響を体現するのは、ドストエフスキーである。その影響は、時代の雰囲気のすべてを陰鬱にする。

ドストエフスキーの主人公たちは、深淵の上で危うい均衡を保っている。そこには常に、われわれの選択が如何に重要であるか——そして、選択の機会は如何に何食わぬ顔でやって来るかという、鋭い知覚がある。ドストエフスキーには、一つの逆説がある。この悪の深淵、超自然の次元に対峙する者は、たとえ盗人であれ、娼婦であれ、あるいは人殺しであれ、気楽な世界観で意図的に悪を遮断し、その存在を認めない者よりも、天国に近い所にいるのだ。

東方正統教会は、西のローマ・カトリックほどドグマ的ではなく、個人的な霊的体験を評価していた。この教会の下で育ったドストエフスキーは、霊的体験の極限を探求し、ほとんどの人間が意識しない領域で生じている光と闇の戦いを描くことを躊躇しなかった。ドストエフスキーの地獄巡りは、ダンテ同様、ある意味では霊的な旅だが、同時にまた人間が創り上げた地上の地獄を巡る旅でもある。ドストエフスキーの中には、一九世紀末と二〇世紀初頭の芸術を特徴付ける新たな衝動がある——あり得る限りの最悪を知りたいという欲望である。

ドストエフスキーの死後、その蔵書に大量のスウェデンボリが見出された。中には、それぞれに悪の許容量の点で異なる人々が自ら創り上げた、多くの異なる地獄の記述もあった。スウェデンボリが訪れた地獄に関する記述は、虚構ではない。それはわれわれの一般的な存在論、何が現実であり何がそうではないかという日常的な前提には当て嵌まらないのだ。地獄は一見、われわれが生きている世界と何も変わらないように見える。だが、徐々に異常が顔を出す。愛想の良い、楽しい男たち、処女をいただくのが好きな放蕩者たちと会うかも知れない。だがこちらを向いて会釈した彼らは「獰猛な顔……恐ろしい顔つきの猿のよう」に見える。秘教伝統の外にいる文芸批評学派は、例えば『罪と罰』の次のような一節が、直接スウェデンボリに由来していることを見落としてしまう。


「僕は来世の生活なんて信じませんね」とラスリーニコフは言った。

スヴィドリガイロフは座ったままじっと考え込んでいた。

「来世には蜘蛛かそんなものしかいないとしたら、どうだろう」と彼は突然言った。

この男は気違いだ、とラスリーニコフは思った。

「われわれは常に永遠というものを、理解できない観念、何か途方もなく大きなもの、として考えています。それならなぜどうしても大きなものでなければならないのか？　そこでいきなり、そうしたものの代わりに、ちっぽけな一つの部屋を考えてみたらどうでしょう。田舎の風呂場みたいな煤だらけの小さな部屋で、どこを見ても蜘蛛ばかり、これが永遠だとしたら。私はね、ときどきそんなようなものが目先にちらつくんですよ」。

「それじゃほんとに、ほんとにあなたの頭には、それよりは救いになる、もう少し正当なものは、全然浮かばないのですか？」とラスリーニコフは痛ましい思いで叫んだ。

「もっと正当な？　だが、どうして解ります、これこそ正当なものかもしれませんよ。それに、私は何としても強引にそうしたいのですよ！」とスヴィドリガイロフは曖昧に笑いながら、答えた。

この乱暴な答えを聞くと、ラスリーニコフは不意にぞうッとした。

同様に『カラマーゾフの兄弟』では、イヴァンが悪夢の中で悪魔に出逢うが、イヴァンもまた読者も、それがただの幻覚だなどとは思わない。ドストエフスキーは、悪魔は物質次元に侵入してくると読者に告げているのだ。一九世紀後半に地表に顔を出した悪の暗流を、彼ほど力強く描き切った作家はいない。彼の作品には、神秘的な異世界との活き活きした接触の感覚が満ち満ちている。その世界には地獄もある。同時にまたそこには、中間は存在しないという霊的極端論もある。常に最も霊的なものを求めない限り、その空白を悪魔が埋めることになるのである。中間の道を歩もうとする者はどこにもいない。

スウェデンボリと同様、彼もまた新時代を見据えていた。だがドストエフスキーの場合、これは極めてロシア的な歴史観から生じたのだ。

詩人ニコライ・クリューエフは、友人への手紙で述べる。「毎日、僕は森へ行く。そして小さな礼拝堂の、年を経た松の横に座る。君のことを想う。君の眸に、心に接吻する……嗚呼、母なる荒野、精霊の楽園……いわゆる文明世界は、何と憎らしく、黒く見えることだろう。蒼い翼の曙を、お伽噺の小屋をアメリカに侵略されないために、僕は何を差し出し、どんなゴルゴタを負うだろう……西方のキリスト教が何も考えずに世界に与えたもの、合理主義、唯物論、奴隷を産むテクノロジー、霊の不在、その代わり、虚しく感傷的なヒューマニズムとやら」。これがロシアの視点である。

正統教会は、ローマ教会とは異なる道を歩んだ。正統教会は秘教教義を守り、育んだ。中にはローマが破棄した、あるいは異端と宣言したキリスト教以前の教義もあった。ディオニシウス・アレオパギタの神秘的ヴィジョンは、霊的世界の個人的・直接的体験の強調によって、正統教会を啓明し続けた。七世紀、ビザン

ヴァグナー『ローエングリン』挿画。秘教の中心概念――切迫した圧倒的な運命の感覚――を、彼ほど巧みに伝えた秘教芸術家はいない。ヴァグナーは非存在の世界に存在を与えるという自らの挑戦を語り、ボードレールは『ローエングリン』を見て変性意識状態に陥り、そこでは通常の感覚の世界が溶解したと述べている。隠秘学者テオドール・ロイスはヴァグナーの知遇を得、ゆえに自分には『パルツィファル』に隠された秘密教義の意味が解ると主張している。ロイスによれば、『パルツィファル』第三幕の最後、槍を直立させたパルツィファルの台詞は、性衝動の輝かしい神格化であるという。

ティンの神学者である証聖者マクシモスは、厳しい内省や修道生活について書き残している。曰く、「啓明を求めねばならない。極端な場合、全身が啓明の光で輝くことになる」。同じ現象は、アトス山の修道僧たちも報告している。祈りに没頭した僧は、突如、洞窟や僧房全体を照らすのである。これは神のヴィジョン、すなわちヘシカストであり、律動的な呼吸訓練、詠唱の反復、イコンへの瞑想によって達成することができる。

ロシアでは、教会は厳しい霊的修業の末に獲得できる超自然の力を強調した。だがその後、一七世紀になると、ロシア正教の総主教ニコンは教会を改革し、中央集権化した。これによって古儀式派《ラスコーリニキ》が分離し、初期キリスト教の信仰と霊的業法を守った。非合法化された彼らの共同体は地下に潜ったが、そこで生きた伝統となって残った。ドストエフスキーは生涯に亘って彼らと接触し続けた。

ラスコーリニキの伝統から、〈放浪者《ストランニキ》〉が生まれた。金銭、結婚、パスポート、公的書類を拒否して国中を放浪し、法悦的ヴィジョン、治療、予言を行なった。

捕まれば拷問を受け、斬首されることもあった。

ラスコーリニキからはもう一つ、〈神の人《フリスト》〉が出た。極端な禁欲主義と現世否定で知られる地下集団である。真夜中に森の中で、蝋燭を使って集会を開くという。素肌に緩やかに垂れた白衣を着て、二重の輪になって踊る。男は内側の輪で太陽の向きに、女は外の輪で逆方向に回る。この儀式の目的は物質世界からの解放と霊的世界への上昇である。彼らは倒れ、異言を語り、病人を癒し、デーモンを祓う。

こうした真夜中の集会では乱交が行なわれていたという噂もあるが、寧ろ彼らはカタリ派と同様に禁欲主義者であり、性エネルギーを昇華して霊的・神秘的目的に使用していた。

若きラスプーチンがフリストの一員と出逢ったのは、ヴェルホトゥーリエの修道院に投宿していた時だった。既に彼自身の教義も過激化しており、性的消耗による霊的法悦を提唱していた。肉体を苛み、性的絶頂という小さな死を、秘儀参入の秘儀的死とするのである。

夢の中に現れたマリアに、ストランニキとしての生活をするように言われたラスプーチンは、二〇〇〇マイルの道を歩いてアトス山に向かった。二年後に戻った時には、強力な磁力を発散し、奇蹟的な治癒能力を示すようになっていた。

一九〇三年、彼はサンクト・ペテルブルクに到着した。そこで彼はとある聴罪司祭から王家に紹介される。「この男の口を借りて語っているのは、ロシアの土の声でございます」。彼がラスプーチンを紹介した宮廷は既に秘教思想に魅了され、体験を求めていた。

マルタン主義は既にロシアのフリーメイソンリーのロッジで広く議論されていた。メートル・ド・フィリップとパピュスは既に一九〇一年にロシア宮廷を訪ねていた。パピュスはニコライ二世をマルタン主義者のロッジの長とし、ツァーリの治療師・霊的顧問として働いていた。彼はツァーリの父アレクサンデル三世の霊を召喚し、この霊はニコライ二世が革命主義者の手に掛かって死ぬと予言したという。パピュスはまたツアーリに、ラスプーチンの悪影響を警告した。

ラスプーチンはフリーメイソンリーから非難され、殺害される。だが一九一六年、彼と同時代を生きた偉大な秘儀参入者ルドルフ・シュタイナーは、彼について曰く、「ロシアの民族霊は今、他の誰でもなく、彼を通じて働いている」。

世紀末《ファン・ド・シクル》に向かうにつれ、芸術の最高の高みではなく、その一つ下を見るならば、いずれ二〇世紀に大衆文化を支配することになるあからさまなオカルト的テーマが見えるだろう。オスカー・ワイルドは、〈黄金の夜明け団〉と縁が深い。彼の『ドリアン・グレイの肖像』は、スティーヴンスンの『ジキル博士とハイド氏』と同様、ドッペルゲンガーというオカルト的観念を大衆の意識に持ち込んだ。怪談の父と呼ばれているケンブリッジの名士Ｍ・Ｒ・ジェイムズは、多くの外典福音書を英訳し、イートン文学会で隠秘学を講じ、『マグナス伯爵』という小説を書いた。主人公の伯爵は錬金術師であり、反キリストの出生地であるコラジンの都に巡礼する。ディー及びケリーと長々と会話したデーモンの名前が「コロンゾン」であるという事実は、ジェイムズがこの道に通じていたことを示している。

一九世紀初頭に誕生したフランケンシュタインの怪物は、パラケルススのホムンクルスの小説化である。メアリ・シェリーがこの怪物を構想したパーティに出席していた、バイロンの友人ポリドリは、初期の吸血鬼物語を書いた。だが吸血鬼の中で最も有名なのはブラム・ストーカーの作品である。その中で、墓の中に保存されている屍体は、いわばクリスチャン・ローゼンクロイツの悪魔版である。ストーカー自身はＯＴＯ——東方聖堂教会《オルド・テンプリ・オリエンティス》の一員で、同会は儀式魔術を行なっていた秘密結社である。チェコの神智学者グスタフ・マイリンクもまた、小説『ゴーレム』で同様の主題を探求する。この小説は後に、ドイツ表現主義映画に影響を及ぼすことになる。小説『彼方』においてユイスマンスは、守秘の誓いを破り、黒魔術の際に自ら体験した事実を語っていると言う。アレイスター・クロウリーはそれを公然と認め、彼はその報いとして舌癌で死んだと述べている。

芸術では、あからさまなオカルト的主題はギュスターフ・モロー、アーノルド・ベックリン、フランツ・フォン・シュトゥックらの象徴主義に、マックス・クリンガーの白昼夢に、フェロシアン・ロップスの奇怪でエロティックなオカルト絵画に見ることができる。当時の批評家は、ロップスを「皮肉なサタン」と呼んでいる。オディロン・ルドンは自ら「秘密の法に身を委ねている」と語る。

この時期を通じて、唯物論が勝利を目指して蠢動し、秘教哲学の唯物論版を創り出した。既に見たように、種の進化という秘教的観念は、ダーウィンの理論の中に物質的な形で現れた。また、フリーメイソンリーを操った無慈悲で冷笑的な啓明結社は、一八世紀末から一九世紀に、革命の方法論をもたらした。今、マルクスの弁証法的唯物論は、サン・ジェルマンの霊的観念を純然たる経済的次元に翻案した。

隠秘学はまたフロイト思想の発達にも影響を及ぼした。彼の師であるシャルコーは、傑出した隠秘学者でメスメリズムの創始者であるアントン・メスメルの教えを受けていたのだ。若き日のフロイトはカバラを研究し、テレパシーを肯定し、それは言語の発明以前には誰もが用いていた古えのコミュニケーション手段であると考えた。

彼は思想の本流にカバラ的観念を導入した――意識には構造があるという観念である。例えば、フロイトが普及させた精神モデル――超自我、自我、イド――は、三部構造であるカバラ的モデルの唯物論版であると見做せる。

実際、より根源的なレベルで、われわれの意識の焦点から独立した衝動が存在しており、そこに外部から影響を及ぼすことができるという観念は、意識に関する秘教的観念を世俗化・物質化したものである。フロ

『サロメ』。ギュスターフ・モロー画。

イトの図式では、この秘められた力は霊的なものではなく、性的なものと解釈される。フロイトは後に、自分の思想の根源が秘教であることを否定し、古代の意識形態を狂気と断じた。

フロイトの弟子であるユングにおいては、秘教の影響はさらに顕著である。既に触れたように、彼は錬金術の過程を心理的な治癒の過程の記述であると解釈し、集合的無意識の七つの主要な元型を七惑星の神々と同一視した。

錬金術の過程を純然たる心理学的過程と解釈することによって、彼は錬金術師たちが意図した意味のレベルを否定することとなった――これらの精神的修練が超自然的な形で物質に影響を及ぼすことができるという事実である。そしてユングは七つの元型が意識的精神とは独立して働いていると見做していながら、それが人間の精神とは完全に別個に働く不可視の意識の中枢であると見做す寸前で止まってしまう。事実、ルドルフ・シュタイナーと会ったユングは、彼を精神分裂病と断じるのだ。

晩年、実験物理学者ヴォルフガング・パウリと協働したユングは、さらに数歩踏み出す勇気を得た。ユングとパウリは、原子が原子に衝突するという純然たる物理的メカニズムに加えて、もう一つ別の繋がりのネットワークがあると信ずるに至った。それは物理的には繋がっていない事象を繋げるネットワークであり、精神によってもたらされる、非物理的・非因果的なネットワークである。ユングと同時代のフランスの人類学者アンリ・コルバンは、当時のスーフィの霊的修業を研究していた。そしてコルバンは、スーフィの導師たちは「客観的想像」という領域内で、お互いに交流を取りつつ協働することが可能であるという結論に達した。ユングもまた、彼とは別個に、全く同じ造語を創った。

フロイトは晩年、彼が霊的体験に押しつけようとした唯物論的説明に疑問を抱き、自ら「不気味なもの」と呼ぶ感覚に悩まされるようになった。フロイトは六十二歳の時、『不気味なもの』と題する随筆を書いた。最も恐れるものについて考えることで、それが起こるのを防ごうとしたのである。数年前、彼は六二という数字が執拗に登場するという体験をした——一時預かりの引換券、ホテルの部屋番号、電車の席番。まるで宇宙が何かを告げようとしているかのように。それは六十二歳で死ぬということなのか？

同じ随筆で、彼は古いイタリアの迷路のような街路を歩き回っていて、いつの間にか赤線地帯に入り込んでいたことを書いている。この地区を抜ける最短の近道だと思える方へ歩いているのに、気がつくと地区の真ん中にいるのである。どの方向へ行こうと、何度も何度もそれが起こるのだった。この体験は、フランシス・ベーコンを思い起こさせる。あたかも、迷う者を邪魔するために、迷宮自体が絶えず形を変え続けているかのように。このような体験を経て、フロイトは自分の精神と宇宙の間に何らかの聯関があるのではないかと疑うようになる。それとも、宇宙は如何なる人間の媒介からも独立して意味を創造し、それを彼に放射しているのか？

もしもフロイトが、たった一度でも、そのいずれかが真実であると認めざるを得ないなら、彼の唯物的な世界観は粉々になってしまうだろう。フロイトは当然ながら、このような暗示を遮断しようとした。そして彼はすっかり混乱してしまう。

ヨーロッパによる他の世界の植民地化は、秘教的観念の逆流をもたらした。この面ではヨーロッパの方が植民地化されてしまったのである。大英帝国によるインド支配は、英語による秘教的ヒンドゥ文献の出版を促した。その結果、東洋の秘教は今なお、西洋の書店において、西洋のもの以上の棚を占めているのである。同様に、フランスによる北アフリカ支配は、フランス語圏に強いスーフィ色をもたらした。

一九世紀のポーランド分割の結果、同国の錬金術の伝統がヨーロッパ一円に拡散した。純粋な薔薇十字的衝動は中央ヨーロッパにおいて、ルドルフ・シュタイナーの人智学として生き延びた。ロシア革命は、ツァーリの宮廷に集められていた隠秘学者たちを解放し、正統教会の秘教の流れを西側に導いた。スーフィと正統教会の流れを汲むグルジェフとウスペンスキーの哲学は、ヨーロッパでもアメリカでも大いに影響力を持つに至った。一九五〇年代の中国によるチベット侵略は、チベットの秘教を全世界に拡散させることになる。

西洋世界の多くの人にとって、自国の組織宗教が単なる形式主義に堕し、多くの人にとって不毛で枯れ果てたものにしか見えなくなった時代、あらゆる知的な人々が人生のある時、生と死を巡る巨大な疑問に取り憑かれ、人生や宇宙に意味があるのか無いのか知りたいと思い、その答えを模索せねばならないと感じたとしても、不思議はないのだ。秘教哲学は全体として見ると、これらの問いに対する最も豊潤にして深遠な、そして最も魅惑的な思想なのだ。

史上最も偉大な芸術家や作家たちは、歴史の中のある時点に生きることの意味を表現する方法を見出している。

一九世紀末と二〇世紀初頭の偉大な芸術は、ある意味では傷つき悩む人類の叫びであった。芸術家や作家は、少数の真に偉大な人々も含めて、真正面から実存を見詰め、そこには全く何の意味もないと、地上の生、人間の生は偶然の化学反応の産物に過ぎないと結論した。ジャン＝ポール・サルトルの『嘔吐』の結論に曰く、生が意味を持つ唯一の方法は、自ら目的を設定することであると。

確かに、芸術家の中には唯物論の時代に、その表面的な輝きに喜びを見出す者もいる。近代主義は間違いなく偶像破壊的である。だが、一九世紀の終わりには、王たちの暴虐、聖職者の迷信、野暮なブルジョワの倫理こそが偶像破壊の格好の目標となっていた。

現代の偉大な芸術家たちにとって、宇宙の機械的モデルこそ、彼らが本当に破壊したい偶像なのである。

われわれは近代主義をスマートでヒップで、機械の時代に適合していて、昔の権威やドグマなどに迎合しないものと考えがちである。確かにその通りなのだが、同時にまた、それはわれわれが時にそう考えがちなようには、無神論的ではない。少なくとも、ラディカルで現代的な意味における無神論的ではない。事実、秘教は古代の迷信の避難場所なのではない、近代主義こそがそうなのだ。近代主義の大いなる統一精神――ピカソを、ジョイスを、マレーヴィチを、ガウディを、ボイスを、ボルヘスを、カルヴィーノを結びつけている精神とは、優勢を誇る科学的唯物論を覆したいという欲求なのだ。これらの芸術家や作家たちの人生を少し調べてみれば、彼らがオカルトに深い関心を抱いていること、秘教は彼らに人生の核となる哲学と、人生を導く美学を提供したということが解るだろう。

近代主義の出発点にいた人々の代表として、ボードレールとランボーを取り上げよう。彼らが推奨した感覚の錯乱それ自体が目的であると解釈するのは安易にすぎる。彼らが真に信じていたのは、物質界が融解すれば、霊的世界は自ずと現れてくるということなのだ。ランボーは言う、「詩人は千里眼を持つ。辛抱強く、理に適った遣り方で、全ての意味を逆転させることによって」。

ゴーギャン、ムンク、クレー、モンドリアンらは神智学者だった。モンドリアンの神智学は、物質界の見かけを構成している霊的真実を識別することは可能であると彼に教えた。ゴーギャンは自分が――ちょうどゴーレムのように――不可視の精霊の住処となり得る彫刻を創っていると見做していた。カンディンスキーは、フランツ・マルク同様、ルドルフ・シュタイナーの弟子であったが、そのカンディンスキーの絵画に最大の影響を与え、抽象絵画への道を拓いたのは、神智学者であるアニー・ベサントとC・W・リードビーターがトランス状態において知覚し、記録した「思考体」であった。クレーは自ら〈第三の目〉に瞑想したと述べている。マレーヴィチはウスペンスキーに傾倒していた。

マティスの芸術の秘教的本源はさらに判りにくいが、彼は描こうとしている対象、例えば植物を何週間も、場合によっては何カ月も見詰め続けると述べている。そうすることで、その精霊が彼に表現を促すのである。

ガウディのアラブ風の建築、絢爛豪華な圧倒的アラベスク、動物と人間が融合し、変容する芸術は、見る者を変性意識状態へと誘う。

スペインはおそらくヨーロッパにおいて、超自然が日常生活の表面の最も近いところにある場所だろう。近代主義の偉大な芸術家にしてマギであるピカソは、霊的世界が侵入してくる感覚を常に感じていた。少年時代、友人たちは彼が読心や予知などの超自然の力を持っていると信じていた。フランスを訪れた時、マクス・ジャコブ、エリック・サティ、アポリネール、ジョルジュ・バタイユ、ジャン・コクトーらが、彼を洗練された隠秘学の伝統に参入させた。

ピカソはしばしばその作品に秘教的な主題を用いる。時に彼はアルルカンに扮した自画像を描く。アルルカンはヘルメスや地下世界と関係しており、特に彼の故郷バルセロナでは、死に打ち克つアルルカンが街のカーニヴァルで毎年演じられる。友人のアポリネールはしばしば彼を「アルルカン・トリスメジストュス」と呼んだ。またある時には、彼はタロットのイメージを引用して、物質界と霊的世界の間に宙吊りになった自画像を描いた。

長い間見落とされていた一九三四年のスペインの闘牛を描いたドローイングの分析で、マーク・ハリスはそこにパルツィファルの主題を見出した。彼の随筆は、秘教思想が一般的な批評の目に届かぬ次元を啓明する素晴らしい実例である。青年時代のピカソは、ヴァルハラと呼ばれる集団の創設メンバーであったが、これはヴァグナーの神秘的側面を研究する会である。件のドローイングでは、ヴァグナーのオペラで、黒魔術師がロンギヌスの槍をパルツィファルに投げつける場面を描いている。だがパルツィファルは既に秘儀参入者なので、それは彼の頭上を掠めていくだけである。

ジョルジュ・バタイユはミトラ教を研究していたが、ピカソもまた一九〇一年にミトラの帽子を被る女のシリーズを描いている。これは伝統的に秘儀参入者の象徴である。ハリスによれば、一九三四年のドローイングは地下世界での秘儀伝授の描写である。ダンテやドストエフスキーと同様、彼もまた、志願者が越えるべき地獄は自らの欲望の地獄として始まることを示している。地獄はあの世にあるが、この世もまた地獄である――いつの時代においても。

このドローイングは、ピカソの主要な主題の一つを描いている。われわれの世界は地下なる悪の力の勃発によって破壊され粉砕されつつある。秘儀参入者である芸術家ピカソは、世界を再生し、豊穣神の化身となることができる。だが彼は因習的な美の規範によってそれをすることはない。彼は棄てられた、砕かれた、醜いものを、新たな美の形に再結合するのだ。

抽象画とコンセプチュアル・アートのイヴ・クラインは、近代薔薇十字思想の唱道者であるマックス・ハインデルの著書と出逢って、秘教思想を見出した。ハインデルはルドルフ・シュタイナーの下で秘儀参入を果たしたが、その後袂を分かって自らの薔薇十字運動を起こしていた。クラインは物質の変容を予見し、自らの芸術を新たな〈宇宙時代〉の端緒としようとした。線や形態に邪魔されない、ウルトラマリンのカンヴァスを用いた。この新時代には、人間の霊は物質の軛から解放され、形態は浮揚し浮遊する。

二〇世紀の偉大な作家たちもまた、秘教思想にどっぷり浸っていた。ウィリアム・ブレイクの性的宗教の噂を聞いたW・B・イェイツと若い妻ジョージーは、まず『光耀篇《ゾーハル》』にある性的・霊的結合の間の直接的繫がりを探求し、次にタントラ・ヨーガに移った。イェイツは精液の流れを堰き止めることによって幻視を伴うトランスに必要なエネルギーを構築できると考え、精管結紮手術まで受けている。彼らの実験は四千頁を越える自動書記を生み出したのみならず、イェイツは老年に至っても性的には若さを保ち、生涯最大の作品を書き、「太陽を動かす愛」を語っている。イェイツはまた〈黄金の夜明け団〉と神智学協会の双方のメンバーであり、ヘルメス文書を研究し、公然と魔術を語り、パタンジャリの『ヨーガ・スートラ』に序文を寄せている。ジョイスの『ユリシーズ』と『フィネガンズ・ウェイク』には、ヒンドゥやヘルメス学への造詣が如実に表れており、スウェデンボリ、ブラヴァツキー夫人、エリファス・レヴィからの直接の引用も含まれている。T・S・エリオットの詩もまた、隠秘学を折衷的に引用している。エリオットは神智学の集会や、非因習的な〈クエスト〉にも参加した。後者はエズラ・パウンド、ウィンダム・ルイス、それにユダヤ神秘主義研究の第一人者ゲルショム・ショーレムらも顔を出している。だが、彼の詩的感受性に最大の影響を及ぼしたのは、ウスペンスキーのスーフィ的哲学である。彼はウスペンスキーの講義にも参加していた。実際、二〇世紀における英語で書かれた詩で最も影響力のある作品である『四つの四重奏』の最初の三行――現在の中に含まれる過去と未来の時間について――は、ウスペンスキー哲学そのままである。

　おそらく、二〇世紀における最大の隠秘家であり、霊媒になるというランボーの金言そのままの生き方をしたのが、フェルナンド・ペソアである。自分の中には世界のすべての夢があり、全宇宙を――そのリアリティを――自らの内で体験したい、と彼は言う。彼は〈隠れた者〉の帰還を待ち侘びているが、その者自身もまた開闢以来待ち続けている存在であるという。ペソアは霊媒のように自らを虚しくし、さまざまな人格に身を委ねる。そしてそれぞれの人格の名によって、全く異なる調子の詩を書いた。「私は骰子の目を出す者である」と古代インドの文書は言う。「私は行為の動因である」とグノーシス文書『真珠の歌』は言う。

ペソアはこれらの意味するところを理解している。時空の中で物体を動かすのに、世界をより良くするのに、渾身の力で押すだけでは不十分である。われわれを通じて精霊に作用させる必要があるのだ。われわれには骰子の目を出す霊の助けが必要なのだ。

二〇世紀後半の文学において、ボルヘス、カルヴィーノ、サリンジャー、シンガーらもまた公然と秘教的主題を扱っている。あたかも、「全ての純粋なる創造は、秘教的領域に由来する、過去において意識化されたことのないものを意識化する」というカールハインツ・シュトックハウゼンの主張を実現しているかのように。ルドルフ・シュタイナーの人智学は、この上ない影響力を持った。カンディンスキーやマルク、ボイスのみならず、ウィリアム・ゴールディングやドリス・レッシングにも。後二者は人智学の共同体で生活したこともある。

秘教の影響の奇妙な伝わり方を示す一例だが、C・S・ルイスとソール・ベロウという全く異質な作家が、同じ霊的導師、人智学者オーウェン・バーフィールドによって秘教哲学に参入した。

時代の最も偉大な作家たちは、常に秘教思想に興味を持つものだと言ってもよいのだろうか？　確かに、世紀の変わり目に英語で書いていた二人の一流作家、ベロウとジョン・アップダイクには秘教の影響が見られる。ベロウとバーフィールドの往復書簡は公開されている。アップダイクはあからさまなオカルト小説『イーストウィックの魔女たち』を書いている。だがさらに明らかなのは、彼の最新作である小説『ヴィレッジズ』の次の一節である。「性はプログラムされた譫妄であり、死それ自体の材質を以て死を押し戻す。星々の間の黒い空間に、われわれの静脈と亀裂の中の甘き材質が満ちる。因習的な慎みが下品と呼ぶわれわれの部分は、いと高きものである。われわれは輝く者と言われる……」

この一節は、顕教的な世界観とその対極の間にある問題の中枢を射貫いている。秘教思想家によれば、機械化・産業化・ディジタル化された環境における生は、われわれの精神機能を死滅させる。コンクリート、プラスティック、金属、スクリーンに跳ね返る電気インパルスなどは内在化し、そこに自己再生力のない荒野を創る。

　霊的世界からの、生命力溢れる自由な流入を再び受け入れるためには、意識の中を意識的に変えることが必要なのだ。


　一七八九年、ミカエル率いる天使軍が、天での戦いに勝利した。だがこの勝利を確実なものにするためには、同じ戦争を地上で繰り返すことが必要だった。

　一九一四年六月二八日、ラスプーチンは暗殺された。その同じ日、オーストリー大公フェルディナントが暗殺された。

　地獄が解放された。

　二〇世紀初頭のドイツに対する悪のオカルト的影響については、既に多くが語られている。それに比べて、革命時のロシアにおけるオカルト的影響についてはあまり知られていない。サン・マルタン、パピュス、そしてラスプーチンについては既に触れた。ほとんど知られていないのは、彼らの敵、すなわち革命的共産主義者の背後のオカルト的影響である。

　既に述べたように、マルクス主義はフリーメイソンリーの友愛思想を唯物論的に再構成したものと見做しうる。レーニンとトロツキーが煽動した党員の細胞構造は、ヴァイスハウプトの作業方法に極めて近い。マルクス、エンゲルス、そしてトロツキーもまたフリーメイソンであった。レーニンは第三一階級であり、いくつかのロッジに所属し、中でも〈九姉妹〉ロッジは極めて有力で、啓明結社の虚無的哲学の信奉者の吹きだまりになっていた。レーニンとトロツキーは、神に対する戦争を遂行したのだ。

　だが、ここにはより深い謎がある。レーニンのような人物が、如何にして数百万数千万の人間に自らの意

アウグストゥスやジェイムズ１世同様、ヒトラーもまたオカルティストを迫害した。彼がそれを信じていないかったからではなく、信じていたからである。当時最高の学識を誇った隠秘学者フランツ・バルドンは、弟子と共にＳＳに捕えられた。拷問され殴られている時、この弟子は自制心を失い、カバラの呪文で拷問者を凍てつかせた。これが解けた時、弟子は射殺された。バルドンはプロの奇術師として働いていた。ただの奇術師が本物の隠秘学者であることが判明するという話には、トーマス・マンの『マリオと魔術師』、それにここに示した映画『カリガリ博士』などがある。

志を強制し得たのか？　これはヴァイスハウプト流の不吉な戦略だけでは説明できない。

ソヴィエト連邦を圧倒するため、米軍がオカルト的手法を研究していたことは既に実証されている。主要人物の証言も本物と思われるが、その成果は芳しいものではなかった。

今、ようやく明らかになりつつあるのは、旧ソヴィエト連邦の政府機関が、大々的にオカルトを使用し、成果を上げていたということだ。生き延びた秘儀参入者たちはようやく、「赤い秘儀伝授」について重い口を開き始めた。それはかつての修道院で、諜報部員養成のために行なわれていた霊的修行である。そこでは拷問や処刑の犠牲者から心霊的エネルギーを搾取し、これによって意志力を超人的に高めるためのオカルト的技法が採用されていたらしい。大義のために殺すことのできた者だけが赤い秘儀参入者となれたのである。

このような黒魔術と出逢うのは、これが最初ではない――アメリカのピラミッド文化にもそれはあった。秘史においてはレーニンはその大神官の転生身であり、太陽神の再臨を阻止するために受肉したのだ。トロツキーはかつての盟友から逃れてメキシコ・シティに潜伏する。彼は故郷に戻ったのである。

レーニンとして復活したピラミッドの神官が、ミイラとして永久保存されているというイメージは、現代人の感覚に訴えるものがあると同時に、少々馬鹿げたものにも思える。だが皮肉なことに、このイメージは近代主義そのものなのである。聖像とオフビートを混ぜ合わせたそれは、まさに古代の隠秘学の叡智を安っぽく陳腐に当世風にした近代主義の精神の凝縮と言えよう。

オカルト結社の中には、秘教の叡智をどの程度大衆化すべきかという論議がある。それは唯物論との戦いにどの程度有効であり――そしてどの程度危険なのか？

アトランティス後の歴史が始まった土地、インドに戻ろう。

本書も終わりに近づき、われわれは今や、人間がどれほど進歩してきたかを振り返るのに絶好の位置にいる。当初、人間は全員が共有する精神を持つ生物であり、周囲の世界をほとんど認識せず、また内なる生の感覚もなかった。それから遙かな時を隔てて、われわれはガンディの中に個人の自由思考、自由意志、自由愛を見る。この人物の自己感覚の拡大は、彼自身の個人的な物語、内なる物語における転換点を、世界史上の転換点へと転化せしめた。

ガンディは、秘密結社が長い歴史を通じて育んできた新たな意識形態の偉大な具現化である。

秘密結社が全世界の隅々にまで到達したことと合わせて、聖仙の地の出身であるガンディが最初に学んだ秘教思想が、ブラヴァツキー夫人によるロシア／イギリス／エジプト／アメリカの秘教思想のハイブリッドである神智学であったというのは、皮肉が効いている。

若き日のガンディは、大英帝国と「恋に落ちて」いると称した。生来善良な性質の持ち主だった彼は、彼の祖国を植民地支配する、清廉でフェアプレイを重んずる英国人の最良の部分を見たのだ。

だが成長するにつれて、彼はより深い現実を目にすることとなった。例えば彼らの自慢であるフェアプレイの下には、アンフェアな関税や、自決権を奪われたインドの悲惨な姿があった。

アメリカの超絶主義者ヘンリー・ソローの不服従の哲学や、ジョン・ラスキンの芸術、社会批評に影響を受けたガンディは、世界を逆しまに、裏表にすることに取りかかった。

一九〇六年、三十六歳の時、ガンディは妻との性交を絶った。彼の霊的修業には紡ぎ車による日々の労働も含まれていた。これは貧しい者の雇用を促すという意味もあったが、同時にまた、布を織ることは自分の植物体に働きかけることでもあると彼は信じていた。肉体の異なる次元を支配することができれば、「魂の力」を開発できるのである。

彼はこの宇宙が真理に、そして真理の法則に支配されていると信じていた。ゆえに、この法に従って行動すれば、真理と愛の力《サティヤーグラハ》を得ることができると。

例えば、敵対する者を本当に信ずるなら、最後にはこの敵を動かし、信頼させることができる――心理的な影響を与えることも事実だが、より重要なのは、超自然的な影響である。同様に、攻撃を受けたら、加害者に対する怒りや憎悪に囚われないよう努める。この哲学に従うことによって、「王も、人も、盗賊も、虎も、死すら怖くなくなる」とガンディは説く。

秘密結社特有の逆しまの思考で、ガンディはインドの植民地化の責任は英国人ではなくインド人にあると言う。僅か十万の英国人が三億のインド人を支配しているのは、インド人が彼らに従っているからであると。インドの綿は英国へ、ランカシャーの繊維工場へ輸出され、それからインドに売られる。英国にとって利益となり、インドにとって損失となる。紡ぎ車の前に座ったまま、彼は言う、「私が糸を紡ぐ度に、私はインドの運命を紡いでいるのだと確信している」。

一九二九年一月二六日、彼はインドの津々浦々の街や村で独立の日を遵守するよう、人々に訴えた。司法裁判所、選挙、学校をボイコットせよと。また当時、英国が塩の製造を独占をしており、海岸に行けば塩などいくらでも手に入るにもかかわらず、インド人は英国人から塩を買わねばならなかった。これに異を唱えるため、一九三〇年三月、六十歳の彼は杖を手に、二十四日掛けて海まで行進した。数千人が彼の後に続いた。遂に彼は海水に入り、沐浴し、跪いて掌一杯の塩を掬った。人々は歓呼した。「救済者！」

ガンディの魂の力により、彼を前にすると、武装した兵士は武器を下ろした。ヒンドゥ教徒とムスリムも、彼の前では争いを止めた。

ガンディの投獄と、そのハンガー・ストライキは英国政府の意志を弱め、遂に一九四七年にインドは独立した。世界最大の帝国の融解を世界は目の当たりにした。

本書の歴史において、われわれはアレクサンドロス大王やナポレオンなどの偉大な指導者の生涯を追ってきた。ある意味でガンディは彼らの誰よりも偉大である。魂の力は世界最強の軍をも屈服させる、なぜなら行動の背後にある意図は、その行動そのものよりも大きく、広範な効果を及ぼすからである、と彼は信じていた。

ガンディは敬虔なヒンドゥ教徒であったが、山上の垂訓に示される、深層法則に従って生きた。敵対するヒンドゥ教徒とムスリムの党派に対して彼は説いた、自己犠牲の精神が自らの共同体内部に留まる者は、最後には利己的となり、共同体そのものを利己的にする。自己犠牲の精神とは、全世界を包含するものでなければならないと。

聖フランチェスコと同様、彼もまた全世界を愛したのだ。

28

水曜日、木曜日、金曜日

反キリスト／古代の森の再訪／弥勒仏／七つの封印の開封／新エルサレム

歴史上この辺鄙な、今という時代だけである――奇蹟など一つも起こらず、大天才など一人もおらず、知識階級の教育水準が急激に落ち込み、そして人々が、物質先行型の宇宙観を盲信しているのは。他のあらゆる時代、あらゆる場所で、人々はその逆を信じていた。誰であれ、現在のわれわれのような考えを持つなど、想像もできなかっただろう。

秘史によれば、この変化は意識の変化によって引き起こされた。秘教によれば、意識は一般に考えられているよりも遥かに急速に、遥かにラディカルに変化する。ほんの数世代前の人々は精神先行型の宇宙観を信じていたのだが、それは彼らが両方の立場を比較考量して観念論に軍配を上げたからではない。彼らが世界を観念論的に体験していたからに他ならない。本書がそのことを示す一助となれば幸いである。

最後に、あなた自身の意識が両親の意識とどれほど違っているかを考えていただきたい。おそらくあなたの意識の方がよりリベラルであり、共感的であり、人種、階級、性別、性的嗜好などの異なる人々の視点に対して容認的であろう。ある意味で、あなたは自分自身について、よりよく知っている。フロイトの観念が広く浸透したお陰で、自分の衝動の下に隠れた性的動機に気づきやすくなっている。あるいは経済的動機に――マルクスのお陰で。抑圧の度合い、権力を恐れる度合いは少なく、好奇心はより強く、家族の紐帯は弱

ルカ・シニョレッリ『反キリスト』。オルヴィエト大聖堂、サン・ブリツィオ礼拝堂。シニョレッリはシスティーナ礼拝堂でボッティチェリと共に仕事をし、またレオナルド同様、ヴェロッキオの工房の一員で、このヴェロッキオの作品もまた秘教の象徴に満ちている。マヤの占星術師／神官は、ルシファーの受肉を紀元前 3114 年 8 月 13 日と特定した。これはヒンドゥの伝承に言う暗黒時代の開始の時期に極めて近い。同じ神官は、同様の歴史の転換点を予言している。一つの大周期の終わり、もう一つの大周期の始まりが、2012 年 12 月 22 日であるという。

いだろう。より嘘が上手く、集中力は弱く、長期的な目標のために退屈な仕事に齧り付く意志力も弱くなっているだろう。大衆文化はロマンティックな恋愛を謳い上げるが、あなたは、ほとんどの人と同様、もはや心の底から恋愛を信ずることは無いだろう。生涯に亘って同じ性的パートナーと過ごすことを望む、あるいは予期する人はほとんどいない。実際、リルケが『マルテ・ラウリス・ブリッゲの手記』に記しているように、あなたの中の一部は、愛されることに伴う責任から逃れたいと欲している。

つまり、われわれの意識は親たちの意識とは異なっている。そしておそらく、祖父母たちの意識とは非常に異なっている。この変化の割合を歴史に当て嵌めてみれば、ほんの数世代前には、目覚めている人の日常意識が、われわれの夢のような意識であったとしても驚くには当たらない。またこのことは、次のような疑問を引き起こす——

近未来において、われわれの意識はどのように変わるのか？

精神先行型の宇宙観においては、精神が物質宇宙を創ったのは、人間の意識を育て、進化させるためである。

ならば、われわれの意識がどう変化するかについて、それは何を語るのか？

秘教的キリスト教によれば、イエス・キリストが地上にいたのは宇宙の歴史のちょうど真ん中である。つまり彼の生涯は、歴史における巨大な折り返し点である。それ以後に起こった全てのことは、それ以前に起こったことの鏡像である。つまりわれわれはキリスト以前の時代の大きな出来事を逆の順序で辿っているのであり、われわれの将来の進化は、われわれをより以前の段階へ、逆の順序で連れて行く。

例えば、西暦二〇〇〇年のわれわれの生活は、紀元前二〇〇〇年、ウルクの街の偶像崇拝の摩天楼の間を歩いていたアブラハムの生涯の鏡像である。

今日の摩天楼は、ファンダメンタリズムの象徴と考えられる。一方にはキリスト教右翼がおり、これは偏狭なイスラムと同類と見なしうる。両者とも、人間個人の自由意志と知性を抑圧し、啓明とは無関係の法悦にわれわれを誘う。これはルシファーの影響力である。

他方には、戦闘的な科学的唯物論があり、これは人間の精神を消滅させることを望んでいる。機械はわれわれを機械のようにする。これはサタンの影響力であり、彼はわれわれの精神を絞り出し、われわれを単なる物質に変えることを望んでいる。

ルシファーが受肉したように、サタンもまた受肉する。彼は一人の作家として登場するだろう。その目的は、霊性を「説明して片付けてしまう」ことによって、それを破壊することである。彼は超自然的な現象を起こす能力がある。だが、その現象に還元主義的な科学的説明を与えることができるのだ。

当初、彼は人類に恩恵をもたらす天才として登場する。彼自身、自分が反キリストであるとは気づいていない。そして自分の行動は、純然たる人類愛に基づくものであると信じている。危険な迷信を廃し、世界の宗教を統一するために働く。だがその内に、自分はイエス・キリストにできなかったことをやるのだという驕慢の瞬間が来る。そして彼は自分の正体と使命に気づく。

サタンを見分けるにはどうしたらよいのか？　あるいは、偽預言者を？　あるいは偽りの、霊的と称する教えを？　偽りの教えには、道徳的次元がほとんど、あるいは全く無い。例えばチャクラの覚醒は、利己的な「自己成長」という側面でのみ推奨される。真に霊的な教えは、その中心に他者への愛、人類愛を置いている——無償で与えられる、知的な愛である。

　また、疑問を持つことを歓迎しない教え、茶化されることを許さない教えに注意すべきである。それは結局のところ、神があなたを愚かにすることを望んでいると表明しているのだ。


　本書では、歴史を通じて、極めて知的な人々が秘教哲学に染まっていたことを示す証拠を積み上げてきた。彼らは秘密の技法を用いて変性意識状態に入り、そこで異常なほど高度な知性に接触した。この証拠によれば、これらの結社に属していた人々は、新しい、より高度な知性を持つ意識形態の創出に関心を抱いていた。

　秘教思想は、人間の進化において、今日ではほとんど見過ごされている決定的な影響力を持っていたのだ。


　この考え方によれば、人間はかつて、自由に霊的世界と接触できた。その後、物質が硬化するに連れて、この接触は曖昧な、ぼやけたものとなった。今、われわれと霊的世界を隔てる障壁は、再び薄くなりつつある。物質界は擦り切れ、ほつれようとしている。

　われわれは「偶然」が示すパターンに敏感になり、シンクロニシティを頻繁に体験するようになるだろう。その中に、深層の法則のアウトラインを見るようになるだろう。

　直観や素晴らしいアイデアを得ても、すぐにそれを自分の頭から出て来たものだとは考えなくなるかも知れない——それは異次元から得たものだということを受け容れるかもしれない。

　不可視の知性体から刺戟を受けているということに気づくにつれ、われわれはお互いに、会話や物理的観察以上に、思考によって直接的に繋がっているのだということに気づくだろう。自分と他の人々との交流は、普通に考えているよりも遙かに神秘的な過程なのだという、高度な感覚が発達するだろう。

未来においては、輪廻転生の観点から人間関係を見ることを学ぶだろう。前世における人間関係が、今生で見知らぬ人と会った時に起こる「無意識的な」好き嫌いの理由となるということを受け容れるだろう。

当然ながら、このようなことはいずれも、常識的な観点から見れば狂っているとしか言いようがない。科学的＝唯物的宇宙には、このような考えの入り込む余地はどこにもない。

だが、科学的＝唯物的観点には限界がある。それを私は示そうと努めてきた。

宇宙の始まりと言ったような、遙か彼方の事象について考えるとなると、膨大な思考を、極めて僅かな証拠の上に配置していかねばならない。一流の物理学者、宇宙論者、哲学者たちによる、無限に連動する次元だの、並行宇宙だの、「シャボン玉宇宙」だのに関する思弁には、針の先に何人の天使が立てるかというアクィナスの思弁と同様の想像が含まれている。

重要なのは、最も重要な問題に関しては、人は必ずしも蓋然性のバランスに従って選択するわけではないということだ。そもそもそんな蓋然性など無に等しいのだから。世界は、同時に魔女にも少女にも見える「騙し絵」のようなものなのだ。人はしばしば、その内の一方を棄て、一方を選ぶ。自らの深奥のどこかで、それを信じたがっているからだ。

この傾向を意識することができるようになれば、われわれは——ある程度まで——自由に決断を下すことができる。なぜならそれは、知識に基づく決断だからだ。われわれの一部、心の奥底の一部は、機械的＝唯物的宇宙を望んでいる。だが良く考えてみれば、われわれはそんな部分には自分の運命など委ねたくはないだろう。

汝自身を知れ、と太陽神は命ずる。古代の秘儀の学院が、そして近代の薔薇十字団のような組織が教えていた技法は、われわれが自分の呼吸のリズム、脈拍、性的リズム、覚醒・夢・夢のない睡眠のリズムに気づくことを目的としている。個人的なリズムを、ヤキンとボアズが測定する宇宙のリズムに意識的に同調できるなら、最終的には自らの進化を宇宙の進化に統合することができる。このことは、最も高次の定義において、人生の意味を見出すことであるだろう。

秘教哲学は、われわれの上に広がる霊的ヒエラルキーの再発見を促す。そしてそれと密接に繋がっているのが、われわれの中に広がる聖なる能力の発見である。これこそ、プラトンや聖パウロ、レオナルド、シェイクスピア、そしてニュートンら、多士済々の天才たちが保持し、育んできた秘密である——

1．深く思考し、思考の霊的根源を再発見できるなら、思考を、生きた霊的存在として認識できるなら……

2．自分自身の独自性についての感覚を十分に強く発達させ、それによって自分自身と絡み合っては離れる〈思考体〉との交流に気づくなら、しかもこの現実に圧倒されてしまわないなら……

3．古えの、驚異の念を再現し、この驚異の念によって、自分の中の深い、暗い隠れ家に眠っている意志の力を引き出せるなら……

4．同胞である人類に対する愛の炎が心の中から燃え上がり、共感の涙を流すなら……

あなたは既に〈四大元素〉の作業に取り組んでいる。その変容の過程を開始している。これこそ、聖パウロが『コリントの信徒への手紙一』一三章で仄めかしている、四重の〈大作業〉である。「私たちは、今は、鏡におぼろに映ったものを見ている。だがそのときには、顔と顔とを合わせて見ることになる。私は、今は

レオナルド・ダ・ヴィンチ『寓意』。秘密結社の参入者であったレオナルドは、聖パウロが述べている〈四大元素〉への作業を含む霊的修法を理解していた。王室図書館のカタログでは左の生き物は狼となっているが、実際には雄牛である。

一部しか知らなくとも、そのときには、はっきり知られているようにはっきり知ることになる。それゆえ、信仰と、希望と、愛、この三つは、いつまでも残る。その中で最も大いなるものは、愛である」

直観は変容された知性であり、それは霊的存在を現実のものとして知覚する。パウロはこれを信仰と呼ぶ。

驚異は変容された感情であり、宇宙における霊的作用を知り、なおそれに圧倒されない感情である。パウロはこれを希望と呼ぶ。

良心は変容された意志であり、思考と想像力、信仰と希望を駆使して、われわれは自らのその部分を変容し始める。それは意識の識閾下の生きる意志力も含まれる。パウロはこれを恩寵もしくは愛と呼ぶ。

信仰を希望に、そして信仰と希望を愛に適用する時、人間は天使に変容する。

ゆえに蠍は鷲に変容する。鷲は雄牛に働きかけ、雄牛は翼を得る。翼持つ雄牛は獅子に働きかけ、獅子もまた翼を得る。

そしてこの四重の過程の終わりに、翼持つ獅子は人に働きかけ、人は天使に変容する。これこそ、古代の密儀の場で教えられていた大いなる秘儀であり、秘教的キリスト教の大いなる秘儀となるものである。〈四大元素〉は、物質宇宙の形成において無くてはならない役割を果たしている。ゆえに、われわれと絡み合いまた離れるそれに働きかけることは、われわれ自身のみならず、全宇宙をも変容させることになる。共感の涙を流す時、われわれの動物的性質もある程度変容する。だが同時に、全宇宙に遍在する智天使もまた変容するのである。人間の肉体の変化は、物質宇宙全体の変容の種子となる。

カバラ主義者イツハク・ルリア曰く、最終的には全ての原子の一つ一つに至るまで、人の作用を受けることになると。

本書の歴史の最初の数章で、われわれは世界と人間が次のような順序で創られたことを見た――まずは鉱物的部分、次に植物、第三に動物、そして最後に、創造の仕上げとして、明確な人間的要素。構成要素は次々に育てられ、各々が次の段階が発展するための条件を創る。歴史が後の段階に進むと、これらの部分は逆の順序で変容する――人間、動物、植物、そして最後に、鉱物である。時の終わりには、われわれの鉱物的性質の原子までが、変容のイエス・キリストの肉体のように変容する。

既に見たように、秘史によれば人間が物質に浸っているのはほんの僅かの間だけである。大地とわれわれの頭蓋骨が硬化したことにより、正しい自己の観念が発達し、自由に思考し、意志し、愛するための潜在力が生まれた。だが、物質界でのこの短い滞在の前には、われわれの体験は観念であった。想像力の対象、精霊、天使、神々に由来すると考えるものは、われわれにとって現実であった。人間の歴史の大部分において、物質が形成されて以後ですら、長期間に亘って、われわれが心の目で見るものは物質よりも現実なのだった。近代史の教える所によれば、いずれ物質は変容し、消散し、そしてそう遠くない未来、われわれは再び想像力の領域に入る。

エル・グレコ『第５の封印の開封』。『黙示録』に言う「封印の開封」とは、チャクラの再活性化を意味する。

それはいつのことか？　サタンの受肉の後、何が起こるのか？　第4章で述べたように、精神先行型の理解では、歴史は七「日」に分けられる。土曜日はサトゥルヌスの治世である。日曜日は大地が太陽と結合していた時期、月曜日は月が分離する以前の時代。火曜日は紀元前一一四五年、固定した物質世界への幽閉が始まった時。イエス・キリストの死は火曜日の真ん中であり、〈大週〉の真ん中でもある。では、週の残りには何が起こるのだろうか？

紀元三五七四年には、『黙示録』で「フィラデルフィア」と呼ばれる時代に入る。過去の巨大な進化的衝動はインド、ペルシア、エジプト、ギリシア、ローマ、北部ヨーロッパから来たが、次の衝動は東ヨーロッパおよびロシアから来る。フリーメイソンリーの影響を受けたアメリカと英国政府は、そのためにこの地域に関わろうとしている。既にこの地域からは極端なものが流出しつつある。極端な霊性、そして「ロシアン・マフィア」のような極端な悪である。

歴史上の人々、霊的世界から来て人類の進化を助けた偉大な人々が、未来においてわれわれを霊的世界へ連れ戻すために戻って来る。新たなシェイクスピア、新たなモーセ、新たなザラスシュトラ、新たなヘラクレスが到来するだろう。フィラデルフィアの時代の終わり近くで、エッセネ派の導師イエス・パンディラが再び受肉し、『黙示録』にいう「誠実及び真実と呼ばれる馬を駆る第五の騎士」となる。東洋の伝統では、この人物は弥勒仏と呼ばれる。彼は大いなる霊的賜物をもたらし、アビラの聖テレサの言う「魂の目」すなわちチャクラを開く。

そしてわれわれは再び、第2章で触れた聖なる森に入る。まずは精霊、それから天使や神々が、われわれを取り巻く全てのものの中にいることを認識する。が、われわれはもはや彼らに支配されることはない。われわれは再び、何かを決断する時はいつでも、両側に居並ぶ霊的存在を認識することになる。

善悪の霊が姿を現し、誰もが自由に霊的世界と交流するようになると、組織宗教はもはや無用のものとなる。

想像してごらん、宗教のない世界を。

アダムが持っていた、思考によって動植物を支配する力を取り戻す。過去世を思い起こし、来世を予見し始める。

覚醒時の意識が進化し、その意識から見れば現在の覚醒意識は、現在の覚醒意識から見た夢の意識に等しいものとなる。われわれは自分が目覚めていると信じているが、実際には眠りこけているということに気づく。

これらの進化は容易く獲得できるものではない。フィラデルフィア時代の終わりに、破局的な世界大戦が起こり、地上はアメリカを除いて霊的に不毛の荒野と化す。アメリカでは、霊性の火が保たれる。これは最初のザラスシュトラの時代の鏡像である。

紀元五七三四~七八九四年は、『黙示録』に言う「ラオディキア」の時代である。物質が稀薄化し、われわれの肉体はさらに霊的衝動に反応するようになる。善人の善性は身体の内から輝き、邪悪な者の顔や身体は彼らを支配する動物的衝動によって変形する。

善人は、周囲に惨めな人がいると、幸福を感じることがますます困難になる。最終的には、全員が幸福でない限り、誰も幸福ではなくなる。

物質界が束の間なら、死もまた束の間である。その内にもはやわれわれは死ぬことが無くなり、ただ深い眠りに陥るだけになる。次にその眠りもどんどん浅くなる。聖パウロが言うように、死は呑み込まれる。再び変身の時代に入ると、生物学的な生殖もまた最終的には無用となる。われわれはフリーメイソンの「失われた言葉」を見出す。いわば声の力によって創造できるようになる。

〈大週〉の図式によれば、われわれは「木曜日」に入るのだが、もはやそこではわれわれの知る時間は存在しない。われわれの思考はそれ自身の生命を帯び、われわれから独立して、われわれのために働く。

歴史が終わりに近づくと、再び悪の諸力が現れる。悪の三位一体の第三の存在、太陽のデーモンであるソラトが、神の意に背く。これこそ、『黙示録』にある、小羊のような二本の角のある獣である。彼は悪の軍団を率いて最後の戦いに臨む。

最終的に、聖クリュソストモスが予言したように、太陽が変わるのみならず、各人の内に一つずつの太陽が昇るようになる。


これら全ては、思考の力によって成し遂げられるだろう！

概して、歴史を最も変えた人々は、大将軍や政治家ではなく、芸術家や思想家であった。ただひとり部屋に座し、思想を生み出す者は、戦場で数万の兵に命令を下す将軍、数百万の臣民に命令を下す政治指導者よりも、さらに歴史を変えるのである。

これが哲学のロマンであり、魅惑である。精神先行型の宇宙では、あらゆる思考にはロマンと魅惑以上のものがある——魔術である。私の行為や言葉だけでない、私の思考が他人に、そして歴史の方向に影響を及ぼすのだ。

　プラトンは言った、あらゆる哲学は驚異に始まると。

　近代科学は驚異を抹殺している、われわれは全てを知っていると言うことによって。近代科学は哲学を抹殺している、「なぜ」という巨大な謎を問うことを止めさせることによって。そんな問いには何の意味も無い、と彼らは言う。追求しようとするな。

　今日の科学者は、彼らの手法こそが人間存在の基本条件を解釈する唯一の方法であると主張している。彼らは自分たちが知っていることについてあれこれ考えるのが好きである。彼らの見方では、既知とは広大な大陸のようなものであり、そこにある全てのものはほとんど征服されている。

　本書に登場した、歴史を作ってきた人々は、寧ろ自分の知らないことについて考えることを好む。彼らの見方では、既知とは広大な未知の海に浮かぶ小島のようなものである。

　疑いの種を蒔こう。フランシス・ベーコンの助言を聞き、世界にパターンを押しつけようとするのを止めよう。キーツに倣って、より深いパターンが出て来るのを待とう。

　科学は確実ではない。それもまた、他のものと同様に神話であり、人々がその深層において信じたがっているものを見せているだけである。

　ルドルフ・シュタイナー曰く、残酷になる勇気を持たない人が、しばしば残酷な信念を信ずると。われわれの住んでいる宇宙が互恵的な宇宙ではないと規定することは、必要以上に残酷なことである。

　このような残酷な見方を受け容れるなら、われわれ自身の個人的体験よりも、専門家の言葉を優先的に受け容れることになる。シェイクスピア、セルバンテス、ドストエフスキーらが語った真実を否定することになる。

すなわち本書の目的とは、われわれの存在の基本条件を新たな目で見つめ直そうとするものだ。そうすれば、全く違ったものが見えるかもしれない。実際、それはわれわれが子供の頃から教えられてきたこととはほとんど完全に逆であるように見えるかも知れない。これこそが哲学である。まともな哲学である。

古代の叡智の断片は、われわれの周囲のどこにでもある。曜日の名前に、一年の各月の名前に、林檎の種の配置に、寄生木の奇妙さに、音楽に、子供に聞かせるお伽噺に、多くの建造物や彫刻に、芸術と文学の傑作に。

もしもこの古代の叡智が見えないなら、そのように躾けられて来たからだ。われわれは唯物論に呪われている。

科学によれば、観念論の支配は一七世紀に終わった。全てを疑うことを科学が開始したからである。科学は、唯物論こそが時の終わりまでこの世を支配する哲学となると断言する。秘密結社の観点によれば、いずれ唯物論は単なる一時的な流行と見做されるようになる。

秘密結社の教義を白日の下に曝したのは、本書が歴史上初めてである。読者はこれを馬鹿馬鹿しいと感じるかも知れない――だが少なくとも、それがどのようなものかを知った上で、そう感じることができたわけだ。また別の読者は、そこに何かあると感じたかも知れない。それが現在の偉大なる科学の教えとは完全に相容れないものであったとしても。

これは幻視の歴史である。人間の精神の中に刻印された歴史、物質次元から他の次元へ抜けることのできる導師たちの、秘められた歴史である。これまでさんざん習ってきた歴史とは相容れないかも知れない、だが別の次元においては真実なのではないのか？

おそらく、われわれは最後に、偉大な科学者たちの思想を考察すべきだろうか？　物理学者ニールス・ボーア曰く、「正しい言説の反対は、偽りの言説である。だが、深遠な真理の反対は、もう一つの深遠な真理たりうる」。

既に見たように、紀元前一万一四五一年以前を見ようとすると、科学がこれこそ確実であると言える証拠は極めて少ない。膨大かつ空虚な解釈が、雀の涙のようなデータの上に、危うい均衡を保っているのだ。そして言うまでもなく、遠い未来、紀元一万一四五一年より先を見ようとしても同様である。われわれは想像力を駆使するしかないのだ。どちらの方向へ行こうと、この物質という小さな島を越える時、想像力の領域に突入せざるを得ない。

無論、唯物論者は想像力を信じない。単なる空想や妄想と同列に見做す。

だが秘密結社は想像力に特別高い地位を与えている。各個人の精神は、広大な宇宙精神による物質界への陥入点なのだ。われわれは想像力を駆使して、宇宙精神に立ち返り、これと連動せねばならない。

レオナルドを、シェイクスピアを、モーツァルトを神の如き存在にしたのは、このような想像力の使い方なのだ。

想像力こそが鍵なのである。

参考文献に関する註

全てのきっかけは、タンブリッジ・ウェルズの古書肆「ホール」でヤーコプ・ベーメの『ミュステリウム・マグヌム』のジョン・スパローによる英訳二巻本を見つけたことだった。同書が書かれたのは1623年。ヨーロッパの領土拡張の結果として東洋から大規模に秘教思想が流入する以前のことである。すなわち同書は、純粋に西洋的な秘教伝統の存在を示すものだったのだ。その伝統こそ、エジプト、ギリシア、ローマの秘儀の学院と、ルドルフ・シュタイナーを初めとする現代の幻視家の主張とを繋ぐものである。

同じ頃、私はまたベーメの『シグナトゥーラ・レールム』、パラケルススの『アルキドクセン』、それにフランツ・ハルトマンが編纂し短い評伝を加えたパラケルススの論文集 *Paracelsus: Life and Prophecies*、そしてＡ・Ｅ・ウェイトの編纂による英国の薔薇十字団員トマス・ヴォーンの著作集も手に入れた——美しい金表紙で装幀されたものだ。実に豊饒なる収穫と言うべきこれらの書物は、この伝統の存在をさらに裏付けるものであった。現代の書物、ジョスリン・ゴドウィンによる *Robert Fludd: Hermetic philosopher and surveyor of two worlds*〔邦訳『交響するイコン——フラッドの神聖宇宙誌』平凡社刊〕には、太陽から分離する大地の図版が収録されていた。これが史実であることを物語る秘教伝統の存在は知っていたが、それまではシュタイナーを通じて読んでいただけだったのだ。

ヴァランタン・トンベールやマックス・ハインデルらの著述家は、彼らが如何に多くをシュタイナーに負っているかを明らかにしていないとの誹りを受けている。そこで私はここに明言しておく。シュタイナーこそは秘教学界に屹立する比類無き巨人であり、19世紀末から20世紀にかけての斯界を支配した彼は、同じく18世紀末から19世紀を支配したスウェデンボリに匹敵する。難解、かつ逆説的な秘教哲学の世界の啓明に関しては、他の如何なる導師をも凌いでいる。シュタイナーの著作は600巻に及び、そのほとんどは講義録だが、私は少なくともその内の30巻は読破している。

彼の業績は極めて偉大であるが、その著作は読みやすいとはとても言えない。シュタイナーの目的は、英米の学界のように、可能な限り明瞭たらんとすることではなかった。彼の目的は、さまざまな種類の主題を——歴史と形而上学、倫理と哲学とを、言わば織り合わせることによって聴衆に働きかけることにあったのである。ゆえにそこには通常の意味における構造も、また筋書きも存在しない。事物は何度も何度も、律動的に巡り来る。あるものは大きな周期で、またあるものは小さな周期で。多くの読者は忽ち退屈を覚える。だが忍耐力さえあれば、そこには常に魅惑的な情報の塊がある——そして本書にもまた、このようなシュタイナー的情報の塊がプラムプディングのように詰まっている。

あらゆる観念論哲学（すなわち、精神が物質に先行し、物質とは宇宙精神が何らかの形で凝結したものであるという哲学）は、この凝結を宇宙精神からの一連の流出として説明する。観念論の高度な学問——あらゆる伝統における秘教哲学——は常に、この流出を極めて体系的な形で天体と結びつける。さまざまな伝統には時にさまざまなバリエーションがあり、そのような場合、私は煩雑さを避けるために話を単純化したのみならず、シュタイナーを模範とした。主要なテキストは以下の通りである。 *Theosophy*〔『神智学』筑摩書房ほか〕、*Occult Science*〔『神秘学概論』筑摩書房ほか〕、*The Evolution of the World and Humanity, Universe, Earth and Man.*

（私は、これらの出来事の年代学に関するさまざまな学派——例えば人智学者、神智学者、そしてカイザーリンク派など——の論争には立ち入らないようにした。なぜならそれ

らは極めて晦渋であり、また本文にも述べたように、当時はわれわれが今日認識しているような意味での時間というものは存在しなかったからである。このような議論はしばしば無意味なものとなりがちだとは思うが、これに関する知的な議論としては、Vermont Sophia のウェブページと Robert Powell の *Sophia Foundation* のウェブサイトを推奨する。カイザーリンクによる多くの著述も、オンラインで入手可能である。ちなみに、私はある論題——すなわち、二人のクリシュナの物語を分けるべきか否かという点においては、シュタイナーよりもカイザーリンクに与する)。

シュタイナーは幻視者であり、その教えの出典を明らかにすることは滅多にない。彼が述べたことの多くは原則として学問的・科学的には立証不可能であるが、中には立証可能なものも多くあり、そのようなものはほぼ全てが検証されている。例外はほんの僅かしかないはずだ。

シュタイナーの問題点は、彼があまりにも偉大すぎて、その足跡を辿る者が自由かつ独立して考えることが困難になるということだろう。シュタイナーの影は、独創性を制限する。だが幸いにして私は長らく出版業界に身を置いてきた。この業界で某かの成功を収めるためには、自分の正しさを頑として信じ続けることが必要不可欠なのだ。また私の研究が極めて広汎に及んでいたために、私は、少なくともある程度は、シュタイナーを重荷ではなく、霊感の源として見ることができるようになっていた。

現代の導師の中でも、G・I・グルジェフはその著作において読者をからかい、困惑させることを目論んでいる。だが彼の壮大な作品 *All And Everything* にもまた、古代の秘教教義の存在を裏付ける驚くべき情報の塊が入っている。彼の弟子であるウスペンスキーは、古代の叡智を「モダニストのイディオム」と呼んでも気障にはならないと思われるものに造り直す才能を持っていた。例えば *In Search of the Miraculous*〔『奇蹟を求めて』平河出版社〕や *Tertium Organon*〔『ターシャム・オルガヌム』コスモス・ライブラリー〕を参照せよ。同様にスーフィの伝統に浸かったルネ・ゲノンはフランス流の知的厳格さの典型で、私は彼の *Man and his Becoming* や *The Lord of the World*〔『世界の王』平河出版社〕、*Introduction to the Study of Hindu Doctrine* などを参照した。私にとって、これらは情報源であるのみならず、また優れた研究とは斯くあるべしという見本でもあった。

The Secret Wisdom of Qabalah は素晴らしく簡潔、かつ啓発的な案内書である。特にキリスト教的秘教伝承という点では、アンナ・ボーナス・キングズフォードとエドワード・メイトランドが1881年に上梓した *The Perfect Way* は稀覯本だが、私はリング留めのコピーを手に入れることができた。高教会派国教徒であるC・G・ハリソンの *The Transcendental Universe* は1893年に出版され、教会内外の秘教界隈に騒擾を引き起こした。なぜなら同書は秘密結社の門外不出の秘密を明かしていたからである。東方教会の観点から見て、オムラーム・ミカエル・アイヴァンホフの著作は、古代の太陽秘儀と、性愛に関する秘教的キリスト教の教義を育もうとする伝統の表明である。本文中にも触れたように、*Meditations on the Tarot* は1980年にパリで匿名出版されたが、その著者はシュタイナーの元弟子で、後にカトリックに改宗したヴァランタン・トンベールであった(その魅力的な後日談については、セルゲイ・O・プロコフィエフの *The Case of Valentin Tomberg* を推奨する)。*Meditations on the Tarot* はキリスト教の秘教伝承の宝庫である。デイヴィッド・オーヴァソンの *The Zelator* は現代秘教の知られざる古典である。同書はいくつかの伝統から叡智を得ているが、その中心にあるのはキリスト教的メッセージである。イエス・キリストに関するルドルフ・シ

ュタイナーの著作の価値は計り知れぬもので、特に秘教的キリスト教の中心である太陽秘儀に関しては必須である。*Christianity as a Mystical Fact and the Mysteries of Antiquity*〔『神秘的な事実としてのキリスト教と古代の秘儀』アルテ星雲社ほか〕、*The Spiritual Beings in the Heavenly Bodies and in the Kingdoms of Nature*、*Building Stones for an understanding of the Mystery of the Golgotha*、*The Influences of Lucifer and Ahriman*、*From Buddha to Christ*、それに福音書に関する数多い註解（中にはいわゆる第五福音書も含まれている）、それにトマス・アクィナス論 *The Redemption of Thinking*。それ以外にも私は、シュタイナーの膨大な出版プログラムから洩れた著作もいくつか突き止めた。例えば初期の神智学的著述である *Atlantis and Lemuria*、それに本書にとってはさらに重要な *Inner Impulses of Evolution: The Mexican Mysteries and the Knights Templar* などである。私はシュタイナーの友人であるエミール・ボックの聖書註解である *Genesis*、*The Three Years*、*Saint Paul* もまた大いに利用した。またG・S・ティヤクによる *Lore and Legend of the English Church*、及びエドワード・ラングトンの *Good and Evil Spirits* も参照した。

20世紀における錬金術文献の傑作は、言うまでもなく、*Le Mystère des Cathédrales*〔『大聖堂の秘密』国書刊行会〕および *Les Demeures Philosophales* である。これらは理解の鍵を提供するのみならず、フランスにおける秘教の聖域を突き止めるための素晴らしい案内書でもある。ポール・セディルの *History of the Rosicrucian Brotherhood* もまた推奨できる。ここには、キリスト教化された錬金術の開花に関する優れた論考がある。この主題に関しては、デイヴィッド・オーヴァソンの *The Zelator* 及びシュタイナーの *The Mysteries of the Rosicrucians*〔『薔薇十字会の神智学』平河出版社〕も良書である。錬金術についてさらに研究したい向きには、歴史文書の素晴らしい書庫である *Adam Maclean* のウェブサイトを推奨する。

シュタイナーの先駆者であるブラヴァツキー夫人は少々曲者である。彼女のキリスト教に対する敵愾心が、子供っぽい天の邪鬼のゆえであればよいのだが。寧ろブラヴァツキーは壮麗なヴィクトリア朝の伝統——奇妙な観念と、曖昧だが魅惑的な博識を詰め込んだ、あり得ないほど膨大な書物の執筆——の典型だったのだと思いたい。ジェイムズ・フレイザーの『金枝篇』を除いて——同書は少なくとも常に入手可能である——この種の本は現在ではほとんど読むことはできなくなっている。事実、時折私は、こんなものを読んでいるのはこの100年間で私だけではないのかという疑念に囚われた。それらの叡智は今は見捨てられているが、中には再発見を待つものもある。そして私は、以下のような書物の渉猟を楽しんだ。ブラヴァツキー夫人の *The Secret Doctrine*〔『シークレット・ドクトリン』竜王文庫〕および *Isis Unveiled*。F・マックス・ミュラーの *Theosophy and Psychological Religion*。G・R・S・ミードの *Fragments of a Faith Forgotten* および *Orpheus*。ジョージ・エリオットの友人であるジェラルド・マッシーの *The Egyptian Book of the Dead* および *Gnostic and Historic Christianity*。エドウィン・ベヴァンの *Ancient Theories of Revelation and Inspiration*。ウィリアム・ドラモンドの *Oedipus Judaicus*。ハロルド・ベイリーの *The Lost Language of Symbolism* および *Archaic England*。ウィリアム・スターリングの *The Canon*。ウィリアム・レサビーの *Architecture: Mysticism and Myth*。エドワード・カーペンターの *Pagan and Christian Creeds*。サー・ジョン・ウッドラフの *Introduction to Tantra Sastra* および *The Serpent Power*。エリファス・レヴィの *The History of Magic*〔『魔術の歴史』人文書院〕。S・L・マグレガー・メイザースの *The Kabbalah Unveiled*〔『ヴェールを脱いだカバラ』国書

刊行会〕。イーヴリン・アンダーヒルの *Mysticism*〔『神秘主義』ジャプラン出版〕。A・E・ウェイトの *Studies in Mysticism and Certain Aspects of the Secret Tradition*。リチャード・バックの *Cosmic Consciousness*。エドゥアール・シュレーの *The Initiates*。トーマス・テイラーの *The Eleusian and Bacchic Mysteries*。そしてW・ウィンウッド・リードの *The Veil of Isis*。

オカルト的生理学は本書の主要部分である。参照したのは、E・ウルフラムの *The Occult Causes of Disease*、ベンジャミン・ウォーカーの *The Encyclopedia of Esoteric Man*、マックス・ハインデルの *Occult Principles of Health and Healing*、コリン・ヘリンの *Occult Anatomy and the Bible*、そしてシュタイナーの *An Occult Physiolgy*〔『オカルト生理学』イザラ書房〕、*Initiation and its Results*、*Occult Science and Occult Development* である。ジョン・ブライブトロイの *The Parable of the Beast* は秘教生理学ではないが、殊に〈第三の目〉に関する興味深い情報が含まれている。

オカルト的芸術もまた主要部分である。参照したのは、ロバート・L・デルヴォイの *Symbolists and Symbolism*、クララ・アースキン・クレメントの *Legendary and Mythological Art*、ヴィルヘルム・フレンガーの *Hieronymus Bosch*、エドワード・ヒュームの *Symbols in Christian Art*、ルネ・ユイグの *Three Lectures on Art* ――これは特にエル・グレコ論が秀逸――、フレッド・ゲッティングズの *The Occult in Art*、デイヴィッド・オーヴァソンの *The Two Children*、オクタヴィオ・パスの *Marcel Duchamp*、ジョン・リチャードソンによる3巻本の伝記 *A Life of Picasso*、マーク・ハリスの示唆に富む随筆 *Picasso's Lost Masterpiece*、オザンファンの *The Foundations of Modern Art*、ジェイムソン夫人の *Sacred and Legendary Art*、アンドレ・ブルトンの *Surrealism and Painting*、ナディア・シュシャの *Surrealism and the Occult* である。

アルバート・パイクとA・E・ウェイトによるフリーメイソンリー関連の著作もまた、ヴィクトリア朝的膨大さを持つ著作の中に入る。この二人とマンリー・P・ホールが、フリーメイソンリーの秘儀に関する有名所である。私は彼らの *Morals and Dogma*、*History of Freemasonry*、*Secret Teachings of All Ages*、それにルドルフ・シュタイナーの *The Temple Legend* を参照した。さらに、デイヴィッド・オーヴァソンの *The Secret Zodiacs of Washington DC*〔『風水都市ワシントンDC』飛鳥新社〕とイアン・マコールマンの *The Seven Ordeals of Count Cagliostro* にも触れておきたい。また、独立心旺盛なロバート・ロマスの研究にも言及しておく。彼はクリストファー・ナイトと共同で、フリーメイソンリーの起源に関するいくつかのベストセラーを執筆している――*The Hiram Key*、*The Second Messiah*、*Uriel's Machine* などである。同じく異端の歴史に関するベストセラー作家であるロバート・ボーヴァルと同様、ロマスもまた技術者であり、理論指向の著述家たちが見落としがちな視点を持っている。私が本書で言いたかったことの一つに、秘教教義に有用かつ実際的な用途があるという事実こそがその真実性の裏付けであるというものがある。A・E・ウェイトの *The Hidden Church of the Holy Grail* は聖杯伝説に関するさまざまな資料についての秀逸な論考である。

秘教的エジプト学における偉人はシュワレール・ド・リュビクである。彼は古代世界の意識を理解したいという衝動の代表者である。彼の *The Temple of Man*、*Sacred Science*、*The Egyptian Miracle* などは大いに刺戟となった。私はまた、この分野の著述家たちと共にナイル河を遡行し、主要なエジプトの遺跡の見学を楽しんだ。同行したのはロバート・ボーヴァル、グラハム・ハンコック、ロバート・テンプル、そしてコリン・ウィルソンである。ある時私はマイケル・ベイジェントと

共に、エジプトの大きな神殿の祭壇の背後にあった秘密の通路を探険していた。特に本書と関係するのは、本文中でも言及したボーヴァルの新刊 *The Egypt Code* である。彼は同書において遂に、エジプト建築の背後にある数秘学・占星学的暗号を解いたと私は確信している。ロバート・テンプルは、知性の超自然的レベルに到達することのできる人物である。*The Sirius Mystery*〔『知の起源—文明はシリウスから来た』角川春樹事務所〕、*The Crytsal Sun*〔『超古代クリスタル・ミステリー——すべての文明の起源は失われた「光の科学」にあった』徳間書店〕、そして *Netherworld* は、神話や秘教伝承における占星学のシンボリズムに関する権威ある書物である。また、イタ・ウェッグマンの *The Mysteries* およびルドルフ・シュタイナーの *Mystery Knowledge and Mystery Centres*、ピーター・キングズレーの *In the Dark Places of Wisdom* も参照せよ。私はコリン・ウィルソンの『アウトサイダー』をまさに正しい時に読んだ——17歳の時である。そしてリルケやサルトルを教えられた。後に、私の哲学教授——オクスフォードで最も優秀な教授と呼ばれることもある——が、サルトルの著作を本物の哲学ではないと言って退けた時、彼ならウィルソンについても同じことを言うだろうと確信した。だが私に言わせればウィルソンは最も高度な意味において知的である。彼は生と死の巨大な謎を、そして今生きていることの意味を、完璧な知的誠実さと驚くべき知的エネルギーを以て理解しようと苦闘しているのだ。次世代における彼の知的な後継者こそ、マイケル・ベイジェントとグラハム・ハンコックである。ベイジェントはヘンリー・リンカーンおよびリチャード・リーと共同で、*The Holy Blood and the Holy Grail*〔『レンヌ＝ル＝シャトーの謎』柏書房〕を執筆した。以後、秘密結社に関する著述において同書を避けて通ることはできなくなった。本文中で私は、同書の誤りと思える箇所を指摘した。つまり同書はイエス・キリストとマグダラのマリアの関係に関する霊的な伝承を、唯物論的に解釈している。ベイジェントとリーと同様、ハンコックもまた、サスペンス小説の技法を用いて、極めて難解な概念を読者に理解させることに長けている。彼の著作、特に *Fingerprints of the Gods*〔『神々の指紋』翔泳社〕はパラダイムの転換を引き起こし、多くの読書人に、先輩たちから引き継いだ歴史に疑問を持つべきだと確信させるに至った。彼の最新作 *Supernatural*〔『異次元の刻印——人類史の裂け目あるいは宗教の起源』バジリコ〕は大いなる知的冒険である。だがその執筆における厳密さは、流石は元英国最高の経済ジャーナリストだけのことはあると思わせるものである。

考古学者デイヴィッド・ロールは、これまでに挙げてきた人々とは少々毛色が異なるかも知れない。というのも彼は正統派の学者でありながら、また *A Test of Time*、*Legend: the Genesis of Civilization*、*The Lost Testament* 等のベストセラーをものにしている。年代測定に関する彼の主張、特にエジプト考古学と聖書の記述が一致する部分に関しては、今後10年以内に、正統学界にも認められることになると私は確信している。

本書を執筆中に印象的だったのは、各々の分野に取り組んでいる多くの学者が、主流的パラダイムから見て、唯物論的にもまた因習的な歴史観の点からも異常と思える結果を出していることである。私が本書でやろうとしたことの一つは、そのような多くの異常を持ち寄り、一つの完全な、異常な世界観を構築することである。本書で言及した学者の中には個人的な知り合いもいるが、ほとんどはそうではない。ゆえに彼らが個人的に秘教に興味を持っているか否かを知る術はない。だが重要なのは次のことである——彼らの著述に、秘教への傾倒を示すものは何も無い。が、彼らの著作は秘教的世界観を支持している。ジュリアン・ジェインズの *The Origin of*

Consciousness in the breakdown of the Bi-Cameral Mind、ヘレン・ウォデルの *The Wandering Scholars*、ロベール・ブリフォールトの *Les Troubadors et le Sentiment Romanesque*、フランセス・イェイツの *The Art of Memory*〔『記憶術』水声社〕、*The Occult Philosophy in the Elizabethan Age*〔『魔術的ルネサンス—エリザベス朝のオカルト哲学』晶文社〕、*Giordano Bruno and the Hermetic Tradition*、ハロルド・ブルームの *Shakespeare and the Invention of the Human* および *Where Shall Wisdom be Found?*、マーシャ・キース・シュハードの *Why Mrs Blake Cried*、ジョン・メナード・ケインズの *Isaac Newton, the Man*、マーガレット・デモレストのジョン・ダン論 *Name in the Window*、M・C・クランブルックの *The School of Night*、ジョルジョ・デ・サンティラーナとヘルタ・フォン・デヘンドの *Hamlet's Mill*、アイザイア・バーリンの *The Roots of Romanticism*、キース・トマスの *Religion and the Decline of Magic*、F・C・バーキットの *Church And Gnosis*、チェスワウ・ミウォシュの *Emperor of the Earth*、オクタヴィオ・パスの *The Double Flame: Love and Eroticism*、S・S・ローリーの *John Amos Comenius*、ホセ・オルテガ・イ・ガセットの *Meditations on Hunting* 等々。

他の主要な参照文献は——

The Book of the Master by W. Marsham Adams

The Golde Asse of Lucius Apuleius translate by William Adlington

Love and Sexuality by Omraam Mikhael Aivanhov

Francis of Assissi: Canticle of the Creatures by Paul M Allen and Joan de Ris Allen

Through the Eyes of the Masters by David Anrias

The Apocryphal New Testament edited by Wake and Lardner

SSOTBME an Essay on Magic by Anon

Myth, Nature and Individual by Frank Baker

Les Diaboliques by Jules Barbey D'Aurevilly

History in English Words by Owen Barfield〔『英語のなかの歴史』中央公論社〕

Dark Knights of the Solar Cross by Geoffrey Basil Smith

The Esoteric Path by Luc Benoist〔『秘儀伝授』白水社〕

A Rumour of Angels by Peter L Berger*〔『天使のうわさ』ヨルダン社〕

A Pictorial History of Magic and the Supernatural by Maurice Bessy

The Undergrowth of History by Robert Birley

Radiant Matter Decay and Consecration by Georg Blattmann

The Inner Group Teachings by H.P. Blavatsky

Studies in Occultism by H.P. Blavatsky

A Universal History of Infamy by Jorge Luis Borges〔『悪党列伝』晶文社〕

Giordano Bruno and the Embassy Affair by John Bossy〔『ジョルダーノ・ブルーノと大使館のミステリー』影書房〕

Letters from an Occultist by Marcus Bottomley

The Occult History of the World Vol 1 by J H Brennan

Nadja by André Breton〔『ナジャ』岩波書店ほか〕

Egypt Under the Pharaohs by Heinrich Brugsch-Bey

Hermit in the Himalayas by Paul Brunton

A Search for Secret India by Dr Paul Brunton

Egyptian Magic and Oriris and the Egyptian〔『秘められたインド』日本ヴェーダーンタ協会〕

Resurrection by E.A. Wallis Budge〔『古代エジプトの魔術』平河出版社〕

Legends of Charlemagne by Thomas Bulfinch〔『シャルルマーニュ伝説』講談社ほか〕

Studies in Comparative Religion by Titus Burckhardt

If on a Winter's Night a Traveller by Italo Calvino*〔『冬の夜ひとりの旅人が』筑摩書房〕
Hero with a Thousand Faces by Joseph Campbell〔『千の顔をもつ英雄』人文書院〕
Rediscovering Gandhi by Yogesh Chadha
Life Before Birth, Life on Earth, Life After Death by Paul E. Chu
The True Story of the Rosicrucians by Tobias Churton
The Dream of Scipio by Cicero, translated by Percy Bullock
On the Nature of the Gods by Cicero, translated by C.M. Ross
The New Gods by E.M. Cioran
Europe's Inner Demons by Norman Cohn〔『女狩りの社会史』岩波書店〕
The Theory of the Celestial Influence by Rodney Collin
Ka by Roberto Calasso
The Marriage of Cadmus and Harmony by Roberto Calasso *
A Road to the Spirit by Paul Coroze
The Mysteries of Mithras by Franz Cumont〔『ミトラの密議』平凡社〕
The Afterlife in Roman Paganism by Franz Cumont〔『古代ローマの来世観』平凡社〕
Valis by Philip K. Dick〔『ヴァリス』東京創元社〕
The Revelation of Evolutionary Events by Evelynn B. Debusschere
Mystical Theology and Celestial Hierarchy by Dionysius the Auopagite, translated by the editors of the Shrine of Wisdom
Atlantis: the Antediluvian World by Ignatius Donnelly
The Erotic world of Faery by Maureen Duffy
Les Magiciens de Dieu by François Ribadeau Dumas
Chronicles volume One by Bob Dylan*〔『ボブ・ディラン自伝』ソフトバンククリエイティブ〕
Foucault's Pendulum by Umberto Eco〔『フーコーの振り子』文藝春秋〕
The Name of the Rose by Umberto Eco〔『薔薇の名前』東京創元社〕
The Book of Enoch edited by R.H. Charles
The Sacred Magician by Georges Chevalier
Life's Hidden Secrets by Edward G. Collinge
Conversations with Goethe by Eckermann*〔『ゲーテとの対話』岩波書店ほか〕
A New Chronology of the Gospels by Ormond Edwards
Zodiacs Old and New by Cyril Fagan
On Life after Death by Gustav Theodor Fechner
Ecstasies by Carlo Ginzburg
Once upon a fairy tale by Norbert Glas
Snow-White put right by Norbert Glas
Magic and Divination by Rupert Gleadow
Maxims and Reflections by Johann Wolfgang Von Goethe〔『ゲーテ全集 13』所収「箴言と省察」潮出版社〕
Hara: the vital centre of man by Karlfried Graf Dürckheim
The Greek Myths by Robert Graves〔『ギリシア神話』紀伊國屋書店〕
M.R. James' Book of the Supernatural by Peter Haining
Cabalistic keys to the Lord's Prayer by Manly P. Hall〔『フリーメーソンの失われた鍵』人文書院〕
Sages and Seers by Manly P. Hall
The Secret Teachings of All Ages by Manly P. Hall
The Roots of Witchcraft by Michael Harrison
The Communion Service and the Ancient Mysteries by Alfred Heidenreich
The Rosicrucian Cosmo-Conception by Max Heindel
The Hermetica in the edition edited and translated by Walter Scott〔『ヘルメス文書』朝

日出版社〕
The Kingdom of Faerie by Geoffrey Hodson
The Kingdom of the Gods by Geoffrey Hodson
Myth and Ritual by Samuel H. Hooke
Vicious circles and infinity by Patrick Hughes and George Brecht〔『パラドクスの匣』朝日出版社〕
The Way of the Sacred by Frances Huxley
La Bas by J.K. Huymans
Vernal Blooms by W.Q. Judge
Eshtetes et Magiciens by Philippe Jullian〔『世紀末の夢』白水社〕
The Teachings of Zoroaster and the Philosophy of the Parsi Religion by S.A. Kapadia
The Rebirth of Magic by Francis King and Isabel Sutherland
Egyptian Mysteries New Light on Ancient Knowledge by Lucy Lamy
Transcendental Magic by Eliphas Levi
The Invisible College by Robert Lomas
The Book of the Lover and the Beloved by Ramon Lull
Lynch on Lynch, edited by Chris Rodley〔『デイヴィッド・リンチ』フィルムアート社〕
An Astrological Key to Biblical Symbolism by Ellen Conroy McCaffrey
Reincarnation in Christianity by Geddes MacGregor
The Great Secret by Maurice Maeterlinck
Experiment in Depth by P.W. Martin
The Western Way by Caitlin and John Matthews
Simon Magus by G.R.S. Mead
The Secret of the West by Dimitri Merezhkovsky
The Ascent of Man by Eleanor Merry
Studies in Symbolism by Marguerite Mertens-Stienon
Ancient Christian Magic by Meyer and Smith
Outline of Metaphysics by L. Furze Morrish
Rudolf Steiner's Vision of Love by Bernard Nesfield-Cookson
The Mark by Maurice Nicoll
The New Man by Maurice Nicoll
Simple explanation of work ideas by Maurice Nicoll
The Idea of the Holy by Rudolf Otto
The Secrets of Nostradamus by David Ovason*〔『ノストラダムス大全』飛鳥新社〕
Metamorphoses by Ovid translated by David Raeburn〔『変身物語』岩波書店〕
The Tarot of the Bohemians by Papus
Gurdjieff by Louis Pauwels
Les Sociétés Secretes by Louis Pauwels and Jacques Bergier
King Arthur: the true story by Graham Philips and Martin Keatman
Freemasonry by Alexander Piatigorsky
Select works of Plotinus edited by G.R.S Mead
The Cycle of the Seasons and Seven Liberal Arts by Sergei O.Prokofieff
Prophecy of the Russian Epic by Sergei O. Prokofieff
The Golden Verses of Pythagoras and Other Pythagoran Fragments translated by Florence M. Firth
Gargantua and Pantagruel by Rabelais, translated by J.M. Cohen〔『ガルガンチュワとパンタグリュエル』白水社ほか〕
Zen Flesh, Zen Bones by Paul Reps
Letters to a young poet by Rainer Maria Rilke*〔『若き詩人への手紙』角川書店ほか〕
The Notebooks of Malte Laurids Brigge by Rainer Maria Rilke
The Followers of Horus by David Rohl
Dionysius the Areopagite by C.E.Rolt
Pan and the Nightmare by Heinrich Roscher and James Hillman*
Lost Civilizations of the Stone Age by Richard Rudgley〔『石器時代文明の驚異』河出書房新社〕
The Philosophy of Magic by Eusebe Salverte
The Story of Atlantis and the Lost Lemuria by

W. Scott-Elliot
Studies in comparative religion by Frithjof Schuon
The Rings of Saturn by W.G. Sebald〔『土星の環』白水社〕
Annotations of the sacred writings of the Hindus by Edward Sellon
Lights Out For The Territory by Iain Sinclair
The Sufis by Idries Shah〔『スーフィー』国書刊行会〕
Esoteric Buddhism by A.P. Sinnett
Man, creator of forms by V. Wallace Slater
Jesus the Magician by Morton Smith
The Occult Causes of the Present War by Lewis Spence
Egypt, myths and legends by Lewis Spence
Epiphany by Owen St. Victor
The Present Age by W.J. Stein
The principle of reincarnation by W.J. Stein
Tolstoy and Dostoyevsky by George Steiner〔『トルストイかドストエフスキーか』白水社〕
The Book with Fourteen Seals by Rudolf Steiner
The Concepts of Original Sin and Grace by Rudolf Steiner
The Dead Are With Us by Rudolf Steiner〔『精神科学から見た死後の生』風濤社〕
Deeper Secrets of Human History in the Light of the Gospel of St Matthew by Rudolf Steiner
Egyptian myths and mysteries by Rudolf Steiner
The Evolution of Consciousness, and The Sun Initiation of the Druid Priest and his Moon-Science by Rudolf Steiner
From Symptom to Reality in Modern History by Rudolf Steiner
The Karma of Untruthfulness vols I and II by Rudolf Steiner
Karmic relationships Vols I and II by Rudolf Steiner〔『「カルマ論」集成（３～５巻）』イザラ書房〕
Life Between Death and Rebirth by Rudolf Steiner〔『精神科学から見た死後の生』風濤社〕
Manifestations of Karma by Rudolph Steiner〔『カルマの開示』イザラ書房〕
Occult History by Rudolf Steiner〔『世界史の秘密』水声社〕
The occult movement in the nineteenth century by Rudolf Steiner*
The Occult Significance of Blood by Rudolf Steiner
The Origins of Natural Science by Rudolf Steiner
Reincarnation and Karma by Rudolf Steiner
Results of spiritual investigation by Rudolf Steiner
The Temple Legend by Rudolf Steiner〔『神殿伝説と黄金伝説／シュタイナー秘教講義より』国書刊行会〕
Three Streams in Human Evolution by Rudolf Steiner
Verses and Meditations by Rudolph Steiner
Wonders of the World by Rudolf Steiner
The World of the Desert Fathers by Columba Stewart
Witchcraft and Black Magic by Montague Summers
Conjugal Love by Emanuel Swedenborg〔『結婚愛』アルカナ出版〕
Heaven and Hell by Emanuel Swedenborg〔『天界と地獄』春秋社〕
Conversations with Eternity by Robert Temple*
He Who Saw Everything — a translation of the Gilgamesh epic by Robert Temple
Mysteries and secrets of magic by C.J.S. Thompson
The Elizabethan World Picture by E.M.W Tillyard

Tracks in the Snow — studies in English science and art by Ruthven Todd
The Tragic Sense of Life by Miguel de Unamuno
Primitive Man by Cesar de Vesme
Reincarnation by Guenther Wachsmuth
Raymund Lully, Illuminated Doctor, Alchemist and Christian Mystic by A.E. Waite
Gnosticism by Benjamin Walker
Madame Blavatsky's Baboon by Peter Washington〔『神秘主義への扉』中央公論新社〕
Tao, the Watercourse Way by Alan Watts
Secret Societies and Subversive Movements by Nesta Webster〔『世界秘密結社1・2』東興書院〕
The Serpent in the Sky by John Anthony West〔『天空の蛇』翔泳社〕
The Secret of the Golden Flower by Richard Wilhelm〔『黄金の華の秘密』人文書院〕
Witchcraft by Charles Williams
The Laughing Philosopher: a life of Rabelais by M.P. Willocks
Are These the Words of Jesus? by Ian Wilson
Autobiography of a Yogi by Paramahansa Yogananda*〔『あるヨギの自叙伝』森北出版〕
Mysticism sacred and profane by R.C. Zaehner

本書は20年に及ぶ読書の結晶である。中には、たった一文しか利用していない本もたくさんある。ゆえに上に挙げたものはごく一部である。敢えて明らかにしておくが、この中には単に読んだというだけではなく、私が手懸け、出版したものもある。当初私は、本文に匹敵する分量の註を付けるつもりであった。だがそうなると、紙数が本書の二倍になってしまう。たぶんこれで良かったのだ。もしもこれにほんの少しでも何か付け加えたりしたら、本書はモンティ・パイソンの『ミーニング・オヴ・ライフ』に出て来るミスター・クレオソートのように爆発してしまうだろう。

これほど幅広い内容の本を書く一つの危険は、執筆が終わっていよいよ印刷だという時になって、新しい本が出版され、これを読んで考慮に入れる必要が生じたりすることである。ここでは、フィリップ・ボールによる秀逸なパラケルスス伝 *The Devil's Doctor* と、デイヴィッド・S・カッツの *The Occult Tradition* を挙げるに留める。これらはいずれも、オカルト的現象が事実か否かという点については、大いなる「消極的能力」を示している。バリー・ストラウスの新刊 *The Trojan War* は、それが史実であるという説を裏付けている。

私は一部の書名に星印を付した——『カラマーゾフの兄弟』のような有名な本には付けていない——これは読者を全く新たな思想の世界に踏み込ませる、眩暈のような感覚をもたらす本である。しかも読みやすく、そしておそらくは手に入れやすい本を選んだ。

ディスコグラフィ *De Occulta Philosophia*。エマ・カークビーとカルロス・メナによるJ・S・バッハ。

ベートーヴェンは自らの最も秘教的な作品として『熱情』を挙げている。だが私に言わせれば、その名にふさわしいのは彼の最後のピアノソナタ、すなわち第31番変イ長調作品110である。曲想の途上、突如として彼は音楽史を100年ほど飛び越え、ジャズを奏で始めるのだ。

ポップ・ミュージックにおける最も秘教的な作品は、おそらくパタフィジシストのロバート・ワイアットの作品であろう。彼の *Greatest Misses* は心からお奨めできる。世界中のボブに敬意を表して。

図版クレジット

特記なき場合は著者の私物から採録している。

43ページ Bridgeman Art Library/Private Collection/Photo Boltin Picture Library © Succession Marcel Duchamp/ADAGP, Paris and DACS, London 2007

86ページ Bridgeman Art Library/Private Collection

381ページ Bridgeman Art Library/Giraudon/Louvre, Paris

23, 47ページ Tofoto/Fotomas

85ページ Topfoto/Charles Walker

445ページ Topfoto/Picturepoint

193ページ Le Petit Prince by Antoine de Saint-Exupery, Published in English 1943

287ページ National Gallery, London

310ページ Corbis/Philadelphia Museum of Art © Succession Marcel Duchamp/ADAGP, Paris and DACS, London 2007

538ページ Corbis/Alinari Archives

180ページ Martin J Powell © Martin J Powell

カラー口絵

1ページ㊤ The Kobal Collection/Warner Bros, ㊧ Bridgeman Art Library/Washington University, St. Louis, USA/Lauros/Giraudon ©ADAGP, Paris and DACS, London, ㊨ Bridgeman Art Library /Prado, Madrid, Spain. 2ページ㊤ AKG Images, ㊦ Corbis/Sygma. 3ページ㊤ Bridgeman Art Library/Peter Willi/Goethe Museum, Frankfurt, ㊦ AKG Images. 4ページ㊤ The National Gallery of Ireland, ㊦ Corbis/Philadelphia Museum of Art ©Succession Marcel Duchamp/ADAGP, Paris and DACS, London 2007. 5ページ Private Collection. 6ページ㊤ Art Archive/Musee du Louvre Paris/Gianni Dagli Orti, ㊧ Bridgeman Art Library/Musee d'Unterlinden, Colmar, France/Giraudon, ㊨ Bridgeman Art Library/Prado, Madrid, Spain. 7ページ Private Collection. 8ページ Private Collection. 9ページ㊤ The British Museum, London, ㊦ The Kobal Collection/NERO. 10ページ㊤ Bridgeman Art Library/Musee d'Unterlinden, Colmar, France/Giraudon, ㊦ Private Collection. 11ページ㊤ Bridgeman Art Library/Giraudon/Lauros/Ste. Marie Madeleine, Aix-en-Provence, France, ㊦ Private Collection. 12ページ㊤ Bridgeman Art Library/Giraudon/Louvre, Paris, France, ㊦ Bridgeman Art Library/Graphische Sammlung Albertina, Vienna, Austria. 13ページ㊤ Bridgeman Art Library/Giraudon/Prado, Madrid, Spain. ㊦ Bridgeman Art Library/Alinari/Santa Maria della Vittoria, Rome, Italy. 14ページ㊤ Art Archive/Museum der Stadt Wien/Alfredo Dagli Orti, ㊦ Private Collection. 15ページ㊤ Bridgeman Art Library/Yale Center for British Art, Paul Mellon Collection, USA, ㊦ Bridgeman Art Library/Duomo, Orvieto, Umbria, Italy. 16ページ㊤ Corbis/Christine Kolisch, ㊦ Corbis/Francis G. Mayer.

秘密結社版《ひみつけつしゃばん》　世界《せかい》の歴史《れきし》

2009年1月20日　初版印刷
2009年1月25日　初版発行

著　者　ジョナサン・ブラック
訳　者　松田和也《まつだかずや》
発行者　早川　浩
発行所　株式会社　早川書房
東京都千代田区神田多町2-2
電話 03-3252-3111（大代表）
振替 00160-3-47799
http://www.hayakawa-online.co.jp
印刷所　株式会社精興社
製本所　大口製本印刷株式会社

乱丁・落丁本は小社制作部宛お送り下さい。送料小社負担にてお取りかえいたします。

ISBN978-4-15-208998-4 C0098　Printed and bound in Japan